Christiane Lübke, Jan Delhey (Hg.)
Diagnose Angstgesellschaft?

Gesellschaft der Unterschiede | Band 51

Christiane Lübke (Dr. rer. soc.) ist wissenschaftliche Mitarbeiterin an der Universität Duisburg-Essen und forscht dort am Lehrstuhl für empirische Sozialstrukturanalyse zu Themen der Sozialen Ungleichheit. Sie untersucht u.a. die subjektive Arbeitsplatzunsicherheit, die Folgen von Migration auf die individuellen Lebenschancen im weiteren Lebensverlauf sowie Umweltbewusstsein und Umwelthandeln.
Jan Delhey (Dr. phil.) ist Professor für Makrosoziologie an der Otto-von-Guericke-Universität Magdeburg. Er ist Sprecher der Sektion Soziale Indikatoren der Deutschen Gesellschaft für Soziologie und Vorstandsmitglied in der International Society for Quality of Life Studies. Seine Arbeitsschwerpunkte sind die Wohlfahrtsforschung und die Europasoziologie. Er leitete das DFG-finanzierte Forschungsprojekt zum Thema »Ungleichheit, Statusängste, Lebensqualität. Zur Überprüfung und Erweiterung der Spirit-Level-Theorie für Europa«.

Christiane Lübke, Jan Delhey (Hg.)

Diagnose Angstgesellschaft?

Was wir wirklich über die Gefühlslage der Menschen wissen

[transcript]

Die frei zugängliche digitale Publikation wurde ermöglicht mit Mitteln des BMBF-Projektes OGeSoMo der Universitätsbibliothek Duisburg-Essen. In diesem Projekt wird Open Access für geistes- und sozialwissenschaftliche Monografien gefördert und untersucht. Informationen und Ergebnisse finden Sie unter https://www.uni-due.de/ogesomo.

Bibliografische Information der Deutschen Nationalbibliothek
Die Deutsche Nationalbibliothek verzeichnet diese Publikation in der Deutschen Nationalbibliografie; detaillierte bibliografische Daten sind im Internet über http://dnb.d-nb.de abrufbar.

Umschlaggestaltung: Kordula Röckenhaus, Bielefeld
Korrektorat: Simon Scharf, Erfurt
Satz: Michael Rauscher, Bielefeld
Druck: Majuskel Medienproduktion GmbH, Wetzlar
Print-ISBN 978-3-8376-4614-6
PDF-ISBN 978-3-8394-4614-0
https://doi.org/10.14361/9783839446140

Gedruckt auf alterungsbeständigem Papier mit chlorfrei gebleichtem Zellstoff.
Besuchen Sie uns im Internet: *https://www.transcript-verlag.de*
Bitte fordern Sie unser Gesamtverzeichnis und andere Broschüren an unter: *info@transcript-verlag.de*

Inhalt

Vorwort

Der vorliegende Sammelband geht auf eine Tagung der Sektion »Soziale Indikatoren« in der Deutschen Gesellschaft für Soziologie (DGS) zurück, die am 21. und 22. März 2018 an der Universität Duisburg-Essen stattfand. Ziel der Tagung war es, die populäre Diagnose einer angstbestimmten Gesellschaft einer kritischen, empirisch informierten Prüfung zu unterziehen und aktuelle Forschungsergebnisse zur Gefühlslage der Menschen in Deutschland zusammenzutragen. Unser Dank gilt zuallererst allen Autorinnen und Autoren der Beiträge in diesem Band für die gute Zusammenarbeit. Die einzelnen Beiträge tragen dazu bei, mehr über die Verbreitung von Sorgen und Ängsten sowie deren soziale Strukturierung und Folgen zu erfahren. In der Gesamtschau relativieren die Beiträge die generalisierte Diagnose einer Angstgesellschaft, machen aber zugleich deutlich, dass sich Menschen durchaus um ihre zukünftige Lebenssituation und den Zustand der Gesellschaft insgesamt sorgen – mit beachtlichen Folgen für ihr Wohlbefinden und ihre politischen Einstellungen.

Unterstützung erhielten wir sowohl bei der Durchführung der Tagung in Duisburg als auch bei dem Layout und der Korrektur des Manuskriptes. Dafür bedanken wir uns bei Auke Aplowski, Silke Demmler, Marcus Gercke, Sophie Schuller und Leonie C. Steckermeier. Unser Dank gilt auch dem Rektorat der Universität Duisburg-Essen, das die Tagung im Rahmen des Programms zur Förderung des exzellenten wissenschaftlichen Nachwuchses finanziell unterstützt hat. Besonders freut uns, dass wir dank des BMBF-Projektes OGeSoMo der Universitätsbibliothek Duisburg-Essen diesen Sammelband als Open-Access-Publikation bereitstellen können.

Schließlich bedanken wir uns beim transcript Verlag und insbesondere bei Gero Wierichs dafür, dass sie unseren Sammelband in das Programm aufgenommen und uns bei der technischen Umsetzung des Manuskriptes tatkräftig unterstützt haben.

Duisburg/Magdeburg, Dezember 2018
Christiane Lübke & Jan Delhey

Sorgen und Ängste in soziologischen Gegenwartsdiagnosen
Eine kritische Bestandsaufnahme

Jan Delhey und Christiane Lübke

Ein »mit Beklemmung, Bedrückung, Erregung einhergehender Gefühlszustand [angesichts einer Gefahr]; [ein] undeutliches Gefühl des Bedrohtseins« – so definiert der Duden Angst. Ein unangenehmes, aber auch natürliches Gefühl, das wir alle kennen und in unterschiedlichsten Situationen schon erlebt haben. Glaubt man populären Zeitdiagnosen, treten Sorgen und Ängste heute immer häufiger und stärker auf und sind zu einem, ja *dem* bestimmenden Gefühl moderner Gesellschaften geworden. Demnach leben wir in einer »Gesellschaft der Angst« (Bude 2014), in der die Menschen sich um praktisch alle Bereiche ihres eigenen Lebens wie auch um den Zustand der Gesellschaft insgesamt sorgen. Bedrohungen scheinen dabei überall zu lauern: Wiederkehrende Wirtschafts- und Finanzkrisen, die Globalisierung und die Technisierung der Arbeitswelt, der Umbau des Wohlfahrtsstaates, Kriege und Terrorismus, Naturkatastrophen und Klimawandel – die Liste ließe sich sicher weiter fortführen. Die Menschen, so die Diagnosen, reagieren auf diese und andere Entwicklungen mit wachsenden Sorgen und Ängsten, die von persönlichen Abstiegs-, Inferioritäts- und Verlustängsten bis zu gesellschaftsbezogenen Sorgen reichen, die sich um den gesellschaftlichen Zusammenhalt, über die Zuwanderung oder um die Aufrechterhaltung von Ordnung und Sicherheit ranken.

Diese konkreten Sorgen und Ängste sind für Autoren[1] wie Heinz Bude Symptome für ein grundsätzliches Angstgefühl, das sich im Vergleich zu früher – wobei offen bleibt, von welchem »früher« eigentlich genau die Rede

1 Die in diesem und weiteren Beiträgen des vorliegenden Sammelbandes gewählte männliche Form bezieht sich immer zugleich auf weibliche und männliche Personen.

ist – ausbreitet und mittlerweile das gesamte Leben betrifft. Man kann Angst »vor der Zukunft haben, weil bisher alles so gut geklappt hat; man kann jetzt im Moment Angst vor dem nächsten Schritt haben, [...] [oder] Angst vor der Vergangenheit« (Bude 2014: 11). Es sei ein diffuses Gefühl von Ungewissheit und Verlustangst entstanden, das man auch als Kontingenzangst beschreiben könnte (vgl. Dehne 2017).

Auch in anderen Zeitdiagnosen ist Angst ein wichtiges Thema, wobei oftmals ein bestimmter Ausschnitt aus dem Universum möglicher Ängste im Mittelpunkt steht. In Ulrich Becks »Risikogesellschaft« (1986), heute ein moderner Klassiker, sind es vor allem Ängste, die mit der individualisierten Lebensführung und den technologisch-ökologischen Risiken der Industriegesellschaft zu tun haben. In Sighard Neckels (2008) Diagnose einer »Erfolgskultur« sind es vor allem Statusängste – Befürchtungen, im Konkurrenzkampf einer erfolgsorientierten Marktgesellschaft nicht zu bestehen und zu den Verlierern zu gehören. Und in Oliver Nachtweys »Abstiegsgesellschaft« (2016) ist es vor allem die Angst vor dem sozialen Abstieg und der Verschlechterung des Lebensstandards, die die Menschen umtreibt. Im Folgenden fassen wir – zugegebenermaßen vereinfachend – *alle* Zeitdiagnosen, in denen Sorgen und Ängste eine tragende Rolle spielen, unter dem Begriff der »Angstgesellschaft« zusammen.

Dass sich überhaupt solch ein düsterer gemeinsamer Nenner finden lässt, ist an sich schon bemerkenswert. Es hat sich unverkennbar ein pessimistischer Grundton in aktuellen Gegenwartsdiagnosen etabliert, der einen großen Kontrast darstellt zu der eher optimistischen Art und Weise, wie in den 1970er, 1980er und frühen 1990er Jahren »das Neue« an der Gesellschaft beschrieben wurde. So kannte Daniel Bells postindustrielle Gesellschaft in der kulturellen Sphäre vor allem einen experimentellen Hedonismus (Bell 1991, englisches Original von 1978), den er übrigens keineswegs guthieß, während Ronald Inglehart (1971) den Wertewandel hin zum Postmaterialismus hervorhob, getragen vom weitverbreiteten Gefühl existenzieller Sicherheit. Für die deutsche Soziologie stellt sicherlich die »Erlebnisgesellschaft« von Gerhard Schulze (1992) den Höhepunkt der optimistischen Zeitdiagnose dar. Beschäftigt mit ihrem Projekt des schönen Lebens, verspüren die innenorientierten Erlebnissuchenden Sorgen und Ängste eher in der Luxusvariante: Habe ich das richtige gewählt? Verpasse ich etwas? Wenn man den neuesten Zeitdiagnosen Glauben schenkt, sind diese unbeschwerten Zeiten vorbei. Die Diagnose Angstgesellschaft ist jedenfalls vom Feuilleton und der

Belletristik vielfach aufgegriffen und damit an eine breite Öffentlichkeit vermittelt worden. So ist die Rede vom »Lebensgefühl Angst« (Schmidbauer 2015) oder der »Generation Angst« (Pauer 2011).

Sorgen und Ängste sind den Angstdiagnosen zufolge jedoch nicht nur auf einem historischen Höchststand, sie sind zudem in allen Bevölkerungsschichten angewachsen und würden »keine sozialen Grenzen« mehr kennen (Bude 2014: 3). Schon Mitte der 1980er Jahre beschreibt Ulrich Beck Angst als den neuen Kitt einer Risikogesellschaft, in der Unwägbarkeiten und ökologische Gefahren nicht mehr entsprechend der sozioökonomischen Ressourcen verteilt sind, sondern die gesellschaftliche Schichtung unterlaufen und früher oder später alle Bevölkerungsgruppen »erwischen« (Beck 1986: 30). Während Beck dabei vor allem technisch-ökologische Gefahren im Blick hatte (Stichwort: »Not ist hierarchisch, Smog ist demokratisch«, Beck 1986: 48), sollen aktuell vor allem Abstiegsängste über alle Schichtgrenzen hinweg verbreitet sein. So beschreibt Oliver Nachtwey in seinem Buch »Die Abstiegsgesellschaft« eine Gesellschaft, in der »Erwerbstätigkeit [...] zunehmend weniger Menschen Sicherheit, Status und Prestige sowie die Möglichkeit einer kontinuierlichen Lebensplanung« (Nachtwey 2016: 121) bietet. In dieser Gesellschaft scheint »die kollektive Angst vor dem sozialen Abstieg allgegenwärtig zu sein« (Nachtwey 2016: 7). Verstärkt wird diese Angst noch dadurch, dass die ökonomische Ungleichheit steigt und vom wachsenden Wohlstand nur noch eine kleine Schicht profitiert, nicht mehr aber der normale, abhängig Beschäftigte. Das düstere Szenario, das hier gezeichnet wird, ist das einer Gesellschaft, in der es für viele nur noch bergab geht – und in der Angst das vorherrschende Gefühl ist.

Unsicherheit entsteht jedoch nicht nur durch den Arbeitsmarkt und weniger stabile Erwerbskarrieren, sondern auch durch einen Abbau wohlfahrtsstaatlicher Anrechte und Leistungen. Fungierte der deutsche Sozialstaat mit seinem umfangreichen System der sozialen Sicherung und dem Prinzip des Statuserhalts lange Zeit als »Angsthemmer«, werde er nun selbst zu einem »Angstfaktor« (Betzelt/Bode 2017). Vor allem die zwischen 2003 und 2005 umgesetzten Hartz-Reformen lösten Sorgen und Ängste aus, weil sie einen Systemwechsel von einem Status erhaltenden hin zu einem auf Eigenverantwortung setzenden, rein existenzsichernden Wohlfahrtsstaat bedeuten (Knuth 2006). Der deutsche Sozialstaat, so eine aktuell vorgebrachte These, trage seitdem eher zur Verunsicherung als zur Beruhigung der Menschen bei (Betzelt/Bode 2018, vgl. auch Erlinghagen 2010; Lübke/Erlinghagen 2014).

Andere Autoren betonen die kulturellen Veränderungen der letzten Jahrzehnte, die ebenfalls angstfördernd seien. Vor allem angelsächsische Autoren verweisen hier auf den um sich greifenden Konsumerismus, durch den Statussymbole an Bedeutung gewonnen hätten. Die Gesellschaft, die der »egoistische Kapitalismus« (James 2008) schaffe, gleiche einem Statusrennen, bei dem eben nur wenige gewinnen können – und viele verlieren. Sighard Neckel (2008) hat auch Deutschland in den Kategorien einer solchen statusbesessenen Erfolgskultur analysiert. Der knallharte Wettbewerb und der Gewinnerkult machten natürlich zuvorderst den Verlierern zu schaffen, aber auch die Gewinner zahlen ihren seelischen Preis, weil es auf (fast) jeder Stufe des Erfolgs immer einen noch Erfolgreicheren gibt.

Besondere Aufmerksamkeit schenken aktuelle soziologische Zeitdiagnosen der Mittelschicht, die wie ein Seismograph besonders stark auf die genannten sozialen, ökonomischen, wohlfahrtsstaatlichen und kulturellen Veränderungen reagiere (Schöneck/Ritter 2017; Schimank/Mau/Groh-Samberg 2014; Mau 2012). Die Mitte der Gesellschaft gilt als vergleichsweise gut abgesichert, verfügt sie doch, objektiv betrachtet, über ausreichend Ressourcen, um auch in Krisenzeiten ihren Status sichern zu können. Dennoch attestieren einige Forscher eine Krise der Mittelschicht (Mau 2012; Schimank/Mau/Groh-Samberg 2014). Ökonomische Sorgen und Abstiegsängste, so die Diagnose, machen auch vor der Mittelschicht nicht mehr halt (Mau 2012). Diese Diagnose der flächendeckenden Verunsicherung bis in die Mitte der Gesellschaft hinein hat auch Eingang in die Sozialstruktur-Lehrbücher gefunden (siehe z. B. Geißler 2014: 265 ff.). Zwar gibt es auch empirische Arbeiten, die die Verunsicherung der Mitte relativiert haben (Lengfeld/Ordemann 2017; Burzan/Kohrs/Küsters 2014); dennoch steht die Mittelschicht immer wieder im Zentrum von Angstdiagnosen, z. B. in der schon angesprochenen »Abstiegsgesellschaft« Nachtweys. Damit einher geht die (meist implizite) Annahme, dass sich Sorgen und Ängste immer mehr von tatsächlichen Bedrohungen lösen und eine Eigendynamik entwickeln (Dehne 2017: 87–90).

Die Diagnose Angstgesellschaft ist vielleicht auch deshalb so populär, weil sie eine (einfache) Erklärung für den Erfolg v. a. populistischer Bewegungen rund um den Globus liefert, angefangen bei der Etablierung der AfD in Deutschland, dem Wahlerfolg Donald Trumps in den USA bis hin zum Votum für den Brexit in Großbritannien. So wird häufig auf die tiefgreifenden Sorgen und Ängste der sogenannten Modernisierungsverlierer verwiesen, die im Zuge des sozioökonomischen Wandels ihre Status eingebüßt haben oder zumindest darum fürchten müssen. Diese offenbar akuten Abstiegssorgen breiter Kreise der Bevölkerung sollen das Vertrauen in die etablierten Parteien und Institutionen geschwächt und den Nährboden für die meist rechtspopulistischen Parteien und Bewegungen bereitet haben (Betzelt/Bode 2017; Nachtwey 2015, 2016). Zuwanderer und andere Minderheiten werden dabei »nur« zur Projektionsfläche der Verlust- und Abstiegsängste.

Alle Angstdiagnosen – so unterschiedlich sie im Detail auch sein mögen – lassen sich unseres Erachtens auf die folgende Formel bringen: Sie nehmen an, dass Sorgen und Ängste *erstens* so stark angestiegen sind, dass sie heute zu einem bestimmenden Merkmal moderner Gesellschaften geworden sind. Nie waren demnach die Sorgen der Menschen größer und vielfältiger als in den letzten Jahren und schließen sowohl persönliche als auch gesellschaftsbezogene Sorgen ein. Sorgen und Ängste sind *zweitens* in allen Bevölkerungsschichten angestiegen und kennen daher keine sozialen Grenzen mehr. Auch die objektiv eigentlich nach wie vor gut abgesicherte Mittelschicht wird aktuellen Angstdiagnosen zufolge zunehmend und in großem Maße von Sorgen und Ängsten geplagt. Und *drittens* sind Sorgen und Ängste heute folgenreicher für Individuen und Gesellschaft, da sie zunehmend das Denken und Handeln der Menschen beeinflussen. Insbesondere werden gestiegene Sorgen und Ängste mit einer gewissen politischen Unzufriedenheit und dem Erstarken rechtspopulistischer Bewegungen und Parteien verantwortlich gemacht. Dies sind drei Kriterien, anhand derer man die Diagnose Angstgesellschaft überprüfen kann.

So geläufig und auch eingängig die Rede von der Angstgesellschaft ist, so wenig kann sie derzeit als empirisch gesichert gelten. Derzeit wissen wir nicht umfassend, welche Sorgen und Ängste für welche Bevölkerungsgruppen mit welchen Konsequenzen angestiegen sind. Dies mag den Leser überraschen; haben Autoren wie Bude, Neckel oder Nachtwey – um in Deutschland zu bleiben – mit ihren Büchern denn nicht bereits den *Nachweis* geführt, dass Sorgen und Ängste die Menschen heute fest im Griff haben? Wir glauben nein, denn so plausibel diese Zeitdiagnosen geschrieben sein mögen, sie setzen sich keineswegs systematisch und schon gar nicht originär-empirisch damit auseinander, was in den Köpfen (und Herzen) der Menschen vorgeht. Primär werden in ihnen eine Reihe sozialer Wandlungsprozesse beschrieben, die durchaus dazu führen *können*, dass sich die Menschen mehr Sorgen machen und mehr ängstigen als früher. Nur, ob dem *tatsächlich* so ist, wird weit weniger stichhaltig belegt, als es die forschen Buchtitel und zweifelsfreien Deutungen glauben machen.

Empirische Befunde werden in Zeitdiagnosen, zumal wenn sie auf eine breite Leserschaft abzielen, gerne von anderen Forschern übernommen und zur Illustration eingestreut, um das eigene Argument zu stützen. Daran ist gar nichts Falsches. Klar ist aber auch, dass dies selten eine ergebnisoffene Vorgehensweise ist. Gerade bei Budes »Gesellschaft der Angst«, aber auch bei den anderen Autoren, ist eine gewisse empirische Unterzuckerung nicht zu übersehen. Dies ist auch deshalb überraschend, weil die deutsche Wohlfahrtsforschung eine lange Tradition hat, sich auf der Basis von repräsentativen Bevölkerungsumfragen mit positiven wie auch negativen Komponenten des subjektiven Wohlbefindens auseinanderzusetzen (vgl. Glatzer/Zapf 1984). Bezeichnenderweise ist der erste empirische Verweis, der sich in der »Gesellschaft der Angst« in einer Fußnote findet, eine Studie im Auftrag der Frauenzeitschrift »Brigitte«. Vieles spricht dafür, dass in den Zeitdiagnosen weder Material noch Methoden der empirischen Sozialforschung (und das heißt hier vor allem: der akademischen Umfrageforschung) hinreichend genutzt wurden, um der Frage nachzugehen, wie sich die Befindlichkeiten der Menschen in Deutschland über die letzten zwanzig, dreißig Jahre entwickelt haben.

Zielsetzung und Struktur des Sammelbandes

Ziel des vorliegenden Sammelbandes ist es deshalb, empirische Arbeiten zur Gefühlslage der Menschen zu bündeln und einer breiten Leserschaft zugänglich zu machen. Damit soll die Diagnose einer angstbestimmten Gesellschaft einer kritischen, empirisch informierten Prüfung unterzogen werden.

Der Sammelband beginnt mit zwei Beiträgen, die einen deskriptiven Überblick über die Verbreitung und Entwicklung von Sorgen und Ängsten in Deutschland liefern. *Christiane Lübke* zeigt in ihrem Beitrag auf, welche Bevölkerungsgruppen sich aktuell welche Sorgen machen und welche Sorgen und Ängste in den vergangenen Jahrzehnten angestiegen sind. Sie nutzt dafür die repräsentativen Daten des Sozio-oekonomischen Panels, die in Westdeutschland bis 1984 und Ostdeutschland bis 1990 zurückreichen und jährliche Informationen sowohl zu persönlichen als auch gesellschaftsbezogenen Sorgen enthalten. Persönliche Sorgen und Ängste beziehen sich auf konkrete

Lebensbereiche der Befragten und umfassen beispielsweise die Sorge um die eigene Altersvorsorge, die eigene Gesundheit oder den eigenen Arbeitsplatz. Gesellschaftsbezogene Sorgen beziehen sich hingegen auf Bereiche, die außerhalb des unmittelbaren Einflussbereiches des Einzelnen liegen. Dazu zählen Sorgen über die Kriminalitätsentwicklung, die Zuwanderung, den Schutz der Umwelt und die allgemeine wirtschaftliche Entwicklung. Über die letzten Jahrzehnte hinweg lassen sich immer wieder Phasen beobachten, in denen bestimmte Sorgen und Ängste besonders stark verbreitet waren, dann aber meist auch schnell wieder zurückgegangen sind. Mitte der 2000er Jahre beispielsweise dominierten wirtschaftliche Sorgen die Gefühlslage in Deutschland, während diese aktuell auf einem historischen Tiefstand sind. Dafür sorgen sich die Menschen vornehmlich um Themen rund um Zuwanderung und Sicherheit, was wiederum in Zusammenhang steht mit konkreten Ereignissen wie der aktuell starken Flüchtlingszuwanderung, dem Erstarken rechtspopulistischer Bewegungen und Parteien sowie in Europa verübten Terroranschlägen. Persönliche Sorgen sind meist deutlich geringer als gesellschaftsbezogene Sorgen. Sie hängen vor allem mit individuellen Merkmalen zusammen und sind daher in der Aggregatebene, mit Ausnahme wirtschaftlicher Sorgen, über die Zeit vergleichsweise stabil.

Anschließend widmet sich *Holger Lengfeld* in seinem Beitrag noch einmal gesondert den Abstiegssorgen der Deutschen und zeichnet deren Verbreitung und Entwicklung im Zeitverlauf nach. Auch seine Analysen mit den Daten des Sozio-oekonomischen Panels zeigen, dass die Abstiegsangst, operationalisiert als Angst vor dem Verlust des Arbeitsplatzes, nach einem längeren Anstieg seit Mitte der 2000er Jahre stark rückläufig und aktuell auf einem historischen Tiefstand ist. Vor allem in Ostdeutschland sind die Abstiegssorgen in den letzten Jahren stark zurückgegangen, auch wenn sich die Ostdeutschen noch immer mehr Sorgen machen als die Westdeutschen. Ein Grund ist sicherlich die gute wirtschaftliche Entwicklung. Darüber hinaus scheint es, so schlussfolgert der Autor, als hätten die Menschen in Deutschland gelernt, mit den Risiken globalisierter Arbeitsmärkte und zunehmend unsicherer Erwerbskarrieren umzugehen. Schichtspezifische Unterschiede bleiben allerdings weiterhin bestehen: Je höher das Ausbildungsniveau und damit die Schichtposition, desto besser sind die Arbeitsmarktchancen und desto weniger Sorgen berichten die Erwerbstätigen.

Der Beitrag von *Andreas Schmitz* macht in grundlagentheoretischer Absicht darauf aufmerksam, dass Angst immer schon als Bestandteil gesellschaftlicher Verhältnisse zu begreifen ist. In Anlehnung an Pierre Bourdieus Konzept der symbolischen Herrschaft arbeitet Schmitz acht idealtypische Funktionen heraus – z. B. Ungleichheit zu verschleiern und zu legitimieren. Sodann wendet er diese Perspektive auf Ängste an und illustriert damit deren manifeste wie latente Funktionen. Dies führt zu einer Reihe von wichtigen Einsichten. So sind Ängste als gekoppelt an die Kapitalausstattung der Akteure und deren Positionierung im sozialen Raum (bzw. Feld) zu sehen, die tief im Habitus der Menschen verankert sind; weiterhin sind die Ängste bestimmter Bevölkerungsgruppen nicht isoliert voneinander zu betrachten, sondern über Angstrelationen. Wie es für die Bourdieu'sche Theorietradition charakteristisch ist, wird dabei auf das Spiel der Distinktion bzw. den Kampf um Deutungshoheit verwiesen, wobei es die privilegierten Akteure in der Regel schaffen, ihren Ängsten und Sorgen im öffentlichen Diskurs den Anschein der Legitimität zu geben, während die der unterprivilegierten Akteure als unberechtigt, ja zum Teil pathologisch und therapiebedürftig erscheinen. Auf die gesellschaftliche Konstruiertheit und Funktionalität von Angstrelationen unter ungleichen Machtverhältnissen hinzuweisen, ist ein wesentlicher Beitrag von Schmitz.

Mit Statusängsten im Sinne von statusbedingten Inferioritätsängsten und -erfahrungen, beschäftigen sich *Jan Delhey und Leonie C. Steckermeier*. Mit Daten aus drei Wellen des European Quality of Life Survey von 2007–2016 nehmen sie zu zwei theoretischen Debatten Stellung. Zum einen zur sogenannten Spirit-Level-Theorie von Wilkinson und Pickett, die Statusängste ländervergleichend und mit Blick auf ihre negativen Folgen für Individuen und Gesellschaft untersucht; zum anderen zu populären Zeitdiagnosen einer Angstgesellschaft, denen zufolge Statusängste in Deutschland weit verbreitet seien und zunehmen sollten. In Bezug auf die Spirit-Level-Theorie bestätigen Delhey und Steckermeier, dass Statusängste einem sozialen Gradienten folgen, d. h. in den unteren Schichten häufiger vorkommen als in der Mitte oder den oberen Schichten; ferner, dass das Ausmaß der Einkommensungleichverteilung für das gesellschaftliche Niveau an Statusängsten eine Rolle spielt. Darüber hinaus zeigt das Autorenduo, dass Statusängste auch durch kulturelle Ungleichheiten sowie ein inegalitäres Werteklima hervorgerufen werden, und erweitert damit das enge, auf ökonomische Faktoren fokussierte Spirit-Level-Paradigma. Für die oftmals dramatisierenden Angstdiagnosen finden Delhey und Steckermeier wenig empirische Bestätigung. So werden die Deutschen in West wie Ost vergleichsweise wenig von Statusängsten geplagt, wie ein europäischer Vergleich zeigt. Die Statusängste steigen auch nicht an, im Gegenteil: In den neuen Bundesländern sind sie seit 2007 sogar merklich auf das ohnehin schon niedrige westdeutsche Niveau gesunken. Der negative Zusammenhang von Statusängsten und Lebenszufriedenheit ist über die Jahre schwächer geworden, was ebenfalls gegen eine Diagnose Angstgesellschaft spricht. Einzig die heute etwas stärkere Übersetzung von Statusängsten in Misstrauen gegenüber staatlichen Institutionen kann als Anzeichen einer Angstgesellschaft gelesen werden. Alles in allem, so Delhey und Steckermeier, sind Statusängste in Deutschland kein wachsendes Problem, sondern eher ein zeitdiagnostischer Mythos.

Im weiteren Verlauf des Sammelbandes werden die Sorgen und Ängste verschiedener Bevölkerungsgruppen näher beleuchtet. Im Beitrag von *Stefanie Herok, Ralf Himmelreicher und Dorina Spahn* geht es um Beschäftigte im Hotel- und Gastgewerbe und die Frage, ob sich deren Sorgen und Ängste durch die Einführung des Mindestlohns im Jahr 2014 verändert haben. Sie nehmen damit eine Erwerbsgruppe in den Blick, die besonders häufig von atypischer und bisweilen auch prekärer Beschäftigung betroffen ist und deswegen auch von der Einführung des Mindestlohnes besonders profitiert haben sollte. Ihre qualitativen Interviews mit Beschäftigten im Hotel- und Gastgewerbe in Brandenburg zeigen, dass in dieser Branche die Sorge vor dem Verlust des Arbeitsplatzes und dem damit verbundenen sozialen Abstieg weit verbreitet ist und auch vor Beschäftigten mit langjähriger Betriebszugehörigkeit und leitenden Positionen nicht Halt macht. Daran ändert verständlicherweise auch der Mindestlohn nichts. Aus Angst vor einem Arbeitsplatzverlust wird Mehrarbeit auch ohne finanziellen Ausgleich und teilweise über die gesetzlich festgelegte maximale Arbeitszeit hinaus von den meisten Befragten geleistet und sogar als »normal« bzw. notwendig akzeptiert. Die Beschäftigten versuchen damit, ihren Arbeitsplatz zu sichern, so dass Arbeitsplatzunsicherheit als Disziplinierungs- und Druckmittel von Seiten der Arbeitgeber missbraucht werden kann. Die Ergebnisse von Herok, Himmelreicher und Spahn belegen aber auch, dass die großen Sorgen über die Sicherheit des Arbeitsplatzes nicht, wie man vermuten könnte, mit einer hohen Unzufriedenheit unter den Beschäftigten im Hotel- und Gastgewerbe einhergehen. Vielmehr arrangieren sich die Beschäftigten mit ihrer unsicheren Situation. Dennoch hegen die Befragten Hoffnung auf eine sichere Beschäftigung ohne große Sorgen vor dem Arbeitsplatzverlust.

Frederike Esche und Petra Böhnke weisen in ihrem Beitrag nach, dass Sorgen um die berufliche Zukunft durchaus schon unter Jugendlichen vorkommen. Konkret untersuchen sie die Erwartung 17-jähriger Jugendlicher, später im gewünschten Beruf einen Arbeitsplatz zu finden, beruflich erfolgreich zu sein und für längere Zeit arbeitslos zu sein. Es zeigt sich, dass Jugendliche aktuell sehr zuversichtlich in die Zukunft schauen und sich deren berufliche Zukunftsaussichten in den letzten Jahren sogar noch verbessert haben. Je nach sozioökonomischem Familienkontext, in dem die Jugendlichen aufwachsen, gibt es jedoch auch signifikante Unterschiede. Pessimistisch schauen vor allem Jugendliche in die Zukunft, deren Eltern arbeitslos sind oder sich selbst große Sorgen um ihren wirtschaftliche Situation machen. Die Autorinnen schreiben dies innerfamiliären Lernprozessen zu, über die sich die Sorgen der Eltern auf die Kinder übertragen. Sie können außerdem zeigen, dass dem Erziehungsstil dabei eine große Rolle zukommt. Je unterstützender der Erziehungsstil ist, umso optimistischer bewerten die Jugendlichen ihre Zukunftserwartungen. Der Hauptgrund dafür ist, dass sich der Erziehungsstil auf die Schulleistungen der Kinder auswirkt und diese wiederum auf die Zukunftsaussichten. Dieser Befund ergibt sich für Mädchen und Jungen gleichermaßen. Insgesamt belegt der Beitrag, wie wichtig der Familienkontext für die Jugendlichen und die Herausbildung ihre Sorgen und Ängste ist.

Das soziale Wohlbefinden von türkischen Migranten in Deutschland untersucht der Beitrag von *Anne-Kristin Kuhnt und Annelene Wengler.* Soziales Wohlbefinden, hier definiert als wahrgenommene Unterstützung durch das soziale Umfeld, das Gefühl der Zugehörigkeit und das Vertrauen in Mitmenschen, kann bis zu einem gewissen Grad als Kehrseite von Sorgen und Ängsten betrachtet werden. Die Vermutung der Autorinnen ist, dass ein Migrationshintergrund aufgrund des Auseinanderreißens sozialer Netzwerke (bei der ersten Generation) sowie aufgrund diverser Benachteiligungen (erste und zweite Generation) zu einem geringeren sozialen Wohlbefinden im Vergleich zur deutschen Bevölkerung ohne Migrationshintergrund führt. Dabei gehen sie weiterhin davon aus, dass sich diese Lücke über die Zeit zumindest tendenziell schließt. Deshalb werden sowohl die zwei Migrantengenerationen miteinander verglichen (mit bzw. ohne eigene Migrationserfahrung) als auch für die erste Generation der Einfluss der Aufenthaltsdauer untersucht. Die Ergebnisse, auch die multivariaten, deuten einerseits darauf hin, dass türkische Migranten in der Tat ein geringeres Wohlbefinden haben als die Deutschen ohne Migrationshintergrund. Andererseits ist der Abstand recht gering, nimmt mit der Aufenthaltsdauer ab, und das Niveau des sozialen Wohlbefindens ist recht hoch – angesichts der soziologischen und öffentlichen Debatten um die Benachteiligung von Einwanderern und deren Nachkommen zum Beispiel auf dem Arbeitsmarkt durchaus überraschend. Kuhnt und Wengler deuten ihre Ergebnisse jedenfalls als Indikator für einen intakten und durchaus inklusiven sozialen Zusammenhalt der bundesdeutschen Gesellschaft.

Was sind nun die Auswirkungen von Sorgen und Ängsten auf politische Einstellungen und politisches Verhalten? Dieser brisanten Frage, die sich gerade vor dem Hintergrund der andauernden Wahlerfolge der Alternative für Deutschland (AfD) stellt, widmen sich die beiden abschließenden Beiträge dieses Sammelbandes. Dabei vermisst *Luigi Drostes* Beitrag die Deutschen hinsichtlich ihrer populistischen Grundorientierung und fragt danach, welche sozialstrukturellen und subjektiven Merkmale eine populistische Haltung beeinflussen. Populismus wird dabei gemessen als Konglomerat aus dem Glauben an Volkssouveränität, Anti-Pluralismus und Anti-Elitismus. Nach Droste sind rund ein Viertel der Befragten als »stark populistisch« einzustufen. Die Anhängerschaften der diversen Parteien unterscheiden sich deutlich: Während vor allem die AfD-Anhänger, aber auch viele Linke-Wähler eine gefestigte populistische Grundeinstellung haben, ist der Anteil der Populisten unter den Unions- und vor allem den Grünen-Anhängern gering. Sozialstrukturell findet Droste einen klaren Populismus-Gradienten nach Bildung sowie einen schwächeren Gradienten nach beruflicher Schicht. Gräbt man tiefer nach den Ängsten, Sorgen und Einstellungen, die eine populistische Orientierung befördern, gibt es nicht *den einen* Faktor. Sowohl finanzielle Statusängste als auch ein persönliches Ungerechtigkeitsempfinden und ein gefühlter Kontrollverlust (weil Leben und Politik als immer unübersichtlicher empfunden werden) tragen ihren Teil zu einer populistischen Einstellung bei. Dies zeigt einerseits, dass Populismus nicht allein von Sorgen und Ängsten der Menschen getrieben wird, sondern z. B. auch durch Deprivationsgefühle; andererseits legt der Beitrag eine anomietheoretische Deutung nahe: Eine populistische Geisteshaltung findet sich vor allem bei den Bürgern, die die Welt für (über-)kompliziert halten. Aus Ost-West-Perspektive ist schließlich der Befund interessant, dass sich die stärker populistische Orientierung der Menschen in Ostdeutschland zwar abschwächt, wenn man sozialstrukturelle und subjektive Merkmale berücksichtigt, aber ein genereller Unterschied dennoch bestehen bleibt.

Im abschließenden Beitrag untersuchen *Florian R. Hertel und Frederike Esche*, welche Faktoren die Wahl rechter Parteien wie der AfD in Deutschland begünstigen. Anknüpfend an die mittlerweile hitzig diskutierte Modernisierungsverlierer-These, unterscheiden sie dabei zwischen der objektiven Position einer Person und ihrer subjektiven Verunsicherung als möglichen Bestimmungsgründen. Sie sind insbesondere daran interessiert, herauszufinden, ob sich Sympathisanten rechter Parteien wirklich, wie häufig behauptet, aus der zwar möglicherweise verunsicherten, aber doch immer noch objektiv gut abgesicherten Mittelschicht rekrutieren oder ob nicht doch vor allem die »klassischen« Modernisierungsverlierer aus den unteren Schichten rechte Parteien wählen. Hertel und Esche ergänzen ihre Querschnittsanalysen dabei um eine längsschnittliche Perspektive, die es erlaubt, nicht nur die Personengruppen zu identifizieren, die zu rechten Parteien tendieren, sondern auch die Veränderungen in deren objektiver und subjektiver Lebenssituation, die zum Übergang ins rechte Lager beigetragen haben. Ihre Analysen mit den Daten des Sozio-oekonomischen Panels für die Jahre 2007–2016 ergeben zunächst, dass eine Identifikation mit rechten Parteien umso wahrscheinlicher wird, je niedriger die sozioökonomische Position einer Person ist und je ausgeprägter die subjektive Verunsicherung (gemessen bspw. anhand der Sorgen um die wirtschaftliche Entwicklung oder den Sorgen über die Zuwanderung nach Deutschland). Der Einfluss der objektiven Position wird dabei vor allem durch die subjektive Verunsicherung vermittelt und teilweise sogar vollständig erklärt. Dieses Ergebnis bestätigt sich auch in den Längsschnittsanalysen. Vor allem ein vorangegangener (relativer) Einkommensverlust erhöht die Neigung zu rechten Parteien wie der AfD – wiederum vor allem deshalb, weil er mit stärkeren Sorgen und Ängsten einhergeht.

Angstgesellschaft – adäquate Beschreibung oder Panikmache?

Was lernen wir nun aus den Beiträgen? Wie angemessen ist es, die gegenwärtige deutsche Gesellschaft als *Angstgesellschaft* zu beschreiben? Sind Sorgen und Ängste heute, im Gegensatz zu früher, ein so fundamentaler Wesenszug der Gesellschaft, dass sich dieses Etikett geradezu aufdrängt? Bei dem Versuch einer Antwort möchten wir auf die einleitend genannten Kriterien zurückkommen, anhand derer sich die Diagnose Angstgesellschaft überprüfen lässt, und die wichtigsten Einsichten aus den Beiträgen dieses Sammelbands entsprechend sortieren; zugleich werden so die noch bestehenden Forschungslücken sichtbar.

Beginnen wir mit dem *ersten* Kriterium, nach dem Sorgen und Ängste aktuell auf einem *historisch hohen Niveau sind.* Die deutsche Bevölkerung müsste von starken Sorgen und Ängsten geplagt werden, die in den letzten zwanzig bis dreißig Jahren spürbar zugenommen haben. Für diese Behauptung, die sicherlich den Kern der Rede von der Angstgesellschaft ausmacht, finden wir in den Beiträgen relativ wenig Belege. Dies gilt zuvorderst für jene persönlichen Sorgen, die im weitesten Sinne mit der sozialen Stellung und den materiellen Lebensbedingungen zu tun haben. Die Sorge über die eigene wirtschaftliche Lage ist aktuell vergleichsweise gering (Lübke), ebenso Abstiegsängste (Lengfeld), Statusängste (Delhey/Steckermeier) und die beruflichen Platzierungssorgen der Jugendlichen (Esche/Böhnke). Auch das soziale Wohlbefinden von Personen mit Migrationshintergrund ist relativ hoch und nimmt mit zunehmender Aufenthaltsdauer und vor allem im Generationenverlauf zu (Kuhnt/Wengler). Am wichtigsten: Keine dieser Sorgen und Ängste ist in einem *längerfristigen Vergleich* im Bevölkerungsdurchschnitt systematisch gestiegen; manche, wie die finanziellen Sorgen und die Sorgen vor Arbeitsplatzverlust, sind in den letzten Jahren sogar deutlich gefallen und liegen aktuell nicht höher als Mitte bzw. Ende der 1980er Jahre – der Zeit, in der die Gesellschaft als »Erlebnisgesellschaft« (Schulze 1992) beschrieben worden ist.

Da die Behauptung grassierender sozioökonomischer Sorgen und Ängste den Kern der alarmistischen Zeitdiagnosen ausmacht, werden diese durch die Befunde dieses Sammelbandes durchaus in Frage gestellt. Es scheint, als hätten die Angstdiagnosen eine Phase der Eintrübung des subjektiven Wohlbefindens, die etwa von 1990/95 bis 2005 andauerte, vorschnell extrapoliert – ein klassisches Problem der Gesellschaftsdiagnosen (vgl. Bogner 2015). Auch der Verweis auf die gute Wirtschaftslage, derer sich Deutschland nun seit Jahren erfreut, springt den Angstdiagnosen nur bedingt zur Seite. Natürlich haben die gute konjunkturelle Entwicklung und insbesondere das hohe Beschäftigungsniveau einiges dazu beigetragen, dass die Menschen heute wieder positiver gestimmt sind als noch zur Zeit der Hartz-Reformen (vgl. dazu auch Lengfeld in diesem Band). Allerdings behaupten die Angstdiagnosen ja, dass es tiefgreifende strukturelle, institutionelle und kulturelle Veränderungen sind, die relativ konjunkturunabhängig ein Klima der Sorgen und

Ängste hervorrufen. Nun, ganz so zwangsläufig scheint diese Entwicklung nicht zu sein, wenn allein eine gute konjunkturelle Entwicklung einen positiven Stimmungstrend hervorrufen kann.

Damit ist keineswegs gesagt, dass die Menschen in Deutschland alles rosarot sehen würden. Die Beiträge belegen ganz eindeutig, dass einige gesellschaftliche Entwicklungen den Menschen Kopfschmerzen bereiten. Das gilt für den Erhalt des Friedens und die innere Sicherheit, den sozialen Zusammenhalt und vor allem die Migration (vgl. Lübke in diesem Band). Letzteres Thema birgt besonderes Konfliktpotenzial, weil sowohl die Einwanderung Befürchtungen hervorruft als auch die wachsende Ausländerfeindlichkeit. Dieser Zwiespalt übersetzt sich zunehmend in eine politische Konfliktlinie (vgl. Droste sowie Hertel/Esche in diesem Band). Gleichwohl taugen selbst die derzeit großen migrationsbezogenen Sorgen und Ängste weniger dazu, die Diagnose Angstgesellschaft zu bestätigen, als es zunächst den Anschein hat. Unser erster Einwand ist, dass starke Ängste vor Zuwanderung so neu nicht sind, denn schon um die Jahrtausendwende und 2005 schossen sie kurzzeitig in die Höhe, um anschließend auch jeweils schnell wieder abzuflauen. Unser zweiter Einwand ist, dass es ein einfach zu identifizierendes Ereignis gibt, das diese Ängste jüngst hat anschwellen lassen, nämlich die starke Zuwanderung der Jahre 2015 und 2016. Mit anderen Worten: Ohne diese historische Ausnahmesituation hätte es den Zuwachs der Sorgen über die Zuwanderung in dieser Größenordnung nicht gegeben. Auch einige andere gesellschaftsbezogene Ängste und Sorgen sind stark eventgetrieben (durch Terrorismus, Anschläge, Kriege usw.) und damit kontingent – und keineswegs notwendiger Bestandteil moderner Gesellschaften *in ihrem Normalbetrieb*, wie es die Angstdiagnosen unterstellen. Darauf verweist auch, dass andere gesellschaftsbezogene Sorgen und Ängste stark fluktuieren (z. B. die Sorge um die allgemeine wirtschaftliche Situation) oder langfristig abnehmen (z. B. die Sorge um die Umwelt). Die Pauschaldiagnose, die Menschen hätten heute vor allem und jedem Angst, wird durch das empirische Material nach unserem Dafürhalten jedenfalls nicht gestützt.

Das *zweite* Überprüfungskriterium lautete, dass Sorgen und Ängste in allen Bevölkerungsschichten angewachsen sind und daher die Zone der Verunsicherung bis weit in die Mittelschichten hineinragt (Bude 2014; Mau 2012). Hier ist es schon schwieriger, ein eindeutiges Fazit zu ziehen. Zunächst einmal belegt die Mehrzahl der Beiträge einen klaren sozialen Gradienten, so wie man ihn erwartet und auch von negativen Emotionen (Rackow/Schupp/

von Scheve 2012) kennt: Sorgen und Ängste sind in der unteren Schicht weiter verbreitet als in den Mittelschichten, und die Arbeitslosen und Einkommensarmen leiden besonders unter einem geringen Wohlbefinden. Naturgemäß gilt dies vor allem für die persönlichen Lebensbereiche, wie Lengfeld für die Abstiegsängste, Delhey und Steckermeier für die Statusängste und Lübke gleich für ein ganzes Paket persönlicher Sorgen zeigen. Auch die durchaus nach Herkunftsfamilie »geschichteten« beruflichen Zukunftserwartungen der Jugendlichen (Esche/Böhnke in diesem Band) belegen diesen gesellschaftlichen Grundtatbestand. Der Beitrag von Herok, Spahn und Himmelreicher, der eine prekäre Berufsgruppe in den Blick nimmt, fördert eindrücklich berufliche Sorgen und Nöte zu Tage, die man so massiv in mittleren und höheren Klassenlagen sicherlich nicht vorfindet. Selbst einige gesellschaftsbezogene Sorgen (wie die um den Schutz der Umwelt oder über die Zuwanderung) haben einen sozioökonomischen Gradienten – und zwar genau in der Richtung, wie man es erwartet, wenn man Angstrelationen als Ausdruck symbolischer Herrschaft versteht (vgl. Schmitz in diesem Band).

Die Beiträge, die den sozioökonomischen Gradienten persönlicher Sorgen über die Zeit verfolgen, belegen zudem überwiegend Stabilität – auch wenn Delhey und Steckermeier mit der Hochschulbildung einen sozialen Marker benennen, der heute nicht mehr im selben Maße wie noch vor einigen Jahren vor (glücklicherweise wenig verbreiteten) Statusängsten schützt. Ansonsten greifen dieselben Abstufungen wie eh und je, darunter Einkommen, Arbeitsmarkterfolg bzw. -misserfolg (siehe Delhey/Steckermeier) und Schicht (siehe Lengfeld). Alles in allem sollte man deshalb nicht davon ausgehen, dass sich die Unterschiede zwischen Unterschicht und Mittelschichten bei den negativen Komponenten des subjektiven Wohlbefindens nennenswert verwischt hätten, wie manche Gegenwartsdiagnosen nahelegen. Eher scheint es so, dass sich die Sorgenniveaus verschiedener Schichten weitgehend parallel bewegen. Und seit ca. 2005 heißt das für alle Schichten: in eine positive Richtung. Damit erweist sich sowohl Budes (2014) Diagnose als fragwürdig, nach der auch die Mittelschichten *in hohem Maße* verunsichert seien (vgl. dazu relativierend auch Burzan/Kohrs/Küsters 2014), als auch Nachtweys (2016) Prognose, dass es für die Modernisierungsverlierer, ja generell eine breite Schicht der abhängig Beschäftigten nur noch eine Richtung gäbe, ökonomisch wie subjektiv: *bergab*.

Das *dritte* Kriterium, das wir aus den Angstdiagnosen abgeleitet haben, lautete, dass Sorgen und Ängste heute *folgenreicher für Individuum und Gesell-*

schaft sind. Sorgen und Ängste müssten demnach in zunehmendem Maße beeinflussen, was die Menschen denken und tun, und über die Logik der Aggregation damit auch den Kurs der Gesellschaft bestimmen. Dies ist sicherlich das Kriterium, über das wir noch relativ wenig wissen – trotz dieses Sammelbandes. Für die – insgesamt keinesfalls gestiegenen – Statusängste (Delhey/Steckermeier in diesem Band) wissen wir immerhin, dass sich diese in einem Zehn-Jahres-Vergleich heute weniger stark in Unzufriedenheit mit dem eigenen Leben übersetzen, aber stärker in Unzufriedenheit mit Politik und Gesellschaft, gemessen am Misstrauen in staatlich-gesellschaftliche Institutionen. Sowohl Droste als auch Hertel und Esche finden Hinweise dafür, das Sorgen und Ängste mit populistischen Einstellungen bzw. der Wahl rechtspopulistischer Parteien zusammenhängen. Allerdings gibt es nicht *die eine* Angst, die alles erklären kann. Vielmehr scheint es ein komplexes Zusammenspiel ökonomischer, sozialer und kultureller Sorgen und Ängste einerseits und tatsächlicher sozioökonomischer Risiken andererseits zu sein, das den Nährboden für populistische Bewegungen bereitet. Mit einiger Spekulation deutet sich an, dass die politisch-öffentliche Wirkung negativer Stimmungslagen tatsächlich gewachsen ist – sei es, weil der »Wutbürger« (Vorländer 2011; Kersting 2013) seinen Unmut stärker nach außen trägt, sei es, weil Aktionsgruppen und politische Parteien negative Befindlichkeiten der Bevölkerung direkter adressieren. Hier sehen wir noch erheblichen Forschungsbedarf.

Alles in allem gesehen legen die Befunde im vorliegenden Sammelband nahe, dass die populäre Diagnose einer Angstgesellschaft überzogen ist. Wir finden weder eine systematische Zunahme von Sorgen und Ängsten im Zeitverlauf noch eine Fusionierung von Unterschicht und Mittelschicht in eine nivellierte Klasse der Besorgten. Sorgen und Ängste sind mitnichten zur dominierenden Gefühlslage geworden, und gerade in der Mittelschicht können wir nicht jene angeblich allgegenwärtigen Abstiegs- und Statussorgen ausfindig machen, die die Mitte der Gesellschaft zu einer »Kampfzone« (Schöneck/Ritter 2018) machen. Im Lichte der empirischen Befunde betrachtet sind die populären Angstdiagnosen in zentralen Aspekten offenbar mehr Panikmache denn angemessene Beschreibung der heutigen Gesellschaft. Am ehesten treffen sie wohl hinsichtlich der gestiegenen Politisierung von Sorgen und Ängsten zu, aber auch hier brauchen wir noch mehr Forschung, um dies mit größerer Sicherheit sagen zu können.

Bei unserem Fazit müssen wir einschränkend auf mindestens zwei Punkte hinweisen. Zum einen hängen die Ergebnisse empirischer Sozialforschung immer von den Indikatoren ab, mit denen wir die soziale Realität abzubilden versuchen. Gerade im sozioökonomischen Bereich gibt es einen Mangel an Indikatoren, die die Furcht vor einer *langfristigen* (auch über Generationen wirkenden) Verschlechterung der Lebensbedingungen bzw. der relativen Stellung in der Gesellschaft thematisieren. So erweist sich langfristiger Pessimismus offenbar als weiter verbreitet als kurzfristiger Pessimismus und ragt weiter in die Mittelschicht hinein (vgl. Schöneck/Mau/Schupp 2011). Allerdings können die Autoren keine Auskunft über die Entwicklung langfristiger Sorgen und Ängste geben, da sie nur über Querschnittsdaten verfügen, und die Angst vor Altersarmut befindet sich nicht auf einem besorgniserregenden Niveau (vgl. Lübke in diesem Band). Gleichwohl gilt: Bessere und vielfältige Indikatoren würden uns helfen, die negativen Komponenten des subjektiven Wohlbefindens mit noch mehr Tiefgang zu erforschen.

Zum anderen befassen sich die meisten Beiträge dieses Sammelbandes mit mehr oder weniger konkreten Sorgen und Ängsten. Wie bereits erwähnt gibt es aber noch einen zweiten Typus von Angst, die Kontingenzangst. Diese eher *diffuse* Angst vor der generellen Unübersichtlichkeit des modernen Lebens führt uns, viel mehr als die konkreten Befürchtungen, auf das Terrain der Anomie, die ja ein klassischer Untersuchungsgegenstand der Soziologie seit Durkheim ist und integraler Bestandteil der Wohlfahrtsforschung der 70er und 80er Jahre war (Glatzer/Zapf 1984). Es ist möglich, aber keineswegs zwingend, dass uns die Entwicklung dieser diffusen Ängste mehr Indizien für eine Angstgesellschaft geliefert hätte. Ein Hinweis auf ihre Bedeutung ist, dass der Eindruck, die Welt sei überkomplex geworden, eine starke Determinante einer populistischen Orientierung ist (vgl. Droste in diesem Band). Bei den diffusen Ängsten sehen wir deshalb auch aktuell den größten Bedarf für weitere Forschung, idealerweise anknüpfend an die Tradition der deutschen Wohlfahrtsforschung sowie an deren Datenbestände, um die zentrale Frage beantworten zu können, ob die Anomie nun tatsächlich zugenommen hat oder nicht.

Damit sind wir auch schon bei weiteren Empfehlungen für zukünftige Forschung. Eine wichtige Leerstelle scheint uns die *international-vergleichende Perspektive* zu sein. Auch dieser Sammelband konzentriert sich, im bewussten Anschluss an die wissenschaftliche und öffentliche Debatte hierzulande, auf die deutsche Gesellschaft. Nur ein Beitrag geht auf Deutschlands Position in Europa ein – mit dem Ergebnis, dass zumindest Statusängste in Deutschland eher wenig verbreitet sind (Delhey/Steckermeier in diesem

Band). Auch Dehne (2017: 438 ff.) findet in seinem europäischen Vergleich keinen Beleg dafür, dass die Menschen in Deutschland besonders ängstlich seien – trotz der verbreiteten Rede von der *German Angst*. Breite interkontinentale Vergleiche können den Blick dafür schärfen, welche Sorgen und Ängste für die westlichen Gegenwartsgesellschaften typisch sind, während Vergleiche der westlichen Gesellschaften untereinander Aufschluss darüber geben, inwieweit länderspezifische Bedingungen zur Entstehung von Sorgen und Ängsten beitragen – vielleicht mehr als »die Spätmoderne« schlechthin. Gerade letzteres ist ein Punkt, der in manchen Gegenwartsdiagnosen nur unzureichend reflektiert wird.

Lohnend wäre weiterhin zu erkunden, warum die diversen sozialstrukturellen, institutionellen und kulturellen Trends, die ja das argumentative Fundament der Angstdiagnosen darstellen, sich *nicht* in kontinuierlich wachsende Sorgen und Ängste übersetzt haben. Mit der seit Jahren guten wirtschaftlichen Konjunktur haben wir eine mögliche Erklärung bereits erwähnt, die uns aber nicht ausreichend erscheint. Welche anderen gesellschaftlichen Entwicklungen mildern die negativen Effekte der individualisierten Konkurrenzgesellschaft auf das Wohlbefinden ab oder neutralisieren diese sogar? Welche individuellen Ressourcen helfen den Menschen dabei, in der beschleunigten und sicherlich objektiv »anstrengender« gewordenen Gegenwartsgesellschaft doch ein hohes Maß an Wohlbefinden zu erreichen? Hier ist an Autonomiegewinne und Lebensführungsfreiheiten ebenso zu denken wie an Bildung oder Sozialkapital. Vielleicht unterschätzt ja die soziologische Zunft die Fähigkeit der Menschen, mit Unsicherheit umzugehen – und damit die *Resilienz* von Individuen und Gesellschaften. Bleibt abschließend die Frage, mit welchem Schlagwort wir die Stimmungslage der Bevölkerung auf einen Punkt bringen können, und zwar realistischer als mit dem zu negativen Schlagwort der Angstgesellschaft. Vielleicht trifft es die »unruhige Gesellschaft« besser.

Literatur

Beck, U. (1986): Risikogesellschaft. Auf dem Weg in eine andere Moderne, Frankfurt a. M.: Suhrkamp.

Bell, D. (1991): Die kulturellen Widersprüche des Kapitalismus, Frankfurt a. M./New York: Campus.

Betzelt, S./Bode, I. (2017): »Angst im Sozialstaat – Hintergründe und Konsequenzen«, in: WISO direkt 38, S. 1–4.
Betzelt, S./Bode, I. (2018): Angst im neuen Wohlfahrtsstaat: Kritische Blicke auf ein diffuses Phänomen, Baden-Baden: Nomos Verlagsgesellschaft.
Bogner, A. (2015): Gesellschaftsdiagnosen. Ein Überblick, Weinheim/Basel: Beltz Juventa.
Bude, H. (2014): Gesellschaft der Angst, Hamburg: HIS Verlagsgesellschaft.
Burzan, N./Kohrs, S./Küsters, I. (2014): Die Mitte der Gesellschaft: Sicherer als erwartet?, Weinheim/Basel: Beltz Juventa.
Dehne, M. (2017): Soziologie der Angst. Konzeptionelle Grundlagen, soziale Bedingungen und empirische Analysen, Wiesbaden: Springer VS.
Duden (o. J.): »Angst« auf Duden online. URL: www.duden.de/node/678591/revisions/1997655/view, zuletzt geprüft: 21.11.2018.
Erlinghagen, M. (2010): »Mehr Angst vor Arbeitsplatzverlust seit Hartz? Langfristige Entwicklung der Beschäftigungsunsicherheit in Deutschland«, in: IAQ-Report 2010-02, S. 1–12. DOI: 10.17185/duepublico/45641
Geißler, R. (2014): Die Sozialstruktur Deutschlands, Wiesbaden: VS Verlag für Sozialwissenschaften. DOI: 10.1007/978-3-531-19151-5
Glatzer, W./Zapf, W. (Hg.) (1984): Lebensqualität in der Bundesrepublik: Objektive Lebensbedingungen und subjektives Wohlbefinden, Frankfurt a. M.: Campus.
Inglehart, R. (1971): »The Silent Revolution in Europe: Intergenerational Change in Post-Industrial Societies«, in: The American Political Science Review 65, S. 991–1017. DOI: 10.2307/1953494
James, O. (2008): The Selfish Capitalist. Origins of Affluenca, London: Vermilion.
Kersting, N. (2013): »Wutbürger und andere soziale Bewegungen«, in: Der Bürger im Staat 65, S. 155–165.
Knuth, M. (2006): »›Hartz IV‹ – die unbegriffene Reform«, in: Sozialer Fortschritt 55, S. 160–168.
Lengfeld, H./Ordemann, J. (2017): »Der Fall der Abstiegsangst, oder: Die mittlere Mittelschicht als sensibles Zentrum der Gesellschaft. Eine Trendanalyse 1984–2014«, in: Zeitschrift für Soziologie 46, S. 167–184. DOI: 10.1515/zfsoz-2017-1010
Lübke, C./Erlinghagen, M. (2014): »Self-Perceived Job Insecurity Across Europe over Time: Does Changing Context Matter?«, in: Journal of European Social Policy 24, S. 319–336. DOI: 10.1177/0958928714538215

Mau, S. (2012): Lebenschancen. Wohin driftet die Mittelschicht?, Berlin: Suhrkamp.

Nachtwey, O. (2015): »Rechte Wutbürger. Pegida oder das autoritäre Syndrom«, in: Blätter für deutsche und internationale Politik, S. 81–89.

Nachtwey, O. (2016): Die Abstiegsgesellschaft: Über das Aufbegehren in der regressiven Moderne, Berlin: Suhrkamp.

Neckel, S. (2008): Flucht nach vorn. Die Erfolgskultur der Marktgesellschaft, Frankfurt a. M.: Campus.

Pauer, N. (2011): Wir haben keine Angst: Gruppentherapie einer Generation, Frankfurt a. M.: S. Fischer.

Rackow, K./Schupp, J./von Scheve, C. (2012): »Angst und Ärger: Zur Relevanz emotionaler Dimensionen sozialer Ungleichheit«, in: Zeitschrift für Soziologie 41, S. 392–409. DOI: 10.1515/zfsoz-2012-0505

Schimank, U./Mau, S./Groh-Samberg, O. (2014): Statusarbeit unter Druck? Zur Lebensführung der Mittelschichten, Weinheim: Beltz Juventa.

Schmidbauer, W. (2005): Lebensgefühl Angst: Jeder hat sie. Keiner will sie. Was wir gegen Angst tun können, Freiburg: Herder.

Schöneck, N. M./Ritter, S. (2018): Die Mitte als Kampfzone: Wertorientierungen und Abgrenzungspraktiken der Mittelschichten, Bielefeld: transcript.

Schöneck, N. M./Mau, S./Schupp, J. (2011): »Gefühlte Unsicherheit: Deprivationsängste und Abstiegssorgen der Bevölkerung in Deutschland«, in: SOEPpapers on Multidisciplinary Panel Data Research 428, S. 1–14.

Schulze, G. (1992): Die Erlebnisgesellschaft. Kultursoziologie der Gegenwart, Frankfurt a. M./New York: Campus.

Vorländer, H. (2011): »Der Wutbürger – Repräsentative Demokratie und kollektive Emotionen«, in: H. Blum/K. Fischer/M. Llanque (Hg.), Ideenpolitik. Geschichtliche Konstellationen und gegenwärtige Konflikte, Berlin: Akademie, S. 467–478.

Leben wir in einer Angstgesellschaft?
Die Verbreitung von persönlichen und gesellschaftsbezogenen Sorgen in Deutschland

Christiane Lübke

1. Einleitung

Sorgen und Ängste sind seit Längerem ein bestimmendes Motiv soziologischer Gegenwartsdiagnosen und feuilletonistischer Debatten, die sich mit dem Zustand der heutigen Gesellschaft auseinandersetzen. Sorgen und Ängste finden sich dort in unterschiedlichen Formen immer wieder, gelegentlich ganz vordergründig wie in dem Buch von Heinz Bude (2014) mit dem Titel »Gesellschaft der Angst«, aber auch weniger explizit, mehr oder weniger unterschwellig. Schon in der »Risikogesellschaft« von Ulrich Beck aus dem Jahr 1986 werden die Ängste thematisiert, die – so Beck – durch die technisch-wissenschaftlichen Entwicklungen im Übergang zur Zweiten Moderne ausgelöst werden. Spätestens seit Beginn der 2010er Jahre werden die Ängste der Bevölkerung erneut breit diskutiert, diesmal jedoch zunächst mit Fokus auf Abstiegsängste, also die Sorgen über den Verlust der eigenen sozialen Position, beispielsweise durch Arbeitsplatzverlust oder unzureichende Absicherung im Alter. Soziale Abstiege, so der allgemeine Tenor, scheinen zuzunehmen und auch vor der traditionell gut abgesicherten Mittelschicht nicht mehr haltzumachen (Burkhardt et al. 2013; Lengfeld/Hirschle 2009; Schimank et al. 2014). In einem aktuell breit rezipierten Buch von Oliver Nachtwey mit dem Titel »Abstiegsgesellschaft« heißt es, dass die »kollektive Angst vor dem sozialen Abstieg allgegenwärtig« sei (Nachtwey 2017: 7). Doch damit nicht genug: In jüngster Zeit scheinen Naturkatastrophen wie lange Hitzeperioden, Hochwasser und Stürme verstärkt Sorgen über die Folgen des Klimawandels zu schüren, und mutmaßlich unkontrollierbare Flüchtlingsströme, Terroranschläge und kriegerische

Auseinandersetzungen erzeugen zudem Angst um Sicherheit und Friedenserhalt (Bauman 2006).

Die Diagnose einer zunehmend angstbestimmten Gesellschaft mag der öffentlichen Wahrnehmung entsprechen, empirisch gesichert ist sie nicht. Es fehlen sowohl fundierte Arbeiten zur sozialstrukturellen Verbreitung als auch zur Entwicklung der Sorgen und Ängste im Zeitverlauf. Belastbare Befunde liegen im Moment nur für einzelne Bereiche vor. Eine lange Tradition hat beispielsweise die Forschung zur Kriminalitätsfurcht (Boers 1991; Hirtenlehner 2006; Hummelsheim-Doß 2016). Die Angst vor dem Verbrechen ist demnach ein uraltes menschliches Gefühl, das jedoch nicht allein auf die objektive Kriminalitätsentwicklung und persönliche Viktimisierungserfahrungen zurückgeführt werden kann. Es zeigt sich vielmehr, dass Kriminalitätsfurcht auch Ausdruck einer generellen Verunsicherung angesichts tiefgreifender gesellschaftlicher Veränderungen ist (Hirtenlehner 2006). Eine starke Zunahme der Kriminalitätsfurcht könnte folglich tatsächlich ein Anzeichen für eine zunehmend von Angst bestimmte Gesellschaft sein. Studien legen jedoch im Gegenteil eher nahe, dass sich eine deutliche Mehrheit der Bevölkerung in Deutschland sicher fühlt (Dittmann 2005; Hummelsheim-Doß 2016).

Ebenfalls gut erforscht sind die Sorgen um den Arbeitsplatz, die eine Dimension der sogenannten subjektiven Arbeitsplatzunsicherheit darstellen und auch als Indikator für Abstiegsängste herangezogen werden (Erlinghagen 2010; Erlinghagen/Lübke 2015; Lengfeld/Hirschle 2009; Lengfeld/Ordemann 2017; Sverke et al. 2006). Arbeitsplatzsorgen entstehen dann, wenn Beschäftigte ihren Arbeitsplatz als bedroht wahrnehmen und befürchten, für längere Zeit arbeitslos zu werden. Mittlerweile zeigen zahlreiche Studien, dass auch hierbei nicht allein die eigene Beschäftigungssituation ausschlaggebend ist (ob man beispielsweise einen befristeten Arbeitsvertrag hat oder nicht), Arbeitsplatzsorgen sind auch eine emotionale Reaktion auf gesamtgesellschaftliche, wirtschaftliche und sozialpolitische Veränderungen (Erlinghagen 2008; Lübke/Erlinghagen 2014). Die Entwicklung der Arbeitsplatzsorgen folgt deshalb größtenteils dem allgemeinen Konjunkturverlauf: Geht es der Wirtschaft schlecht und ist die Arbeitslosigkeit hoch, schauen die Beschäftigten pessimistisch in die Zukunft; verbessern sich hingegen die wirtschaftlichen Bedingungen, nehmen auch die Sorgen um die Sicherheit des Arbeitsplatzes in der Bevölkerung wieder ab (Erlinghagen 2008; Green 2009; vgl. dazu auch den Beitrag von Lengfeld in diesem Band). Ähnlich verhält es sich mit den Statusängsten, also der Sorge davor, von den Mitmenschen keine ausreichende soziale Wertschätzung zu erfahren (Delhey et al. 2017; Wilkinson/Pickett 2012). Diese Angst ist vor allem in sozial schlechter gestellten Schichten verbreitet (vgl. hierzu den Beitrag von Delhey/Steckermeier in diesem Band).

Darüber hinaus finden sich lediglich vereinzelte, meist anlassbezogene Studien zu den Sorgen und Ängsten der Menschen, beispielsweise zu den Sorgen der Bevölkerung über die Folgen der EU-Osterweiterung von Kroh (2005). Systematische Untersuchungen, die mehrere Sorgenbereiche vergleichend betrachten und dabei auch sozialstrukturelle Unterschiede berücksichtigen sowie eine Längsschnittperspektive einnehmen, sind bisher selten (eine wichtige Ausnahme ist hierbei Dehne 2017). Daher wissen wir derzeit nicht, *welche Bevölkerungsgruppen* sich *welche Sorgen* machen und welche Sorgen und Ängste *tatsächlich angestiegen sind*. Ein solches Wissen ist jedoch nicht nur zur Überprüfung von soziologischen Gesellschaftsdiagnosen unabdingbar. Empirisch gesicherte Befunde über die Gefühlslage der Menschen sind auch wichtig, weil Sorgen und Ängste Wahrnehmung und Verhalten der Menschen stark beeinflussen und damit sowohl politische als auch ökonomische Folgen nach sich ziehen können. Arbeitsplatzsorgen und die damit verbundene Angst vor dem sozialen Abstieg gehen beispielsweise nachweislich mit verringertem Wohlbefinden und eingeschränkter Gesundheit einher (Burgard et al. 2009; De Witte et al. 2016) und können auch die Einstellungen zum Sozialstaat verändern (Marx 2014; Nguyen 2017). Solche Modernisierungsängste werden zudem häufig herangezogen, um den Erfolg rechtspopulistischer Bewegungen und Parteien in vielen westlichen Ländern erklärbar zu machen. Die Entstehung von Pegida beispielsweise wird von vielen als Ausdruck einer von Abstiegsängsten geplagten Mitte (Nachtwey 2017) verstanden, die ihre eigenen Abstiegssorgen auf Zuwanderer projiziert und gegen die aus ihrer Sicht drohende »Islamisierung des Abendlandes« demonstriert. In der soziologischen Forschung ist die Bedeutung von ökonomischen Sorgen und Ängsten beispielsweise für den Erfolg von Pegida oder der AfD jedoch umstritten (Lengfeld 2017; Lux 2018; Rippl/Seipel 2018; Schröder 2018, vgl. dazu auch Hertel/Esche sowie Droste in diesem Band), und bisher erlauben die empirischen Befunde dazu keine abschließende Bewertung.

Der vorliegende Beitrag möchte einen systematischen Überblick über die Verbreitung von persönlichen und gesellschaftsbezogenen Sorgen in

Deutschland liefern und damit die Diagnosen einer zunehmend angstbestimmten Gesellschaft einer empirischen Prüfung unterziehen. Persönliche Sorgen umfassen beispielsweise die Sorge um die eigene Altersvorsorge, die eigene Gesundheit oder den eigenen Arbeitsplatz. Gesellschaftsbezogene Sorgen beziehen sich hingegen auf Bereiche wie die Kriminalitätsentwicklung, die Zuwanderung, den Schutz der Umwelt und die allgemeine wirtschaftliche Entwicklung. Zunächst werden die aktuellen Sorgen und Ängste in Deutschland näher beleuchtet und eventuell bestehende Unterschiede zwischen verschiedenen Bildungsgruppen aufgedeckt, anschließend sollen die Sorgenverläufe der letzten Jahrzehnte nachgezeichnet werden. Der Beitrag endet mit einer abschließenden Bewertung der Diagnose Angstgesellschaft.

2. Datengrundlage und standardisierte Messung von Sorgen und Ängsten

Die folgenden Auswertungen zur Verbreitung von Sorgen und Ängsten in Deutschland greifen auf die repräsentativen Daten des Sozio-oekonomischen Panels (SOEP) zurück. Das SOEP ist die größte und am längsten laufende Wiederholungsbefragung von privaten Haushalten und allen darin lebenden Personen in Deutschland; sie wird seit 1985 in Westdeutschland und seit 1990 in Ostdeutschland jährlich unter dem Dach des Deutschen Instituts für Wirtschaftsforschung (DIW, Berlin) durchgeführt (Goebel et al. 2018; Wagner et al. 2007). Neben zahlreichen objektiven und subjektiven Indikatoren zur Lebenslage enthält das SOEP von Beginn an Fragen zu den Sorgen und Ängsten der Menschen, die sukzessive auf aktuell 12 Sorgenfragen erweitert wurden.[1] Gefragt wird im genauen Wortlaut (und in folgender Reihenfolge) nach Sorgen »um die allgemeine wirtschaftliche Entwicklung« (ab 1985), »um Ihre eigene wirtschaftliche Situation« (ab 1985), »um Ihre eigene Altersversorgung« (ab 2015), »um Ihre Gesundheit« (ab 1999),

1 In den vergangenen Jahren gab es im SOEP zwischendurch auch Fragen nach Sorgen, die heute so nicht mehr erfasst werden. Dazu zählen beispielsweise die Sorgen über die Einführung des EUROs (erfragt in den Jahren 1999 bis 2003 und nochmals 2011) oder die Sorgen über die Folgen der EU-Osterweiterung (erfragt in den Jahren 2004 bis 2008). Diese werden hier nicht berücksichtigt.

»um den Schutz der Umwelt« (ab 1985), »um die Folgen des Klimawandels« (ab 2009), »um die Erhaltung des Friedens« (ab 1985), »über die Entwicklung der Kriminalität in Deutschland« (ab 1994), »um den sozialen Zusammenhalt der Gesellschaft« (ab 2015), »über die Zuwanderung nach Deutschland« (ab 1999), »über Ausländerfeindlichkeit und Fremdenhass in Deutschland« (ab 1992) und, nur von Erwerbstätigen zu beantworten, »um die Sicherheit Ihres Arbeitsplatzes« (ab 1985). Die Befragten können dabei auf einer dreistufigen Skala angeben, ob sie sich »keine«, »einige« oder »große Sorgen« bezüglich der abgefragten Bereiche machen. Im vorliegenden Beitrag werden jeweils die Anteile der Personen ausgewiesen, die von »großen Sorgen« berichten. Die Analyse beschränkt sich dabei auf Personen im Alter von 18 bis 80 Jahren, die die Fragen nach den Sorgen in den jeweiligen Jahren beantwortet haben.

Die »Sorgenbatterie« des SOEP liefert mit den oben genannten Fragen Informationen zu Sorgen aus unterschiedlichsten Bereichen. Es werden dabei sowohl persönliche als auch gesellschaftsbezogene Sorgen erfasst (Dittmann 2009). Persönliche Sorgen beziehen sich unmittelbar auf die Lebenssituation des Einzelnen. Dazu zählen beispielsweise die Sorge um die eigene Altersvorsorge, die eigene Gesundheit oder den eigenen Arbeitsplatz. Gesellschaftsbezogene Sorgen beziehen sich hingegen auf Bereiche wie die Kriminalitätsentwicklung[2], die Zuwanderung, den Schutz der Umwelt und die allgemeine wirtschaftliche Entwicklung, auf die der Einzelne keinen unmittelbaren Einfluss hat. Die Liste persönlicher und gesellschaftsbezogener Sorgen ließe sich sicher beliebig fortführen. Empirische Analysen zur Verbreitung von Sorgen und Ängsten sind jedoch darauf angewiesen, dass in repräsentativen Umfragen wie dem SOEP die immer gleichen Fragen über einen möglichst langen Zeitraum enthalten sind. Nur so können Veränderungen über die Zeit verlässlich nachgezeichnet und die Diagnose einer wachsenden Angst in der Gesellschaft überprüft werden. Das SOEP bietet nicht nur die wahrscheinlich umfangreichste Sorgenbatterie in Deutschland, es gibt auch Hinweise darauf, dass die wichtigsten Sorgenbereiche damit ausreichend abgedeckt sind. Im Anschluss an die standardisierte Erfassung der Sorgen werden die Befragten nämlich mit einer offenen Frage

2 Kriminalitätsfurcht kann sowohl auf sozialer als auch personaler Ebene erfasst werden (Boers 1991; Hirtenlehner 2006). Während die personale Kriminalitätsfurcht die Sorge widerspiegelt, selber Opfer einer Straftat zu werden, richtet sich die soziale Kriminalitätsfurcht auf die subjektiv wahrgenommene Bedrohung der Gesellschaft durch Kriminalität.

nach weiteren Ängsten gefragt, die sie zusätzlich zu den zuvor abgefragten Sorgen umtreiben. Nur bis zu 18 Prozent der Befragten nutzen in den Befragungen diese Möglichkeit und nennen weitere Sorgen (Rohrer et al. 2017). Darunter sind zumeist persönliche Sorgen, insbesondere Sorgen um die Zukunft der Kinder[3] oder Sorgen um die Gesundheit von Familienangehörigen. Weitere gesellschaftsbezogene Sorgen werden – wenn überhaupt – nur in Bezug zu tagesaktuellen Ereignissen wie beispielsweise der BSE-Krise im Jahr 2001 genannt, die jedoch oft zu spezifisch und kurzlebig sind, um sie in standardisierte Befragungen aufzunehmen (Rohrer et al. 2017). Insgesamt kann davon ausgegangen werden, dass mit der Sorgenbatterie des SOEP die wichtigsten gesellschaftsbezogenen Sorgen erfasst werden.

Um eine Aussage zur Veränderung der größten Sorgen der Menschen über die Zeit machen zu können, sind Daten notwendig, die möglichst weit zurückgehen. Die Daten des SOEP reichen für Westdeutschland bis 1985 und für Ostdeutschland bis 1990 zurück, die jüngsten SOEP-Daten stehen für das Jahr 2016 zur Verfügung. In diesem Beitrag kann also ein Zeitraum von bis zu 31 bzw. 26 Jahren untersucht werden. Ob das ein ausreichend großer Zeitraum ist, um Gesellschaftsdiagnosen wie die von Heinz Bude zu betrachten, lässt sich schwerlich sagen, da diese sich auf eine meist nicht näher bestimmte Vergangenheit (meist unspezifisch »früher«) als Kontrastfolie zur Gegenwart beziehen. Das SOEP und damit auch die Analysen in diesem Beitrag decken aber auf jeden Fall einen aussagekräftigen Betrachtungszeitraum ab, in dem, wie sich noch zeigen wird, die Sorgen der Bevölkerung teilweise großen Schwankungen unterlagen.

3. Ergebnisse zur Verbreitung von persönlichen und gesellschaftsbezogenen Sorgen in Deutschland

Aktuelle Sorgen und Ängste in Deutschland

Abbildung 1 vermittelt zunächst einen Eindruck von den aktuellen Sorgen und Ängsten der Menschen in Deutschland. Getrennt für West- und Ostdeutschland sind die Anteile der Personen zwischen 18 bis 80 Jahren abgetragen, die

3 Mittlerweile sind mögliche Sorgen um die wirtschaftliche Zukunft der Kinder auch als Frage im SOEP aufgenommen, diese werden in diesem Beitrag aber noch nicht berücksichtigt.

sich im Jahr 2016 große Sorgen in den abgefragten Bereichen machten. Ganz oben auf der Liste stehen Sorgen, die allesamt mit den Themen Zuwanderung und Sicherheit in Verbindung gebracht werden können. In Westdeutschland sorgen sich 55 Prozent um den Erhalt des Friedens, 49 Prozent machen sich Sorgen über die Ausländerfeindlichkeit, 46 Prozent über die Kriminalitätsentwicklung in Deutschland und 44 Prozent über die Zuwanderung. In Ostdeutschland stehen ebenfalls die Sorgen über Zuwanderung (59 Prozent), Friedenserhalt (58 Prozent) und Kriminalitätsentwicklung (56 Prozent) ganz oben auf der Liste der häufigsten Sorgen. Die Sorgen über die Ausländerfeindlichkeit sind in Ostdeutschland (45 Prozent) auch noch unter den Top 4, aber etwas schwächer ausgeprägt als in Westdeutschland. Die Menschen in Ostdeutschland machen sich also etwas stärker Sorgen über die Zuwanderung an sich, während sich die Menschen in Westdeutschland stärker über die Ausländerfeindlichkeit, also gewissermaßen die Kehrseite der aktuellen Flüchtlingszuwanderung, Sorgen machen. Es kann aber auch festgehalten werden, dass die Sorgen über Zuwanderung und Ausländerfeindlichkeit in beiden Landesteilen aktuell stark verbreitet sind. West- wie Ostdeutsche machen sich nicht nur über mögliche negative Auswirkungen von Zuwanderung Sorgen, sondern im vergleichbaren Ausmaß auch über mögliche Anfeindungen und Diskriminierung der zugewanderten Ausländer durch die deutsche Bevölkerung (vgl. Kuhnt & Wengler in diesem Band zur Gefühlslage von Migranten).

Die aktuell stark verbreiteten Sorgen um den Erhalt des Friedens, über die Zuwanderung und die Ausländerfeindlichkeit lassen sich leicht auf aktuelle Entwicklungen wie die kriegerischen Auseinandersetzungen in vielen Teilen der Welt, die verstärkte Flüchtlingszuwanderung nach Europa seit 2015 und das Erstarken rechtspopulistischer Parteien zurückführen. Die aktuell ebenfalls verbreitete Angst vor Kriminalität in West- wie Ostdeutschland erscheint jedoch erklärungsbedürftig. Die Kriminalitätsraten in Deutschland sind jedenfalls nicht stark gestiegen und auf einem international vergleichsweise geringen Niveau (Hummelsheim et al. 2011; Polizeiliche Kriminalstatistik PKS 2018). Eine mögliche Erklärung liefert die in der Forschung zur Kriminalitätsfurcht entwickelte Generalisierungsthese (Hirtenlehner 2006). Diese These besagt, dass Kriminalitätsangst nicht allein als eine Reaktion auf tatsächliche Kriminalitätsgefahren entsteht, sondern auch Ausdruck einer allgemeinen Verunsicherung sein kann. Eine solche Verunsicherung könnte zum Beispiel durch eine starke und medial stark aufbereitete Zuwanderung ausgelöst werden. Tatsächlich zeigen Studien, dass die Sorgen

Abbildung 1: Persönliche und gesellschaftsbezogene Sorgen und Ängste in Ost- und Westdeutschland 2016

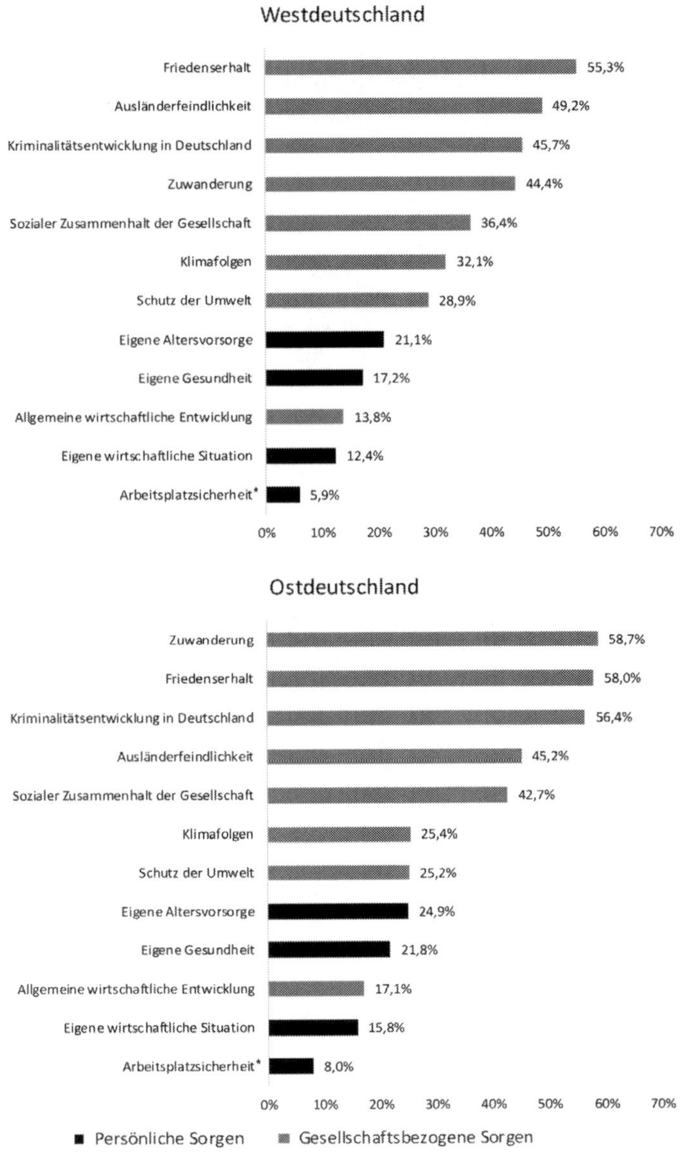

Quelle: SOEPv33.1, eigene Berechnungen (querschnittsgewichtet)
*nur für Erwerbstätige

über die Folgen der Zuwanderung stark mit den Sorgen über Kriminalität korrelieren (Fitzgerald et al. 2012; Rammstedt 2007). Wir können also davon ausgehen, dass sich die verstärkte Zuwanderung nach Deutschland in den letzten Jahren auch auf das Sicherheitsgefühl der Menschen auswirkt – ohne dass die Kriminalität tatsächlich angestiegen sein muss.

Doch zurück zu den häufigsten Sorgen und Ängsten der Menschen im Überblick: Mit deutlichem Abstand folgen auf den mittleren Rängen Sorgen um den sozialen Zusammenhalt der Gesellschaft (36 Prozent in West- und 43 Prozent in Ostdeutschland), über die Folgen des Klimawandels (32 Prozent in West- und 25 Prozent in Ostdeutschland) und um den Umweltschutz (29 Prozent in West- und 25 Prozent in Ostdeutschland). Entgegen den sonst meist höheren Sorgenniveaus in Ostdeutschland sind die Sorgen um Klimawandel und Umweltschutz in Ostdeutschland etwas schwächer ausgeprägt als in Westdeutschland. Dieser auffällige, wenn auch kleine Unterschied erklärt sich möglicherweise dadurch, dass die Umweltdebatte und die damit verbundenen Aufklärungsbemühungen in Ostdeutschland später einsetzten als in Westdeutschland (Preisendörfer 1999: 108).

Persönliche Sorgen stehen in der Rangliste erst auf den unteren Plätzen, allerdings machen sich immerhin noch 25 Prozent der Ost- und 21 Prozent der Westdeutschen große Sorgen um die eigene Altersvorsorge und 17 Prozent der West- und 22 Prozent der Ostdeutschen machen sich große Sorgen um die eigene Gesundheit. Dass sich mehr Menschen um gesellschaftliche Entwicklungen sorgen als um ihre eigene Situation, zeigt sich auch in anderen Untersuchungen (Dittmann 2009). Dieses zunächst paradox wirkende Phänomen ist aus der Zufriedenheitsforschung bekannt und geht wahrscheinlich auf den sogenannten *optimism bias* zurück (Weinstein 1980). Er beschreibt die Tendenz der Menschen, zu glauben, dass sich ihre eigene Zukunft positiver entwickeln wird als die der anderen. Ein weiterer Grund dafür, dass sich Menschen häufig mehr um gesellschaftliche als um persönliche Belange sorgen, könnte in dem verbreiteten Gefühl begründet liegen, dass man die eigene Zukunft auch stärker beeinflussen kann als die gesamtgesellschaftliche Entwicklung. Die subjektiv geringere Kontrolle über gesellschaftliche Problembereiche verstärkt entsprechend auch die gesellschaftsbezogenen Sorgen (Bandura 1977).

Wirtschaftliche Sorgen, egal ob auf persönlicher oder gesellschaftlicher Ebene, spielen aktuell nur eine untergeordnete Rolle. Lediglich 14 bzw. 17 Prozent der West- und Ostdeutschen machen sich Sorgen um die allgemeine wirtschaftliche Entwicklung, und 12 bzw. 16 Prozent machen sich Sorgen um die eigene wirtschaftliche Situation. Die Sorgen um die Sicherheit des Arbeitsplatzes sind mit sechs bzw. acht Prozent der Beschäftigten sogar noch geringer. Wie die späteren Analysen zur Entwicklung der Sorgen im Zeitverlauf noch zeigen werden, ist das ein Rekordtief, das sicher vor allem auf die aktuell gute Konjunktur und niedrige Arbeitslosenquote in Deutschland zurückgeht (vgl. den Beitrag von Lengfeld in diesem Band). Die aktuell geringen ökonomischen Sorgen in Deutschland stehen im starken Widerspruch zu der Diagnose einer Angstgesellschaft, laut der »Erwerbstätigkeit [...] zunehmend weniger Menschen Sicherheit, Status und Prestige sowie die Möglichkeit einer kontinuierlichen Lebensplanung« biete und ökonomische Unsicherheiten weit verbreitet seien (Nachtwey 2017: 121).

Sozialstrukturelle Verteilung der aktuellen Sorgen und Ängste

Viele Zeitdiagnosen unterstellen nicht nur, dass Sorgen und Ängste ein bestimmendes Motiv moderner Gesellschaften sind, sondern behaupten zudem, dass Sorgen »keine sozialen Grenzen« mehr kennen würden (Bude 2014: 3) und damit alle Bevölkerungsgruppen gleichermaßen verunsichert seien. Um diese Annahme zu überprüfen, sollen im Folgenden die Sorgenprofile verschiedener Bildungsgruppen miteinander verglichen werden. Bildung wird dabei als ein wichtiger Indikator für die soziale Schicht einer Person und die damit verbundenen Handlungsmöglichkeiten verwendet. Anhand des höchsten erreichten Ausbildungsabschlusses wird zwischen Personen mit einem niedrigen (ohne jeglichen Ausbildungsabschluss), mittleren (mit beruflichem Ausbildungsabschluss) und hohen (mit Hochschulabschluss) Bildungsabschluss unterschieden. Personen, die noch im Bildungssystem sind, werden nicht betrachtet.

Abbildung 2 zeigt, wie sich die Sorgen verschiedener Bildungsgruppen unterscheiden. Die Linien in den Netzdiagrammen geben jeweils für die Gruppe der Personen mit niedrigem, mittlerem und hohem Bildungsstand den Anteil der Personen wieder, die sich 2016 große Sorgen in den abgefragten Bereichen machten. In Hinblick auf die persönlichen Sorgen zeigt sich ein klares und wenig verwunderliches Muster. Je höher der höchste Ausbildungsabschluss, desto seltener sind die Sorgen um die eigene Zukunft. Dieser Zusammenhang zeigt sich in West- wie in Ostdeutschland sowohl für die Sorgen um die eigene wirtschaftliche Situation und um den Arbeitsplatz

Abbildung 2: Sorgenprofile verschiedener Bildungsgruppen in Ost- und Westdeutschland 2016

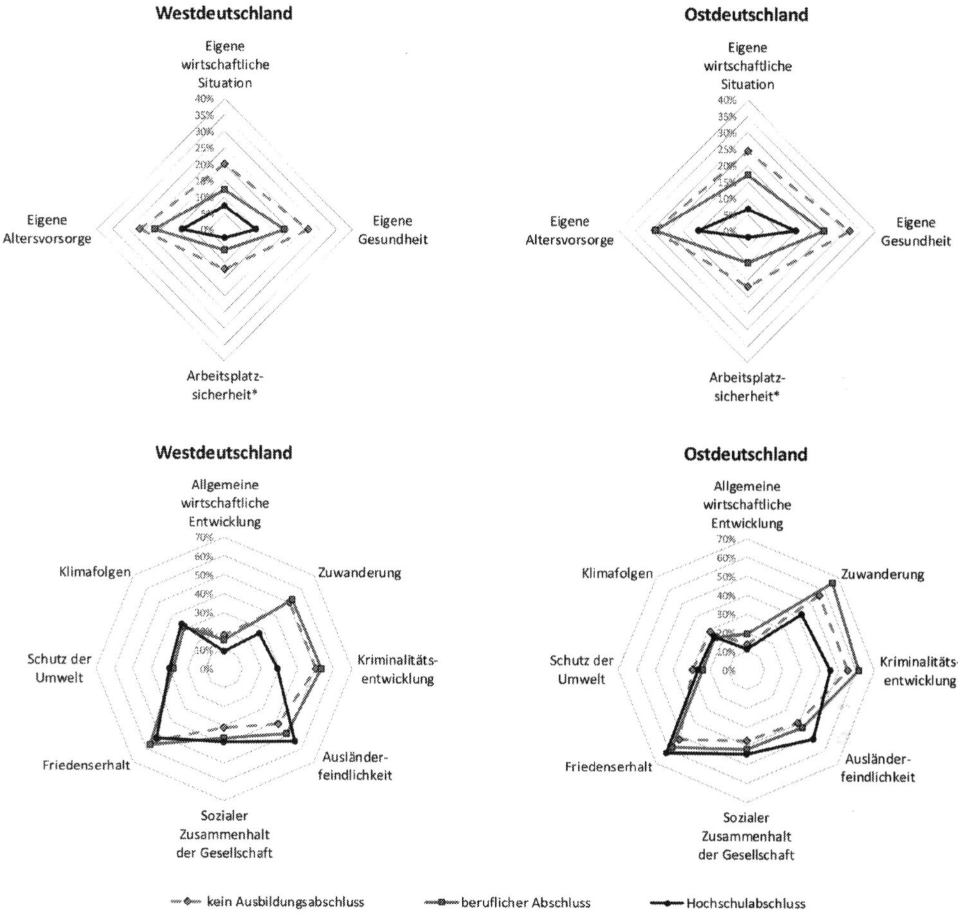

Quelle: SOEPv33.1, eigene Berechnungen (querschnittsgewichtet)
*nur für Erwerbstätige

als auch für die Sorgen um die eigene Gesundheit und für Westdeutschland auch um die Altersvorsorge. Lediglich in Ostdeutschland unterscheiden sich Personen niedriger und mittlerer Bildung nicht hinsichtlich ihrer Sorgen um die eigene Altersvorsorge, Personen mit einem hohen Bildungsabschluss machen sich aber auch hier aufgrund ihrer besseren (ökonomischen) Lage weniger Sorgen. Insgesamt wird deutlich, dass – anders als von den Gesellschaftsdiagnosen behauptet – das Ausmaß der persönlichen Sorgen sehr wohl von der sozialen Position einer Person abhängt.

Kein so eindeutiges Bild zeigt sich bei der Betrachtung der gesellschaftsbezogenen Sorgen verschiedener Bildungsgruppen. Hier gibt es sowohl Sorgen, die in allen Bildungsgruppen gleichermaßen stark auftreten, als auch Sorgen, die zwischen den Bildungsgruppen – in unterschiedlichen Richtungen – teilweise stark auseinandergehen. Die größten Unterschiede zeigen sich hinsichtlich der Sorgen über Zuwanderung und Kriminalitätsentwicklung, wobei die auffälligste Trennlinie zwischen Personen mit niedrigem und mittlerem Bildungsabschluss einerseits und Personen mit hohem Bildungsabschluss andererseits verläuft. Der Anteil derjenigen, die sich große Sorgen über die Zuwanderung machen, ist in der Gruppe der Personen mit niedrigerer Bildung in Westdeutschland um bis zu 26 Prozentpunkte höher als in der Gruppe der Personen mit einem hohen Bildungsabschluss. Bei den Kriminalitätssorgen beträgt diese Differenz zwischen den Bildungsgruppen 24 Prozentpunkte. Weitere (hier nicht dargestellte) Ergebnisse belegen zudem, dass sich diese markanten bildungsabhängigen Unterschiede in der Gefühlslage nicht nur aktuell, sondern in ähnlicher Weise über den gesamten Beobachtungszeitraum zeigen. In der Literatur wird der Zusammenhang zwischen Bildung und der Angst vor Zuwanderung vor allem mit der Konkurrenz- oder Verdrängungshypothese erklärt: Es machen sich demnach vor allem Personen aus unteren sozialen Schichten starke Sorgen über die Zuwanderung, weil sie sich materiell oder ideell von den neu Zugewanderten bedroht fühlen und beispielsweise glauben, mit ihnen um Arbeitsplätze konkurrieren zu müssen (Lancee/Sarrasin 2015). Die größten Sorgen machen sich hier allerdings nicht, wie bei den persönlichen Sorgen, die Personen ohne Ausbildungsabschluss, sondern die Personen mit Ausbildungsabschluss. In Ostdeutschland ist der Abstand zwischen dem Sorgenausmaß der verschiedenen Bildungsgruppen vor allem deshalb geringer, weil sich hier ein deutlich höherer Anteil an Personen mit Hochschulausbildung Sorgen über Zuwanderung und Kriminalitätsentwicklung macht als in Westdeutschland.

Bildungsunterschiede zeigen sich zudem bei den Sorgen über Ausländerfeindlichkeit und um den sozialen Zusammenhalt in der Gesellschaft. Während sich, wie gesehen, Personen mit niedrigem und mittlerem Bildungsabschluss stärker über die möglichen negativen Auswirkungen von

Zuwanderung Sorgen machen, gilt die Sorge von Personen mit einem hohen Bildungsabschluss stärker der Ausländerfeindlichkeit, die die aktuelle Zuwanderung auslösen könnte bzw. schon ausgelöst hat. Die Bildungsunterschiede bei den Sorgen über die Ausländerfeindlichkeit sind allerdings deutlich geringer als bei Zuwanderungssorgen und Kriminalitätsfurcht, was deutlich macht, dass Ausländerfeindlichkeit in allen Schichten Angst auslöst.

Es sieht so aus, als wäre Deutschland gespalten hinsichtlich der Gefühle, die die aktuelle Flüchtlingszuwanderung bei den Menschen auslöst. Vor allem Personen mit niedriger und mittlerer Bildung machen sich Sorgen über die Zuwanderung und die damit in Verbindung gebrachte Kriminalität; bei Personen mit Hochschulabschluss sind diese Sorgen deutlich seltener. Diese sozialstrukturellen Unterschiede zeigen sich zudem in beiden Teilen Deutschlands, sind aber im Westen deutlich stärker ausgeprägt. Bei den übrigen gesellschaftsbezogenen Sorgen zeigen sich hingegen keine nennenswerten Unterschiede zwischen den Bildungsgruppen. Der Erhalt des Friedens, der Schutz der Umwelt und die Folgen des Klimawandels werden über alle Schichten hinweg in ähnlicher Weise als besorgniserregend eingeschätzt.

Entwicklung der Sorgen und Ängste im Zeitverlauf

Im Folgenden soll es nun um die Frage gehen, ob – und wenn ja, welche – Sorgen und Ängste in den letzten Jahrzehnten tatsächlich, wie von verschiedensten Zeitdiagnosen behauptet, zugenommen haben. Abbildung 3 zeigt dafür zunächst die für Ost- und Westdeutschland getrennte Entwicklung der persönlichen Sorgen zwischen 1985 bzw. 1990 und 2016 (vgl. dazu auch Tabellen im Anhang). Eine kontinuierliche Zunahme lässt sich für keine der betrachteten persönlichen Sorgen feststellen. Die Sorgen um die eigene wirtschaftliche Situation wie auch die Sorgen um die Sicherheit des eigenen Arbeitsplatzes (nur erfasst für Erwerbstätige) unterliegen stattdessen anhaltenden Schwankungen, die vor allem die konjunkturelle Entwicklung und die damit im Zusammenhang stehende Situation auf dem Arbeitsmarkt widerspiegeln (vgl. hierzu auch die Ausführungen von Erlinghagen 2010). In Zeiten, in denen die Arbeitslosigkeit hoch ist, wie beispielsweise in den 1990er Jahren, machen sich auch mehr Menschen große Sorgen um ihren Arbeitsplatz und ihre wirtschaftliche Situation. In Zeiten wirtschaftlicher Erholung werden entsprechend die wirtschaftlichen Sorgen der Menschen auch wieder weniger. Trotz weltweit immer wieder auftretender Wirtschafts- und Finanzkrisen ist die Konjunktur in Deutschland momentan gut und die Arbeitslosigkeit niedrig. Der Anteil derjenigen, die sich große Sorgen um ihre wirtschaftliche Situation und ihren Arbeitsplatz machen, ist dementsprechend seit einigen Jahren rückläufig und liegt aktuell in Westdeutschland bei zwölf bzw. sechs Prozent. Mit Ausnahme der Jahre unmittelbar nach der Wende verläuft die Entwicklung der Sorgen um die eigene wirtschaftliche Situation und um die Sicherheit des Arbeitsplatzes in Ostdeutschland recht ähnlich zu der in Westdeutschland. Direkt nach der Wiedervereinigung berichteten allerdings 47 Prozent von großen Sorgen um den Arbeitsplatz und 39 Prozent sorgten sich um ihre persönliche wirtschaftliche Situation. Trotz schnell rückläufiger Sorgen in Ostdeutschland in den Folgejahren ist der Anteil an Personen, die sich Sorgen um ihre wirtschaftliche Situation machen, bis heute in Ostdeutschland durchweg höher als in Westdeutschland.

Abbildung 3: Entwicklung persönlicher Sorgen in West- und Ostdeutschland, 1985 bis 2016

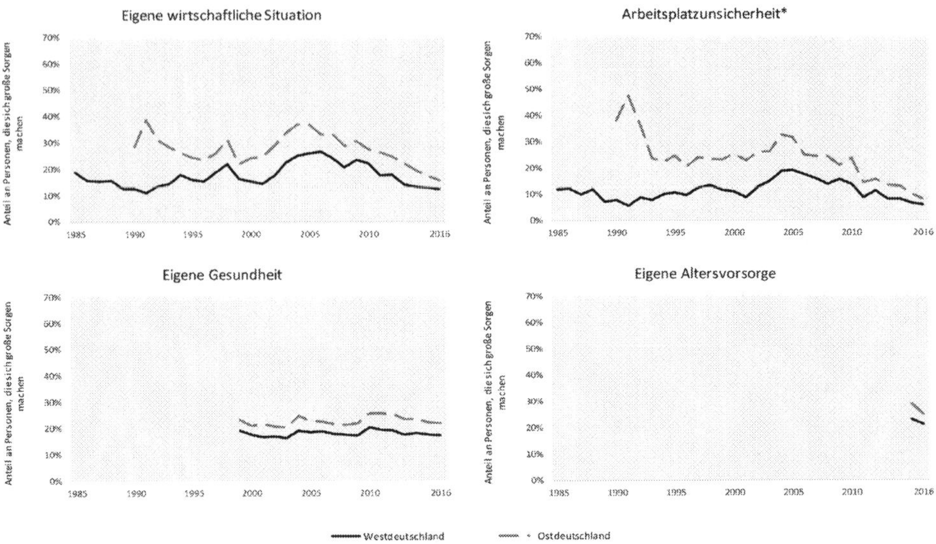

Quelle: SOEPv33.1, eigene Berechnungen (querschnittsgewichtet)
*nur für Erwerbstätige

Die Sorgen um die eigene Gesundheit sind im Zeitverlauf vergleichsweise stabil. In den letzten 17 Jahren – dem Zeitraum, in dem diese Sorge erfasst wird – schwankt der Anteil der Personen, die sich große Sorgen um ihre Gesundheit machen, lediglich zwischen 16 und 20 Prozent in Westdeutschland und zwischen 20 und 26 Prozent in Ostdeutschland. Das wird daran liegen, dass persönliche Gesundheitssorgen vor allem mit dem eigenen Gesundheitszustand einer Person und damit mehr mit dem Alter der Person als mit gesellschaftlichen Entwicklungen zusammenhängen. Dennoch sind die Gesundheitssorgen in Ostdeutschland durchweg etwas weiter verbreitet als in Westdeutschland. Das gilt auch für die Sorgen um die eigene Altersvorsorge, die zudem auch insgesamt von etwas mehr Menschen geteilt werden. Die Sorge um die Absicherung im Alter ist, wie bereits gesehen, sowohl in Ost- als auch in Westdeutschland aktuell die größte persönliche Sorge der Menschen. 21 Prozent der Westdeutschen und 25 Prozent der Ostdeutschen berichten, dass sie sich große Sorgen um ihre Absicherung im Alter machen. Wie sich die Sorgen um die Altersvorsorge möglicherweise im Zeitverlauf entwickelt haben, lässt sich aufgrund der kurzen Zeitreihe für diese Sorge im SOEP nicht sagen.

Die Entwicklung der einzelnen gesellschaftsbezogenen Sorgen, dargestellt in Abbildung 4, verläuft sehr unterschiedlich (vgl. dazu auch die Tabellen im Anhang). Die größten Schwankungen im Zeitverlauf mit vielen sprunghaften Anstiegen und Rückgängen weisen die Sorgen um die allgemeine wirtschaftliche Entwicklung auf. Ähnlich wie die zuvor betrachteten Sorgen um die eigene wirtschaftliche Situation und die persönlichen Arbeitsplatzsorgen – nur auf deutlich höherem Niveau – folgen sie im Wesentlichen dem allgemeinen Konjunkturverlauf. Am größten waren die wirtschaftlichen Sorgen Mitte der 2000er Jahre: Im Jahr 2005 berichteten beispielsweise 54 Prozent der Westdeutschen und sogar 61 Prozent der Ostdeutschen von großen Sorgen um die allgemeine wirtschaftliche Entwicklung. In den Folgejahren sind diese Sorgen allerdings auch wieder stark zurückgegangen. Im Jahr 2016 machten sich, wie bereits gesehen, »nur« noch 14 Prozent der Westdeutschen große Sorgen um die allgemeine wirtschaftliche Situation, in Ostdeutschland noch 17 Prozent. Wirtschaftliche Sorgen sind damit aktuell und schon seit einigen Jahren – sicherlich auch aufgrund der derzeit guten Konjunktur und niedrigen Arbeitslosenquote in Deutschland – auf einem im Untersuchungszeitraum bisher einmaligen Tiefstand.

Abbildung 4: Entwicklung gesellschaftsbezogener Sorgen in West- und Ostdeutschland, 1985 bis 2016

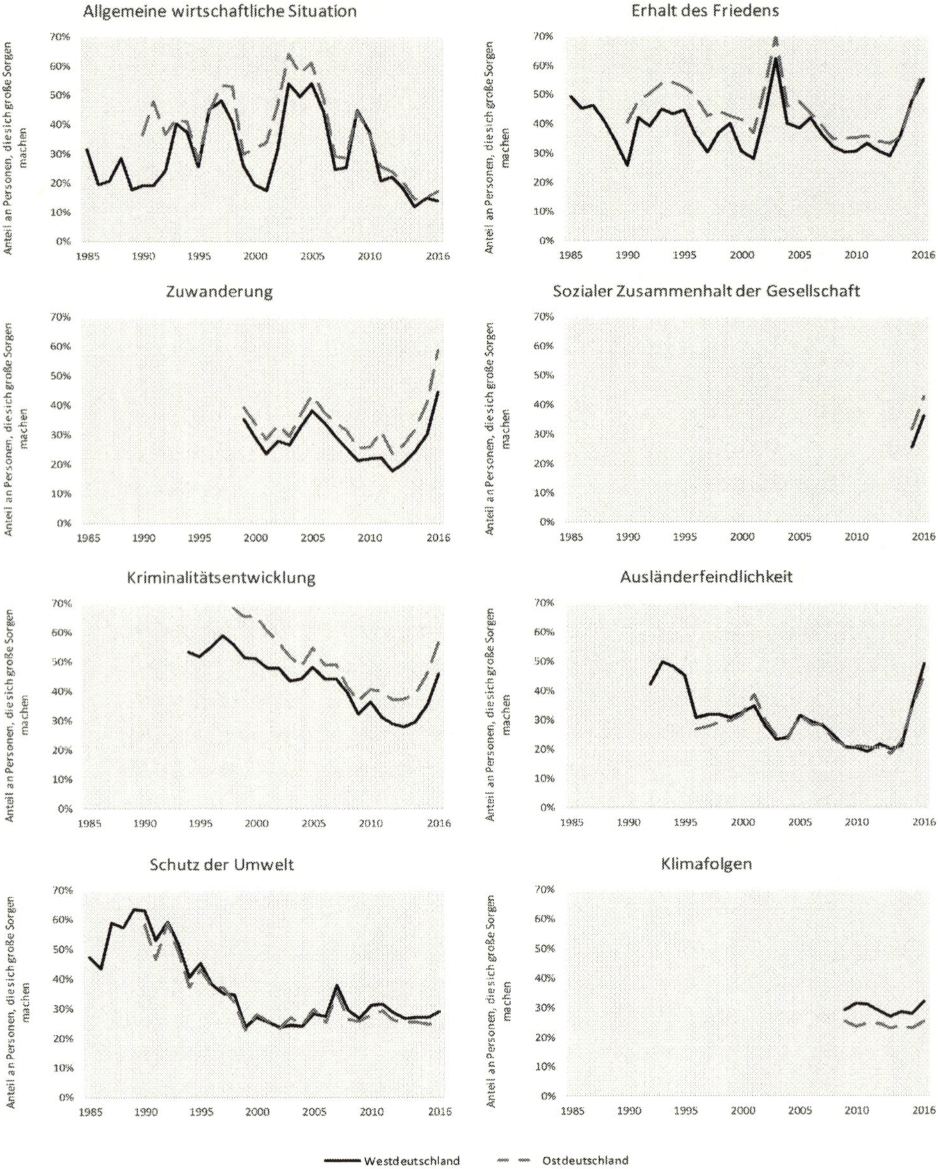

Quelle: SOEPv33.1, eigene Berechnungen (querschnittsgewichtet)

Starken Schwankungen im Zeitverlauf unterliegen auch die Sorgen um den Erhalt des Friedens. Zwischen 1985 und 1990 konnte – sicher auch aufgrund der sukzessiven Annäherung zwischen dem Westen und der Sowjetunion – zunächst ein deutlicher Rückgang beobachtet werden, der 1990 ein abruptes Ende fand. Machten sich 1990 lediglich 26 Prozent der Westdeutschen große Sorgen um den Frieden, steigt dieser Anteil im Folgejahr auf 42 Prozent an. Das könnte vor allem mit dem Zweiten Golfkrieg zusammenhängen, der 1990 mit dem Einmarsch irakischer Truppen in Kuwait begann. Die Menschen in Ostdeutschland machen sich insbesondere in den 1990er Jahren deutlich mehr Sorgen um den Frieden, was auch mit der unsicheren Situation kurz nach der Wiedervereinigung zu tun haben mag. Die Ost-West-Unterschiede sind jedoch mittlerweile zurückgegangen. In der Folge der Terroranschläge vom 11. September 2001 und der darauffolgenden Kriege in Afghanistan und im Irak nehmen die Sorgen um den Frieden ein zweites Mal stark zu. Im Jahr 2003 erreichen sie einen absoluten Höhepunkt, 62 Prozent der Westdeutschen und sogar 70 Prozent der Ostdeutschen berichten in diesem Jahr davon, dass sie sich große Sorgen um den Frieden machen. In den Folgejahren geht die Furcht um den Erhalt des Friedens aber auch langsam wieder zurück. Aktuell lässt sich jedoch wieder ein deutlicher Anstieg in beiden Teilen Deutschlands beobachten. Auch dieser Anstieg fällt mit tatsächlichen kriegerischen Auseinandersetzungen wie den Kriegen in Syrien und der Ukraine zusammen.

Schwankungen im Zeitverlauf unterliegen auch die Sorgen, die sich Menschen über die Zuwanderung machen. Ein erster Höhepunkt der Zuwanderungssorgen kann in den Jahren 2004 und 2005 beobachtet werden. Dieser Anstieg lässt sich mit der zeitgleichen EU-Osterweiterung und der damit einhergehenden Diskussion um die Zuwanderung von Arbeitskräften aus den neuen Mitgliedsstaaten wie Polen in Zusammenhang bringen. Er fällt aber auch zusammen mit der Einführung der Hartz-Reformen, die insgesamt große wirtschaftliche Sorgen auslösten. Im Sinne der Konkurrenz- oder Verdrängungshypothese könnten daher auch die Hartz-Reformen Sorgen über die Zuwanderung verstärkt haben. Ebenso wie die wirtschaftlichen Sorgen sind auch die Sorgen über die Zuwanderung seit Mitte der 2000er Jahren stark rückläufig. Im Jahr 2012 machten sich mit 18 Prozent in West- und 24 Prozent in Ostdeutschland so wenig Menschen Sorgen über die Zuwanderung wie nie zuvor im Untersuchungszeitraum. Ein weiterer, diesmal aber deutlich stärkerer Anstieg der Sorgen über die Zuwanderung lässt sich in den letzten Jahren des Untersuchungszeitraums beobachten. Von 2012 bis 2016 steigen die Anteile der Menschen mit Sorgen über die Zuwanderung auf 44 Prozent in West- und 59 Prozent in Ostdeutschland. Die drastisch gestiegene Zuwanderung von Flüchtlingen, insbesondere aus Syrien, dem Irak und Afghanistan – im Jahr 2015 stellten rund 480.000 Menschen einen Antrag auf Asyl in Deutschland, 2016 waren es sogar rund 750.000 (BAMF 2018) –, und die damit verbundene Debatte sollten dafür den Ausschlag gegeben haben. Ebenfalls in den letzten zwei Jahren angestiegen sind die Sorgen um den sozialen Zusammenhalt in der Gesellschaft, allerdings ist die bisher verfügbare Zeitreihe hier viel zu kurz, um langfristige Trends ablesen zu können.

Die Sorgen über die Kriminalitätsentwicklung in Deutschland und über die Ausländerfeindlichkeit sind im Großen und Ganzen seit Ende der 1990er Jahre sukzessiv rückläufig, allerdings endeten diese Abwärtstrends ebenfalls im Jahr 2015, zeitgleich mit der verstärkten Flüchtlingszuwanderung, abrupt. Während sich 2013 mit 28 Prozent so wenig Menschen wie noch nie in Westdeutschland Sorgen über die Kriminalität gemacht haben, stieg dieser Wert in den Folgejahren auf aktuell 46 Prozent an. Damit liegt er aber noch unter dem Niveau der Kriminalitätssorgen Anfang der 2000er Jahre. In Ostdeutschland ist die Kriminalitätsfurcht durchweg höher als in Westdeutschland und nahm in den letzten Jahren auf einen Anteil von bis zu 56 Prozent zu. Ähnlich stark ist der Anstieg bei den Sorgen über die Ausländerfeindlichkeit in den letzten Jahren. War auch hier der Anteil der Personen, die sich über Ausländerfeindlichkeit große Sorgen machen, in beiden Landesteilen lange Jahre rückläufig, ist dieser auf aktuell 49 Prozent in West- und 45 Prozent in Ostdeutschland angestiegen und damit so hoch wie zuletzt in den 1990er Jahren. Diese beiden Entwicklungen stehen höchstwahrscheinlich ebenfalls im Zusammenhang mit der Flüchtlingszuwanderung, jedenfalls ist die Kriminalitätsrate im selben Zeitraum nicht so stark angestiegen. Es ist anzunehmen, dass die vermehrten Sorgen auch hier eine Reaktion auf die Zuwanderung und die damit verbundenen Entwicklungen ist.

Der Zustand der Umwelt ist bis Mitte der 1990er Jahre eine der größten Sorgen der Deutschen – ausgelöst sicher auch durch das damals befürchtete Waldsterben und die Reaktorkatastrophe von Tschernobyl. Seitdem sind die Umweltsorgen jedoch stark zurückgegangen. Der Anteil derjenigen, die sich große Sorgen um den Schutz der Umwelt machen, ist in Westdeutschland von 63 Prozent im Jahr 1990 innerhalb eines Jahrzehnts auf 27 Prozent im Jahr 2000 gesunken und verharrt seitdem recht stabil auf diesem niedrigen Niveau. Für diese Entwicklung lassen sich verschiedene Erklärungen vermuten. Es könnte in der Bevölkerung der Eindruck entstanden sein, dass bereits ausreichend viel für den Schutz der Umwelt getan wird und man sich daher keine großen Sorgen mehr machen muss. Es könnte auch daran liegen, dass sich die Umweltverhältnisse tatsächlich im Vergleich zu den 1980er und 1990er Jahren deutlich verbessert haben (man denke nur an die Wasserqualität in vielen Flüssen und Seen) und Umweltschutz folglich kein gesellschaftlicher Bereich mehr ist, um den man sich große Sorgen machen muss (Preisendörfer 1999: 30). Außerdem könnten andere gesellschaftliche Probleme wie beispielsweise die hohe Arbeitslosigkeit in den 1990er Jahren oder die starken Befürchtungen um die Sicherung des Friedens Mitte der 2000er Jahre die Umweltsorgen aus dem Bewusstsein der Menschen verdrängt haben. An dem im Vergleich zu den 1980er Jahren geringen Ausmaß der Umweltsorgen scheinen selbst die anhaltenden Diskussionen und Aufklärungskampagnen um Umwelt- und Klimaschutz nur wenig zu ändern. Lediglich in der Folge des Sturms Kyrill im Jahr 2007 steigen die Umweltsorgen kurzfristig wieder an, erreichen aber bei Weitem nicht das Niveau der 1980er Jahre. In Ostdeutschland verläuft die Entwicklung sehr ähnlich. Das Ausmaß der Umweltsorgen ist dort zwar meist etwas geringer, die Unterschiede zu den alten Bundesländern sind jedoch (vor allem im Vergleich zu den anderen Sorgenbereichen) minimal. Seit dem Jahr 2009 werden zusätzlich zu den Umweltsorgen auch die Sorgen über die Folgen des Klimawandels im SOEP erhoben. Diese weisen ein ähnlich niedriges und stabiles Niveau wie die allgemeinen Umweltsorgen auf und sind ebenfalls in Westdeutschland etwas höher als in Ostdeutschland.

4. Schlussbetrachtung

Ziel des vorliegenden Beitrages war es, die Diagnose einer zunehmend angstbestimmten Gesellschaft einer empirisch fundierten Überprüfung zu unterziehen und einen systematischen Überblick über die Verbreitung von persönlichen und gesellschaftsbezogenen Sorgen in Deutschland zu geben. Die Auswertung der repräsentativen Daten des Sozio-oekonomischen Panels zeigt, dass sich die Menschen in Deutschland seit einigen Jahren zuallererst um die Themen Zuwanderung und Sicherheit sorgen. Zu den größten Sorgen und Ängsten zählen sowohl in West- als auch in Ostdeutschland der Friedenserhalt, Ausländerfeindlichkeit, Kriminalitätsentwicklung und

Zuwanderung. Das sind keine völlig neuen Sorgen, auffällig ist im Zeitvergleich jedoch, dass diese vier Sorgen lange rückläufig waren, dann 2012/2013 sprunghaft anstiegen und seit nunmehr vier Jahren zu den stärksten Sorgen der Deutschen zählen.

All diese Sorgen können mit aktuellen Entwicklungen wie der zahlenmäßig starken und medial breit aufbereiteten Flüchtlingszuwanderung, dem Erstarken rechtspopulistischer Bewegungen und Parteien sowie mit in Europa verübten Terroranschlägen und mit kriegerischen Auseinandersetzungen in der Welt in Zusammenhang gebracht werden. Diese Entwicklungen verunsichern die Menschen in Deutschland. Sie fürchten um ihre Sicherheit und den Frieden und machen sich Sorgen über mögliche Folgen, die mit den aktuellen Entwicklungen verbunden sein könnten. Genauso stark machen sich die Menschen zurzeit aber auch Sorgen über die im Zuge der Flüchtlingszuwanderung wieder aufkommende Ausländerfeindlichkeit in Deutschland.

Leben wir also in einer Angstgesellschaft? Die Antwort lautet Nein. Trotz des aktuell auffälligen Anstiegs der Sorgen um Friedenserhalt, über Ausländerfeindlichkeit, Kriminalitätsentwicklung und Zuwanderung widersprechen die in diesem Beitrag präsentierten Ergebnisse der gängigen Diagnose einer zunehmend angstbestimmten Gesellschaft. Es lässt sich, anders als von vielen Gegenwartsdiagnosen behauptet, kein *genereller* Aufwärtstrend bei den Sorgen und Ängsten der Menschen innerhalb der letzten Jahrzehnte feststellen. Die verschiedenen Sorgen und Ängste unterliegen vielmehr jeweils unterschiedlichen Schwankungen, die sich meistens mit bestimmten gesellschaftlichen Entwicklungen und Ereignissen erklären lassen. Starke Sorgenanstiege hat es bereits in früheren Jahren gegeben und meist sind die Sorgen nach einem solchen anlassbezogenen Anstieg in den Folgejahren auch wieder zurückgegangen. Ein Beispiel für solche anlassbezogenen und vorübergehenden Sorgenphasen sehen wir bereits in den 1980ern und bis Mitte der 1990er Jahre, in denen die Sorgen um den Umweltschutz besonders stark waren. Auslöser dafür waren sicher die Nuklearkatastrophe von Tschernobyl sowie die in dieser Zeit anhaltenden Diskussionen um sauren Regen, das Waldsterben oder das Ozonloch. Abgelöst wurden die Umweltsorgen als dominierende Gefühlslage in den 1990er Jahren durch starke wirtschaftliche Sorgen (begleitet von einem Anstieg der Kriminalitätsfurcht). Deutschland war zu dieser Zeit der »kranke Mann Europas«, das Wirtschaftswachstum war gering und die Arbeitslosigkeit hoch. Auch etwa Mitte der 2000er Jahren waren die Sorgen um die allgemeine wirtschaftliche Entwicklung, die Sicherheit des eigenen Arbeitsplatzes und die eigene wirtschaftliche Situation für einige Jahre stark erhöht (zu möglichen Ursachen vgl. Erlinghagen 2010). Beide Male gingen die Sorgen auch wieder deutlich zurück. Auch die Sorgen um den Frieden waren schon einmal stark erhöht, nämlich in der Folge der Terroranschläge vom 11. September 2001; auch diese Sorgen haben sich schnell wieder auf das Ausgangsniveau eingependelt. Aktuell machen sich die Menschen nun Sorgen über die Folgen der Zuwanderung, es liegt jedoch nahe anzunehmen, dass auch diese Sorgen im Laufe der Zeit wieder zurückgehen werden.

Gegen die These einer Angstgesellschaft spricht zudem, dass in den letzten Jahren nicht alle erfassten Sorgen zugenommen haben. Während die Sorgen um Friedenserhalt, Ausländerfeindlichkeit, Kriminalitätsentwicklung und Zuwanderung in der Tat in den letzten Jahren beachtlich angestiegen sind, gab es im gleichen Zeitraum auch Bereiche, in denen die Sorgen rückläufig waren. Nachdem wirtschaftliche Sorgen die Gefühlslage der Menschen beispielsweise Mitte der 2000er Jahre prägten, spielen diese aktuell, egal ob auf persönlicher oder gesellschaftlicher Ebene, nur eine untergeordnete Rolle. Das mag sicher vor allem mit der aktuell guten Konjunktur und der niedrigen Arbeitslosenquote in Deutschland zusammenhängen, steht aber im klaren Widerspruch zur Diagnose Angstgesellschaft, laut der der Arbeitsmarkt auch in wirtschaftlich guten Zeiten keine Sicherheit mehr biete (Bude 2014; Nachtwey 2017).

Ebenfalls vergleichsweise gering und damit im Widerspruch zu den herangezogenen Gegenwartsdiagnosen stehend sind die persönlichen Sorgen, wie beispielsweise die Sorgen um die eigene Gesundheit oder Altersvorsorge. Das Ausmaß der persönlichen Sorgen ist durchweg im gesamten Untersuchungszeitraum geringer als das der jeweils dominierenden gesellschaftsbezogenen Sorgen. Während die Sorgen um die eigene wirtschaftliche Situation und die Sicherheit des Arbeitsplatzes auch dem allgemeinen Konjunkturverlauf zu folgen scheinen, sind die anderen Sorgen im Zeitverlauf recht stabil. Das mag daran liegen, dass persönliche Sorgen weniger von gesellschaftlichen Trends als von persönlichen Nöten bestimmt werden. Die Menschen sind im Großen und Ganzen mit ihrer persönlichen Lebenssituation zufrieden und sorgen sich hier nur wenig. Ein Übergreifen großer Sorgen und Ängste auf das Privatleben der Menschen, wie von den Gegenwartsdiagnosen postuliert, lässt sich nicht feststellen.

Zweifel lassen die Ergebnisse in diesem Beitrag jedoch nicht nur an der Diagnose Angstgesellschaft aufkommen, sondern auch an der häufig vorgebrachten Bedeutung von Sorgen und Ängsten für den Erfolg rechtspopulistischer Bewegungen und Parteien in den letzten Jahren (Nachtwey 2017). Anders als von der Konkurrenz- oder Verdrängungshypothese vorhergesagt, machen sich die Menschen nicht in erster Linie Sorgen über die Zuwanderung, weil sie befürchten würden, dass die Migranten ihnen die Arbeitsplätze wegnehmen könnten. Wenn das der Fall wäre, müssten auch die wirtschaftlichen Sorgen deutlich erhöht sein. Diese sind jedoch, wie gesehen, auf einem bisher im Untersuchungszeitraum einmaligen Tiefstand. Stattdessen stehen Sorgen über die Zuwanderung im starken Zusammenhang mit Kriminalitätssorgen, was den Schluss zulässt, dass Migranten von einigen Menschen in Deutschland als eine Bedrohung für das Zusammenleben wahrgenommen werden. Der Treiber hinter dem Erfolg rechtspopulistischer Parteien sind also nicht alleine die sogenannten Modernisierungsängste, sondern vielleicht auch fremdenfeindliche Einstellungen, die im Zuge der aktuellen Flüchtlingszuwanderung neuen Auftrieb bekommen (vgl. hierzu die detaillierteren Ausführungen von Schröder 2018). Weitergehende Analysen mit Individualdaten sind hier notwendig. Sicher ist aber, dass einfache Erklärungen, wie sie manche Gegenwartsdiagnosen anbieten, nicht ausreichen.

Wir leben also nicht in einer Angstgesellschaft, in der Sorgen und Ängste allgegenwärtig sind. Dennoch sind Sorgen und Ängste ein wichtiger Indikator für den Zustand der Gesellschaft bzw. dafür, wie Menschen diesen wahrnehmen und interpretieren. Sie zeigen an, was die Menschen aktuell beschäftigt und verunsichert. Menschen blicken nicht nur auf ihre eigene Situation, sondern nehmen auch sehr genau gesellschaftliche Entwicklungen wahr und reagieren, sofern sie diese als problematisch bewerten, mit der Herausbildung von spezifischen Sorgen und Ängsten. Die Sorgen der Menschen sind damit ein wichtiger Seismograf für gesellschaftliche Entwicklungen und sollten auch außerhalb von Gegenwartsdiagnosen zukünftig stärker im Fokus der Wissenschaft stehen und hinsichtlich ihrer Ursachen und Konsequenzen untersucht werden.

Literatur

BAMF (2018): Aktuelle Zahlen zu Asyl (07/2018). www.bamf.de/SharedDocs/Anlagen/DE/Downloads/Infothek/Statistik/Asyl/aktuelle-zahlen-zu-asyl-juli-2018.pdf?__blob=publicationFile (zuletzt geprüft: 16.01.2019).

Bandura, A. (1977): »Self-efficacy: Toward a unifying theory of behavioral change«, in: Psychological Review 84 S. 191–215. DOI: 10.1007/BF01663995
Bauman, Z. (2006): Liquid fear, Cambridge/Malden, MA: Polity Press.
Beck, U. (1986): Risikogesellschaft. Auf dem Weg in eine andere Moderne, Frankfurt a. M.: Suhrkamp.
Boers, K. (1991): Kriminalitätsfurcht: Über den Entstehungszusammenhang und die Folgen eines sozialen Problems, Pfaffenweiler: Centaurus-Verlagsgesellschaft.
Bude, H. (2014): Gesellschaft der Angst, Hamburg: Hamburger Edition.
Burgard, S. A./Brand, J. E./House, J. S. (2009): »Perceived Job Insecurity and Worker Health in the United States«, in: Social Science & Medicine 69, S. 777–785. DOI: 10.1016/j.socscimed.2009.06.029
Burkhardt, C./Grabka, M./Groh-Samberg, O./Lott, Y./Mau, S./Bertelsmann-Stiftung (2013): Mittelschicht unter Druck?, Gütersloh: Verlag Bertelsmann Stiftung.
Dehne, M. (2017): Soziologie der Angst, Wiesbaden: Springer Fachmedien. DOI: 10.1007/978-3-658-15523-0
Delhey, J./Schneickert, C./Steckermeier, L. C. (2017): »Sociocultural inequalities and status anxiety: Redirecting the Spirit Level Theory«, in: International Journal of Comparative Sociology 58, S. 215–240. DOI: 10.1177/0020715217713799
De Witte, H./Pienaar, J./De Cuyper, N. (2016): »Review of 30 Years of Longitudinal Studies on the Association between Job Insecurity and Health and Well-Being: Is There Causal Evidence?«, in: Australian Psychologist 51, S. 18–31. DOI:10.1111/ap.12176
Dittmann, J. (2005): Entwicklung der Kriminalitätseinstellungen in Deutschland: Eine Zeitreihenanalyse anhand allgemeiner Bevölkerungsumfragen. DIW Disskussionspapier.
Dittmann, J. (2009): Unsicherheit in Zeiten gesellschaftlicher Transformation: Zur Entwicklung und Dynamik von Sorgen in der Bevölkerung in Deutschland. DIW Berlin, The German Socio-Economic Panel (SOEP).
Erlinghagen, M. (2008): »Self-Perceived Job Insecurity and Social Context: A Multi-Level Analysis of 17 European Countries«, in: European Sociological Review 24, S. 183–197. DOI:10.1093/esr/jcm042
Erlinghagen, M. (2010): »Mehr Angst vor Arbeitsplatzverlust seit Hartz? Langfristige Entwicklung der Beschäftigungsunsicherheit in Deutschland«, in: IAQ-Report 2010-02, S. 1–12. DOI: 10.17185/duepublico/45641

Erlinghagen, M./Lübke, C. (2015): »Arbeitsplatzunsicherheit im Erwerbsverlauf. Eine Sequenzmuster-analyse westdeutscher Paneldaten«, in: Zeitschrift für Soziologie 44, S. 407–425.

Fitzgerald, J./Curtis, K. A./Corliss, C. L. (2012): »Anxious Publics: Worries About Crime and Immigration«, in: Comparative Political Studies 45, S. 477–506. DOI: 10.1177/0010414011421768

Goebel, J./Grabka, M. M./Liebig, S./Kroh, M./Richter, D./Schröder, C./Schupp, J. (2018): The German Socio-Economic Panel (SOEP). Jahrbücher für Nationalökonomie und Statistik. DOI: 10.1515/jbnst-2018-0022

Hirtenlehner, H. (2006): »Kriminalitätsfurcht – Ausdruck generalisierter Ängste und schwindender Gewissheiten?«, in: Kölner Zeitschrift für Soziologie und Sozialpsychologie 58, S. 307–331. DOI: 10.1007/s11575-006-0057-y

Hummelsheim, D./Hirtenlehner, H./Jackson, J./Oberwittler, D. (2011): »Social Insecurities and Fear of Crime: A Cross-National Study on the Impact of Welfare State Policies on Crime-related Anxieties«, in: European Sociological Review 27, S. 327–345. DOI: 10.1093/esr/jcq010

Hummelsheim-Doß, D. (2016): »Kriminalitätsfurcht in Deutschland: Fast jeder Fünfte fürchtet, Opfer einer Straftat zu werden« In: Informationsdienst Soziale Indikatoren, S. 6–11.

Kroh, M. (2005): »Die Sorgen der Bevölkerung über die Folgen der EU-Erweiterung«, in: DIW Wochenbericht 11, S. 193–198.

Lancee, B./Sarrasin, O. (2015): »Educated Preferences or Selection Effects? A Longitudinal Analysis of the Impact of Educational Attainment on Attitudes Towards Immigrants«, in: European Sociological Review 31, S. 490–501. DOI: 10.1093/esr/jcv008

Lengfeld, H. (2017): »Die ›Alternative für Deutschland‹: Eine Partei für Modernisierungsverlierer?«, in: Kölner Zeitschrift für Soziologie und Sozialpsychologie 69, S. 209–232. DOI: 10.1007/s11577-017-0446-1

Lengfeld, H./Hirschle, J. (2009): »Die Angst der Mittelschicht vor dem sozialen Abstieg. Eine Längsschnittanalyse 1984–2007«, in: Zeitschrift für Soziologie 38, S.379–398.

Lengfeld, H./Ordemann, J. (2017): »Der Fall der Abstiegsangst, oder: Die mittlere Mittelschicht als sensibles Zentrum der Gesellschaft. Eine Trendanalyse 1984–2014«, in: Zeitschrift für Soziologie 46, S.167–184. DOI: 10.1515/zfsoz-2017-1010

Lübke, C./Erlinghagen, M. (2014): »Self-Perceived Job Insecurity Across Europe over Time: Does Changing Context Matter?«, in: Journal of European Social Policy 24, S. 319–336. DOI: 10.1177/0958928714538215

Lux, T. (2018): »Die AfD und die unteren Statuslagen. Eine Forschungsnotiz zu Holger Lengfelds Studie Die ›Alternative für Deutschland‹: Eine Partei für Modernisierungsverlierer?«, in: Kölner Zeitschrift für Soziologie und Sozialpsychologie 70, S. 255–273. DOI: 10.1007/s11577-018-0521-2

Marx, P. (2014): »The Effect of Job Insecurity and Employability on Preferences for Redistribution in Western Europe«, in: Journal of European Social Policy 24, S. 351–366. DOI: 10.1177/0958928714538217

Nachtwey, O. (2016): Die Abstiegsgesellschaft: Über das Aufbegehren in der regressiven Moderne, Berlin: Suhrkamp.

Nguyen, C. (2017): »Labour Market Insecurity and Generalized Trust in Welfare State Context«, in: European Sociological Review 33, S. 225–239. DOI: 10.1093/esr/jcw058

Polizeiliche Kriminalstatistik PKS, 2018: Bericht zur Polizeilichen Kriminalstatistik 2017. www.bka.de/DE/AktuelleInformationen/StatistikenLagebilder/PolizeilicheKriminalstatistik/PKS2017/pks2017_node.html (zuletzt geprüft: 16.01.2019).

Preisendörfer, P. (1999): Umwelteinstellungen und Umweltverhalten in Deutschland: Empirische Befunde und Analysen auf der Grundlage der Bevölkerungsumfragen »Umweltbewußtsein in Deutschland 1991–1998«, Wiesbaden: VS Verlag für Sozialwissenschaften. DOI: 10.1007/978-3-663-11676-9

Rammstedt, B. (2007): »Who worries and who is happy? Explaining individual differences in worries and satisfaction by personality«, in: Personality and Individual Differences 43, S. 1626–1634. DOI: 10.1016/j.paid.2007.04.031

Rippl, S./Seipel, C. (2018): »Modernisierungsverlierer, Cultural Backlash, Postdemokratie«, in: Kölner Zeitschrift für Soziologie und Sozialpsychologie 70, S. 237–254. DOI: 10.1007/s11577-018-0522-1

Rohrer, J. M./Brümmer, M./Schmukle, S. C./Goebel, J./Wagner, G. G. (2017): »›What else are you worried about?‹ – Integrating textual responses into quantitative social science research«, in: PLoS ONE 12, S. 1–34. DOI: 10.1371/journal.pone.0182156

Schimank, U./Mau, S./Groh-Samberg, O. (2014): Statusarbeit unter Druck? Zur Lebensführung der Mittelschichten. Weinheim: Beltz Juventa.

Schröder, M. (2018): AfD-Unterstützer sind nicht abgehängt, sondern ausländerfeindlich. SOEPpapers on Multidisciplinary Panel Data Research.
Sverke, M./Hellgren, J./Näswall, K. (2006): »Arbeitsplatzunsicherheit: Überblick über den Forschungsstand«, in: Fehlzeiten-Report 2005, Berlin/Heidelberg: Springer, S. 59–92.
Wagner, G./Frick, J./Schupp, J. (2007): »The German Socio-Economic Panel Study (SOEP): Evolution, Scope and Enhancements«, in: Schmollers Jahrbuch 127, S. 139–169.
Weinstein, N. D. (1980): »Unrealistic optimism about future life events«, in: Journal of Personality and Social Psychology 39, S. 806–820. DOI: 10.1037/0022-3514.39.5.806
Wilkinson, R. G./Pickett, K. (2012): Gleichheit ist Glück: Warum gerechte Gesellschaften für alle besser sind, Berlin: Tolkemitt-Verl. bei Zweitausendeins.

Anhang

Tabelle 1: Entwicklung persönlicher Sorgen in West- und Ostdeutschland

	Westdeutschland Sorgen um/über … in %				**Ostdeutschland** Sorgen um/über … in %			
	eigene wirtschaftliche Entwicklung	Sicherheit des eigenen Arbeitsplatzes*	eigene Gesundheit	eigne Altersvorsorge	eigene wirtschaftliche Entwicklung	Sicherheit des eigenen Arbeitsplatzes*	eigene Gesundheit	eigne Altersvorsorge
1984	18,6	16,8						
1985	18,9	11,9						
1986	15,9	12,1						
1987	15,5	9,9						
1988	15,7	11,9						
1989	12,8	7,1						
1990	12,8	7,9			28,5	38,1		
1991	11,1	5,7			38,7	47,3		
1992	13,6	8,6			31,4	36,4		
1993	14,5	7,9			28,5	23,6		

	Westdeutschland Sorgen um/über ... in %				Ostdeutschland Sorgen um/über ... in %			
	eigene wirtschaftliche Entwicklung	Sicherheit des eigenen Arbeitsplatzes*	eigene Gesundheit	eigne Altersvorsorge	eigene wirtschaftliche Entwicklung	Sicherheit des eigenen Arbeitsplatzes*	eigene Gesundheit	eigne Altersvorsorge
1994	17,8	10,2			26,2	22,1		
1995	16,2	10,7			24,5	24,6		
1996	15,6	9,8			23,5	20,7		
1997	18,8	12,4			26,1	23,9		
1998	22,0	13,4			31,2	23,3		
1999	16,4	11,7	19,00		21,8	23,2	23,10	
2000	15,4	11,1	17,40		24,2	25,3	21,00	
2001	14,6	8,8	16,60		24,9	22,8	21,50	
2002	17,5	12,8	16,90		28,9	25,8	20,70	
2003	22,5	14,9	16,20		33,8	26,1	20,30	
2004	25,1	18,8	19,20		36,9	32,3	24,60	
2005	25,9	19,1	18,50		36,8	31,5	22,90	
2006	26,7	17,4	18,80		33,1	24,9	22,50	
2007	24,2	16,0	17,70		33,2	24,3	21,50	
2008	20,9	13,9	17,60		28,7	24,2	21,30	
2009	23,5	15,7	17,30		30,7	21,0	21,90	
2010	22,4	13,8	20,20		27,6	23,8	25,70	
2011	17,5	8,8	19,50		26,4	14,4	25,60	
2012	18,1	11,3	19,00		24,7	15,6	25,30	
2013	14,1	8,1	17,40		22,2	13,5	23,40	
2014	13,1	8,3	18,10		19,4	13,3	23,50	
2015	12,9	6,6	17,60	22,9	17,2	9,9	22,10	28,9
2016	12,4	5,9	17,20	21,1	15,8	8,0	21,80	24,9

Quelle: SOEPv33.1, eigene Berechnungen (querschnittsgewichtet) Anteil an Personen, die sich jeweils große Sorgen machen.
*nur für Erwerbstätige

Tabelle 2: Entwicklung gesellschaftsbezogener Sorgen in West- und Ostdeutschland

	Westdeutschland Sorgen um/über ... in %				Ostdeutschland Sorgen um/über ... in %			
	Allgemeine wirtschaftliche Entwicklung	Erhalt des Friedens	Zuwanderung	Sozialer Zusammenhalt der Gesellschaft	Allgemeine wirtschaftliche Entwicklung	Erhalt des Friedens	Zuwanderung	Sozialer Zusammenhalt der Gesellschaft
1984	33,2	53,5						
1985	31,4	49,3						
1986	19,3	45,5						
1987	20,8	46,3						
1988	28,5	41,1						
1989	17,9	33,7						
1990	19,0	25,9			36,2	40,5		
1991	19,1	42,1			47,6	48,2		
1992	24,4	39,3			36,7	50,3		
1993	40,3	45,1			42,0	53,7		
1994	37,5	43,6			40,9	54,3		
1995	25,8	44,6			27,5	52,6		
1996	45,1	36,3			44,6	49,5		
1997	48,2	30,5			53,4	42,7		
1998	41,0	37,0			53,0	44,4		
1999	26,0	40,1	35,3		29,8	42,8	39,1	
2000	19,6	30,8	29,2		31,7	41,6	34,0	
2001	17,4	28,2	23,7		33,9	37,0	28,6	
2002	31,4	43,2	28,0		46,3	52,5	33,4	
2003	54,0	62,3	26,5		64,1	70,3	29,4	
2004	49,4	40,3	32,7		57,3	46,2	37,0	
2005	54,1	38,4	38,2		61,2	47,8	43,6	
2006	44,1	42,1	33,9		48,3	43,9	37,7	
2007	24,6	36,6	29,7		29,1	39,4	34,5	
2008	25,4	32,2	25,4		28,7	35,0	31,3	

	Westdeutschland Sorgen um/über ... in %				Ostdeutschland Sorgen um/über ... in %			
	Allgemeine wirtschaftliche Entwicklung	Erhalt des Friedens	Zuwanderung	Sozialer Zusammenhalt der Gesellschaft	Allgemeine wirtschaftliche Entwicklung	Erhalt des Friedens	Zuwanderung	Sozialer Zusammenhalt der Gesellschaft
2009	44,7	30,5	21,3		44,5	34,9	25,5	
2010	37,5	30,8	21,9		36,8	35,3	26,1	
2011	20,8	33,4	22,4		25,6	36,0	31,0	
2012	22,0	30,9	17,8		23,9	33,9	23,8	
2013	18,2	29,0	20,5		20,6	33,3	26,5	
2014	11,9	36,2	24,4		14,5	35,6	31,9	
2015	15,0	47,8	30,2	25,4	15,1	47,4	40,9	31,8
2016	13,8	55,3	44,4	36,4	17,1	58,0	58,7	42,7

Quelle: SOEPv33.1, eigene Berechnungen (querschnittsgewichtet) Anteil an Personen, die sich jeweils große Sorgen machen.

Tabelle 3: Entwicklung gesellschaftsbezogener Sorgen in West- und Ostdeutschland (Fortsetzung)

	Westdeutschland Sorgen um/über ... in %				Ostdeutschland Sorgen um/über ... in %			
	Kriminalitätsentwicklung	Ausländerfeindlichkeit	Schutz der Umwelt	Klimafolgen	Kriminalitätsentwicklung	Ausländerfeindlichkeit	Schutz der Umwelt	Klimafolgen
1984			52,7					
1985			47,3					
1986			43,5					
1987			58,8					
1988			57,3					
1989			63,5					
1990			63,1				58,3	
1991			53,1				46,4	
1992		42,3	59,0				58,7	
1993		49,6	51,8				48,9	

	Westdeutschland Sorgen um/über ... in %				Ostdeutschland Sorgen um/über ... in %			
	Kriminalitätsentwicklung	Ausländerfeindlichkeit	Schutz der Umwelt	Klimafolgen	Kriminalitätsentwicklung	Ausländerfeindlichkeit	Schutz der Umwelt	Klimafolgen
1994	53,2	48,2	40,6		75,4		37,4	
1995	51,7	45,1	45,2		72,0		42,9	
1996	55,1	30,7	38,1		74,6	26,9	37,7	
1997	58,7	31,7	35,2		75,7	28,0	36,9	
1998	56,0	31,9	34,8		68,2	29,0	31,9	
1999	51,3	30,9	23,7		65,5	29,6	22,7	
2000	51,0	32,5	27,0		65,6	31,7	27,8	
2001	47,8	34,8	25,5		60,5	38,5	25,8	
2002	47,8	27,8	23,7		56,6	29,7	23,6	
2003	43,5	23,1	24,5		51,7	24,2	27,0	
2004	44,3	24,0	23,9		48,5	23,7	24,4	
2005	48,0	31,3	28,4		54,7	31,7	30,0	
2006	44,1	29,5	27,4		48,8	28,3	25,2	
2007	44,0	28,0	37,9		49,0	28,4	35,4	
2008	39,6	24,9	29,5		41,6	23,1	26,3	
2009	32,2	20,7	26,7	29,0	36,9	21,1	25,7	25,3
2010	36,2	20,3	31,2	31,2	40,7	21,1	28,1	23,7
2011	31,2	19,1	31,5	31,0	39,9	20,7	29,1	24,6
2012	29,0	21,7	28,5	28,7	37,0	20,3	25,9	24,7
2013	28,0	19,9	26,7	26,7	37,2	18,2	25,4	23,0
2014	29,7	21,1	27,0	28,3	38,9	22,5	25,4	23,9
2015	35,5	34,9	26,9	27,7	46,1	34,4	24,6	23,0
2016	45,7	49,2	28,9	32,1	56,4	45,2	25,2	25,4

Quelle: SOEPv33.1, eigene Berechnungen (querschnittsgewichtet) Anteil an Personen, die sich jeweils große Sorgen machen.

Abstiegsangst in Deutschland auf historischem Tiefstand
Ergebnisse der Auswertung des Sozio-oekonomischen Panels 1991–2016

Holger Lengfeld

1. Einleitung

Seit Jahren wird in Politik und Wissenschaft über die Angst vor dem sozialen Abstieg debattiert. Anlass hierfür waren Berichte seit Mitte der 2000er Jahre, wonach insbesondere die Mittelschicht zunehmend von Arbeitslosigkeit bedroht sei. Ihre Jobs seien durch Befristung oder unfreiwillige Teilzeit unsicher geworden, und das Einkommen würde immer weniger zur Finanzierung einer Familie ausreichen. Wissenschaftliche Studien untermauern diese Diagnose. Sie machen hierfür unter anderem die Zunahme von weltweiter Konkurrenz durch die Globalisierung verantwortlich (Blossfeld et al. 2007; Bude 2008; Kraemer 2008; Mau 2012). Demnach haben die Erwerbstätigen unter anderem aufgrund des Rückgangs von Normalarbeitsverhältnissen zunehmend Schwierigkeiten, ihr Leben, d. h. Karriere und Familie, langfristig zu planen (Schimank 2015). Hinzu kommt, dass die Hartz-Reformen des Sozialstaats Statusabstiege bei Arbeitslosigkeit und Verrentung wahrscheinlicher haben werden lassen (Erlinghagen 2010). In der Folge nahmen Abstiege aus der Mitte in untere Schichten zu und die Mitte der Gesellschaft schrumpfte in den 2000er Jahren um einige Prozentpunkte (Grabka et al. 2016). Zahlreiche Studien zeigen, dass diejenigen, die nicht abgestiegen sind, sich zunehmend vor einem Verlust des sozialen Status fürchteten (Burkhardt et al. 2013; Burzan et al. 2014; Lengfeld/Hirschle 2009).

Seit dem Beginn der Debatte um die Abstiegsangst in Deutschland sind nun mehr als 13 Jahre vergangen, und die wirtschaftlichen Verhältnisse haben sich verändert. Besonders der stetige Anstieg des Wirtschaftswachstums seit 2006, nur unterbrochen von der Finanzkrise 2009, und der Rückgang der Arbeitslosenquote auf knapp unter fünf Prozent im Jahr 2018 werfen die Frage auf, ob das Niveau der Abstiegsangst sich immer noch auf Höchstständen bewegt. Um diese Frage zu klären, nehme ich eine Langzeitbeobachtung vor, von der Wiedervereinigung 1991 bis zum Jahr 2016, dem Jahr der letztverfügbaren Daten. Besonders gehe ich auf die letzten Jahre seit 2010, dem Ende der letzten Wirtschaftskrise, ein. Hierzu liegen, besonders für 2015 und 2016, zum Zeitpunkt der Erstellung dieses Aufsatzes keine mir bekannten aktuellen Studien vor.

Ich verwende für die Analyse Daten des Sozio-oekonomischen Panels (SOEP). Im ersten Abschnitt gebe ich eine kurze Beschreibung der Daten und erläutere, wie ich das Konstrukt der Abstiegsangst operationalisiere. Ich zeige in den folgenden Abschnitten zunächst den Anteil der Befragten, die sich vor erwerbsbezogenem Abstieg sorgen, im Zeitverlauf und nach Ost- und Westdeutschland getrennt. Um zu prüfen, inwieweit sich hinter dieser aggregierten Datenreihe Unterschiede im Sorgenniveau nach soziodemografischen und -ökonomischen Merkmalen verbergen, führe ich getrennte Analysen nach Geschlecht, Altersgruppen und sozialen Schichten durch. Die Analysen zeigen, dass sich das Niveau der Abstiegsangst in Gesamtdeutschland im Jahr 2016 auf dem niedrigsten Stand seit 1991 befand. Seit 2006 ist es, nach langjährigem Anstieg, nahezu stetig rückläufig gewesen. Der Gruppenvergleich zeigt, dass dies für beide Geschlechter, für alle Altersgruppen und alle Schichten gilt. Zugleich finden sich einige Gruppenunterschiede, die ich unter Rückgriff auf arbeitsmarkttheoretische Argumente zumindest im Ansatz zu erläutern versuche. Im letzten Abschnitt fasse ich die Befunde zusammen und gebe einen Ausblick auf ein Forschungsprojekt, in dem wir uns mit weiterführenden Fragen der Abstiegsangst beschäftigen.

2. Wie wird Abstiegsangst gemessen?

Basis für die Berechnungen sind die Umfragedaten des SOEP, die das Deutsche Institut für Wirtschaftsforschung (DIW) für Forschungszwecke bereitstellt. Jährlich werden dabei in deutschen Haushalten lebende Personen zu wirtschaftlichen und sozialen Themen befragt (Wagner et al. 2007). Das Besondere am SOEP ist die wiederholte Befragung von denselben Personen über einen längeren Zeitraum (Panel). Damit ist es möglich, Lebens- und Erwerbsverläufe der Deutschen so präzise wie möglich zu analysieren.[1] Es wurden Angaben von maximal 40.583 Personen analysiert, für die 269.616 Beobachtungen vorliegen.

Ein Problem stellt die Messung von Abstiegsangst dar. »Abstiegsangst« ist kein wissenschaftlicher Begriff und damit nicht eindeutig definiert, sondern kommt aus der Alltagssprache. Würde man Personen direkt nach der Sorge vor dem Abstieg fragen, ist es wahrscheinlich, dass die Personen unterschiedliche Vorstellungen darüber haben, was Abstieg für sie ist, was wiederum die wissenschaftliche Interpretation der Daten erschwert.

Ich definiere »Abstieg« als eine Bewegung im sozialen Raum, nämlich die der Abwärtsbewegung von einer sozialen Position, die ein Mensch in der Sozialstruktur einnimmt und die ihm den Zugriff auf bestimmte knappe Güter ermöglicht, hin zu einer weniger wertgeschätzten und mit weniger materiellen und anderen Gütern ausgestatteten Position (für Näheres siehe Lengfeld/Ordemann 2017). Diese Abwärtsmobilität geht also mit teilweise erheblichen Einbußen einher. Hiervor, das sagt der Begriff »Angst«, fürchtet man sich. Weil allgemein wertgeschätzte Positionen in einer Erwerbsgesellschaft eng an die Erwerbstätigkeit geknüpft sind, sollten Personen sich unter anderem dann vor sozialem Abstieg ängstigen, wenn sie in näherer Zukunft fürchten müssen, ihren Arbeitsplatz zu verlieren. Als wissenschaftlicher Allgemeinplatz gilt, dass ohne Arbeit der gewohnte Lebensstandard nicht zu halten ist, soziale Kontakte verloren gehen, und viele Betroffene sich schämen, im Beruf versagt zu haben. Abstiegsangst geht daher, so meine Annahme, zu weiten Teilen auf die Unsicherheit des eigenen Arbeitsplatzes zurück. Aus diesem Grund verwende ich als Indikator für Abstiegsangst folgende Frage, die in den Umfragen des SOEP jedes Jahr gestellt wird:

»Wie ist es mit den folgenden Gebieten – machen Sie sich da Sorgen? Nur wenn Sie erwerbstätig sind: [...] Um die Sicherheit Ihres Arbeitsplatzes« (Antwortmöglichkeiten: »keine/einige/große Sorgen«). Für die folgenden Analysen fasse ich die Antworten zu »einige« und »große« Sorgen zu einer Kategorie zusammen (siehe für diese Vorgehensweise bereits Lengfeld/Hirschle 2009). Damit nehme ich eine relativ weite Bestimmung von Abstiegsangst vor. Dabei gehe ich von der Annahme aus, dass der Abstand zwischen den Skalenpunkten »keine Sorgen« und »einige Sorgen« von den Befragten als größer

1 Alle deskriptiven Analysen sind mit sozioökonomischen Korrekturvariablen gewichtet.

wahrgenommen wird als zwischen »einige Sorgen« und »große Sorgen«. Es ist klar, dass dies in den Analysen zu einem höheren Niveau an Abstiegsangst führt als die Wiedergabe der Personen, die ausschließlich über »große Sorgen« berichten.

3. Die Entwicklung der Abstiegsangst bei Erwerbstätigen in Ost- und Westdeutschland

Abbildung 1 zeigt den Verlauf der Abstiegsangst in Gesamtdeutschland und separat für Ost- und Westdeutschland für alle Erwerbstätigen (abhängig und selbstständig Beschäftigte). In Gesamtdeutschland ist der Anteil der Menschen, die sich um den Verlust des Arbeitsplatzes sorgen, von Beginn des Beobachtungszeitraums 1991 bis Mitte der 2000er Jahre fast stetig angestiegen. Als Gründe hierfür kann man die eingangs beschriebene Zunahme an weltweiter Konkurrenz und in der Folge den Anstieg des Kostendrucks in deutschen Unternehmen, den Rückgang von manuellen Tätigkeiten mit einfachen Anforderungen an die Qualifikation der Beschäftigten, die Zunahme flexibler Arbeitsverhältnisse (befristete Verträge, Teilzeit, Zeitarbeit und Minijobs; Lengfeld/Kleiner 2009) sowie die Reformen in der sozialen Sicherung (Hartz-Gesetze; Erlinghagen 2010) annehmen. Seit 2006 jedoch hat sich die Zahl der Erwerbstätigen, die sich vor Abstieg sorgen, nahezu halbiert. Bis 2016, dem letzten möglichen Beobachtungsjahr (Daten für 2017 sind zum Zeitpunkt des Manuskriptschlusses noch nicht verfügbar), ist ihr Anteil von 64 Prozent auf etwas über 33 Prozent gesunken. Damit hat die Abstiegsangst den niedrigsten Wert seit Beginn der Beobachtungen erreicht.

Bemerkenswert ist, dass dieser starke Rückgang seit Mitte der 2000er Jahre zu einem Teil auf die Entwicklung in Ostdeutschland zurückgeht (siehe auch den Beitrag von Delhey/Steckermeier in diesem Band). Mit der Währungsunion zum 1. Juli 1990 begann auf dem Gebiet der damaligen DDR ein historischer Prozess der Deindustrialisierung und damit eine massive Freisetzung von Arbeitskräften aus den Kombinaten und Produktionsgenossenschaften. Die gleichzeitige Einführung eines neuen marktwirtschaftlichen Systems sowie die Erfahrung der neuen, diesem System immanenten Risiken haben dazu geführt, dass mehr als 80 Prozent der Ostdeutschen sich 1991 vor Abstieg sorgten. Bis Mitte der 1990er Jahre nahm der Anteil der Besorgten an allen Erwerbstätigen in Ostdeutschland aber stark ab, und der jährliche Verlauf der Sorgen passte sich, auf höherem Niveau, dem in Westdeutschland an. Auch seit 2010 gingen die Sorgen im Ostteil des Landes jedoch stärker als im Westteil zurück. Dies hat dazu geführt, dass das Niveau der Abstiegsangst in den ostdeutschen Ländern sich dem in den westdeutschen Ländern stark angenähert hat. 2016 lag der Anteil der Verunsicherten im Osten nur noch um 13 Prozentpunkte über dem westdeutschen Wert. In Westdeutschland lag der Wert mit etwas über 30 Prozent nur knapp über dem bisher niedrigsten gemessenen Wert von 29,5 Prozent im Jahr 1991 (vgl. dazu auch Lübke in diesem Band).

Abbildung 1: Sorge vor Verlust des Arbeitsplatzes aller Erwerbstätigen 1991–2016 (in Prozent)

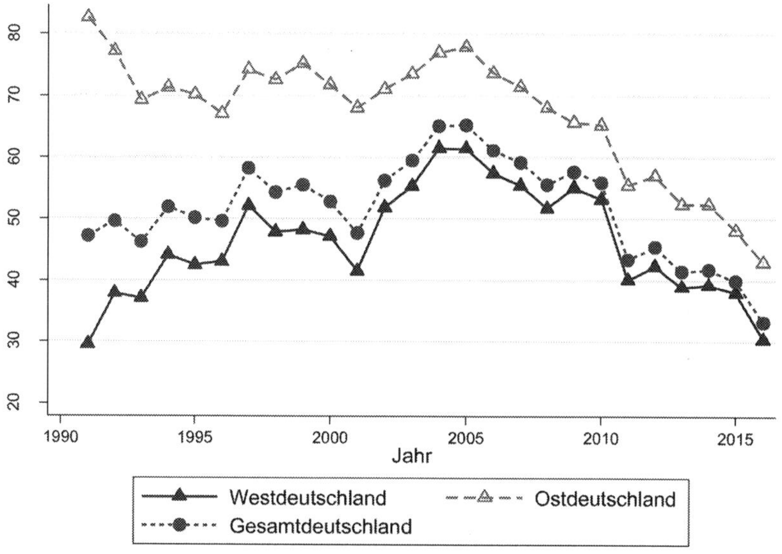

Quelle: SOEP v32, 1991–2015 sowie Vorabdaten für 2016, gewichtet, eigene Berechnungen, Indikator: Sorge des Verlustes des Arbeitsplatzes. Angegeben sind Personen, die sich einige oder große Sorgen machen. Relative Häufigkeiten, 40.583 Personen (269.616 Beobachtungen), nur Erwerbstätige ohne Personen in Berufsausbildung und ohne kleine Selbstständige in Handel und Gewerbe.

Zwei Gründe lassen sich für diese positive Entwicklung in den letzten zehn Jahren anführen. Der erste Grund liegt in der objektiven ökonomischen Entwicklung, wonach Erwerbsunsicherheiten aufgrund des stetigen Rückgangs der Arbeitslosenquote seit 2007 nicht weiter gestiegen sind:

- Seit 2006 ist die deutsche Wirtschaft, mit einer kurzen Unterbrechung in der Wirtschaftskrise 2009, stetig gewachsen, wenn auch zeitweise auf niedrigem Niveau. Dieses Wachstum ist auch auf dem Arbeitsmarkt angekommen.[2] So hat sich die Arbeitslosigkeit seit 2005 (11 Prozent) bis 2016 (6,1 Prozent) fast halbiert bei gleichzeitigem Anstieg der Erwerbsbeteiligung.[3]
- Von 2010 bis 2016 ist die Zahl der flexiblen Beschäftigungsverhältnisse (befristete Verträge, Teilzeit, Zeitarbeit, Minijobs) in der Summe von knapp 8 Mio. auf 7,5 Mio. abgesunken. Parallel wurden mehr Vollzeitstellen geschaffen. Dies entspricht einem Rückgang des Anteils flexibler Beschäftigung von 34 auf 30 Prozent.[4]
- Seit 2011 ist der Prozess des Schrumpfens der sogenannten »Einkommensmittelschicht«, der Personengruppe mit mittleren Einkommen, in Deutschland zum Halten gekommen (Burckhardt et al. 2013: 47 ff.; Goebel et al. 2010; Niehues 2017). Zuletzt gehörten 61 Prozent der Haushalte zur Einkommensmitte (Grabka et al. 2016: 396 f.).

Der zweite Grund ist, dass die Erwerbstätigen möglicherweise neue Erfahrungen im Umgang mit den neuen Unsicherheiten des Arbeitsmarktes gesammelt haben. Die sozialpsychologische Forschung nennt dies »Coping« (Lazarus/Folkman 1984; Rosenbaum/Jaffe 1983): Demnach können Erwerbstätige in der Konfrontation mit kritischen Erwerbsereignissen neue Routinen entwickeln, also den Umgang mit ihnen »lernen«. Bei erstmaliger Betroffenheit von Arbeitslosigkeit sammeln sie Erfahrungen bei der Anmeldung bei der Arbeitsagentur, dem Bezug von Arbeitslosengeld oder bei Qualifikationsmaßnahmen; nach einem unsicheren Beschäftigungsverhältnis (Befristung, Zeitarbeit) gelingt es ihnen, in ein sicheres Beschäftigungsverhältnis zu wechseln; aufgrund der Wahrnehmung, die Zukunft sei unsicher geworden, passen sie ihren Lebensplan an die neuen Unsicherheiten an, fah-

2 Statistisches Bundesamt 2017: https://www.destatis.de/DE/ZahlenFakten/GesamtwirtschaftUmwelt/VGR/Inlandsprodukt/Tabellen/BruttoinlandVierteljahresdaten_xls.html

3 Statistisches Bundesamt 2017: https://www.destatis.de/DE/ZahlenFakten/GesamtwirtschaftUmwelt/Arbeitsmarkt/Erwerbslosigkeit/Tabellen_/arb210.html

4 Statistisches Bundesamt 2017: https://www.destatis.de/DE/ZahlenFakten/GesamtwirtschaftUmwelt/Arbeitsmarkt/Erwerbstaetigkeit/TabellenArbeitskraefteerhebung/AtypKernerwerbErwerbsformZR.html, letzte Angaben für 2015, relative Anteile sind eigene Berechnungen

ren also »auf Sicht« (Schimank 2015). Schließlich kann hinzukommen, dass die Erwerbstätigen die Erfahrung gemacht haben, trotz der Wirtschaftskrise 2009 ihren Arbeitsplatz nicht verloren zu haben; die Arbeitslosenquote ist zwischen 2008 und 2010 nicht angestiegen, während das Bruttoinlandsprodukt kurzfristig gesunken ist. Welche dieser Gründe zutrifft, kann ich in diesem Aufsatz mangels geeigneter Messinstrumente empirisch nicht klären.

4. Entwicklung der Abstiegsangst von ausgewählten sozialen Gruppen

Jenseits des generellen Rückgangs der Abstiegsangst kann es aber Personen oder Gruppen mit bestimmten sozialen Merkmalen geben, deren Ausmaß an Sorgen wegen spezifischer Arbeits- und Lebensumstände einen anderen Verlauf genommen hat als es in der alle Erwerbstätigen umfassenden Betrachtung zum Ausdruck kommt. Dies bedeutet: Obwohl die Deutschen insgesamt sich immer weniger vor Abstieg fürchten, können Personen mit bestimmten sozialen Merkmalen von diesem positiven Trend abweichen. Um diese Abweichungen zu identifizieren, untersuche ich die Abstiegsangst nach drei für moderne Gesellschaften wichtigen sozialen Merkmalen: dem Geschlecht der Erwerbstätigen, der Zugehörigkeit zu einer bestimmten Altersgruppe und der Zugehörigkeit zu einer sozialen Schicht. Ich verzichte an dieser Stelle darauf, Argumente und entsprechende Hypothesen über Gruppenunterschiede auszuarbeiten, sondern gehe rein explorativ vor. Alleiniges Ziel ist es zu prüfen, inwieweit sich spezifische Lebenslagen, die durch die drei Merkmale hervorgerufen werden, Abweichungen vom Globaltrend des Rückgangs der Abstiegsangst verursachen.

Männer und Frauen

Abbildung 2 zeigt im oberen Teil die Entwicklung für Männer und Frauen für Gesamtdeutschland. Der Verlauf der Abstiegsangst beider Geschlechter war in allen Jahren weitgehend parallel: Bis 2005 nahmen die Sorgen zu, danach gingen sie zurück. Dabei berichteten Männer stets ein höheres Maß an Sorgen als Frauen (zu beachten ist, dass alle befragten Personen ausnahmslos erwerbstätig waren, es also in der Analyse keine verdeckten Effekte von

Abbildung 2: Sorge vor Verlust des Arbeitsplatzes von Frauen und Männern 1991–2016 (in Prozent)

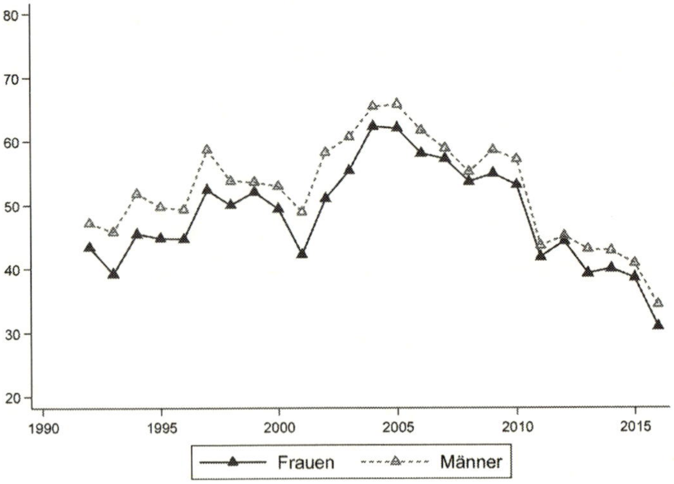

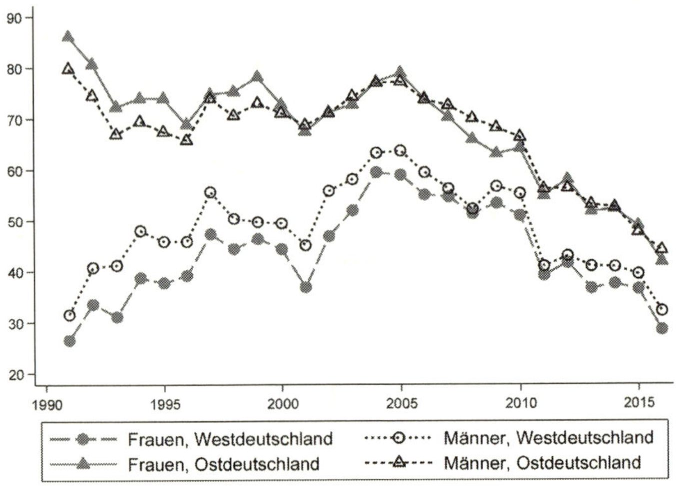

Quelle: SOEP v32, 1991–2015 sowie Vorabdaten für 2016, gewichtet, eigene Berechnungen, Indikator: Sorge des Verlustes des Arbeitsplatzes. Angegeben sind Personen, die sich einige oder große Sorgen machen. Relative Häufigkeiten, 40.583 Personen (269.616 Beobachtungen), nur Erwerbstätige ohne Personen in Berufsausbildung und ohne kleine Selbstständige in Handel und Gewerbe.

Nicht-Erwerbstätigkeit geben kann). Allerdings hat sich der Unterschied zwischen den Geschlechtern über die Zeit etwas verringert; er betrug 2016 nur noch gut drei Prozentpunkte. Hinter dieser statistischen Angleichung steht jedoch ein Ost-West-Effekt. Im unteren Teil von Abbildung 2 sind die Ängste der ost- und westdeutschen Frauen und Männer detailliert aufgeführt.

Offenbar sind sich Männer und Frauen desselben Landesteils ähnlicher als den Personen desselben Geschlechts im jeweils anderen Landesteil. Das heißt die Tendenz zur Angleichung zwischen den Geschlechtern, die Abbildung 3 nahelegt, fand vorwiegend im jeweils eigenen Landesteil eines Befragten statt. Möglicherweise kann man diesen Ost-West-Unterschied auf nach wie vor bestehende Probleme auf dem ostdeutschen Arbeitsmarkt und möglicherweise auf immer noch wirkende kulturelle Unterschiede in den Erwartungen an Erwerbssicherheit der Bürger beider Landesteile zurückführen.

Altersgruppen

Die Forschung zur Arbeitsmarktflexibilisierung hat gezeigt, dass junge Arbeitnehmer, die, zumeist nach Ausbildungsende, neu in den Arbeitsmarkt eintreten oder erst seit wenigen Jahren erwerbstätig sind, häufiger flexible Beschäftigungsformen ausüben (siehe statt anderer Giesecke 2006). Hintergrund ist oftmals das Interesse der Arbeitgeber an einer Verlängerung der Probezeit, um das Leistungspotential dieser zumeist noch unerfahrenen Personen einschätzen zu können. Auch ältere Arbeitnehmer über 50 Jahre sind häufiger in flexiblen Beschäftigungsformen tätig; Hier spielt die Erwartung des Arbeitgebers an das noch verbleibende Leistungspotential eine Rolle.

Da sich diese Unterschiede in der Erwerbssituation auf die Abstiegsangst auswirken können, habe ich die Erwerbstätigen in drei Gruppen eingeteilt: die jungen Arbeitnehmer (unter 30 Lebensjahre, ohne Auszubildende, Schüler und Studenten), Arbeitnehmer der mittleren Altersgruppe (30 bis unter 50 Jahre) und die älteren Arbeitnehmer (über 50 Jahre, ohne erwerbstätige Rentenbezieher).

Abbildung 3 zeigt, dass die Sorgen der drei Gruppen in der ersten Hälfte der 1990er Jahre noch eng beieinanderlagen. Danach stieg der Anteil der verunsicherten Personen in der mittleren Altersgruppe stärker an als bei den Vergleichsgruppen, gefolgt von den jungen Arbeitnehmern. Die ältesten

Abbildung 3: Sorge vor Verlust des Arbeitsplatzes nach Altersgruppen 1991–2016 (in Prozent)

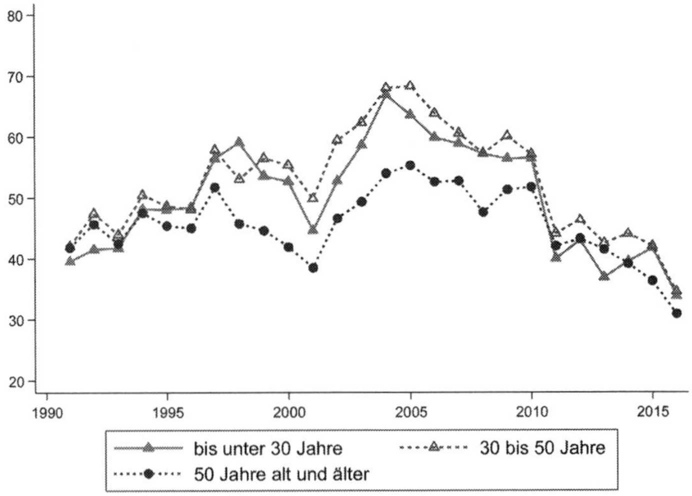

Quelle: SOEP v32, 1991–2015 sowie Vorabdaten für 2016, gewichtet, eigene Berechnungen, Indikator: Sorge des Verlustes des Arbeitsplatzes. Angegeben sind Personen, die sich einige oder große Sorgen machen. Relative Häufigkeiten, 40.583 Personen (269.616 Beobachtungen), nur Erwerbstätige ohne Personen in Berufsausbildung und ohne kleine Selbstständige in Handel und Gewerbe.

Arbeitnehmer berichteten über den gesamten Verlauf die geringsten Sorgen. Dies kann unter anderem ein Effekt der deutschen Kündigungsschutzregelungen sein, die ältere Beschäftigte wegen ihrer geringeren Wiederbeschäftigungschancen stärker schützen als jüngere. Ab Mitte der 2000er Jahre ging der Anteil der Menschen mit Abstiegssorgen in allen Altersgruppen wieder zurück. 2016 lagen sie, wie zu Beginn der Beobachtungen, nur noch wenige Prozentpunkte auseinander, jedoch auf niedrigerem Niveau als unmittelbar nach der Wiedervereinigung. Obschon also die jüngeren Arbeitnehmer in der Phase der Berufseinmündung höhere Abstiegsrisiken zu tragen haben, sorgen sie sich nicht am meisten (vgl. zu den beruflichen Sorgen von Jugendlichen den Beitrag von Esche/Böhnke in diesem Band). Das vergleichsweise höhere Niveau der Ängste der Personen mittleren Alters kann man möglicherweise auf die besondere Familiensituation (Versorgung von Partnern und Kindern) zurückführen.

Soziale Schichten

Seit rund zehn Jahren debattiert die soziologische Forschung über die Angst der Mittelschicht vor dem Abstieg (siehe etwa Bude 2008; Burkhardt et al. 2013 sowie die Beiträge in Burzan/Berger 2010). Anlass hierfür ist die Annahme, dass eine ökonomisch und sozio-psychisch stabile Mittelschicht die demokratische Entwicklung stabilisiert und für eine hohe Leistungsfähigkeit des Wohlfahrtsstaats sorgt (Mau 2012). Allerdings zeigen zahlreiche Studien, dass nicht die Mitte, sondern die unteren Schichten sich am stärksten vor Abstieg fürchten (Burzan et al. 2014, Lengfeld/Hirschle 2009). Unsere jüngste Studie zeigte, dass im Zeitraum von Mitte der 2000er Jahre bis 2014 die Sorgen aller Schichten stark rückläufig waren, wobei die Abstiegsangst insbesondere bei der mittleren Mitte am stärksten sank (Lengfeld/Ordemann 2017). In der folgenden Analyse knüpfe ich an diese letzte Studie an. Als Indikator zur Messung von Schichtzugehörigkeit verwende ich die ausgeübte Berufstätigkeit, die ich anhand eines etablierten Erhebungsinstruments bestimme. Diese Berufe habe ich in dieser Analyse zu drei Schichten zusammengefasst: untere Schichten, Mittelschichten und Oberschicht.[5]

Abbildung 4 zeigt, dass das Sorgenniveau während des kritischen Zeitraums der 1990er und frühen 2000er Jahre in allen Schichten anstieg. Dabei war der prozentuale Anstieg in den Mittelschichten stärker als in den unteren Schichten. Die unteren Schichten waren jedoch stärker von den negativen Folgen der Zunahme an Konkurrenz auf den Märkten und der Arbeitsmarktflexibilisierung betroffen als die Mittelschichten (vgl. statt anderer Bude 2008; Gebel/Giesecke 2011). Dass die Zahl der Personen, die sich sorgten, in der Mitte dennoch in den 2000er Jahren überproportional zunahm,

---

5 Ich unterscheide die *unteren Schichten* der (a) an- und ungelernten Arbeiter sowie (b) der Personen, die Dienstleistungen mit geringen Qualifikationsanforderungen ausüben, welche häufig keine Ausbildung erfordern. Die *Mittelschichten* umfassen (a) die qualifizierten Dienstleister mit Hochschulausbildung, (b) die beruflich qualifizierten Dienstleister ohne Hochschulausbildung, (c) die Facharbeiter, Techniker und Vorgesetzten in gewerblichen Berufen sowie (d) zusätzlich die Selbständigen ohne oder mit wenigen Angestellten. Aus Vereinfachungsgründen wurden die Segmente der beiden unteren Schichten sowie der vier Mittelschichten zu jeweils einem Wert zusammengefasst. Schließlich besteht die berufliche *obere Schicht* aus hochqualifizierten Dienstleistern, in der Regel mit Hochschulausbildung und Personalführungsverantwortung (für Details siehe Lengfeld/Ordemann 2017, mit Ausnahme der Selbständigen).

Abbildung 4: Sorge um Verlust des Arbeitsplatzes nach sozialer Schichtung 1991–2016 (in Prozent)

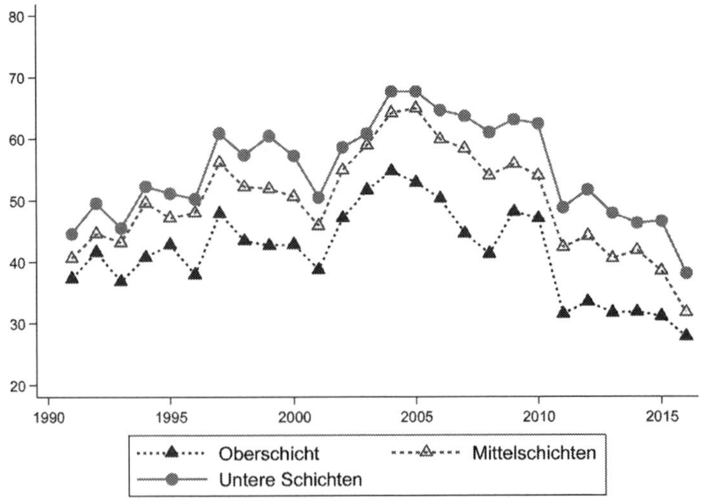

Quelle: SOEP v32, 1991–2015 sowie Vorabdaten für 2016, gewichtet, eigene Berechnungen, Indikator: Sorge des Verlustes des Arbeitsplatzes. Angegeben sind Personen, die sich einige oder große Sorgen machen. Relative Häufigkeiten, 40.583 Personen (269.616 Beobachtungen), nur Erwerbstätige ohne Personen in Berufsausbildung und ohne kleine Selbstständige in Handel und Gewerbe.

kann man mit dem »Spill Over-Effekt« der Abstiegsangst erklären (Lengfeld/Hirschle 2009): Die Mitte beobachtet die Ausbreitung von Erwerbsrisiken wie Arbeitslosigkeit und unsicherer Beschäftigungsformen in den unteren Schichten und befürchtet, dass diese zukünftig zu ihnen überschwappen. Ihre Abstiegsangst basiert also weniger auf realen Erfahrungen von Angehörigen der gleichen Schicht, sondern baut auf der Befürchtung auf, Arbeitslosigkeit könnte sich weit in die Mitte der Gesellschaft ausbreiten.

Ab Mitte der 2000er Jahre geht das Sorgenniveau aller Schichten (wie bei dem generellen Trend in Gesamtdeutschland in Abb. 1) wieder zurück. Dabei bleiben die Abstände zwischen den zusammengefassten Schichten am Ende des Beobachtungszeitraums aber bestehen, d. h. es kommt nicht zur schichtübergreifenden Angleichung der Abstiegsängste, wie wir sie für Ost und West, für die Altersgruppen und mit Einschränkung für Frauen und Männer beobachtet haben. Hier bleibt es bei dem Befund, dass die Ängste der Erwerbstätigen der Hierarchie der Positionen in der Sozialstruktur folgen: Je komplexer die berufliche Tätigkeit und je höher das Ausbildungsniveau, desto höher ist die Schichtposition, desto besser sind die Arbeitsmarktchancen und desto weniger Sorgen berichten die Erwerbstätigen. Dennoch sorgen sich in allen Schichten zum letzten Beobachtungszeitpunkt weniger Menschen als nach der Wiedervereinigung.[6]

5. Abstiegsangst: niedrig wie seit 1991 nicht mehr

In diesem Bericht habe ich die Abstiegsangst der deutschen Erwerbsbevölkerung über 25 Jahre hinweg, von der Wiedervereinigung bis 2016, anhand von Daten des Sozio-oekonomischen Panels (SOEP) untersucht. Der von mir verwendete Indikator zur Messung der Abstiegsangst ist die Sorge vor Verlust des Arbeitsplatzes, der im Vergleich zu anderen verwendeten Indikatoren wie der Sorge vor der eigenen wirtschaftlichen Zukunft den valideren Indikator darstellt. Die Analysen haben gezeigt:

1. Die Abstiegsangst der Deutschen war 2016 so gering wie letztmalig seit der Wiedervereinigung: Nur knapp ein Drittel der Deutschen sorgte sich noch vor dem Abstieg – für Westdeutschland ist dies der zweitniedrigste Wert im Beobachtungszeitraum (vgl. hierzu auch Lübke in diesem Band).
2. Nach jahrelangem Anstieg ging die Abstiegsangst seit Mitte der 2000er Jahre kontinuierlich zurück. Besonders groß war der Rückgang nach der kurzen Rezession 2009–2010 sowie im Jahr 2016. Zu vermuten ist, dass die Deutschen sich zunehmend besser mit den neuen Unsicherheiten arrangiert haben. Psychologen nennen das »Coping«: aus Erfahrung zu lernen, psychisch unangenehme Ereignisse zu bewältigen. Hinzu kommt die gute wirtschaftliche Entwicklung, insbesondere der Rückgang der Arbeitslosigkeit.
3. Kennzeichnend für die jüngste Entwicklung ist der stärkere Rückgang der Sorgen in Ostdeutschland. Dort ist zwar das Niveau der Sorgen nach wie vor höher als im Westen, aber ebenso der prozentuale Rückgang der Sorgen.

6 Detaillierte Analysen für die einzelnen Schichtsegmente bestätigen diesen Befund, auch in der multivariaten Überprüfung (Lengfeld/Ordemann 2017).

4. Unterschiede im Sorgenniveau zwischen Ost und West, zwischen Altersgruppen und zwischen Männern und Frauen (in ihren jeweiligen Landesteilen) wurden in den letzten Jahren deutlich geringer. Dies zeigt: Das mentale Sicherheitsgefühl nimmt, trotz objektiv existierender Ungleichheiten, bei allen Erwerbstätigen allgemein zu. Allein die Unterschiede zwischen den Schichten bleiben weitgehend bestehen.

Der Optimismus unter Erwerbstätigen in Deutschland ist also zurückgekehrt, und wie wir sahen, konnte nicht einmal die Wirtschaftskrise 2009 der Trendumkehr zum Optimismus etwas anhaben. Die Ursachen dieser erstaunlichen Trendwende lassen sich noch nicht zweifelsfrei feststellen. Zumindest zwei sind aber sehr wahrscheinlich. Erstens: Seit zehn Jahren verzeichnet die Bundesrepublik ein stetiges, durch die letzte Krise nur kurz unterbrochenes Wirtschaftswachstum. Seither sank die Arbeitslosenquote von über elf Prozent im Jahr 2005 auf rund sechs Prozent im Jahr 2016 ab.

Zweitens scheint das Erschrecken der Arbeitnehmer über die Globalisierung vorbei zu sein. Die Erwerbstätigen im Allgemeinen und die Mittelschicht im Besonderen, so meine Vermutung, scheinen gelernt zu haben, mit den mittlerweile nicht mehr ganz so neuen Risiken des Arbeitsmarkts umzugehen. Sie haben sich damit arrangiert, dass sie von den Arbeitgebern keine dauerhafte Bindung mehr erwarten können. Wenn es im aktuellen Job nicht rund läuft, sucht man sich eben den nächsten. Karriereplanung erfolgt daher nicht mehr langfristig, sondern »auf Sicht«. Das hat Vorteile für das eigene Sicherheitsempfinden. Wer keine lange Betriebsbindung erwartet, wird auch weniger enttäuscht, wenn die erhoffte Beförderung beim aktuellen Arbeitgeber ausbleibt oder auf den befristeten Vertrag keine Verlängerung folgt. Ob dies so ist, lässt sich mit den hier vorgelegten Befunden aber nicht nachweisen. Weiteren Studien bleibt also noch viel zu tun.

Allerdings kann man die von mir angestellten Analysen gut begründet kritisieren. Der wichtigste Einwand, den man vorbringen kann, ist, dass das Einstellungskonstrukt »Abstiegsangst« auf eine einzige Dimension reduziert wird, nämlich auf die Sorge um den Verlust des Arbeitsplatzes. Diese Kritik ist berechtigt, denn es gibt fraglos weitere Ursachen, die dazu führen können, dass Personen ihren derzeitigen sozialen Status nicht mehr halten können und in ihrer Wahrnehmung sozial absteigen. Der Grund dieses Reduktionismus ist rein pragmatischer Natur: Will man Langfristbeobachtungen machen, ist man auf die Indikatoren angewiesen, die in den verfügbaren Daten enthalten sind.

In einem 2015 begonnenen und bis 2019 an der Universität Leipzig laufenden DFG-Projekt versuchen wir, eine alternative, theoretisch informierte und empirisch robustere Messung von Abstiegsangst vorzunehmen.[7] Unser Ziel ist es, Abstiegsangst als zeitlich mittelfristige emotionale Haltung von Personen zu konzipieren, die am Arbeitsmarkt aktiv sind (Erwerbstätige) oder es sein wollen (Erwerbslose). Das zentrale Konstrukt nennen wir, im Unterschied zum umgangssprachlichen Begriff Abstiegsangst, »Statusverunsicherung«, definiert als affektive Perzeption einer Person, den gegenwärtigen sozialen Status zukünftig nicht halten zu können. Perzipiert wird eine Abwärtsbewegung im sozialen Raum von einer Position, die den Zugriff auf bestimmte knappe Güter ermöglicht und mit einer bestimmten sozialen Wertschätzung verbunden ist, hin zu einer weniger wertgeschätzten und mit weniger Gütern ausgestatteten Position. Wir gehen davon aus, dass Statusverunsicherung eine *entstehungsbezogene* und eine *verwendungsbezogene* Dimension aufweist. Die entstehungsbezogene Dimension bezieht sich in Erwerbsgesellschaften auf die Marktsphäre und bedeutet, dass der zukünftige Zufluss an Einkommen als grundlegend gefährdet wahrgenommen wird. Verwendungsbezogene Unsicherheit bedeutet, dass die vorhandenen oder zukünftig als vorhanden antizipierten materiellen Mittel für die Statusreproduktion des Haushalts als nicht mehr ausreichend bewertet werden. Die Gründe hierfür können mannigfaltig sein: z. B. starke und plötzliche Steigerungen der Lebenshaltungskosten (Konsumausgaben, Mietkosten) oder finanzielle Folgen durch Änderung der Haushaltskonstellation (Mitversorgung von Familienangehörigen, Scheidung).

Wir haben Statusverunsicherung mittels zweier Itembatterien auf beiden Dimensionen gemessen und auf Basis einer faktoranalytischen Konsistenzprüfung der einzelnen Dimensionen zu einem »Index Statusverunsicherung« (ISV) zusammengeführt. Dazu haben wir im Jahr 2016 eine standardisierte computergestützte Web-Umfrage (CAWI) unter mehr als 3.200 Erwerbspersonen in Deutschland durchgeführt. Mittels dieser Erhebung prüfen wir, welche arbeitsmarktbezogenen Ursachen zur Verstärkung von Statusverunsicherung führen, welche potentiellen Verhaltensfolgen sich

7 Siehe für Details http://sozweb.sozphil.uni-leipzig.de/de/personen/prof-dr-holger-lengfeld.html, Rubrik Projekte.

aus dieser Empfindung ergeben und inwiefern erfolgreiches »Coping« kritischer Erwerbssituationen in der Vergangenheit dazu führt, dass Personen in der Gegenwart weniger statusverunsichert sind. Schließlich suchen wir nach Hinweisen darauf, wie eine Arbeitswelt aussehen könnte, die aus Sicht von Erwerbspersonen ein geringes Empfinden von Statusunsicherheit aufweist. Die Ergebnisse werden wir 2019 in einer Monografie publizieren.

Literatur

Blossfeld, H.-P./Buchholz, S./Hofäcker, D./Hofmeister, H./Kurz, K./Mills, M. (2007): »Globalisierung und die Veränderung sozialer Ungleichheiten in modernen Gesellschaften«, in: Kölner Zeitschrift für Soziologie und Sozialpsychologie 59, S. 667–691. DOI: 10.1007/s11577-007-0082-2

Bude, H. (2008): Die Ausgeschlossenen, München: Hanser.

Burkhardt, C./Grabka, M. M./Groh-Samberg, O./Lott, Y./Mau, S. (2013): Mittelschicht unter Druck?, Gütersloh: Verlag Bertelsmann Stiftung.

Burzan, N./Berger, P. A. (2010): Dynamiken (in) der gesellschaftlichen Mitte, Wiesbaden: VS Verlag für Sozialwissenschaften. DOI: 10.1007/978-3-531-92514-1

Burzan, N./Kohrs, S./Küsters, I. (2014): Die Mitte der Gesellschaft: Sicherer als erwartet?, Weinheim: Beltz Juventa.

Erlinghagen, M. (2010): »Mehr Angst vor Arbeitsplatzverlust seit Hartz? Langfristige Entwicklung der Beschäftigungsunsicherheit in Deutschland«, in: IAQ-Report 2010-02, S. 1–12. DOI: 10.17185/duepublico/45641

Gebel, M./Giesecke, J. (2011): »Labor Market Flexibility and Inequality: The Changing Skill Based Temporary Employment and Unemployment Risks in Europe«, in: Social Forces 90, S. 17–39. DOI: 10.1093/sf/90.1.17

Giesecke, J. (2006): Arbeitsmarktflexibilisierung und soziale Ungleichheit. Sozio-ökonomische Konsequenzen befristeter Beschäftigungsverhältnisse in Deutschland und Großbritannien, Wiesbaden: VS Verlag für Sozialwissenschaften.

Goebel, J./Gornig, M./Häußermann, H. (2010): Polarisierung der Einkommen: die Mittelschicht verliert. DIW Wochenbericht 24/2010, Berlin: Deutsches Institut für Wirtschaftsforschung.

Grabka, M. M./Goebel, J./Schröder; C./Schupp, J. (2016): Schrumpfender Anteil an BezieherInnen mittlerer Einkommen in den USA und Deutschland. DIW Wochenbericht 18/2016, Berlin: Deutsches Institut für Wirtschaftsforschung.

Kraemer, K. (2008): »Prekariat – was ist das?«, in: Arbeit 17, S. 77–90. DOI: 10.1515/arbeit-2008-0203

Lazarus, R. S./Folkman, S. (1984): Stress, appraisal, and coping, New York: Springer Publishing Company.

Lengfeld, H./Hirschle, J. (2009): »Die Angst der Mittelschicht vor dem sozialen Abstieg. Eine Längsschnittanalyse 1984–2007«, in: Zeitschrift für Soziologie 38, S. 379–398.

Lengfeld, H./Kleiner, T.-M. (2009): »Flexibilisierung von Beschäftigung und soziale Ungleichheit. Eine Review des Stands der Forschung«, in: Arbeit 18, S. 46–62. DOI: 10.1515/arbeit-2009-0106

Lengfeld, H./Ordemann, J. (2017): »Der Fall der Abstiegsangst, oder: Die mittlere Mittelschicht als sensibles Zentrum der Gesellschaft. Eine Trendanalyse 1984–2014«, in: Zeitschrift für Soziologie 46, S. 167–184. DOI: 10.1515/zfsoz-2017-1010

Mau, S. (2012): Lebenschancen. Wohin driftet die Mittelschicht?, Berlin: Suhrkamp.

Niehues J. (2017): »Die Mittelschicht in Deutschland. Vielschichtig und stabil«, in: Vierteljahresschrift zur empirischen Wirtschaftsforschung 44, S. 3–20.

Rosenbaum, M./Jaffe, Y. (1983): »Learned helplessness: The role of individual differences in learned resourcefulness«, in: British Journal of Social Psychology 22, S. 215–225. DOI: 10.1111/j.2044-8309.1983.tb00586.x

Schimank, U. (2015): »Lebensplanung!? Biografische Entscheidungspraktiken irritierter Mittelschichten«, in: Berliner Journal für Soziologie 25, S. 7–31. DOI: 10.1007/s11609-015-0277-8

Wagner, G. G./Frick, J. R./Schupp, J. (2007): The German Socio-Economic Panel study (SOEP) – evolution, scope and enhancements. SOEPpaper 1. Berlin: Deutsches Institut für Wirtschaftsforschung.

Angstverhältnisse – Angstfunktionen
Angst im Kontext symbolischer Herrschaft und symbolischer Ordnung

Andreas Schmitz

1. Einleitung

In den öffentlichen Diskursen der Gegenwart scheint die Verwendung des Angstbegriffs gleichsam für bestimmte Angstobjekte und spezifische Träger von Ängsten reserviert und die Konnotation der Angst tendenziell auf das Register des Pathologischen beschränkt zu sein. In sozialwissenschaftlichen Untersuchungen finden sich auf der einen Seite Perspektiven, die Ängste in ihrer Vielgestaltigkeit zwar anerkennen, den Angstkomplex dabei jedoch vor allem als problembehaftete Zeiterscheinung verhandeln (Bude 2014; Bauman 2016). Auf der anderen Seite (und auf die zuvor genannte Forschung mitunter reagierend) mehren sich Untersuchungen, die ausgewählte Ängste zum Gegenstand empirischer Untersuchungen machen (siehe dazu alle anderen Beiträge in diesem Band). Bei aller paradigmatischen Unterschiedlichkeit eint diese Arbeiten, dass auch hier ein besonderes Augenmerk auf die problematischen Entstehungszusammenhänge und die möglichen negativen Konsequenzen der Angst gelegt wird. Ein generalisierter Zugang, wie er hier vorgeschlagen werden soll, könnte – unter Einbezug der Einsichten und Deutungen, die die Forschung bereitstellt – in diesem Zusammenhang einen gewissen Beitrag leisten: nämlich Angst als Grundmerkmal der menschlichen Existenz und als gesellschaftlichen Tatbestand anzuerkennen und sich dieser in relativer Autonomie von politischen Problemstellungen und medialen Deutungen anzunähern. Im Sinne einer solchen allgemeinen Soziologie der Angst soll in der vorliegenden Abhandlung Bourdieus Konzept der symbolischen Herrschaft fruchtbar gemacht und auf dieser Grundlage ein Beitrag zur Reflexion der aktuellen Debatte erbracht werden.

Während verstreute Überlegungen zur Angst Bourdieus Schriften durchziehen (Bourdieu 1993: 123; Bourdieu 2005: 93; Bourdieu 1997, passim), bleiben Ängste im Hinblick auf ihre konstitutiven und konstruktiven Beiträge für die mit symbolischer Herrschaft verbundenen Zusammenhänge zwar weitgehend vernachlässigt, gleichwohl ist es durchaus möglich und zielführend, Bourdieus genuin relationales[1] Forschungsprogramm für unsere Zwecke zu mobilisieren (vgl. Schmitz et al. 2018; Schmitz/Gengnagel 2018). Während Ängste nicht selten in psychologischen, wenn nicht psychopathologischen, zumindest jedoch subjektorientierten Kategorien gefasst werden, fokussiert eine relationale Perspektive notwendigerweise (Angst-)*Verhältnisse*. In diesem Zusammenhang ist nicht mehr die ausschlaggebende Frage, ob (eine spezifische) Angst im Singular durchschnittlich zugenommen hat, inwiefern bestimmte Gruppen davon (nicht, im zunehmenden Maße etc.) betroffen sind oder ob es kulturelle *oder* materiale Bestimmungsgründe sein mögen, die Ängste wahrscheinlicher machen. Auch werden gesellschaftliche Entwicklungen nicht als Konsequenzen ausgesuchter Ängste beanstandet. Vielmehr kann analysiert werden, wie unterschiedliche Angstinhalte und -formen sich diachron in gesellschaftliche Verhältnisse einschreiben, welche Angstverhältnisse eine jeweilige Gesellschaft synchron strukturieren und in welche dysfunktionalen und *funktionalen* Zusammenhänge Ängste dabei involviert sind. Nicht zuletzt macht ein solcher Zugriff auf den Stellenwert unterschiedlicher Ängste und Angstformen für die Herausbildung sozialer Gruppen und sozialer Ordnung aufmerksam. Das Bourdieu'sche Konzept der symbolischen Herrschaft scheint in besonderer Weise geeignet, den Zusammenhang von subjektiver Gefühlslage, sozio-struktureller Differenz und gesellschaftlicher (Dys-)Funktionalität grundlagentheoretisch zu fundieren und gesellschaftstheoretisch zu reflektieren.

---

1 Ausgangspunkt einer relationalen Perspektive ist die Annahme und (Re-)Konstruktion von Verhältnissen, die Substanzen erst ihre spezifische Stellung und Bedeutung verleihen (vgl. Witte et al. [2018] für einen Überblick über verschiedene Spielarten der relationalen Denktradition).

2. Funktionale Momente im Konzept der symbolischen Herrschaft

Bevor wir uns mit den gesellschaftlichen Funktionen der Angst auseinandersetzen, sei zunächst herausgearbeitet, welchen Stellenwert das Konzept der symbolischen Herrschaft innerhalb der Bourdieu'schen Theoriearchitektur einnimmt und welche funktionalen Zusammenhänge in diesem Kontext angesprochen werden.[2] In allgemeiner Weise können unter symbolischer Herrschaft jene Aspekte von Herrschaft verstanden werden, deren Funktionsweisen über die Wechselverhältnisse von symbolischen Systemen und z. B. menschlichen Praktiken beschrieben werden können. Die Sphäre des Inneren und die Sphäre des Sozialen werden dabei über ein Verhältnis wechselseitiger Durchdringung und damit der Interpenetration bzw. Intrusion gefasst (vgl. Münch 2004: 447). Eine gesellschaftliche Position, d. h. der sich aus den verschiedenen Räumen wie Feldern herzuleitende Ort (d. h. auch die dabei wirksamen translokalen Effekte der Räume und Felder auf diesen Ort) manifestiert sich in einer fortlaufenden sozialen Strukturation der Akteure: Die objektive soziale Position in Räumen und Feldern und die damit verbundene Kapitalausstattung gehen mit der Herausbildung spezifischer Dispositionen einher. Existenzbedingungen transformieren sich so zu Praxisbedingungen. Diese empirisch variable Korrespondenz von sozialstrukturellen Positionen und empirischen Bündeln von Wahrnehmungs-, Bewertungs- und Handlungsschemata wird mit dem Begriff des Habitus in den Blick gerückt.

2 Mit dem Begriff der »Funktion« sei hier so Unterschiedliches adressiert wie etwa Mechanismen, Erklärungen, Beschreibungen oder Heuristiken. Einerseits beschränken wir uns in dieser Untersuchung dezidiert auf die letztgenannte Bedeutung: Die Verwendung des Funktionsbegriffs soll den Hinweis auf mögliche empirische Zusammenhänge liefern, ohne dabei einfache Kausalitäten zu unterstellen. Damit ist aber andererseits keineswegs ausgeschlossen, dass *zukünftige* Annäherungen die verschiedenen funktionalen Zusammenhänge (a) praxistheoretisch rekonstruieren oder (b) dabei auch die mitunter in Vergessenheit geratenen Einsichten der funktionalistischen Denktradition in Gestalt eines *relationalen Funktionalismus* fruchtbar machen. So mag insgesamt – dem empirischen Funktionalismus Mertons (1995: 52 ff.) nicht unähnlich – mit dem Begriff der symbolischen Herrschaft ein dynamischer Zusammenhang sich wechselseitig stabilisierender Ursachen und Wirkungen verstanden werden. Insofern kann auch von einem Konsequenzfunktionalismus gesprochen werden, der aber auf sich durch soziale Räume und Felder verlaufende Kausalketten verweist und sich dabei offen zeigt für die Möglichkeit von Rückkopplungseffekten und empirisch festzustellenden Graden der Systemhaftigkeit (vgl. auch Giddens 1988).

Insofern ist mit symbolischer Herrschaft eine *Sozialisationsfunktion* verbunden: Akteure bilden in Sozialisationsprozessen Motivationen, Interessen, Kognitionen, Emotionen etc. aus, die im Zuge der Habitusformation und -transformation ihre jeweilige Prägung erfahren. Akteure verinnerlichen und somatisieren dabei die symbolische Ordnung und somit die Herrschaftsordnung (vgl. Schmitz/Barth 2018). In dem Maße etwa, in dem ein Kapital im Zuge der Sozialisation erworben wird, wird es zum internalisierten Kapital. Im Unterschied zur Ressource, die der Akteur lediglich besitzt, wird er von seiner Kapitalausstattung gleichsam ebenso *besessen* (vgl. Schmitz 2016: 88). Bourdieu (2017a: 201) spricht insofern auch von »sozialisierten Affekten«.

Symbolische Herrschaft schreibt sich demnach dergestalt in die Akteure ein, dass eine wesentliche *Funktion der Praxisorientierung* erbracht wird.[3] Der Habitus ist dabei der »Vermittler von Struktur und Praxis« (Bourdieu 1974: 125 ff.). Erst durch die soziale Strukturierung der dispositiven und somatischen Konstitution der Akteure sind diese imstande, in sozialen Zusammenhängen »situationsadäquat« zu handeln. Wo aber bei klassischen Rollentheorien noch soziale Ordnung mit dem Ergebnis der Herausbildung klar definierter sozialer Rollen internalisiert wurde, bilden sich nach Bourdieu Habitūs heraus, die (klassen-)spezifische Wissensbestände aufweisen, die sich auch angesichts unbekannter Situationserfordernisse als praxisstiftend und somit strukturierend erweisen.

Mit den Konzepten des Lebensstils und des Geschmacks lassen sich die dispositiven und somatischen Grundlagen der praxisbasierten Produktionsweisen von Gesellschafts- und Herrschaftsverhältnissen auf eine Formel bringen. Im Unterschied zum Konzept der Rolle, wie auch zu dem der Präferenz, weist das Geschmackskonzept auf die normen- und situationsübergreifende, kreative und antizipative Leistung des Habitus hin. Geschmack operiert als eine »Art gesellschaftlicher Orientierungssinn (sense of one's place)«, der »Individuen mit einer jeweiligen sozialen Stellung« die Fähigkeit gibt, in Hinblick auf soziale Unterschiede Konsequenzen »zu spüren oder zu erahnen« (Bourdieu 1982: 728). Resultierende Praktiken werden dabei nicht als an Regeln orientiert verstanden, sondern als strategisch im Sinne einer wesentlich vor- und unbewussten Ausrichtung auf die Zukunft.

3 Bourdieu spricht vom »antifunktionalistische[n] Vorurteil«, das die »praktischen Funktionen, die symbolische Systeme zu erfüllen haben«, nicht sehen wolle (Bourdieu 2015: 456).

Mit dem Habituskonzept wird zudem dem Umstand Rechnung getragen, dass Geschmäcker einiger Akteure konstitutiv in die Geschmäcker anderer Akteure einfließen, ein Umstand, der nicht rein sozialisationstheoretisch begründet wird. So zeigt sich an Praktiken der Nachahmung wie jenen der Abgrenzung, dass Differenzen des Geschmacks eine weitreichende soziale Orientierungsfunktion erbringen: Der Arbeiterklasse bzw. den Unterschichten komme beispielsweise die Funktion zu, »negativer Bezugspunkt« zu sein, von dem sich die Träger anderer Geschmäcker abgrenzen können (Bourdieu 1982: 107). In ähnlicher, obschon affirmativer Weise lässt sich der Geschmack der aufstiegsorientierten Mittelschicht als an den symbolischen Gütern der Herrschenden ausgerichtet beschreiben.

Verallgemeinert betrachtet verweisen Zusammenhänge dieser Art darauf, dass symbolische Herrschaft auch eine entscheidende *Funktion der Kommunikation* erfüllt: Symbole werden von Bourdieu als strukturierte und strukturierende Kommunikationsinstrumente aufgefasst, deren »Bedeutungs- und Sinngehalte [...] in der gesellschaftlichen Interaktion und Kommunikation« zirkulieren (Peter 2011: 17; vgl. Bourdieu 1979: 79, 81; Bourdieu 1989: 29). Lebensstile und Sprache etwa werden – auf symbolischen Gütermärkten – extensiv kommuniziert, zensiert, einheitlichen Maßstäben unterworfen und so schließlich in ihrer trennenden wie einigenden Strukturation weitreichend gesamtgesellschaftlich wirksam. Symbolische Herrschaft bedeutet eine selektive Kommunikation, wobei nicht zuletzt Herrschaft selbst und insbesondere auch deren symbolische Formen – in den von Bourdieu untersuchten Gesellschaften – weitgehend diskursiver Zensur unterworfen werden.

Zugrundeliegende, wesentlich in der Sphäre des Symbolischen aktualisierte Machtverhältnisse werden in alltäglichen Praxisvollzügen und Kommunikationen nur selten thematisiert, sodass symbolischer Herrschaft weiterhin eine *Verschleierungsfunktion* zukommt[4]: Mechanismen wie die Somatisierung von Herrschaft und die Illusion der Selbsthaftigkeit erfüllen die Funktion, »bestehende Herrschaftsverhältnisse nicht als solche erkennbar werden zu lassen und die der Herrschaft Unterworfenen zum Einverständnis in ihre Lage zu veranlassen« (Peter 2011: 17). Das auf diese Weise ermöglichte Verkennen der sozialen Voraussetzungen der Herrschaft und

4 Durchaus wäre hier auch von »latenten Funktionen« im Sinne Mertons zu sprechen (1995: 17ff.).

der dieser innewohnenden symbolischen Gewalt *als Gewalt* ist ein wesentlicher Garant der Funktionalität symbolischer Herrschaft. Sozial vorstrukturierte Praxis stellt sich aus Sicht der Handelnden häufig als Eigenantrieb und Selbst-Interesse (d. h. der Nicht-Sozialität) dar. Im Modus der Selbstverständlichkeit werden (nicht selten leidvoll erfahrene) Praktiken weitgehend un- und vorbewusst prozessiert und die damit verbundenen körperlichen Empfindungen, Emotionen, Motivationen, Interessen etc. nur höchst selten von den Akteuren auf etwaige soziale Prädispositionsmechanismen zurückgeführt. Aber auch die herrschenden Klassen sind entscheidend an der Verschleierung der Herrschaftsverhältnisse und -mechanismen beteiligt. Bourdieu zufolge produziert die dominante Kultur gerade dadurch, dass sie deren Funktion der sozialen Trennung kaschiere, einen spezifischen ideologischen Effekt (Bourdieu 1979: 80). Dies tritt beispielsweise in Gestalt universalistischer Orientierungen und Kommunikation auf, wie die den ökonomischen und kulturellen Programmatiken inhärenten Universalisierungsrhetoriken veranschaulichen.[5]

Entsprechend ist mit symbolischer Herrschaft wesentlich eine *Legitimationsfunktion* verbunden. Bourdieu machte sich mit dem Analyseinstrument der symbolischen Herrschaft Webers Auffassung zu eigen: »Grundlage jeder Herrschaft, also jeder Fügsamkeit, ist ein Glauben« (Weber 1972 [1922]: 122 ff.). Akteure tragen zur Produktion symbolischer Hierarchien durch Anerkennung und Legitimitätsglauben bei. Sie verkennen dabei häufig die Grundlagen und Voraussetzungen dieser Hierarchien und nehmen sie in weiten Teilen als selbstverständlich gegeben wahr (vgl. Bourdieu/Wacquant 1996: 205). Manche Sprechweisen, Weltsichten, kulturelle Praktiken und Interessen werden insofern als legitim erfahren, andere demgegenüber als illegitim. Die mit Lebensstilen verknüpften, vorbewussten und spontanen Sympathien und Antipathien gegenüber Praktiken, Gütern, Personen, anderen Lebensstilen etc. treten entsprechend in Form mehr oder weniger legitimer Geschmäcker in Erscheinung (Bourdieu 1982). In Weberianischer Tradition meint Legitimität hierbei nicht etwa ein normatives Urteil über die objektive Richtigkeitsrationalität oder Statthaftigkeit eines Geschmacks, sondern

5 So wird ökonomische oder kulturelle Liberalisierung nicht selten als dem Gemeinwohl förderlich dargestellt, während trennende Effekte etwa von Privatisierung, Deregulierung oder Kosmopolitisierung erst vom jeweiligen politischen Gegner zur Sprache gebracht werden.

einzig die gesellschaftliche Geltung eines »Prestiges der Vorbildlichkeit oder Verbindlichkeit« (Weber 1972 [1922]: 16). In seiner praxeologischen Lesart Webers betrachtet Bourdieu den Zusammenhang von Herrschaft, Legitimität und praktischem Einverständnis der »Gewaltunterworfenen« als »psychologischen Tatbestand« (Schultheis 2005: 95 f.): Zur wesentlichen Voraussetzung symbolischer Herrschaft wird die Strukturation des Akteurs, seiner Psyche, seiner (prä-)kognitiven Strukturen, (Des)-Interessen, Emotionen und Affekte (vgl. Schmitz/Barth 2018; Schmitz/Bayer 2018), die sich in zumeist unbewussten, stillschweigenden Praktiken der Anerkennung aktualisieren (Bourdieu 2017a: 217). Auch die dominante Kultur ist an der Aktualisierung der Herrschaftsverhältnisse beteiligt, sie »legitimates distinctions by defining all cultures (designated as sub-cultures) in terms of their distance from the dominant culture (i. e. in terms of privation), identifying the latter with culture (i. e. excellence)« (Bourdieu 1979: 80). Insofern solche Definitionen seitens beherrschter Klassen Anerkennung finden, setzen sich spezifische Lebensstile und Geschmäcker inklusive ihres psychischen Gehalts als sozial anerkannte Referenzgrößen und Maßstäbe für symbolisches Kapitals durch. Eine derartige Legitimationsfunktion ist aber nicht auf Klassenverhältnisse im engeren Sinne beschränkt, wie die Überlegungen zur »Männlichen Herrschaft« es verdeutlichen: Über lange Zeit hinweg, und mitunter bis heute, wurde Zweigeschlechtlichkeit von Akteuren internalisiert, somatisiert, als selbstverständlich erfahren, über das – wie auch immer zu bestimmende – natürliche Maß hinaus naturalisiert, psychologisiert und damit schließlich legitimiert.

Überdies bringen nicht nur der soziale Raum, sondern auch die relativ autonomen sozialen Felder symbolische Herrschaftsverhältnisse und eine ungleiche Verteilung von symbolischem Kapital mit hervor. War es – in Europa – über lange Zeit das religiöse Feld, das wesentlich zur Legitimation symbolischer Ordnung beitrug (Bourdieu 1991: 26), erwiesen sich in der Folge beispielsweise mediale Felder und Felder der kulturellen Produktion als im entscheidenden Maße in die gesellschaftlichen Kämpfe um kulturelle Legitimität und materiale Struktur involviert. Seit geraumer Zeit können nicht zuletzt das Feld der Bildung (Bourdieu/Passeron 1973) und das akademische Feld als Instanzen aufgefasst werden, die entscheidend an der Produktion (spät-)moderner Glaubenssätze und der (De-)Legitimation kultureller Praktiken und Güter beteiligt sind (vgl. Gengnagel et al. 2016; Albrecht/Fries

2018).[6] In dem Maße, in dem soziale Felder an der Strukturation der Habitūs und der Hierarchien zwischen den Klassen beteiligt sind (vgl. Schmitz et al. 2017), sind sie ebenso an der Produktion und (De-)Legitimation von Kognitionen, Motivationen, Emotionen und Affekten beteiligt.

Wie das Beispiel der »Männlichen Herrschaft« bereits andeutet, erfüllt symbolische Herrschaft ferner eine *Substitutionsfunktion*: direkte, manifeste materiale Gewalt wird durch subtile und hochgradig vermittelte Formen der Gewalt ersetzt.[7] Die Sozialpsychologie verweist etwa auf Praktiken des »wohlwollenden Sexismus« (vgl. Glick/Fiske 1996), deren Ausübung geeignet ist, Geschlechterhierarchien noch dort zu perpetuieren, wo körperliche Gewalt nicht existieren mag. Aber auch in diesem Zusammenhang wird der produktive Beitrag der Beherrschten erkennbar: So kann die Galanterie des In-den-Mantel-Helfens nur dann ihre symbolische Gewalt entfalten, wenn die der Gewalt Ausgesetzten für eben solche Galanterien prädisponiert sind. Im Begriff der symbolischen Gewalt drückt sich die der Sozialisation innewohnende, egozentrische Form der Herrschaftsausübung aus: Akteure richten die den objektiven Verhältnissen innewohnende Gewalt unter Rückgriff auf ansozialisierte Dispositionen gegen sich selbst und tragen auf diese Weise als ›Komplizen‹ der Machtverhältnisse zur (Re-)Produktion symbolischer wie materieller Ordnung bei. Und wiederum sind die ›Nutznießer‹ solcher Konstellationen dabei wesentlich beteiligt, so im zuvor genannten Falle der die Galanterie pflegenden Männer, deren Handeln als strategisch insofern zu begreifen ist, als dass sie eine ihnen selbstverständlich erscheinende Höflichkeit erbringen, dabei aber die Hierarchien zwischen den Geschlechtern zum Ausdruck bringen und sie mithin re-aktualisieren. Die unterschiedlichen gesellschaftspolitischen Deutungen solcher Alltagsphänomene sind ein Beispiel dafür, dass gesellschaftliche Auseinandersetzungen Konflikte

6 Teilautonome gesellschaftliche Sphären tragen in zumindest zweierlei Weise zur (De-)Legitimation gesellschaftlicher Verhältnisse bei: (a) durch diachrone Feldeffekte auf die Sozialisation und anschließende Transformation des Habitus (wie etwa die Herausbildung eines ökonomischen Habitus) und (b) die synchrone Strukturation der Praxisbedingungen (etwa die differentielle Bereitstellung ökonomischer Ressourcen oder auch die [De-]Legitimation spezifischer Formen kulturellen Kapitals).

7 Bourdieus Darlegungen zu symbolischen Herrschaftsverhältnissen deuten auf eine Reihe funktionaler Äquivalente der Gewaltausübung hin, so wie insgesamt auf die analytische Fruchtbarkeit des Konzeptes der funktionalen Äquivalenz im Kontext seiner relationalen Soziologie.

um kulturelle Definitionshoheit und die Modifikation symbolischer Verhältnisse sind: »The categories of perception, the schemata of classification [...] are the stake par excellence of political struggle, which is a struggle to impose the legitimate principle of vision and division« (Bourdieu 1989: 20f.). Der manifeste Kampf kann durch einen Kampf um die Köpfe und Herzen in der Sphäre des Symbolischen ersetzt werden, der sich nichtsdestoweniger als folgenreich für die Sphäre des Materiellen erweist.

Der Begriff der symbolischen Herrschaft adressiert damit nicht zuletzt die *Funktion der (Klassen-)Strukturation der Gesellschaft*. Eine nicht unwesentliche Pointe der Bourdieu'schen Lebensstilanalyse ist, dass sie die scheinbar persönlichen Geschmäcker als aktive Momente symbolischer Herrschaftsbeziehungen verstehbar macht und an die gesellschaftliche Legitimierung von Ungleichheit rückzubinden vermag. Auf diese Weise konnte Bourdieu zwar nicht das »Wesen« etwa des Golfsports oder des Museumsbesuchs bestimmen, sehr wohl aber die kognitiv-symbolische Komponente der den alltäglichen Praktiken zugrundeliegenden Herrschaftsbeziehungen. Die Werthaftigkeit der klassenspezifischen Geschmäcker und Stilisierungen wie auch der damit verbundenen kognitiven, emotiven und affektuellen Momente wird in sozialen Vereinheitlichungs- und Differenzierungprozessen gemäß geltender Maßstäbe erzeugt. Und so wird auch noch der Anerkennung gesellschaftlicher Positionen und der diesen zugrunde liegenden Kapitalsorten selbst der analytische Status eines Kapitals zugeschrieben: Symbolisches Kapital erfasst (a) die Korrespondenz von Wahrnehmungskategorien und symbolisierten gesellschaftlichen Verhältnissen sowie (b) die differentielle Verfügung über die mit der Anerkennung verbundenen Grundlagen (insbesondere: Kapitalarten). Anders formuliert: Symbolisches Kapital meint die Kapitalisierung von Anerkennung und Geltung, d. h. auch der damit jeweils assoziierten Emotionen, Affekte usw. Die Verfügung über symbolisches Kapital drückt die Chance aus, in den Auseinandersetzungen um symbolische Herrschaft (d. h. auch: um die dabei involvierten Kognitionen, Motivationen, Emotionen etc.) einen relativen Vorteil erwarten und geltend machen zu können. Symbolische Gütermärkte (vgl. z. B. Bourdieu 2005: 78) sind insofern wesentlich auch Märkte für emotionale Güter (im Sinne unterschiedlich marktgängiger Emotionen, wie auch unterschiedlich emotional konnotierter Produkte). Die relationalen Merkmale sozialer Gruppen (Geschmäcker, Lebensstile, wie auch die damit verbundenen Gefühlslagen und *Affizierbarkeitspotentiale*) werden auf symbolischen Gütermärkten einer zusätzlichen Hierarchisierung und Klassifikation unterworfen. Schließlich wirken die Kämpfe im und um den symbolischen Raum auf die materiell-objektiven Gesellschafts- und Klassenverhältnisse zurück, indem bestehende Ungleichheitsverhältnisse legitimiert und neuen Formen sozialer Ungleichheiten der Boden bereitet wird.

Insgesamt kann symbolische Herrschaft schließlich mit der *Funktion der Herstellung symbolischer Ordnung und der Sozialintegration* in Verbindung gebracht werden: Bourdieu schreibt in Durkheim'scher Tradition Symbolen den Status von »instruments *par excellence* of social integration« (Bourdieu 1979: 79) qua logischer und moralischer Integration zu und spricht – nach einer an Marx angelehnten Revision – sodann von Symbolen im Kontext ihrer »political function as instruments of domination« (Bourdieu 1979: 81). Kurz: »›Social functions‹« (in the Durkheimian or »structural-functional« sense of the term) [...] tend to be transformed into political functions« (Bourdieu 1991: 3). Er entzieht sich auf diese Weise den »müßigen Debatten zwischen Funktionalisten und Antifunktionalisten« (Bourdieu 2015: 434 f.): Dysfunktional ist für einige Akteure, was funktional für andere sein mag; aber gleichzeitig ist die Produktion der Kapitalstruktur und des Raumes immer schon eine funktionale insofern, als dass damit die Funktionsweisen gesellschaftlicher Produktion bezeichnet sind. Dieser Gedanke findet sich in den Untersuchungen Bourdieus zur Funktionalität des Feldes der Bildung:

> »a system which helps to reproduce the structure of class relations indeed serves ›Society‹, in the sense of the social order‹, and through it the [...] interests of the classes which benefit from that order« (Bourdieu/Passeron 1990: 192).

Aber nicht etwa nur das Feld der Bildung zeitigt (dys-)funktionale Effekte, die Klassenverhältnisse und Sozialräume (re-)produzieren.[8] Symbolische Systeme sind schlechthin »predisposed by their very structure simultaneously to serve the functions of inclusion and exclusion, of association and dissociation, of integration and distinction« (Bourdieu 1991: 3). Insofern sind alle sozialen Felder – von der Sozialisationsfunktion bis zur Funktion der Herstellung symbolischer Ordnung – auf ihre potentiellen Integrations-, Desintegrations- und Reintegrationsfunktionen hin zu befragen.

8 Passeron (2013: 214 f.) deutet die gemeinsam mit Bourdieu verfasste Arbeit rückblickend in einer durchaus an Mertons empirischen Funktionalismus erinnernden Weise.

Im Lichte der bisherigen Argumentation kann der Habitus dabei nicht nur als der Vermittler von Struktur und Praxis (Bourdieu 1974: 125ff.) begriffen werden. Insofern Effekte von Praxis und/oder anderen Feldern über die Strukturation des Habitus Praxis beeinflussen, gilt vielmehr: *Der Habitus ist der Mittler von Funktion und Praxis*. Und ebenso gilt: *Der Habitus ist der Vermittler von Praxis und Funktion*, insofern er in systematischer und wiederkehrender Weise an der Herstellung sozialer Ordnung beteiligt ist.

Im Unterschied zu den frühen, engeren Varianten des funktionalistischen Denkens macht dieser Zugriff gerade auch darauf aufmerksam, dass dysfunktionale Momente (z. B. im Sinne »misslungener« Sozialisation) geeignet sein können, die Funktionalität (im Sinne der Operationsweise) gesellschaftlicher Verhältnisse zu begünstigen. Persönliches Leid, ein »gebrochener« Habitus etc. sind nicht als bloße Resultate symbolischer Herrschaftsverhältnisse aufzufassen, sondern ebenso als Herrschaft und Ordnung potentiell begünstigende Faktoren; eine Überlegung die sich – nicht nur – für eine relationale Soziologie der Angst als bedeutsam erweisen wird.

Auf der Grundlage dieser knappen Rekonstruktion wird ersichtlich, dass es sich bei den Konzepten der symbolischen Herrschaft und der symbolischen Ordnung um zentrale Aspekte der gesamten Bourdieu'schen Theoriearchitektur handelt sowie überdies, dass prominent in psychologischen Traditionen verwendete Kategorien (etwa Interessen, Emotionen, Kognitionen, Affekte etc.) adressiert und dabei in den Zusammenhang gesellschaftlicher Funktionen der Sozialintegration und Herrschaftsausübung gestellt werden.

3. Funktionen der Angst

Auf der Grundlage der zuvor erarbeiteten Rekonstruktion werden nachfolgend Genese, Struktur und funktionaler Zusammenhang der Angst unter dem Gesichtspunkt symbolischer Herrschafts- und Ordnungsrelationen reflektiert und anhand ausgewählter Beispiele diskutiert. Dabei orientieren wir uns an der im vorherigen Kapitel angelegten Ordnung der verschiedenen idealtypischen Funktionen.

Bereits in Hinblick auf die *Sozialisationsfunktion* ist es möglich, den Stellenwert der Angst deutlich zu machen. Zwar hat Bourdieu weder eine ausgearbeitete Sozialisationstheorie vorgelegt, noch systematisch den Bereich der Angst diskutiert. Und doch machte er – unter Rückgriff auf Freud – im

Zusammenhang von Sozialisationsmechanismen gerade in der Angst ein zentrales Moment aus: Das »Über-Ich ist gleichsam eine praktische Inkarnation der Ermahnung zum Sollen, erlebt im Modus eines Gefühls; die Inkarnation des Lampenfiebers, erlebt im Modus von Panik, Furchtsamkeit, Einschüchterung und einer körperlichen Angst, wie sie oft mit frühesten Sozialisationserfahrungen verknüpft ist.« (Bourdieu 2014: 107)

Über die Familie werden externe Erwartungen und Verhältnisse auf die Heranwachsenden übertragen und fließen in die Herausbildung der Habitūs ein; sie werden dabei nicht nur in Gestalt von »Geschmäckern«, sondern bspw. auch von »Verbote[n], Sorgen« und »moralische[n] Unterweisungen« vermittelt und verinnerlicht (Bourdieu 2015: 168). Verallgemeinert formuliert, erfahren neben Geschmäckern und Lebensstilen ebenso Emotionen, Stimmungen und Affekte im Allgemeinen und insofern auch Ängste, Sorgen, Phobien im Besonderen ihre sozialisatorische Prägung und Konsolidierung (vgl. Emirbayer/Goldberg 2005; Schmitz/Bayer 2018; Schmitz/Gengnagel 2018). Auf diese Weise können neben Interessen folgerichtig auch Ängste prinzipiell als internalisierte und integrative Bestandteile von Habitūs (und Kapitalformen) begriffen werden (vgl. auch Oosterwijk et al. 2010). So werden Kindern in der Sozialisationsphase nicht zuletzt auch – kulturspezifische – Ängste vermittelt (vgl. Murray et al. 2009 sowie Burmeister 2018), wobei eine frühe und fundamentale Angst diejenige vor dem Liebesentzug darstellt (vgl. Parsons 1980). Diese Urangst steht auch im Zentrum von Bourdieus (2017a: 212 f.) wenigen sozialisationstheoretischen Überlegungen und fungiert hier als Ausgangspunkt für die Ausdifferenzierung des symbolischen Kapitals in unterschiedliche Quellen der Anerkennung und Beschämung.

Durch die internalisierten wie situativ (re-)aktualisierbaren Ängste wird eine *Funktion der Praxisorientierung* mit erbracht. Auf basale körperliche, motivationale und kognitive Funktionen der Angst verweisen Biologie und Psychologie (vgl. etwa Mathews 1990). Die habitustheoretisch stets mitgedachte körperliche Seite der Dispositionen verweist zusätzlich darauf, dass Angst (mitunter mehr noch als das Interesse) geeignet zu sein scheint, Gesellschaft in die Erfahrung eines leiblichen Selbst zu transformieren und praxisrelevant werden zu lassen: das eben nicht nur sprichwörtliche Zuschnüren der Kehle vor Angst, der trockene Mund, das rasende Herz, das beklemmende Gefühl etc. Somatisierte und zum Gefühl transformierte Herrschaft schlägt sich als Dispositiv im Sinne Foucaults aber immer schon vielfach in produktiven, regelmäßigen Aktivitäten nieder. Der nächstliegende Fall ist im

Handeln durch Unterlassen zu sehen. Angst mag darüber hinaus dazu veranlassen, einen befürchteten Zustand aktiv zu vermeiden, Bedrohungen auszuweichen oder antizipativ zu verhindern. Diese praxisstiftende Funktion wird von Bourdieu verschiedentlich berührt. Angst drückt sich – wie der Geschmack – im »sense of one's place« (Bourdieu 1982: 728) aus, wofür die von Bourdieu beschriebene Furcht des Kleinbürgers ein Beispiel liefert: die Furcht vor einer unbeabsichtigten Offenlegung des eigenen Geschmacks, etwa »anhand von Kleidung oder Mobiliar [...] dem Geschmack der anderen sichere Hinweise auf den eigenen Geschmack zu liefern und sich so deren Klassifizierung auszusetzen« (Bourdieu 1982: 107; vgl. Delhey/Steckermeier in diesem Band zu Statusängsten als mangelnde soziale Wertschätzung). Generalisiert betrachtet manifestiert sich Angst wie der Geschmack (und vielfach *als* Geschmack) im schwanenden Vorgriff auf die Zukunft: Bourdieu bezeichnet die Angst als eine mit »der doxischen Modalität der Wahrnehmung ausgestattete Antizipation« (Bourdieu 2017a: 333) und damit als historisch und sozial strukturierte Emotion, wie auch als *Wissensform*. Er sah entsprechend nicht nur im Interesse, sondern auch in der Furcht »die Voraussetzung für das bedingungslose Akzeptieren« der Operationsweise sozialer Felder, wie er im Zusammenhang mit einem juristischen Feld eher beiläufig bemerkt (Bourdieu 2017a: 306); ein Gedanke, der aber ohne weiteres für die Analyse von Praktiken in allen sozialen Felder und Räumen fruchtbar gemacht werden kann.

Die Praxisorientierung durch Angst mag sich bei genauerer Betrachtung sogar als noch fundamentaler erweisen: Bei den Begriffen des »Interesses« und der »Angst« handelt es sich letztlich um analytische Unterscheidungen. Spätestens mit Freud (2014 [1926]) kann freilich davon ausgegangen werden, dass Libidotransformationen und Ich-Abwehr komplexe Entwicklungspfade nehmen.[9] Ängste können sich zunächst zu Desinteressen abschwächen. Sie können sich überdies in Gestalt von Interessen mit gleicher oder verschiedener Sinnorientierung niederschlagen. Man denke im einfachsten Falle an den *Thrill*, den Lustgewinn durch Angst (vgl. Balint 1994) oder an die *Funktionslust*, die erfahren wird, wenn vormals bedrohliche Ängste beherrschbar erscheinen. Und umgekehrt können Interessen angstbesetzt sein, wie das Beispiel der Angst vor Erfolg veranschaulicht (Kimball/Leahy 1976). Ängste

9 Freud (2014 [1926]) legte zwei Angsttheorien vor: Angst als Libidotransformation und Angst als Ich-Reaktion, d. h. (unbewusste) Abwehrreaktionen des Ichs.

können aber darüber hinaus sublimiert werden, wie auch Ersatzbildungen anstoßen, so dass sie sich in einem gänzlich anderen Gewand präsentieren mögen. Ein klassisches soziologisches Beispiel ist in Webers Erklärung der kapitalistischen Wirtschaftsordnung zu sehen, die er auf die Angst vor der Versagung der Heilsgüter zurückführte. Andreassen et al. (2016) diskutieren Arbeitssucht *(workaholicism)* als Bewältigungsstrategie von Ängsten, und Kim et al. (2013), wie die Sublimierung von Angst kreative Praktiken anzustoßen vermag. Ebenso kann Interesse zur Phobie transformiert werden, wie Adams et al. (1996) in psychoanalytischer Tradition anhand empirischer Untersuchungen für das Beispiel latenter Homosexualität und manifester Homophobie aufzeigen. Solche Beispiele veranschaulichen, dass Angst nicht schlicht eine formallogische Inversion des Interesses zum Ausdruck bringt, sondern immer schon mit dem Interesse in vielfacher Beziehung steht (Bedingung, Bedingtsein, Gefühlsambivalenz, Erscheinen in Gestalt des Anderen, Kompensation etc.). Zu einer ähnlichen Einsicht scheint auch Bourdieu zu gelangen, wenn er im Zusammenhang des für seine Theorie so zentralen Geschmacksbegriffs formuliert: »[T]astes are perhaps first and foremost distastes, disgust provoked by horror […] of the tastes of others« (Bourdieu 1984: 56). Jedenfalls zeigt sich auch hier, dass Ängste vielfach und vielgestaltig als produktive Komponenten in die unterschiedlichen Modi der Weltaneignung und des Weltbezugs einfließen.

Ängste sind nun nicht lediglich als sozial insofern zu begreifen, als dass sie sozial miterzeugt und geformt werden; sie sind ferner Objekte der Kommunikation.[10] Bezüglich der *Funktion der Kommunikation* kann festgestellt werden, dass einige Ängste weitreichend und offen kommuniziert, andere verschwiegen oder nur hinter vorgehaltener Hand beziehungsweise in einschlägigen Online-Foren im Schutze der Anonymität angesprochen werden. Die Kommunikation über geteilte Ängste kann gemeinsamkeitsstiftend wirken, wie auch die kommunizierte, jedoch nur einseitig empfundene Angst auf Unverständnis und Ablehnung stoßen mag. Geteilte wie nicht-geteilte Angst mag als entscheidende Rahmung einer Interaktionssituation fungieren, was so weit reichen kann, dass Ego auf Grundlage einer geäußerten Angst für Alter als Interaktionspartner untragbar oder nur noch als über offenkundige Wahrheiten zu belehrendes Gegenüber behandelt wird.

10 Luhmann (2004: 238) verweist gar auf die Angst als funktionales und effektives Äquivalent der Sinngebung.

Durch systematische, weitreichende Kommunikation und Verschweigen werden auch Ängste vereinheitlichenden Maßstäben unterworfen. Sie wirken dabei nicht lediglich direkt auf die Betroffenen, sondern zeitigen in Gestalt weitreichend zirkulierter Symbole translokale Effekte. In Angstdiskursen werden einige Ängste hervorgehoben und mithervorgerufen, andere Ängste werden hingegen eingehegt wie auch relativiert (Wilkinson 1999: 459 ff.). Zur diskursiven Zensur gesellt sich die für symbolische Herrschaft zentrale Selbstzensur (Bourdieu 2017b): Spezifische Ängste werden als illegitim erfahren und von den Betroffenen nicht (öffentlich) kommuniziert.

Insgesamt scheinen die Hervorrufung spezifischer Ängste und die Milderung anderer Ängste – insofern diese klassenspezifische Prävalenzen aufweisen – geeignet, symbolische Herrschaft zu vermitteln und zu aktualisieren. Aus einer relationalen Sicht bilden Ängste einen der »Verbindungswege – einen der wichtigsten – über den hin sich die Struktur der Gesellschaft auf die individuellen psychischen Funktionen« überträgt (Elias 1969: 456). Diese allgemeine, grundlagentheoretische Einsicht der Übertragung über weitreichende Handlungsketten findet im Zusammenhang mit der Bourdieu'schen Neoliberalismuskritik ein prominentes Beispiel: In »Das Elend der Welt« (1997) beschäftigte sich Bourdieu mit den verheerenden materiellen, aber auch emotionalen Konsequenzen des Rückzugs des Sozialstaats. Er diagnostiziert eine systematische »Institutionalisierung von Unsicherheit«, die dazu führe, dass sich die »Strukturen des Systems chronischer Instabilität« auch »in kognitiven Strukturen« festsetzen (Bourdieu/Ehalt 2007: 391 f.; vgl. Schmitz/Gengnagel 2018: 68). Diese Unsicherheit wirke direkt auf diejenigen, die von Sozialleistungen abhängig sind, aber auch indirekt auf die nicht unmittelbar betroffenen Gruppen (Bourdieu 1998: 84): Prekarisierungsängste der Arbeiterklasse und die Abstiegsängste des Kleinbürgertums werden damit nicht isoliert betrachtet, sondern in einen gesellschaftlichen (etwa: diskursiven) Zusammenhang gestellt.

Auch die der symbolischen Herrschaft innewohnende *Verschleierungsfunktion* kann in der Folge auf Angstmomente hin betrachtet werden. Während Weber der Furcht einige Bedeutung für die Chance auf Gehorsam beimaß, erlaubt der Praxisbegriff den Nexus von Angst und Herrschaft noch dort zu analysieren, wo weder ein »bekundeter Wille« eines Herrschenden noch der »Sinn seines Hingenommenwerdens als einer ›geltenden‹ Norm« vorzuliegen scheint (vgl. Weber 1972 [1922]: 541 ff.). Die »praktische Anerkennung« symbolischer Herrschaftsverhältnisse nimmt vielmehr häufig »die

Form einer ›körperlichen Empfindung‹ an (Scham, Schüchternheit, Ängstlichkeit, Schuldgefühl)« (Bourdieu 2017a: 217). Insofern Akteure Situationen und Sachverhalte mit sozial vermittelten angststrukturierten Kategorien wahrnehmen und verspüren, greift der die symbolische Herrschaft begünstigende Nexus von Anerkennen und Verkennen: Ängste werden in solchen Momenten (wie in den sich anschließenden Erzählungen) wohl an erster Stelle als persönliche, innere, ja natürliche Geschehnisse erlebt. Der gesellschaftliche Entstehungs- und Bedeutungskontext der Angst hingegen wird durch Subjektivierung, Naturalisierung und insbesondere Pathologisierung vielfach ausgeblendet.

Als Beitrag der herrschenden Kultur (bzw. der Akteure mit einem hohen Maß an symbolischem Kapital) zur Verschleierung mag Angst mitunter besonders effizient sein; etwa dann, wenn Sorgen für die ›ganze Gesellschaft‹ ausgesprochen, ›Sorgen‹ einiger Gesellschaftsmitglieder als mit diesen unvereinbar deklariert werden (vgl. Schmitz/Gengnagel 2018). Solche Universalisierungen partikularer Sorgen können als ein Beispiel für Ideologien gelten, »[which] serve particular interests which they tend to present as universal interests, common to the whole group« (Bourdieu 1979: 79).

Im Sinne der mit symbolischer Herrschaft verbundenen *Legitimationsfunktion* können hieran anknüpfend Ängste (wie schon Interessen) hinsichtlich ihrer unterschiedlichen (Il-)Legitimitätsgrade und ihrer Legitimierungs- und Delegitimierungseffekte verhandelt werden. Herrschaftssoziologisch kann so der Blick darauf gelenkt werden, welche Ängste erfolgreich legitime Geltung zu beanspruchen vermögen – etwa im Sinne einer objektiv begründbaren, womöglich gesamtgesellschaftlich konnotierten wohlbegründeten Sorge – und welche Gefühlsäußerungen demgegenüber als irrationale, pathologische Ängste gelten. Neben den legitimen Geschmack treten so auch *legitime Ängste* als Erscheinungsformen und Inhalte der legitimen Kultur (Bourdieu/Passeron 1973: 35): Sie zeigen sich heute vielfach als *Sorgen* progressiver beziehungsweise kosmopolitischer Milieus – etwa davor, individuelle Freiheiten zu verlieren, vor der Sinnlosigkeit des eigenen Seins, vor Menschenmassen, vor emotionaler Verletzung, vor Islamophobie und Rechtsextremismus, sowie vor der Bedrohung der Umwelt. Konstitutives Moment dieser Sorgen sind die als illegitim geltenden Ängste und *deren Träger*, die als Bedrohung wahrgenommen werden: Die Leugner des Klimawandels, nationalistische und xenophobe Chauvinisten, Islamophobe, Proponenten der traditionellen Genderdichotomie etc. (vergleiche auch den Beitrag zum Populismus von Droste in diesem Band). Mit Angst verbundene Geltungsansprüche sind *auch* auf Distinktionsgewinne und -verluste hin zu befragen. Letztlich scheint in privilegierten gesellschaftlichen Positionen gerade die *Abwesenheit* »niederer« Ängste dazu geeignet, deren Illegitimität und auf diesem Wege die symbolische Nachrangigkeit ihrer Träger in die Logik des sozialen Raums einzuschreiben – sei es in Form einer schulmeisterlichen Belehrung, geflissentlichen Ignorierens oder einer besorgten Pathologisierung. Dabei kann nicht zuletzt die differentielle Zuschreibung von Angst bisweilen ein wesentliches Moment der Delegitimierung darstellen: Wessen Haltung ›lediglich‹ auf Angst basiert, wird delegitimiert und gleichzeitig zum Objekt politischer wie wissenschaftlicher Reflektion gemacht. Womöglich sind Ängste mehr noch als Lebensstile geeignet, zu effektiven Momenten sozialer Distinktionsstrategien zu werden. Weil Ängste sich nicht ohne weiteres »wegregeln« lassen (Luhmann 2004: 238), sind sie zunächst mit einem fundamentalen Geltungsanspruch verbunden. Gerade deshalb aber stellt deren Delegitimation ein effektives Mittel zur Delegitimation der von diesen Ängsten betroffenen Personen dar. Mit einer spezifischen Angst können auf diese Weise ganze Lebenswelten legitimiert bzw. delegitimiert werden.

Das symbolische Herrschaftsverhältnis findet im Kontext der Angst seinen Ausdruck auch auf Seiten der Akteure mit nachteiliger Kapitalausstattung. So manifestiert sich die mit der Erfahrung illegitimer Lebensstile verbundene Scham in Ehrfurcht und Schamangst (Elias 1969: 411), was ein besonders deutliches Beispiel für die Funktionsweise symbolischer Gewalt und deren transintentionalen Charakter darstellt. Bourdieu (2017b: 127) argumentiert in sehr ähnlicher Stoßrichtung, dass die mit spezifischen Lebensstilen oder sprachlichen Ausdrücken einhergehende Einschüchterung »nicht unbedingt einen Einschüchterungsakt« voraussetzt, sehr wohl aber Akteure, die prädisponiert sind, bestimmten sozialen Praktiken nachzugehen, wie auch solche, die eine Prädisposition der ehrfürchtigen Anerkennung herausgebildet haben. Neben dieser Schamangst mag sich noch eine *Angstscham* einstellen: Dann nämlich, wenn die eigene Angst als illegitime erkannt und anerkannt wird.

In diesem Zusammenhang muss etwa das Feld der Bildung neben den offiziellen Funktionen (wie jenen der Beschulung und Befähigung) auch auf seine Angst- und Beschämungseffekte hin betrachtet werden, da sich die in schulischen Karrieren herausgebildeten Ängste wesentlich aus der Anerkennung und Internalisierung der vom Feld repräsentierten Erwartungen und Maßstäbe speisen. Auch dem wissenschaftlichen Feld, welches sich keineswegs auf eine bloße Aufklärungsfunktion reduzieren lässt, kommt eine erhebliche Bedeutung zu, muss es doch auf die von ihm ausgehende (De-)Legitimierung der Angstverhältnisse hin befragt werden (vgl. Schmitz/Gengnagel 2018). Ein instruktives Beispiel mag in der bis zu dieser Stelle noch nicht aufgeworfenen Frage gesehen werden, wie Angst überhaupt zu definieren ist. Diese Frage hat ihre Berechtigung in vielen Zusammenhängen. Mit dem Konzept der symbolischen Herrschaft kann aber darauf hingewiesen werden, dass in jeder Definition dessen, was (jeweils als thematisierungs- und beforschungswürdig reflektierte) Angst (nicht) ist, immer auch Macht- und Herrschaftsverhältnisse impliziert sind. Einigen mag es sich so darstellen, dass heute in gewissen Kreisen die Angst vor Flüchtlingen als begründet gilt, anderen wiederum, dass bestimmte Gruppen sich durch die Angst vor rechtspopulistischen Parteien beschreiben lassen (vgl. Schmitz et al. 2017; Lübke in diesem Band). Die Pluralität der Angstträger und Angstobjekte und vor allem die zwischen diesen zu beobachtenden Verhältnisse entziehen sich analytischer Singularisierung wie ausufernder Kollektivierung. Jede solche soziale Verhältnisse ausklammernde Definitions- wie Operationalisierungsarbeit läuft Gefahr, eher zur Legitimierung symbolischer Herrschaftsverhältnisse beizutragen als zu einer soziologischen Aufklärung – insbesondere dann, wenn die Wissenschaftlerin einem der politischen Lager stärker zuneigen sollte als dem anderen.

Auch die *Substitutionsfunktion* der symbolischen Herrschaft wird im Zusammenhang der Angst offenkundig. Im Kontext der »Männlichen Herrschaft« etwa diskutiert Bourdieu dies folgendermaßen:

> »Der Ausschluss von den öffentlichen Plätzen muss nicht, wie bei den Kabylen, explizit erfolgen […] Beinahe ebenso effektiv kann er andernorts durch diese Art gesellschaftlich aufgezwungener Agoraphobie sein, die die Aufhebung der sichtbarsten Verbote lange Zeit überdauern kann und die die Frauen dazu bringt, sich von der agora selbst auszuschließen.« (Bourdieu 2005: 73)

Wenn Ängste entwickelt und empfunden werden, die geeignet scheinen, die eigene soziale Position zu reproduzieren und dabei historisch vorgängige Formen der Reproduktion ersetzen, mögen Ängste als deren funktionale Äquivalente betrachtet werden. Besonders wirksame Mechanismen können in der zuvor diskutierten sozialstrukturell differenzierten Erzeugung von

Angst identifiziert werden. Man denke an die geschlechtsspezifische Sozialisation: So leisten erfolgreich ansozialisierte Ängste fraglos entscheidende Beiträge zur (Re-)Produktion gesellschaftlicher Verhältnisse, wie es die Beispiele der Numerophobie und der Arithmophobie in ihrer Karriererelevanz verdeutlichen.[11] Wo aber schon die Einschreibung von Interessen und Desinteressen die (Re-)Produktion von Herrschaft ermöglicht, stellen Ängste einen zumindest ebenso effizienten Ersatz für direkte Herrschafts- und Gewaltausübung dar, zumal diese als noch persönlicher und pathologischer gelten, als es für die von Bourdieu so prominent betrachteten Interessen angenommen werden kann.

Auch die *Funktion der (Klassen-)Strukturation der Gesellschaft* durch Ängste wird in der Folge offenbar: Ängste und ihr symbolischer Gehalt werden vielfach wirksam in Hinblick auf gruppeninterne Solidarität, Ablehnung gruppenexterner Akteure, Praktiken des Selbstausschlusses etc. (vgl. Keltner/Haidt 1999: 512; Baumeister/Tice 1990). Hobson et al. (2017) verweisen auf die angstbewältigenden Effekte gemeinschaftsstiftender Rituale, die bereits milieuspezifisch vorstrukturiert sein können. Schmitz et al. (2018) heben die konstitutive Rolle der Angst bei der Herausbildung und wechselseitigen Distanzierung sozialer Klassen sowie den Umstand hervor, dass Ängste – mit spezifischen ökonomischen und kulturellen Existenzbedingungen verwoben – zum Bestandteil symbolischer Kämpfe und Strukturen werden. Am Beispiel des sozialen Raumes Norwegens zeigen sie, dass die dortigen Ängste kultureller Eliten – insbesondere hinsichtlich der Umwelt – als zentrales Element symbolischer Herrschaftsbeziehungen operieren. Distanz zur legitimen Angst (etwa Umweltsorgen), wie auch Ängste, die in einer bestimmten Entfernung zu den Positionen mit symbolischem Kapital liegen (etwa Überfremdung), tragen zur symbolischen und auf diesem Wege objektiven Struktur des Sozialraums bei. Wie dieses Beispiel verdeutlicht, wird eine (Nicht-)Angst mithin zum Bestandteil des symbolischen Kapitals und damit der symbolischen Differenz zwischen den sozialen Klassen. Angst kann überdies geeignet sein, an der Produktion und Transformation der Klassen und ihrer Verhältnisse selbst mitzuwirken. So machte Beck (1986: 66) im Kontext seiner Diagnose zur Risikogesellschaft auf die hier angedeutete

11 Feldtheoretisch lassen sich diese Phobien durchaus weiterverfolgen: So in wissenschaftlichen Feldern, in denen die Abscheu gegenüber der Mathematik zur Strategie und damit die Not zur Tugend gemacht wird (vgl. Bourdieu 2017c: 143 f.).

politische Strukturationskraft aufmerksam, die der Angst zukommen kann: »Risikogesellschaft markiert in diesem Sinne eine gesellschaftliche Epoche, in der die Solidarität aus Angst entsteht und zu einer politischen Kraft wird« (vgl. Schmitz/Gengnagel 2018: 67 f.).[12]

Ängste scheinen insgesamt in nicht unerheblichem Maße geeignet, symbolische Herrschaftsverhältnisse zu (re-)produzieren und so schließlich eine *Funktion der Herstellung symbolischer Ordnung und der Sozialintegration* mit zu erbringen. Diese Einsicht findet sich implizit bereits bei Weber (als Angst vor dem Entzug der Heilsgüter) und Durkheim (als Angst vor der Regelverletzung) und explizit in frühen ethnographischen Arbeiten. Hallowell (1941) diskutierte die sozialintegrative Funktion von gemeinsam als traumatisch empfundenen Ängsten vor Krankheiten bei den Saulteaux, einer in Teilen des heutigen Kanadas beheimateten Volksgruppe. Spiro (1952) zeigte für die Bewohner des mikronesischen Ifalik-Atolls, dass der gemeinsame Glaube an und die Furcht vor böswilligen Geistgestalten dazu beitragen, die soziale Ordnung zu stabilisieren. Im Kontext anthropologischer Untersuchungen diskutiert Homans (1941) die sozialintegrative Funktion von Angst als Nebenfolge ritueller Praktiken. Betzelt/Bode (2017: 126) liefern mit der Angstmobilisierung als integralem »Bestandteil (re-kommodifizierender) Entsicherungspolitik« des »heutigen liberalisierten Wohlfahrtskapitalismus« eine aktuelle und treffliche Veranschaulichung für eine funktionale Interdependenz von subjektiv empfundener und politisch erzeugter Angst. Ein besonderer Vorzug des von Bourdieu (aber etwa auch von Elias) vertretenen Relationalismus ist in der Verbindung solcher Funktionen mit den höchst unterschiedlichen Strategien und Renditen sozialer Akteure zu sehen, sowie darin, dass er dabei die stratifizierte Struktur der Akteure selbst (bis hinab in ihre tiefsten, körperlich fundierten Dispositionen) betont. Vermutlich nicht zufällig greift Bourdieu in seiner späten Skizze einer eigenen Staatssoziologie im Kontext der Angst abermals auf Freuds Begriffe des Unbewussten zurück. Gesamtgesellschaftliche Integration, die bei Bourdieu wesentlich über den Nationalstaat ihre Fundierung findet, erfordert Staatsdenken und Staats*furcht*: den Glauben an die vom Staat mit erzeugten Angstobjekte, etwa die Angst vor staatlicher Bestrafung oder dem Entzug staatsbürgerlicher Pri-

12 Delhey, Schneickert und Steckermeier (2017) haben – ebenfalls in Anschluss an Bourdieu – gezeigt, dass Statusängste in den europäischen Gesellschaften dann weit verbreitet sind, wenn die Klassenunterschiede in der kulturellen Teilhabe größer sind.

vilegien.[13] Aber schon in seiner staatssoziologischen Untersuchung abstrahiert Bourdieu vom Staat und sieht letztlich das »kollektive Über-Ich«, die »Gesamtheit aller Alter Egos« (Bourdieu 2014: 105 ff.), als den analytischen Fluchtpunkt sozialer Integration. Im Sinne einer solchen Generalisierung geraten uns – wiederum in Durkheim'scher Tradition – logische und moralische Integration *qua Angst* in den Blick, wobei – mit der an Marx angelehnten Wendung – Ängste gleichzeitig im Zusammenhang mit Herrschaftsverhältnissen und Herrschaftsfunktionen betrachtet werden müssen.

4. Fazit

Es scheint, als sei die Angst seit einiger Zeit mit besonderer Wucht in die Gesellschaft und deren Felder wie Politik, Medien, Religion etc. zurückgekehrt. Womöglich leben wir heute in einer »Gesellschaft der Angst« (Bude 2014). Gleichwohl gehören Diagnosen, die der Angst einen besonderen Stellenwert für die Konstitution einer Gesellschaft zusprechen, seit jeher zum Kanon sozialwissenschaftlicher Reflexion. Gesellschaft war, so ließe sich zuspitzen, immer schon eine Gesellschaft der Angst. Auch unabhängig von medialen Schlagzeilen, wie jenen zur »Flüchtlingskrise« oder zum Erfolg »undemokratischer« Parteien, sollte ein leistungsfähiges soziologisches Forschungsprogramm deshalb den Bereich der Angst in grundlagenwissenschaftlicher, autonomer Weise verhandeln. Dennoch werden heute nicht wenigen Forschungsarbeiten politisch und medial vordefinierte Vorstellungen und Bewertungen von Angst zugrunde gelegt. Die Sinnhaftigkeit von Untersuchungen zur Angst mit einem dezidierten Zeitbezug steht zwar außer Frage, zumal ein derartig gelagertes Erkenntnisinteresse immer schon *ein* Bestandteil früherer Auseinandersetzungen mit dem Angsttopos war. Mit einer allzu engen Kopplung der akademischen Praxis an gesellschaftliche Problemstellungen sind jedoch auch gewisse analytische Einseitigkeiten verbunden: Nicht selten richtet sich der gesamtgesellschaftliche wie auch wissenschaftliche Fokus auf die Ebene des Subjekts und dessen Pathologien bzw. auf spezifische Gruppen, deren Ängste geeignet scheinen, die Integration und Funktionalität der Gesellschaft zu gefährden.

---

13 Vgl. schon Adam Smiths Darlegungen zur Rolle der Angst bei der Entstehung des Staates und den sich im Anschluss herausbildenden Haltungen gegenüber dem Staat.

Als Beitrag zur Reflexion der aktuellen Debatte wurde Bourdieus Konzept der symbolischen Herrschaft im Kontext einer allgemeinen Soziologie der Angst herangezogen. Dies erlaubt, den Blick von der individuellen Pathologie und gesellschaftlichen Dysfunktionalität spezieller Ängste auf Angst*verhältnisse* umzulenken und dabei darauf, welche mitunter funktionalen Bedeutungen der Angst in einer Vielzahl individueller und sozialer Zusammenhänge zukommen. Zu diesem Zweck wurden acht idealtypische Funktionen der Angst hervorgehoben und anhand lebensweltlicher Beispiele diskutiert. Tabelle 1 gibt einen zusammenfassenden Überblick über die betrachteten Funktionen sowie ausgewählte Beispiele.

Tabelle 1: Ausgewählte Ängste und mögliche Funktionen

Beispiel	***Funktion der …***
Angst vor Liebesentzug	Sozialisation
Angst vor Entzug der Heilsgüter	Praxisorientierung
Angst vor Dritten	Kommunikation
Pathologisierte Angst	Verschleierung
Angst vor schulischem Versagen	Legitimation
Angst vor Öffentlichkeit	Substitution
Angst vor Abstieg	(Klassen-)Strukturation der Gesellschaft
Angst vor Beschämung	Herstellung symbolischer Ordnung & Sozialintegration

Der Begriff der »Funktion« bezeichnet hier keineswegs eine simple, direkte Kausalerklärung: dass also Ängste etwa aufgrund ihrer Funktionen für die symbolische Ordnung entstünden. Vielmehr wird mit dieser begrifflichen Entscheidung zunächst dem Umstand Rechnung getragen, dass die weitverbreitete Gleichsetzung von Ängsten mit Dysfunktionalität zu hinterfragen ist. Ängste sind – wie die angeführten Beispiele es verdeutlichen – sehr wohl und vielfach »funktional« in dem Sinne, dass Sie zur (Re-)produktion psychischer, praktischer und sozialer Strukturen beitragen. Sie können überdies aber auch dann als funktional aufgefasst werden, wenn und insofern Aktualisierungen von Ängsten dazu geeignet sind, zur Konsolidierung eben jener sozialer Verhältnisse beizutragen, die ihrerseits an der Erzeugung dieser Ängste mitwirken. Die genannten, *analytisch* unterscheidbaren Funktionen verweisen insofern auf mögliche *empirische* Zusammenhänge, die in einer jeweiligen Gesellschaft wie auch vergleichend zwischen Gesellschaften unter Gesichtspunkten symbolischer Herrschaftsverhältnisse betrachtet werden können. Der in diesem Beitrag mobilisierte Bourdieu'sche Relationalismus erlaubt die heuristische Erschließung möglicher funktionaler (oder: mechanismischer) Zusammenhänge zwischen Emotionen und gesellschaftlichen Strukturen, wie auch die Sensibilisierung für die funktionalen (positiven) und dysfunktionalen (negativen) Konsequenzen, die diese Zusammenhänge für unterschiedliche Personengruppen empirisch zeitigen mögen.[14]

Auf dieser Grundlage wäre eine Gleichsetzung spezifischer Ängste bestimmter Gruppen mit gesellschaftlicher Dysfunktionalität nicht nur in analytischer, sondern auch gesellschaftspolitischer Sicht zu hinterfragen. Kollektive Definitionen praktischer Funktionen, also Definitionen von dem, was jeweils als manifeste, gesamtgesellschaftlich positive oder negative Funktion gilt (Bourdieu 2015: 257), müssen ihrerseits als umkämpfte Größe in gesellschaftlichen Auseinandersetzungen aufgefasst werden. Und so liegt auch jeder als noch so legitim geltenden, universalistischen Sorge, die sich gegen als illegitim geltende, partikularistische Phobien richtet, eine »fictitious integration of the society as a whole« (Bourdieu 1979: 79) zugrunde. Eine analytische wie kritische Sozialwissenschaft scheint gut beraten, dies zu reflektieren: Politische, mediale, ökonomische und kulturelle Diskurse sind an der Definition vorgeblich gesamtgesellschaftlicher Dysfunktionen der Angst im entscheidenden Maße beteiligt und beeinflussen so wissenschaftliche Problemvorstellungen. Eine allgemeine, relationale Soziologie der Angst denkt die gesellschaftliche Definition von (Dys-)Funktionen mit

14 Die frühen, insbesondere bildungssoziologischen Arbeiten Bourdieus greifen noch prominent auf funktionalistische Argumente zurück. Bourdieus Haltung gegenüber der funktionalistischen Denktradition erklärt sich vor allem aus seiner (sich wandelnden) Feldposition heraus: zunächst aus einer beherrschten Position gegenüber der amerikanische Hegemonie eines Talcott Parsons und Robert Merton, später – und nun durchaus wohlwollend gegenüber den zuvor geschmähten Kollegen – gegenüber der jüngeren, anti-institutionalistischen Wissenschaftssoziologie französischer Provenienz. Bereits eine grobe Anwendung feldtheoretischer Mittel erlaubt, zwischen Bourdieus nomineller (und in der Sekundärliteratur sattsam kultivierter) Funktionalismuskritik einerseits und seiner faktisch sich auch auf funktionalistische Motive stützenden Theorie zu unterscheiden.

und lädt dazu ein, die eigenen, vielfach impliziten und selten hinterfragten wissenschaftlichen Funktionalitätsunterstellungen auf ihre gesellschaftlichen Funktionen hin zu reflektieren.

Literatur

Adams, H. E./Wright, L. W./Lohr, B. A. (1996): »Is homophobia associated with homosexual arousal?«, in: Journal of Abnormal Psychology 105(3), S. 440–445. DOI: 10.1037/0021-843X.105.3.440

Albrecht, C./Fries, F. (2018): »Am Limes der Wissenschaft. Funktionale Verschränkungen zwischen orthodoxen Zentren und heterodoxen Peripherien«, in: M. Schetsche/I. Schmied-Knittel (Hg.), Heterodoxie. Konzepte, Traditionen, Figuren der Abweichung. Köln: Herbert von Halem, S. 234–254.

Andreassen, C. S./Griffiths, M. D./Sinha, R./Hetland, J./Pallesen, S. (2016): The relationships between workaholism and symptoms of psychiatric disorders: a large-scale cross-sectional study. PLOS ONE 11(5), e0152978. DOI: 10.1371/journal.pone.0152978

Balint, M. (1994): Angstlust und Regression. 4. Auflage, Stuttgart: Klett-Cotta.

Bauman, Z. (2016): Die Angst vor den anderen. Ein Essay über Migration und Panikmache, Berlin: Suhrkamp.

Baumeister, R. F./Tice, D. M. (1990): »Point-counterpoints: Anxiety and social exclusion«, in: Journal of Social and Clinical Psychology 9(2), S. 165–195. DOI: 10.1521/jscp.1990.9.2.165

Beck, U. (1986): Risikogesellschaft. Auf dem Weg in eine andere Moderne, Frankfurt a. M.: Suhrkamp.

Betzelt, S./Bode, I. (2017): »Fatal funktional? Angstmobilisierung im liberalisierten Wohlfahrtskapitalismus«, in: Leviathan 45(2), S. 192–220. DOI: 10.5771/0340-0425-2017-2-192

Bourdieu, P. (1974): Zur Soziologie der symbolischen Formen, Frankfurt a. M.: Suhrkamp.

Bourdieu, P. (1979): »Symbolic power«, in: Critique of Anthropology 4(13-14), S. 77–85. DOI: 10.1177/0308275X7900401307

Bourdieu, P. (1982): Die feinen Unterschiede. Kritik der gesellschaftlichen Urteilskraft, Frankfurt a. M.: Suhrkamp.

Bourdieu, P. (1984): Distinction: A social critique of the judgement of taste, Cambridge, MA: Harvard University Press.

Bourdieu, P. (1989): »Social space and symbolic power«, in: Sociological theory 7(1), S. 14–25. DOI: 10.2307/202060

Bourdieu, P. (1991): »Genesis and structure of the religious field«, in: Comparative Social Research 13(1), S. 1–44.

Bourdieu, P. (1993): The Field of Cultural Production: Essays on Art and Literature, Cambridge: Polity Press.

Bourdieu, P. (Hg.) (1997): Das Elend der Welt: Zeugnisse und Diagnosen alltäglichen Leidens an der Gesellschaft, Konstanz: Univ.-Verlag Konstanz.

Bourdieu, P. (1998): Acts of resistance: Against the tyranny of the market, New York: New Press.

Bourdieu, P. (2005): Die männliche Herrschhaft, Frankfurt a. M.: Suhrkamp.

Bourdieu, P. (2014): Über den Staat. Vorlesungen am Collège de France 1989–1992, Berlin: Suhrkamp.

Bourdieu, P. (2015): Entwurf einer Theorie der Praxis auf der ethnologischen Grundlage der kabylischen Gesellschaft, Frankfurt a. M.: Suhrkamp.

Bourdieu, P. (2017a): Meditationen. Zur Kritik der scholastischen Vernunft, Frankfurt a. M.: Suhrkamp.

Bourdieu, P. (2017b): Sprache. Schriften zur Kultursoziologie I, Frankfurt a. M.: Suhrkamp.

Bourdieu, P. (2017c): Anthropologie économique-Cours au Collège de France 1992–1993, Paris: Le Seuil.

Bourdieu, P./Ehalt, H.C. (2007): Für eine neue europäische Aufklärung, Wien: Picus.

Bourdieu, P./Passeron, J.-C. (1973): Grundlagen einer Theorie der symbolischen Gewalt, Frankfurt a. M.: Suhrkamp.

Bourdieu, P./Passeron, J.-C. (1990): Reproduction in education, society and culture. 2. Auflage, London: Sage Publications.

Bourdieu, P./Wacquant, L. (1996): Reflexive Anthropologie, Frankfurt a. M.: Suhrkamp.

Bude, H. (2014): Gesellschaft der Angst, Hamburg: Hamburger Edition HIS.

Burmeister, C. T. (2018): »Angst im Präventionsstaat. Das Regieren moderner Kindheit im Wandel«, in: S. Betzelt/I. Bode (Hg.), Angst im neuen Wohlfahrtsstaat. Kritische Blicke auf ein diffuses Phänomen, Baden-Baden: Nomos, S. 181–208.

Delhey, J./Schneickert, C./Steckermeier, L. C. (2017): »Sociocultural Inequalities and Status Anxiety: Redirecting the Spirit Level Theory«, in: International Journal of Comparative Sociology 58(3), S. 215–240. DOI: 10.1177/0020715217713799

Elias, N. (1969): Über den Prozeß der Zivilisation. Soziogenetische und psychogenetische Untersuchungen. 2., um eine Einl. verm. Aufl., Bern: Francke.

Emirbayer, M./Goldberg, C. A. (2005): »Pragmatism, Bourdieu, and collective emotions in contentious politics«, in: Theory and Society 34(5), S. 469–518. DOI: 10.1007/s11186-005-1619-x

Freud, S. (2014 [1926]): Hemmung, Symptom und Angst. Einleitung von F. W. Eickhoff, Frankfurt a. M.: Fischer TB.

Gengnagel, V./Witte, D./Schmitz, A. (2016): »Die zwei Gesichter der Autonomie: Wissenschaft im Feld der Macht«, in: J. Hamann/J. Maeße/V. Gengnagel/A. Hirschfeld (Hg.), Macht in Wissenschaft und Gesellschaft. Diskurs- und feldanalytische Perspektiven, Wiesbaden: Springer, S. 383–424.

Giddens, A. (1988): Die Konstitution der Gesellschaft: Grundzüge einer Theorie der Strukturierung, Frankfurt a. M./New York: Campus.

Glick, P./Fiske, S. (1996): »The ambivalent sexism inventory: Differentiating hostile and benevolent sexism«, in: Journal of Personality and Social Psychology 70(3), S. 491–512. DOI: 10.1037/0022-3514.70.3.491

Hallowell, A. I. (1941): »The social function of anxiety in a primitive society«, in: American Sociological Review 6(6), S. 869–881. DOI: 10.2307/2085768

Hobson, N. M./Schroeder, J./Risen, J. L./Xygalatas, D./Inzlicht, M. (2017): »The psychology of rituals: An integrative review and process-based framework«, in: Personality and Social Psychology Review 22(3), S. 260–284. DOI: 10.1177/1088868317734944

Homans, G. C. (1941): »Anxiety and ritual: the theories of Malinowski and Radcliffe-Brown«, in: American Anthropologist 43(2), S. 164–172. DOI: 10.1525/aa.1941.43.2.02a00020

Keltner, D./Haidt, J. (1999): »Social functions of emotions at four levels of analysis«, in: Cognition & Emotion 13(5), S. 505–521. DOI: 10.1080/026999399379168

Kim, E./Zeppenfeld, V./Cohen, D. (2013): »Sublimation, culture, and creativity«, in: Journal of Personality and Social Psychology 105(4), S. 639–666. DOI: 10.1037/a0033487

Kimball, B./Leahy, R. L. (1976): »Fear of success in males and females. Effects of developmental level and sex-linked course of study«, in: Sex Roles 2(3), S. 273–281. DOI: 10.1007/BF00287655

Luhmann, N. (2004): Ökologische Kommunikation: Kann die moderne Gesellschaft sich auf ökologische Gefährdungen einstellen? 4. Auflage, Wiesbaden: Springer. DOI: 10.1007/978-3-663-05746-8

Mathews, A. (1990): »Why worry? The cognitive function of anxiety«, in: Behaviour Research and Therapy 28(6), S. 455–468. DOI: 10.1016/0005-7967(90)90132-3

Merton, R. K. (1995): Soziologische Theorie und soziale Struktur, Berlin: De Gruyter. DOI: 10.1515/9783110871791

Murray, L./Creswell, C./Cooper, P. J. (2009): »The development of anxiety disorders in childhood: an integrative review«, in: Psychological Medicine 39(9), S. 1413–1423. DOI: 10.1017/S0033291709005157

Münch, R. (2004): Soziologische Theorie, Band 3: Gesellschaftstheorie, Frankfurt a. M.: Campus.

Oosterwijk, S./Topper, M./Rotteveel, M./Fischer, A. H. (2010): »When the mind forms fear: Embodied fear knowledge potentiates bodily reactions to fearful stimuli«, in: Social Psychological and Personality Science 1(1), S. 65–72. DOI: 10.1177/1948550609355328

Parsons, T. (1980): »Sozialstruktur und Persönlichkeitsentwicklung: Freuds Beitrag zur Integration von Psychologie und Soziologie«, in: H. Dahmer (Hg.), Analytische Sozialpsychologie, Vol. 2, Frankfurt a. M.: Suhrkamp Verlag, S. 365–400.

Passeron, J.-C. (2013): Sociological reasoning, Oxford: Bardwell Press.

Peter, L. (2011): »Prolegomena zu einer Theorie der symbolischen Gewalt«, in: Österreichische Zeitschrift für Soziologie 36(4), S. 11–31. DOI: 10.1007/s11614-011-0001-7

Schmitz, A. (2016): The Structure of Digital Partner Choice: A Bourdieusian Perspective, Cham: Springer International.

Schmitz, A./Barth, A. (2018): »Subtle paths of intergenerational transmission. Psychic aspects of habitus formation in adolescents«, in: Sociologia Internationalis (im Erscheinen).

Schmitz, A./Bayer, M. (2018): »Strukturale Psychologie. Zum Verhältnis von Sozialraum, Habitus und Persönlichkeit«, in: Berliner Journal für Soziologie 27(3-4), S. 455–483. DOI: 10.1007/s11609-018-0364-8

Schmitz, A./Flemmen, M./Rosenlund, L. (2018): »Social Class, Symbolic Domination and Angst. The Example of the Norwegian Social Space«, in: The Sociological Review 66(3), S. 623–644. DOI: 10.1177/0038026117738924

Schmitz, A./Gengnagel, V. (2018): »Zur gesellschaftlichen Positioniertheit und Legimität der Angst«, in: S. Betzelt/I. Bode (Hg.), Angst im neuen Wohlfahrtsstaat. Kritische Blicke auf ein diffuses Phänomen, Baden-Baden: Nomos, S. 55–75.

Schmitz, A./Witte, D./Gengnagel, V. (2017): »Pluralizing field analysis: Toward a relational understanding of the field of power«, in: Social Science Information 56(1), S. 49–73. DOI: 10.1177/0539018416675071

Schultheis, F. (2005): »Mit Weber über Weber hinaus – Pierre Bourdieus Theorie des religiösen Feldes«, in: Autour de la notion Champ-Actes l'école d'été. ESSE: Service Presse l'Université Crète (4-9), S. 92–111.

Spiro, M. E. (1952): »Ghosts, Ifaluk, and teleological functionalism«, in: American Anthropologist 54(4), S. 497–503. DOI: 10.1525/aa.1952.54.4.02a00040

Weber, M. (1972 [1922]): Wirtschaft und Gesellschaft: Grundriss der verstehenden Soziologie. 5. Auflage, Tübingen: Mohr.

Wilkinson, I. (1999): »Where is the Novelty in our Current Age of Anxiety?«, in: European Journal of Social Theory 2(4), S. 445–467. DOI: 10.1177/13684319922224608

Witte, D./Schmitz, A./Schmidt-Wellenburg, C. (2018): »Geordnete Verhältnisse? Vielfalt und Einheit relationalen Denkens in der Soziologie«, in: Berliner Journal für Soziologie 27(3-4), S. 347–376. DOI: 10.1007/s11609-018-0361-y

Statusängste in Deutschland
Wachsendes Problem oder zeitdiagnostischer Mythos?[1]

Jan Delhey und Leonie C. Steckermeier

1. Einleitung

Das subjektive Wohlbefinden der Menschen besteht, so paradox das auf den ersten Blick erscheinen mag, nicht nur aus positiven Aspekten wie Glücksempfinden und Zufriedenheit, sondern auch aus negativen wie z. B. Ängsten und Sorgen (Glatzer et al. 2015). Ihr Vorhandensein wird dabei als Beeinträchtigung des Wohlbefindens interpretiert, sodass die beste aller Welten eine weitgehend angst- und sorgenfreie Gesellschaft wäre. Das Thema Ängste und Sorgen hat in der Soziologie in den letzten Jahren einen bemerkenswerten Aufschwung erfahren, möglicherweise eine Reaktion auf schwindende Sicherheiten und Gewissheiten in der Risikogesellschaft (Beck 1986). Dieser Aufschwung gilt auch für solche Ängste und Sorgen, die sich aus der sozialen Schichtung und der Ungleichverteilung von »power, privilege and prestige« (Lenski 1984) ergeben – den *Statusängsten*.

Statusängste, hier definiert als Sorge der fehlenden sozialen Wertschätzung durch andere, sind vor allem in zwei theoretischen Zusammenhängen populär geworden: zum einen der sogenannten Spirit-Level-Theorie, in der Statusängste gesellschaftsvergleichend mit der Entstehung gesundheitlicher und sozialer Probleme in Beziehung gebracht werden (Wilkinson/Pickett

1 Dieser Beitrag ist Teil des Forschungsprojekts »Ungleichheit, Statusängste, Lebensqualität. Eine Überprüfung und Erweiterung der Spirit-Level-Theorie für Europa«, das dankenswerterweise von der Deutschen Forschungsgemeinschaft (DFG) unter dem Geschäftszeichen DE1892/3-1 gefördert wurde. Ein großer Dank auch an Christiane Lübke und Christian Schneickert für die wertvolle Kommentierung und an Marcus Gercke für seine Unterstützung bei der Fertigstellung des Manuskripts.

2016)[2]. Statusängste gelten dabei als Symptom einer dysfunktionalen, weil problembelasteten Gesellschaft. Zum anderen werden Statussorgen verstärkt in *neueren Gesellschaftsdiagnosen* thematisiert, hier vorrangig aus der Perspektive des sozialen Wandels. Ging man in den 1980er und 1990er Jahren noch davon aus, dass die (west-)deutsche Gesellschaft auf dem Weg in eine spielerisch-ästhetisierende Erlebnisgesellschaft sei (Schulze 1992), sprechen neuere Diagnosen von einer erfolgsorientierten Marktgesellschaft (Neckel 2008), Abstiegsgesellschaft (Nachtwey 2016) und Gesellschaft der Angst (Bude 2014). Während diese Diagnosen zwar geltend machen, dass Status- und andere Ängste in der deutschen Gesellschaft weit verbreitet seien, finden sich nur wenige empirische Belege.

Ziel dieses Beitrags ist es, einen systematischen und empirisch informierten Überblick über Verbreitung, Determinanten und Auswirkungen von Statusängsten in Deutschland zu geben. Dabei dienen uns die beiden genannten theoretischen Anknüpfungspunkte vor allem als Interpretationsfolie für die zwei Vergleichsperspektiven, die diesen Überblick anleiten: Was wissen wir über Statusängste im internationalen (europäischen) Vergleich? Und wie haben sich Statusängste in der deutschen Bevölkerung in den letzten zehn Jahren entwickelt? Der Beitrag ist wie folgt aufgebaut: In einem ersten Schritt stellen wir einige Grundüberlegungen zu Statusängsten vor. In einem zweiten Schritt gehen wir genauer auf die beiden theoretischen Bezüge ein, die Spirit-Level-Theorie einerseits, aktuelle Gesellschaftsdiagnosen andererseits. Wir erläutern, welche Implikationen sich aus diesen beiden Theoriebezügen ergeben und anhand welcher Kriterien man sie überprüfen kann. In einem dritten Schritt präsentieren wir eigene Auswertungen mit Umfragedaten des European Quality of Life Survey (EQLS) für den Zeitraum 2007–2016. Am Ende diskutieren wir Modifikationen der Spirit-Level-Theorie und bilanzieren, ob Statusängste in Deutschland tatsächlich ein wachsendes Problem sind – oder doch ein zeitdiagnostischer Mythos.

2 Im Folgenden nehmen wir nur auf die neueste deutsche Ausgabe des Spirit-Level-Buchs von 2016 Bezug. Das englische Original erschien 2009 bei Bloomsbury Publishing PLC unter dem Titel »The Spirit Level: Why Greater Equality Makes Societies Stronger«.

2. Was sind Statusängste?

Statusangst im hier verwendeten Sinne ist die Sorge vor mangelnder sozialer Wertschätzung aufgrund einer zu niedrigen Position im gesellschaftlichen Ranggefüge. Mit anderen Worten: Die Angst davor, »wie wir wohl in den Augen anderer erscheinen« (Wilkinson/Pickett 2016: 58). Statusängste reflektieren daher unsere subjektive Wahrnehmung davon, wie die Mitmenschen uns sozial bewerten und einordnen. Wie sehr uns derlei Sorgen umtreiben, hat von den sozialwissenschaftlichen Klassikern am eindringlichsten Thorstein Veblen in seiner »Theorie der feinen Leute« analysiert, und durchaus mit einigem Spott. Den Menschen der industriellen Moderne, so Veblen, treibe vor allem um, den gesellschaftlichen Standards der finanziellen Wohlanständigkeit zu genügen, um Ansehen und Selbstachtung zu erlangen: »[D]enn die Grundlage der Selbstachtung besteht normalerweise in der Achtung, die der Nachbar einem entgegenbringt« (Veblen 1989: 47). Nur sehr starke Charaktere könnten sich diesem sozialen Druck entziehen.

Statusängste sind zu unterscheiden von Abstiegsängsten: Letztere sind zukunftsorientiert (»kann ich meine soziale Position halten oder steige ich ab?«) und primär ego-zentriert – was die Leute denken, ist bei der Sorge um den eigenen Statuserhalt zweitrangig. Statusängste sind dagegen gegenwartszentriert und nehmen explizit auf das Urteil anderer Bezug, allerdings gefiltert durch unsere eigene Wahrnehmung (vgl. Delhey et al. 2017). Dieser Umstand unterscheidet Statusangst von Prestige, das unmittelbar die mit einer sozialen Position verbundene Wertschätzung abbildet, z. B. in Form des Berufsprestiges. Das Prestige ist somit eine der Person äußerliche soziale Tatsache, die Statusangst hingegen ein »Me-Feeling« (Burkitt 2014).

Im Englischen firmieren Statusängste unter *status anxiety*. »Anxiety« ist recht vielschichtig und lässt sich sowohl mit »Nervosität« als auch mit »Besorgnis« oder »Angst« übersetzen – negative Befindlichkeiten von durchaus unterschiedlicher Intensität. Wir operationalisieren Statusängste in diesem Beitrag als *subjektives Inferioritätsempfinden*. Die Befürchtung, andere könnten auf uns herabschauen, stellt ohne Zweifel eine gravierende Besorgnis dar. Weiterhin kann die Einschätzung der Befragten auch ›irrig‹ in dem Sinne sein, dass Inferiorisierung von Seiten der Mitmenschen gar nicht intendiert ist, gleichwohl aber so empfunden wird. Aus diesem doppelten Grund sprechen wir in diesem Beitrag von Status*angst*. Nach Dehnes (2017: 35 ff.)

Unterscheidung handelt es sich dabei um eine konkrete Angst – den Verlust sozialer Wertschätzung –, nicht die Sorge um einen diffusen Kontrollverlust (»Kontingenzangst«).

Statusängste haben weitreichende Folgen. Für den Einzelnen bedeuten sie eine Beeinträchtigung der Lebensqualität. Ob die Bedürfnispyramide von Maslow (1943), die Triade von Haben, Lieben und Sein nach Allardt (1993) oder die Basisgüter des guten Lebens nach Skidelsky und Skidelsky (2014): Alle gängigen Ansätze berücksichtigen Aspekte der sozialen Wertschätzung als einen unverzichtbaren Baustein des Wohlergehens. Tatsächlich beeinträchtigen Inferioritätsgefühle die Lebenszufriedenheit (Delhey/Steckermeier 2016) ebenso wie die psychische Gesundheit (Layte 2012). Für Gesellschaften werden Statusängste mit dem Ausmaß sozialer und gesundheitlicher Probleme in Verbindung gebracht, so in der bereits erwähnten Spirit-Level-Theorie, auf die wir gleich noch ausführlicher eingehen. Schließlich problematisieren Sozialphilosophen Statusängste als Indiz dafür, dass die Verteilungsungleichheit zu groß und das für Demokratien fundamentale Prinzip der sozialen Gleichheit gefährdet ist (Miller 1999). Individuen wie Gesellschaften profitieren also davon, wenn Statusängste auf einem niedrigen Niveau bleiben.

Statusängste entwickeln sich in sozialen Wechselwirkungen zwischen Personen und Gruppen: Entweder über soziale Vergleiche, bei denen man schlecht abschneidet – Veblens »neidvoller Vergleich« (Veblen 1989: 106) –, oder in konkreten Interaktionssituationen, in denen man sich herabgesetzt fühlt (vgl. Abbildung 1; siehe auch Delhey et al. 2017). Bei beiden Entstehungspfaden spielen individuelle Merkmale, insbesondere solche des sozialen Rangs (sog. *Statusmarker*), eine entscheidende Rolle. Wer zum Beispiel nur ein geringes Einkommen hat, wird sich eher um Inferiorität sorgen als ein Durchschnittsverdiener, weil soziale Vergleiche und Interaktionen das Einkommensdefizit immer wieder vor Augen führen. Allerdings sind auch Menschen mit hoher Rangposition nicht gänzlich vor Statussorgen gefeit: »Der neiderfüllte Vergleich kann für den Einzelnen nie so günstig ausfallen, daß er nicht immer noch den Wunsch nach einer höheren Stellung und noch größerem Ansehen verspüren würde« (Veblen 1989: 48).

Abbildung 1: Konzeptuelle Überlegungen zur Entstehung von Statusängsten

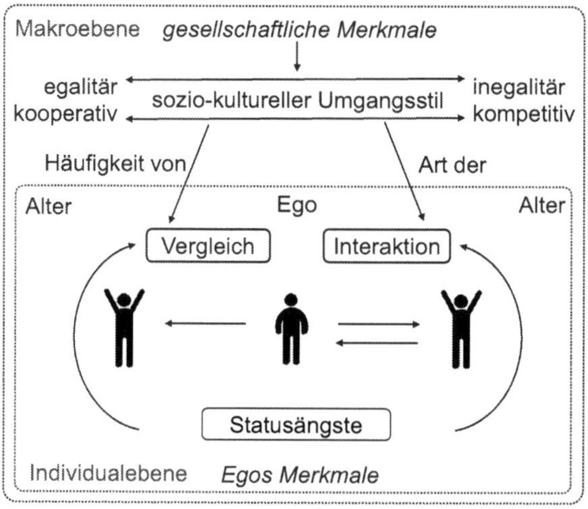

Die sozialen Wechselwirkungen sind in den weiteren gesellschaftlichen Kontext eingebettet, der zweiten Ebene des Modells. Hier gehen wir davon aus, dass es in jeder Gesellschaft kollektiv verbindliche Verhaltensmuster gibt, wie Menschen unterschiedlicher Klassen und Schichten typischerweise miteinander umgehen und wie scharf der Statuswettbewerb ausgetragen wird. Dieser typische kollektive Umgangsstil kann eher egalitär oder eher inegalitär sein. Gesellschaften mit einem egalitären kollektiven Stil sollten ein Umfeld sein, in dem in sozialen Wechselwirkungen nur wenige Statusängste »produziert« werden, weil diese Gesellschaften weniger kompetitiv sind und der Rang im Alltag weniger zählt. Für Gesellschaften mit einem inegalitären Stil sollte das Gegenteil zutreffen – starke Statusängste. Der kollektive Umgangsstil wiederum wird durch grundlegende Merkmale einer Gesellschaft geformt, also durch die Sozialstruktur (z. B. die Einkommensverteilung), politisch-ökonomische Institutionen (z. B. den Wohlfahrtsstaat) und die Kultur (z. B. das Werteklima). Da diese gesellschaftlichen Merkmale räumlich und zeitlich variant sind, sind auch die kollektiven Stile prinzipiell veränderlich, auch wenn Sie ein gewisses Beharrungsvermögen aufweisen dürften. Das hier nur knapp umrissene Modell ist daher in der Lage, Statusangstunterschiede *innerhalb* und *zwischen* Gesellschaften ebenso zu erklären wie Veränderungen über die Zeit.

3. Relevante theoretische Bezüge

Die Spirit-Level-Theorie

Statussorgen spielen, wie bereits erwähnt, eine wichtige Rolle in der Spirit-Level-Theorie (Wilkinson/Pickett 2016). In ihrer Reichweite bewusst auf die wohlhabenden Gesellschaften beschränkt, versucht diese vergleichende Makrotheorie das unterschiedliche Ausmaß gesundheitlicher und sozialer Probleme wie Kriminalität, Teenagerschwangerschaften oder Säuglingssterblichkeit im Ländervergleich zu erklären. Der zentrale Faktor wird in der ökonomischen Ungleichheit einer Gesellschaft gesehen, die den Menschen psychologisch zusetzt und den Kitt des sozialen Zusammenhalts zersetzt. Statusängste nehmen dabei die Rolle des *psychosozialen Mechanismus* zwischen Ungleichheit und sozialer Problemlast ein. Die durch Ungleichheit geschürten Statusängste unterminieren als dauerhafter Stressor die Gesundheit der Menschen und verleiten sie zu einem Verhalten, mit dem diese sich selbst und anderen Schaden zufügen. Die Lösung liege daher in einer ökonomischen Umverteilung, die den Druck des Statuswettbewerbs verringert. Eine weitere Erhöhung des materiellen Wohlstands könne dies nicht leisten, wofür Wilkinson und Pickett den abnehmenden Grenznutzen von Einkommen ins Feld führen: Unterhalb einer – nicht näher bestimmten – Reichtumsschwelle sei Wohlstand funktional und problemsenkend, ab dieser Schwelle nicht mehr. Sie gehen aber nicht so weit, im Wohlstand eine Ursache für gesundheitliche und soziale Probleme zu sehen, wie andere Autor*innen dies tun (von Affluenza spricht z. B. James 2008).

Für unser Thema, die Statusängste, gibt die Spirit-Level-Theorie vor allem klare Erwartungen an die Hand, welche Verteilungsmuster zu erwarten sind. *Innerhalb* von Gesellschaften prognostiziert sie, dass Statusängste umso stärker sind, je weiter man nach unten in der gesellschaftlichen Hierarchie geht – man spricht hier von einem negativen *sozialen Gradienten.* Umgekehrt gilt: »Ein hoher sozialer Status wird meist assoziiert mit Überlegenheit, Kompetenz und Erfolg. […] Welche Kriterien man auch zugrunde legt – ob Vermögen, Ausbildung, berufliche Position, Wohnort, Ferienziele oder andere Zeichen des Erfolgs –, im sozialen Vergleich steht man immer besser da.« (Wilkinson/Pickett 2016: 55) Dabei legen die Autor*innen der Spirit-Level Theorie nicht fest, welche Statusmarker am wichtigsten sind.

Zwischen Gesellschaften sagt die Theorie voraus, dass Statusängste im Durchschnitt der Bevölkerung umso verbreiteter sind, je weiter die Schere zwischen Reich und Arm auseinander geht. Mehr Ungleichheit schürt nach Wilkinson und Pickett aus zwei Gründen Statusängste: So ist der individuelle Status in ungleichen Gesellschaften von größerer Bedeutung für das Selbstwertgefühl und für die Einschätzung der Mitmenschen; zugleich sind die Unterschiede zwischen den Gesellschaftsmitgliedern größer, sodass sozialer Aufstieg seltener gelingt und ein Abstieg gravierend wäre.

Während nur wenige Autor*innen diese Argumentation grundlegend ablehnen (z. B. Snowdon 2010), bemängeln andere das eindimensionale Verständnis von sozialer Schichtung, das Einkommen mit Status gleichsetze. Letzterer sei vielschichtig und erwachse ebenso aus Beruf, Lebensstil und sozialem Kapital (Goldthorpe 2010). Kritisiert wird weiterhin der enge Fokus auf die Einkommensverteilung als entscheidendes Kontextmerkmal, was andere Charakteristika der Sozialstruktur wie z. B. den Klassencharakter einer Gesellschaft vernachlässigt. Angelehnt an die Distinktionstheorie Bourdieus haben Delhey, Schneickert und Steckermeier (2017) gezeigt, dass Statusängste dort stärker sind, wo die Klassenunterschiede im kulturellen Lebensstil besonders ausgeprägt sind. Schließlich scheint auch das Ausblenden kultureller Muster einer Gesellschaft, d. h. ihre dominanten Werte und Normen, eine theoretische Leerstelle im Buch von Wilkinson und Pickett zu sein.

Zur Entwicklung der Statusängste über die Zeit macht die Spirit-Level-Theorie keine explizite Aussage, allerdings lässt sich aus ihr ableiten, dass ein Anstieg vor allem dann zu erwarten ist, wenn die ökonomische Ungleichheit anwächst. Bekanntermaßen hat sich in Deutschland die Einkommensverteilung, wie in anderen OECD-Ländern auch, seit den 1990er Jahren zu Ungunsten der unteren Schichten verschoben (OECD 2011). Der Gini-Koeffizient der verfügbaren Haushaltseinkommen stieg in Deutschland von 24,5 im Jahr 1991 auf 29,0 im Jahr 2013. Der Löwenanteil des Anstiegs fiel dabei in den Zeitraum zwischen 1999 und 2005. Anschließend ist die Ungleichheit wieder leicht gesunken, um seit 2009 wieder stärker anzusteigen (Grabka/Goebel 2017). Die Arbeitseinkommen sind in Deutschland seit Mitte der 1990er Jahre kontinuierlich ungleicher geworden, wobei der Anstieg von 1995 bis 2005 stärker ausfiel als zwischen 2005 und 2014. Die unteren beiden Dezile sind dabei nicht nur relativ zu den anderen Einkommensgruppen besonders stark zurückgefallen, sondern mussten, auch absolut betrachtet, Einkommenseinbußen hinnehmen (Stein 2017).

Aktuelle Gesellschaftsdiagnosen

Ein zweiter theoretischer Bezugspunkt sind neuere Gesellschaftsdiagnosen, die davon ausgehen, dass die Menschen heute in besonderem Maße von Ängsten geplagt werden. Explizit oder implizit sprechen diese Diagnosen auch Statusängste an. Wir beziehen uns auf die Werke dreier Zeittheoretiker, die für unseren Untersuchungsgegenstand besonders relevant sind: Die »Gesellschaft der Angst« (Bude 2014), die »Abstiegsgesellschaft« (Nachtwey 2016) und die »Erfolgskultur der Marktgesellschaft« (Neckel 2008). Aus Platzgründen gehen wir nicht auf vergleichbare englischsprachige Diagnosen ein, die meist mit Blick auf die britische oder US-amerikanische Gesellschaft verfasst wurden (exemplarisch: De Botton 2004; James 2008).

Die am deutlichsten formulierte Erwartung wachsender Statusängste findet man in der »Gesellschaft der Angst«. Bude geht davon aus, dass alle Arten von Ängsten heute weiter verbreitet seien und das Leben der Menschen bestimmten – folglich auch soziale Ängste wie Statusängste. Dies liege zum einen an Prozessen der *Individualisierung*, die das Leben unsicherer gemacht haben; zum anderen führt Bude unter Rückgriff auf Riesmans »Einsame Masse« den Wandel hin zu einem *außengeleiteten Charaktertypus* ins Feld, der sich in Ermangelung eines inneren Wertekompass weitgehend nach der Meinung der Mitmenschen richte und von deren positiven Signalen besonders abhängig sei:

> »Die Vorstellung, was die anderen von einem denken und was sie denken, was man von ihnen denkt, wird so zu einer Quelle von sozialer Angst. Es ist nicht die objektive Lage, die die einzelne Person belastet und kaputt macht, sondern das Empfinden, im Vergleich mit signifikanten Anderen den Kürzeren zu ziehen. Dem außengeleiteten Charakter fehlen die inneren Reserven, die ihn relativ immun gegenüber absurden Vergleichen und wahnwitzigen Verführungen machen könnten. Hinter dem ungezügelten Neid verbirgt sich die tiefe Angst, nicht mithalten zu können, außen vor zu bleiben und allein als der Düpierte übrig zu bleiben.« (Bude 2014: 27)

Diese Furcht mag durch die neue digitale Bewertungsinfrastruktur des »metrischen Wir« (Mau 2017) weiter befeuert werden, in der wir unsere private wie berufliche Popularität in »Likes«, »Ratings« oder »Klicks« aufs Genaueste beziffert bekommen.

Sozialstrukturelle Veränderungen stehen bei Nachtweys Diagnose im Vordergrund, nach der die westlichen Industrieländer zu »Gesellschaften des Abstiegs, der Prekarität und Polarisierung« (Nachtwey 2016: 224) geworden sind. Durch wachsende Ungleichheiten und Erschütterungen der Arbeitsverhältnisse habe sich die soziale Moderne in eine »regressive Moderne« verwandelt, die hinter das frühere Niveau sozialer Integration, relativer Gleichheit und sozialer Bürgerrechte zurückfalle – und das paradoxerweise bei einem insgesamt wachsenden Wohlstand. Während eine abgeschottete Oberschicht ihre Privilegien steigere, fahre inzwischen die Mehrheit der Bevölkerung auf der »sozialen Rolltreppe« nach unten, einer ungewissen Zukunft entgegen. Dies führe zu einer neuen lebensweltlichen Relevanz sozialer Ungleichheit und zu verschärften Verteilungskonflikten, die in Statuskämpfen um Anrechte auf Wohlstand und in kulturellen Distinktionskämpfen ihren Ausdruck finden. Dies führe zunächst einmal zu wachsender Angst vor dem sozialen Abstieg, aber nicht nur das: Während in der Mittelschicht heutzutage die gesamte Lebensführung dem Projekt des Statuserhalts diene, sei gerade für die Arbeiterschaft und das Dienstleistungsprekariat keine positive Statusdefinition mehr möglich. Die Lohnarbeiter*innen von heute fühlen sich »ausgegrenzt, deklassiert, diskriminiert – und hoffnungslos« (Nachtwey 2016: 169). Mit anderen Worten: die regressive Moderne müsste auch Statusängste schüren, insbesondere bei den Gruppen, die schon auf der »sozialen Rolltreppe« nach unten fahren. Weil viele Menschen Geringschätzung erfahren, zielt nach Nachtwey ihr Aufbegehren auf die Rückgewinnung von Anerkennung und Würde.

Neckel (2008) rückt *institutionelle* und *kulturelle* Veränderungen in Richtung einer »Erfolgskultur der Marktgesellschaft« in den Mittelpunkt. Weil in der durchkommodifizierten Marktgesellschaft Leistung in Erfolg umgedeutet wurde, werde die Gesellschaft insgesamt kompetitiver und zugleich auf materiellen Erfolg fixiert. Hiernach wird Geld, Besitz und sichtbarer Konsum zum dominanten Gradmesser für Anerkennung, während Bildung und Beruf an Bedeutung verlieren. Das kulturelle Äquivalent dieses institutionellen Wandels sei die sich im öffentlichen Diskurs ausbreitende Gewinner-Verlierer-Semantik, die für die weniger Erfolgreichen (nach der neuen Semantik: die Verlierer) kaum noch Ansatzpunkte für ein gesundes Selbstwertgefühl biete:

> »Derartige Phänomene einer Verwilderung gesellschaftlicher Konkurrenz zeigen die Risiken von Gewinner/Verlierer-Konstellationen auf. Während die Gewinner ökonomisch, sozialräumlich und symbolisch mittlerweile eine Parallelgesellschaft bilden, endet für Verlierer die Zugehörigkeit beim persönlichen Misserfolg, der ebenso individuell zu verantworten wie sozial ausschließend ist.« (Neckel 2008: 174)

Das Resultat sei ein kollektiver Wandel der sozialen Selbsteinschätzung in Richtung Resignation, Exklusionsempfinden und Unterschichtzugehörigkeit.

Zusammenfassend ist es also eine Gemengelage aus sozialstrukturellen, institutionellen und kulturellen Veränderungen, die vermuten lässt, dass Statusängste in Deutschland und anderen westlichen Gesellschaften heutzutage nicht nur weit, sondern auch weiter verbreitet sind als früher – eben weil sich der kollektive Stil der Gesellschaft in Richtung des inegalitären Pols verschoben hat. Ein Indiz dafür wird in der aufwändigeren »Statusarbeit« vor allem der Mittelschichten gesehen (Schimank et al. 2014). Da es bislang keine Trenduntersuchungen zu Statusängsten gibt, stellen diese und ähnliche Diagnosen eher *Erwartungen* über die Befindlichkeit der Menschen dar denn gesicherte Erkenntnisse. Träfen sie zu, würde das zugleich älteren Gegenwartsdiagnosen, wie der der Erlebnisgesellschaft (Schulze 1992), widersprechen, nach der soziale Ungleichheit subjektiv an Bedeutung verloren hat und sich die Menschen um ihr »Projekt des schönes Lebens« kümmern – innenorientiert, und deshalb weitgehend unberührt davon, was die Leute über sie denken.

Kriterien für die Diagnose einer (Status-)Angstgesellschaft

Wie gerade gezeigt, laufen aktuelle Gegenwartsdiagnosen darauf hinaus, die Befindlichkeitslage in Deutschland als die einer *zunehmend ungleichheitssensitiven Angstgesellschaft* zu beschreiben. Anhand welcher Kriterien ließe sich nun eine solche Diagnose am Beispiel der Statusängste empirisch überprüfen? Vier Kriterien drängen sich unserer Meinung nach auf.

Erstens: Die Menschen in Deutschland müssten heutzutage stark von Statusängsten geplagt sein. Weil es bei nur einer betrachteten Gesellschaft naturgemäß schwer zu entscheiden ist, ob ein bestimmtes Angstniveau »hoch« oder »niedrig« ist, ist es sinnvoll, Deutschland mit anderen Ländern zu vergleichen. Dies ermöglicht es auch, die gesellschaftlichen Bestimmungsfaktoren von Statusängsten vor dem Hintergrund der Spirit-Level-Theorie zu beleuchten und zu klären, ob auch andere Merkmale als die Einkommensverteilung relevant sind.

Zweitens: Statusängste müssten in Deutschland über die Zeit angewachsen sein, als Reaktion auf die oben beschriebenen (negativen) Entwicklungen sozialstruktureller, institutioneller und kultureller Art.

Drittens: Ein weiteres Kriterium ergibt sich aus dem Postulat der Spirit-Level-Theorie, demzufolge Statusängste einen sozialen Gradienten haben. Da das Lebensarrangement – so die Diagnosen – vor allem für die untere Hälfte der Bevölkerung fragiler geworden ist, insbesondere für die exklusionsbedrohten Verlierer der »regressiven Modernisierung« (Nachtwey 2016), sollten die sozialen Gradienten der Statusangst in Deutschland tendenziell steiler geworden sein – gerade bei den Statusmarkern, die unmittelbar den »Markterfolg« abbilden.

Viertens: Mit Blick auf die Auswirkungen sollten Statusängste, ganz allgemein gesprochen, folgenreicher geworden sein, auch für den Befindlichkeitshaushalt der Menschen und ihr soziales Bewusstsein. Dies wollen wir beispielhaft anhand der Lebenszufriedenheit und des Institutionenvertrauens überprüfen. Es wäre also zu erwarten, dass Statusängste einen wachsenden Einfluss darauf haben, wie die Menschen in Deutschland ihr Leben insgesamt (Lebenszufriedenheit) und das Gesellschaftssystem (Institutionenvertrauen) einschätzen.

4. Daten und Methoden

Als Datengrundlage unserer Analysen dienen die jüngsten drei Wellen des European Quality of Life Survey (EQLS) aus den Jahren 2007, 2011 und 2016. Im ersten Teil der Auswertungen betrachten wir Deutschland im Vergleich zu den anderen 27 EU-Staaten (inklusive Großbritannien). Beim Vergleich der drei Wellen greifen wir auf eine Stichprobe von 95.116 Proband*innen zurück, während die Analysen für 2016 auf 29.970 Befragten beruhen. Im zweiten Teil der Auswertungen fokussieren wir auf Deutschland, sodass wir dann mit einer Unterstichprobe von 6.021 Personen im Zeitvergleich und 1.553 Personen im Querschnitt 2016 rechnen. Alle Analysen sind gewichtet.

Der EQLS bietet uns zwei Items zur Operationalisierung von Statusängsten, die in vorangegangener Forschung bereits einzeln oder gemeinsam verwendet wurden (Delhey/Dragolov 2014; Delhey et al. 2017; Layte 2012).[3] Die Items fragen ab, wie stark die Probanden den folgenden Aussagen auf einer 5er-Skala jeweils zustimmten: »Einige Leute sehen wegen meiner Arbeit oder meines Einkommens auf mich herab« und »Ich habe das Gefühl, dass die Leute in meiner Umgebung den Wert meiner Tätigkeiten nicht anerkennen«.

Beide Aussagen erfassen ein subjektives Gefühl mangelnder Wertschätzung durch die Mitmenschen und eignen sich daher hervorragend zur Messung von Statusängsten, wie wir sie oben definiert haben. Das *erste Item* nimmt ausdrücklich Bezug auf empfundene Abwertungserfahrungen aufgrund zweier zentraler Statusmarker, Einkommen und Beruf. Deren explizite Nennung mag Vor- und Nachteile haben. Ein Nachteil mag die gewisse Fokussierung auf den Erwerbsaspekt sein, insbesondere für die Betrachtung von gesellschaftlichen Gruppen, die nicht (mehr) am Erwerbsleben teilhaben, wie Studierende oder Rentner*innen;[4] weiterhin werden Abwertungserfahrungen aufgrund anderer Statusmarker ausgeschlossen. Andererseits vermindert die Spezifikation den Spielraum für Interpretation, was vorteilhaft für die Vergleichbarkeit ist. Zudem stellen Einkommen und Beruf Statusmarker dar, die sowohl für das Selbstwertgefühl als auch die soziale Hierarchisierung hochrelevant sind (Wilkinson/Pickett 2016: 58 und 55). Das *zweite Item* zielt auf einen Mangel an Anerkennung, der sich auf jedwede Tätigkeit beziehen kann, die eine Person für sich als schätzenswert erachtet. Mit seiner größeren inhaltlichen Offenheit erfasst dieses Item das allgemeine menschliche Bedürfnis, als eine wertvolle und fähige Person geschätzt zu werden (Wilkinson/Pickett 2016: 58 und 242).

Über die theoretische Passung hinaus besteht auch ein hinreichender empirischer Zusammenhang zwischen den Statusängste-Items. Auf EU-Ebene korrelieren die Items moderat miteinander ($r_s = 0{,}49^{***}$).[5] In Deutschland-Gesamt ($r_s = 0{,}59^{***}$) sowie in den beiden Landesteilen West- ($r_s = 0{,}57^{***}$) und Ostdeutschland ($r_s = 0{,}67^{***}$) korrelieren sie sogar noch stärker. Zur Operationalisierung der Statusängste verwenden wir daher den ungewichteten Mittelwert zwischen den beiden Variablen. Der so gebildete Index reicht von 0 (»keine Statusängste«) bis 4 (»starke Statusängste«).

3 Bisweilen unter verschiedenen Labels.

4 Letztere können bei der Beantwortung dieses Items auf ihren früheren Beruf Bezug nehmen.

5 Die Asteriske geben die Irrtumswahrscheinlichkeit wie folgt an: *** $p<.001$; ** $p<.01$; * $p<.05$.

5. Ergebnisse

Die Statusängste der Deutschen im EU- und Zeitvergleich

Wie verbreitet sind Statusängste aktuell in Deutschland und in anderen Ländern der Europäischen Union? Mit einem Durchschnittswert von 1,2 auf der Skala von 0 bis 4 sind Statusängste 2016 in der EU eher gering verbreitet. Mit anderen Worten: Die Statusängste liegen EU-weit bei 30 Prozent des Skalenmaximums. Wie aus Abbildung 2 ersichtlich, sind Bulgarien, Rumänien und Zypern mit Werten über 1,5 am stärksten betroffen. Die niedrigsten Werte finden sich in Schweden, Österreich und Dänemark mit Werten von je unter 0,8. Deutschland reiht sich gemeinsam mit den letztgenannten Ländern sowie mit Finnland, den Niederlanden und Lettland mit einem Wert von 0,9 (entsprechend 23 Prozent des Skalenmaximums) in die Ländergruppe mit *niedrigen* Statusängsten (kleiner als 1) ein.

Im zeitlichen Vergleich lässt sich für die EU insgesamt weder ein klarer Aufwärts- noch ein Abwärtstrend erkennen. Das Niveau der Statusängste stieg von 1,2 im Jahr 2007 geringfügig auf 1,3 im Jahr 2011 (möglicherweise eine Auswirkung der Wirtschafts- und Finanzkrise bzw. Eurokrise) und fiel dann wieder auf 1,2 im Jahr 2016. Eine Entwicklung ist erkennbar: Der West-Ost-Unterschied in der EU ist von einem Viertel-Skalenpunkt (2007) auf einen Achtel-Skalenpunkt (2016) geschrumpft. Diese Angleichung geht hauptsächlich auf eine Verbesserung in den osteuropäischen Ländern zurück, in denen die Menschen weniger Statusängste verspüren als noch vor zehn Jahren.

In Deutschland verhält sich der zeitliche Trend fast gegensätzlich zur allgemeinen Entwicklung in der EU: Von 2007 zu 2011 haben Statusängste in Deutschland spürbar abgenommen und danach leicht (wenn auch nicht signifikant) wieder zugenommen, sodass die Statusängste seit 2011 auf einem niedrigen Wert von ca. 0,9 stagnieren. Genau wie in der EU insgesamt geht ein Großteil der positiven Entwicklung auf die deutliche Verbesserung der Befindlichkeit in Ostdeutschland zurück, die zu einer Angleichung des Statusangstniveaus in beiden Bevölkerungsteilen im Jahr 2016 geführt hat. Lagen zu Beginn des Untersuchungszeitraums noch neun Rangplätze zwischen West- und Ostdeutschland, sind beide Landesteile nun gleichauf (siehe Abbildung 2). Diese in Deutschland erfreuliche Entwicklung der Statusängste – entgegen den zeitdiagnostischen Prognosen – könnte v. a. auf die stabile wirtschaftliche Lage und die wachsende Beschäftigung zurückzuführen sein. Im EU-

Abbildung 2: Statusängste in Europa – Deutschland im Vergleich

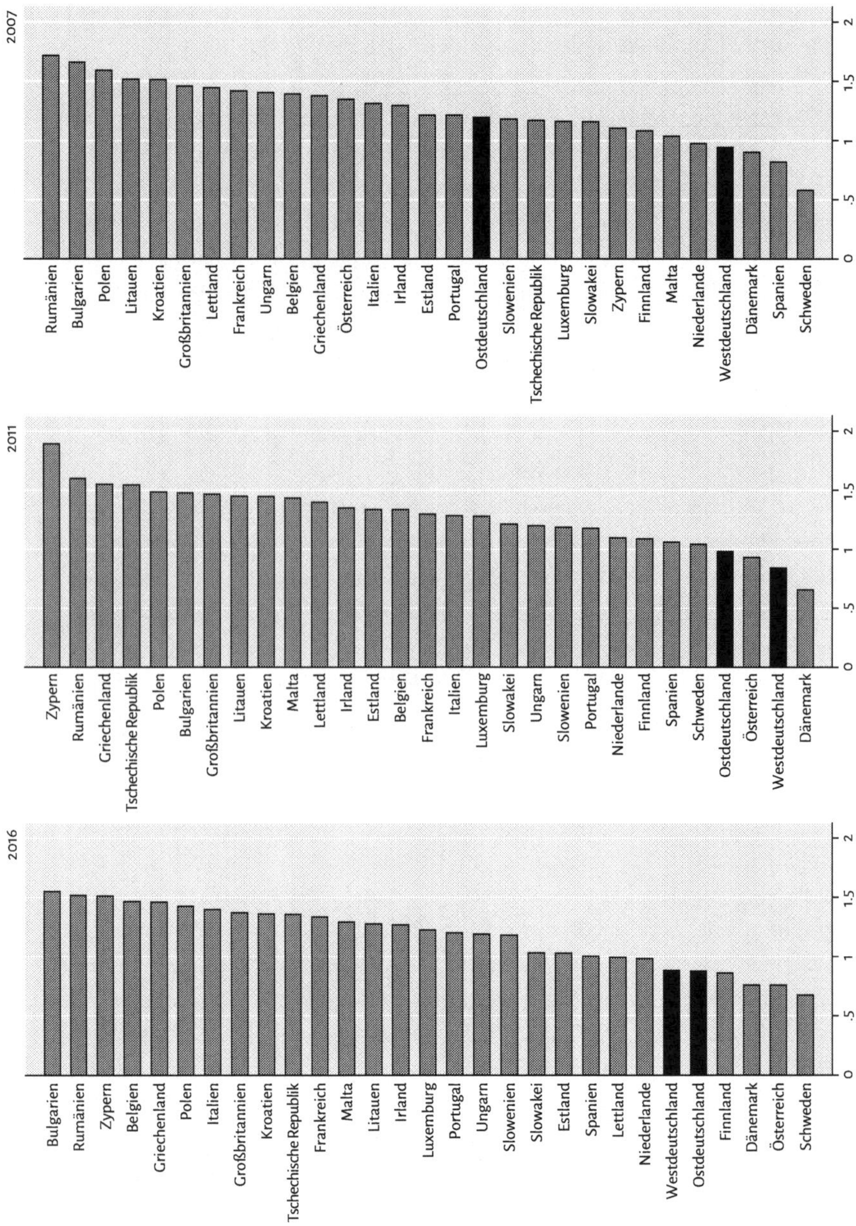

EQLS 2007–2016, Europa, N = 30.064 (2007), N = 35.082 (2011), N = 29.970 (2016), gewichtet; eigene Berechnungen.

Vergleich nimmt Deutschland also eine Position knapp hinter der nordischen Spitzengruppe ein. Im Zeitvergleich sind die Statusängste in Deutschland eher gesunken als gestiegen, vor allem in den neuen Bundesländern, sodass die Ost-West-Lücke in Deutschland seit 2016 vollständig geschlossen ist.

Gesellschaftliche Entstehungsbedingungen von Statusängsten

In der Wohlstandsgesellschaft, so die Ungleichheitshypothese der Spirit-Level-Theorie, können die Lebensbedingungen der Menschen nicht durch noch mehr Wohlstand verbessert werden, sondern nur durch dessen gleichmäßigere Verteilung. In empirischen Analysen wird zur Untersuchung des Zusammenhangs zwischen sozialer Ungleichheit und Statusängsten aus Gründen der Datenverfügbarkeit und der Vergleichbarkeit in der Regel die Einkommensungleichheit herangezogen. Dieser Konvention folgen auch wir. Wie in Abbildung 3 für die 28 EU-Länder gezeigt, sind Statusängste in Ländern mit hoher Einkommensungleichheit tatsächlich stärker verbreitet ($r_s = 0{,}40^*$). Dieser Effekt zeigt sich nicht nur auf Länderebene, sondern konnte auch in Mehrebenenmodellen für individuelle Statusängste in Europa bestätigt werden (Delhey/Dragolov 2014; Delhey et al. 2017; Whelan/Layte 2014).

Abbildung 3: Einkommensungleichheit und Statusängste in Europa

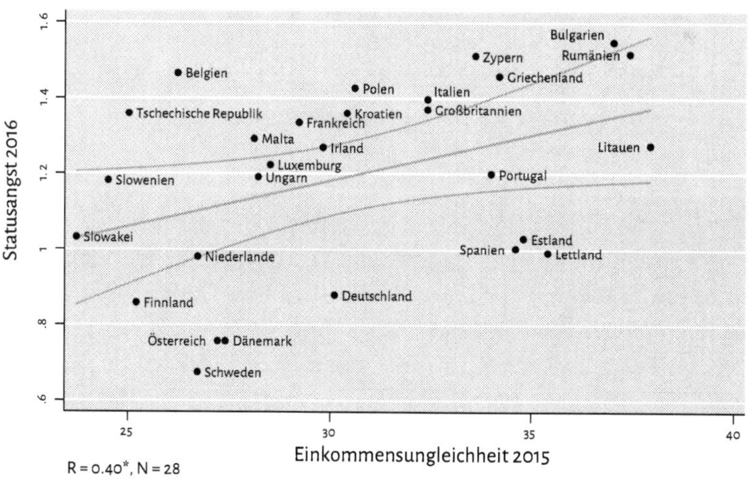

EQLS 2016, gewichtete Mittelwerte der Statusängste pro Land; eigene Berechnungen; Gini-Koeffizient (Solt 2016).

Die Annahme, Wohlstand könne für reiche Gesellschaften keinen Beitrag zur Senkung der Statusängste (mehr) leisten, ist hingegen nicht haltbar. Neuere Untersuchungen finden für Europa ein wiederkehrendes Muster: Je reicher eine Gesellschaft ist, desto geringer sind auch die Statusängste. Dies belegen sowohl ökologische Korrelationen auf Länderebene (Steckermeier/Delhey 2018) als auch Mehrebenenanalysen (Delhey et al. 2017; Whelan/Layte 2014). Abbildung 4 zeigt den negativen Zusammenhang zwischen dem Wohlstandsniveau und den durchschnittlichen Statusängsten für die 28 EU-Staaten (r_s = -0,40*).

Abbildung 4: Wohlstand und Statusängste in Europa

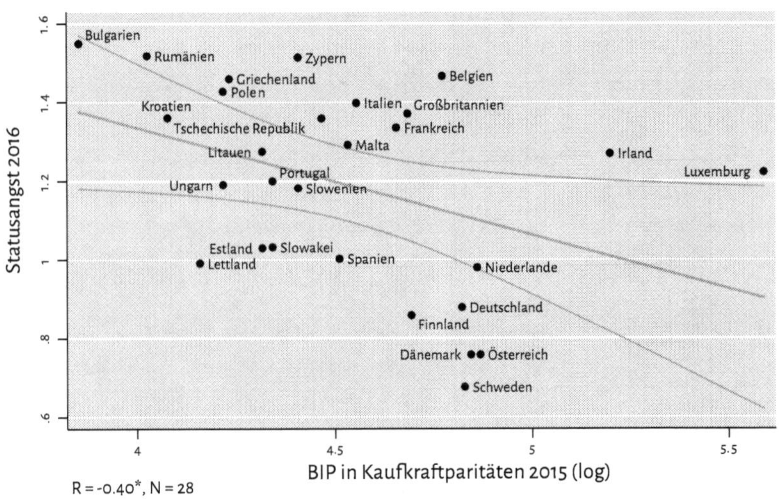

EQLS 2016, gewichtete Mittelwerte der Statusängste pro Land; eigene Berechnungen; Eurostat: BIP pro Kopf in KKS (logarithmiert).

Weniger Beachtung als ökonomische Einflüsse haben in der Forschung bislang kulturelle Faktoren gefunden. So hat Goldthorpe (2010: 737 f.) auf die Bedeutung dominanter gesellschaftlicher Werte verwiesen, die erst zu einer Akzeptanz der Statusordnung und der damit einhergehenden Ungleichheit führen. Diese Idee aufgreifend haben Steckermeier und Delhey jüngst einen Vorschlag unterbreitet, Werteklimata auf einem Kontinuum von egalitär bis inegalitär zu verorten. Inegalitäre Werteklimata sind unter anderem solche, in denen es üblich ist, Armut durch persönliches Verschulden zu erklären, während in einem egalitären Werteklima soziale Umstände verantwortlich gemacht werden. Empirisch treten Statusängste häufiger in Gesellschaften auf, die durch eine inegalitäre Kultur gekennzeichnet sind (Steckermeier/Delhey 2018). Abbildung 5 illustriert dies am Beispiel der dominanten Armutszuschreibung: Der Pegel an Statusängsten ist in den Ländern deutlich höher, in denen die Ansicht verbreitet ist, dass Armut eine Folge von Faulheit und mangelnder Willensstärke ist ($r_s = 0{,}44^*$).

Abbildung 5: Armutszuschreibungen und Statusängste in Europa

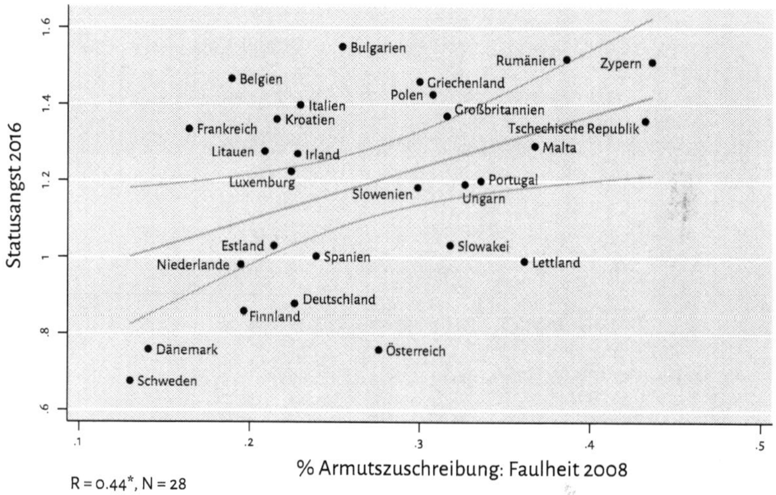

EQLS 2016, gewichtete Mittelwerte der Statusängste pro Land; European Value Study 2008: Prozentualer Anteil der Menschen in einem Land, die als wichtigsten Grund für Armut und Not »Faulheit und mangelnde Willenskraft« angeben; eigene Berechnungen.

Die Verteilung von Statusängsten innerhalb der deutschen Gesellschaft

Sind Statusängste ausschließlich ein Problem der unteren Schichten oder lassen sie sich auch in der Mitte der Gesellschaft finden? Generell wird angenommen, dass Statusängste mit jeder Sprosse der sozialen Leiter nach oben hin abnehmen. Da Status nicht allein durch das Verfügen über Ressourcen erworben wird, sondern diese Verfügungsmacht auch nach außen gezeigt und von anderen anerkannt werden muss, ist es plausibel, dass diejenigen Zeichen von Erfolg besonders vor Statusängsten schützen, die zur Schau gestellt werden können und allgemein als respektabel gelten.

Abbildung 6: Durchschnittliche Statusängste nach Gruppenzugehörigkeit (vertikale Parameter)

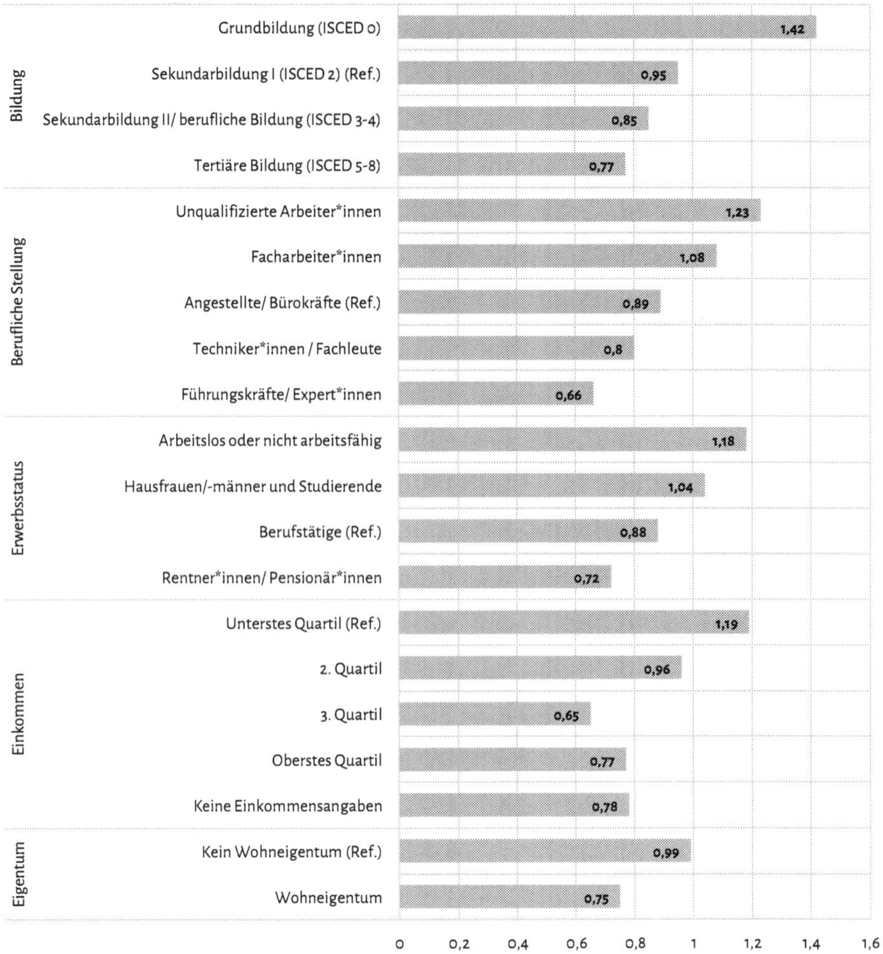

Daten: EQLS 2016, Deutschland, N = 1.553, gewichtet; eigene Berechnungen.

Empirisch zeigt sich, dass Statusängste in allen sozialen Schichten auftreten, zugleich aber, wie angenommen, nach unten hin zunehmen. Abbildung 6 zeigt anhand der Statusmarker Bildung, Beruf, Erwerbstätigkeit, Einkommen und Wohneigentum die durchschnittlichen Statusängste für verschiedene soziale Kategorien. Mit Ausnahme des Einkommens zeigt sich für alle vertikalen Parameter ein geradezu idealtypisches Treppenmuster: Je höher der Status, desto geringer sind die Statusängste. Einzig beim Einkommen weicht die bestsituierte Gruppe von diesem Muster ab, denn die Gutverdiener*innen des vierten Einkommensquartils empfinden geringfügig mehr Statusängste als die Menschen im dritten Quartil. Möglicherweise orientieren sich erstere an einer besonders elitären Referenzgruppe, was ihr Inferioritätsgefühl erhöhen könnte.

Neben *vertikalen* Rangunterschieden (»Ungleichheiten«) können auch Merkmale der *horizontalen* Differenzierung einen Beitrag zur Erklärung von Statusängsten leisten. Auf der einen Seite wird so berücksichtigt, dass sich horizontale Unterschiede oftmals in vertikale Ungleichheiten übersetzen, wie z. B. beim Gender-Pay-Gap oder der Altersdiskriminierung. Auf der anderen Seite wird so einem umfassenderen Konzept von Status Rechnung getragen, das auch Aspekte der Lebensführung einbezieht.

In Abbildung 7 sind die durchschnittlichen Statusangstwerte nach verschiedenen horizontalen Merkmalen dargestellt. Der Unterschied zwischen Männern und Frauen ist verschwindend gering. Relevanter als das Geschlecht ist die Ethnizität: Migrant*innen der ersten Generation haben mehr Statusängste als die autochthone Bevölkerung, was auf Anerkennungsdefizite, möglicherweise auch Diskriminierungserfahrungen, verweist. Das Merkmal »Anzahl der Kinder im Haushalt« ergibt ein uneinheitliches Bild: Im Vergleich zu Personen in kinderlosen Haushalten haben diejenigen mit einem Kind höhere, diejenigen mit mehreren Kindern im Haushalt wiederum niedrigere Statusängste.

Wie bereits im Zeitvergleich für Deutschland angedeutet, ist die regionale Herkunft inzwischen bedeutungslos: Ostdeutsche und Westdeutsche unterscheiden sich nicht mehr in ihrem Statusangstniveau. Die Größe des Wohnorts macht hingegen einen Unterschied: In der Großstadt sind Statusängste am stärksten verbreitet, in der Kleinstadt am wenigsten. Dorfgemeinschaften und ländliche Gebiete liegen ziemlich genau in der Mitte.

Hinsichtlich des Alters zeigt sich, ähnlich den vertikalen Statusmarkern, ein Muster kontinuierlich abgestufter Statusängste. Junge Menschen von 18 bis 34 Jahren leiden unter besonders starken Ängsten, die Gruppe der 35–64-Jährigen liegt ziemlich genau im gesamtdeutschen Durchschnitt und die Gruppe der über 64-Jährigen verspürt von allen Altersgruppen am wenigsten Ängste. Dieses Muster spiegelt die in Abbildung 6 dargestellte Verteilung der Statusängste über die Erwerbsgruppen: Studierende bzw.

Abbildung 7: Durchschnittliche Statusängste nach Gruppenzugehörigkeit (horizontale Parameter)

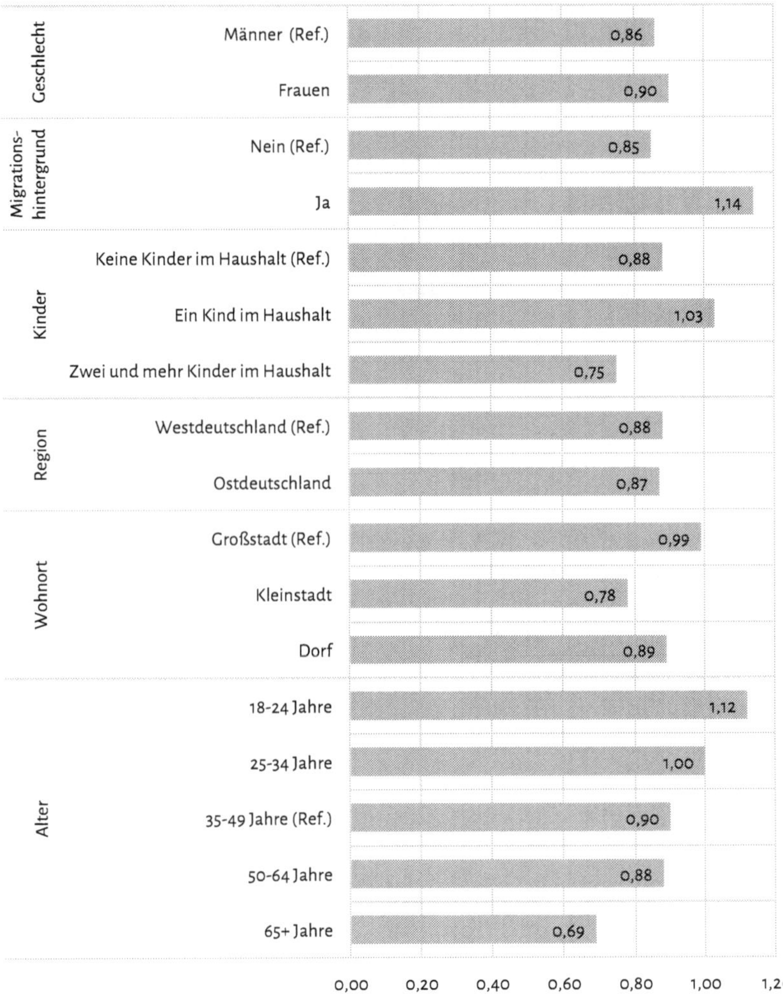

Daten: EQLS 2016, Deutschland, N = 1.553, gewichtet; eigene Berechnungen.

Schüler*innen (aufgrund der geringen Fallzahl zusammengefasst mit den Hausfrauen/-männern) haben etwas höhere Statusängste als Berufstätige, am wenigsten aber leiden die Rentner*innen und Pensionär*innen unter Statusängsten.

Der soziale Gradient der Statusängste im Zeitverlauf

Eine wichtige Frage ist nun, ob die sozialen Gradienten der Statusängste im Zeitverlauf steiler geworden sind. Dies legen sowohl die Diagnosen von Nachtwey und Neckel nahe: Wenn die Geringqualifizierten, prekär Beschäftigten und Arbeitslosen ökonomisch zurückgefallen sind und mehr denn je als »Verlierer*innen« stigmatisiert werden, so müssten vor allem die vertikalen Statusmarker immer stärker anschlagen – und in steileren sozialen Gradienten ihren Ausdruck finden.

Empirisch findet sich wenig Evidenz für eine Veränderung der sozialen Gradienten von Statusängsten. Fast alle Statusmarker haben sich in ihrer Effektstärke über die Zeit nicht oder nur geringfügig verändert. Das heißt nicht, dass sie Statusängste nicht beeinflussen, sondern, dass der Statusangst-Unterschied z. B. zwischen Befragten mit unterschiedlichem Einkommen in allen drei Erhebungsjahren mehr oder weniger gleich war. Bildlich gesprochen: Für alle drei Zeitpunkte ergibt sich das Bild einer ähnlich steilen Treppe. Einzig in Bezug auf den Bildungsabschluss und den Erwerbsstatus »Hausfrauen, Hausmänner und Studierende« haben sich Veränderungen ergeben, allerdings in eine Richtung, die gegen eine Polarisierung der sozialen Befindlichkeit spricht: Die Effekte sind im Zeitverlauf in einem statistisch signifikanten Maße schwächer geworden, das Treppenmuster verläuft flacher.

Abbildung 8 illustriert dies für den Statusmarker Bildung. Höhere Bildung dämpft zwar weiterhin die Statusängste (deshalb ist der Effekt im negativen Skalenbereich abgetragen), aber weniger als 2007 und 2011. Anders ausgedrückt: Der Abstand im Statusangstniveau zwischen höher und niedriger Gebildeten ist über die Jahre kleiner geworden, möglicherweise ein Effekt der fortschreitenden Bildungsexpansion. Ähnlich verhält es sich beim Erwerbsstatus für die zusammengefasste Gruppe der Studierenden und Hausfrauen bzw. -männer. Während diese im Jahr 2007 im Vergleich zu den Erwerbstätigen noch deutlich geringere Statusängste aufwiesen, nimmt der Effekt über die Jahre so weit ab, dass unter Kontrolle anderer vertikaler und horizontaler Parameter im Jahr 2016 kein Unterschied mehr zur Vergleichsgruppe der Erwerbstätigen besteht.

Abbildung 8: Der soziale Gradient von Bildung im Zeitverlauf

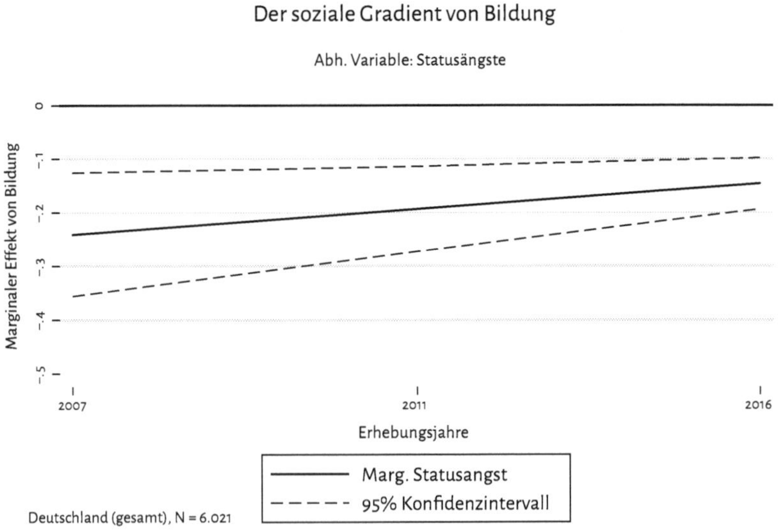

EQLS 2007–2016, kontrolliert für Geschlecht, Familienstand, Alter, Erwerbsstatus, Beruf, Einkommen, Herkunft (Ost/West), Erhebungswelle; eigene Berechnungen.

Die Folgen von Statusängsten im Zeitverlauf

Dass Statusängste für Individuum und Gesellschaft problematisch und damit folgenreich sind, ist inzwischen hinreichend belegt, sowohl für das *subjektive* Wohlbefinden (Delhey/Steckermeier 2016) als auch für *objektive* gesellschaftliche Probleme (Delhey/Steckermeier 2019). Wie in den vorigen Abschnitten gesehen, sind Statusängste in Deutschland in unserem Untersuchungszeitraum insgesamt etwas schwächer geworden, wobei ihr sozialer Gradient (größten-)teils unverändert geblieben, teils abgeflacht ist. Das allein sagt jedoch noch nichts darüber aus, ob sich die *Auswirkungen* von Statusängsten verändert haben. Dies untersuchen wir genauer für das subjektive Wohlbefinden als summarische Bewertung des eigenen Lebens und für das Institutionenvertrauen als Bewertungsaspekt des Gesellschaftssystems.

Abbildung 9: Der marginale Effekt von Statusängsten auf das subjektive Wohlbefinden im Zeitverlauf

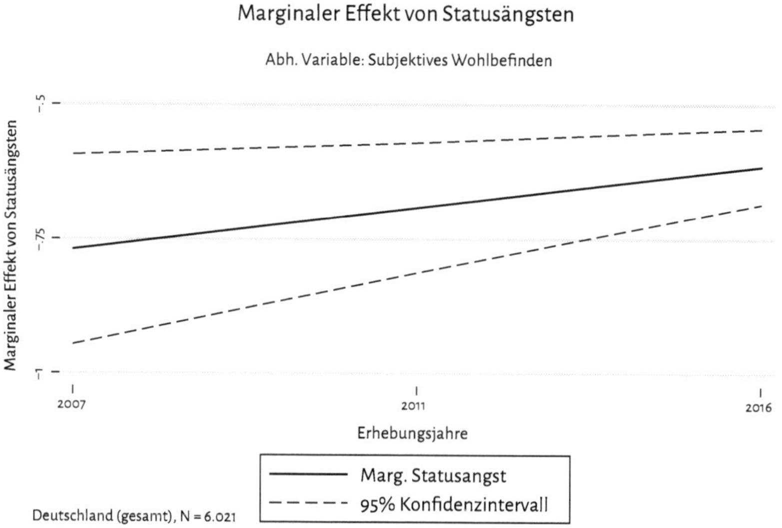

EQLS 2007–2016, kontrolliert für Geschlecht, Familienstand, Bildung, Alter, Erwerbsstatus, Beruf, Einkommen, Herkunft (Ost/West), Erhebungswelle. Subjektives Wohlbefinden wird gemessen als der Mittelwert zwischen Lebenszufriedenheit (»Alles in allem, wie zufrieden sind Sie heute mit Ihrem Leben?« 1 bedeutet »sehr unzufrieden« und 10 bedeutet »sehr zufrieden«) und Glücklich-Sein (»Alles in allem betrachtet, was würden Sie sagen, wie glücklich sind Sie?« 1 bedeutet »sehr unglücklich« und 10 bedeutet »sehr glücklich«); eigene Berechnungen.

Für alle drei Umfragezeitpunkte wirkt sich mangelnde Wertschätzung – wenig überraschend – negativ auf das subjektive Wohlbefinden aus. Je stärker die Ängste, desto weniger glücklich und zufrieden ist eine Person mit ihrem Leben insgesamt. Fällt diese negative Korrelation jedoch in den Jahren 2007 und 2011 noch moderat aus ($r_s = -0{,}35^{***}$), schwächt sie sich 2016 deutlich ab ($r_s = -0{,}26^{***}$). Diese Effektabschwächung zeigt sich selbst dann noch, wenn auf andere individuelle Bestimmungsfaktoren der Lebenszufriedenheit kontrolliert wird. Der negative Einfluss, den Statusängste auf das allgemeine Wohlbefinden ausüben, hat sich im Untersuchungszeitraum verringert (siehe Abbildung 9).

Abbildung 10: Der marginale Effekt von Statusängsten auf das Institutionenvertrauen im Zeitverlauf

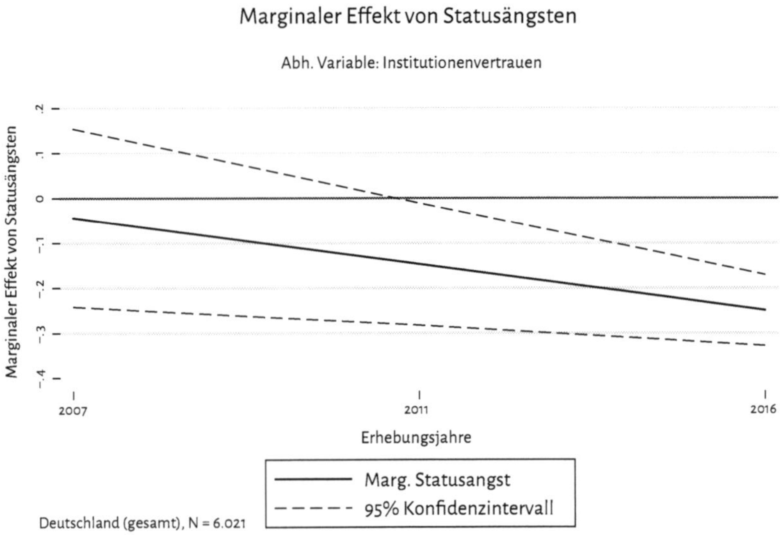

Daten: EQLS 2007–2016, kontrolliert für Geschlecht, Familienstand, Bildung, Alter, Erwerbsstatus, Beruf, Einkommen, Herkunft (Ost/West), Erhebungswelle. Institutionenvertrauen wird gemessen als das durchschnittliche Vertrauen in Parlament, Regierung, Justiz und Polizei auf einer 10er-Skala von 1 »überhaupt nicht vertrauen« bis 10 »voll und ganz vertrauen«; eigene Berechnungen.

Anders sieht es bei der Systembewertung aus. Zwar ist auch der Zusammenhang zwischen Statusängsten und Institutionenvertrauen negativ: Mit zunehmenden Statusängsten schwindet das Vertrauen. Allerdings ist dieser Zusammenhang über die Umfrage-Wellen kontinuierlich stärker geworden (r_s^{2007} = -0,15***; r_s^{2011} = -0,20***; r_s^{2016} = -0,23***). Abbildung 10 stellt die Entwicklung des kontrollierten Effekts der Statusängste auf das Institutionenvertrauen grafisch dar. Wie die Menschen die politisch-rechtstaatlichen Institutionen in Deutschland bewerten, hängt also heute stärker als noch vor einigen Jahren davon ab, wie viele Statusängste sie haben. Zusammenfassend finden wir also: Statusängste haben an Relevanz für die Bewertung des eigenen Lebens verloren, aber an Relevanz für die Bewertung des Gesellschaftssystems gewonnen.

6. Diskussion und Ausblick

Mit kritischem Blick auf die gegenwärtig zunehmend düsteren Gesellschaftsdiagnosen hat sich unser Beitrag zum Ziel gesetzt, das Ausmaß der Statusängste in Deutschland und deren Entwicklung über den Zeitraum von 2007–2016 zu untersuchen. Dafür haben wir zwei theoretische Anknüpfungspunkte gewählt: Zum einen die eher analytisch und gesellschaftsvergleichend ausgerichtete Spirit-Level-Theorie, die diesen Angsttypus in der sozialwissenschaftlichen Debatte populär gemacht hat und wichtige Impulse für das Nachdenken über Determinanten und Folgen von Statusängsten liefert; zum anderen aktuelle Gegenwartsdiagnosen, die die deutsche Gesellschaft – wie die Moderne insgesamt – als zunehmend kompetitiv, polarisiert und angstbestimmt beschreiben und die mehr oder weniger explizit davon ausgehen, Statusängste seien ein gravierendes und wachsendes Problem.

Mit Blick auf die Spirit-Level-Theorie lässt sich zunächst resümieren, dass sie sich in weiten Teilen *bewährt* hat: Statusängste haben den erwarteten sozialen Gradienten, für den vor allem vertikale Statusmarker verantwortlich sind. Dabei können wir für Deutschland präzisieren, dass vor allem die Marker Bildung, Beruf/Arbeit und Einkommen relevant sind. Die stärksten Statusängste haben diejenigen Gruppen, die aus der Arbeits- und Konsumgesellschaft ganz- oder teilweise herausfallen. Von den horizontalen Statusmarkern ist z. B. der Migrationshintergrund ein wichtiger und in der bisherigen Diskussion vernachlässigter Faktor. Schließlich rufen, ebenfalls theoriekonform, große ökonomische Unterschiede zwischen Reich und Arm Statusängste hervor. In diesem Sinne gilt tatsächlich der Slogan von Wilkinson und Pickett: Gleichheit ist gut für alle – oder zumindest für viele.

Falsch liegt die Spirit-Level-Theorie allerdings mit ihrer gebetsmühlenhaften Wiederholung des Slogans, (weiterer) Wohlstand habe keinen Einfluss mehr auf die gesellschaftliche Lebensqualität im Allgemeinen und die Ängste im Besonderen. Zumindest innerhalb Europas schneiden die reichsten Gesellschaften systematisch besser ab. Schließlich erweist sich die Theorie hinsichtlich der gesellschaftlichen Bestimmungsfaktoren von Statusängsten nicht nur mit Blick auf Wohlstand als *ergänzungsbedürftig*, sondern auch hinsichtlich kultureller Einflussgrößen, wie z. B. eines egalitären/inegalitären Werteklimas. Dieser Umstand stützt die unserem Statusängste-Modell unterliegende Annahme, dass der typische kollektive Stil einer Gesellschaft, auf den Länderunterschiede im Statusangst-Pegel letztlich zurückzuführen sind, nicht monokausal durch die Ungleichheit bestimmt wird, wie Wilkinson und Pickett annehmen, sondern multikausal. So kann die Kombination aus Wohlstand, einer noch moderaten Einkommensungleichheit und einer relativ egalitären Kultur als Erklärung für die gute Position Deutschlands im europäischen Ranking dienen.

Wir haben eingangs vier Kriterien aufgestellt, anhand derer die Diagnose der Angstgesellschaft in Hinblick auf wachsende Statusängste überprüft werden kann. Das *erste* Kriterium, die vergleichsweise weite Verbreitung, ist nicht erfüllt: Die Menschen in Deutschland verspüren im EU-Vergleich wenig Statusängste. Viel eher als die deutsche ließe sich z. B. die britische Gesellschaft als Statusangstgesellschaft charakterisieren, wofür es auch nachvollziehbare Gründe gibt: Größere Unterschiede zwischen Arm und Reich, den liberalen und damit weniger statussichernden Wohlfahrtsstaat und die stärkere kulturelle Stigmatisierung von Armut und Misserfolg.

Das *zweite*, vielleicht zentrale Kriterium der Zunahme über die Zeit ist für Deutschland ebenfalls nicht erfüllt: Wir konnten vielmehr weitgehende Stabilität auf niedrigem Angstniveau im Westen und spürbar gesunkene Statusängste im Osten feststellen. Angesichts der proklamierten Wende zur deutschen »Abstiegsgesellschaft« ist dies ein bemerkenswerter Befund.

Das *dritte* Kriterium war das einer wachsenden Polarisierung zwischen Oben und Unten, insbesondere für vertikale Statusmarker. Entgegen landläufiger Erwartungen sind die entsprechenden Angstgradienten *nicht* steiler geworden, im Falle der Bildung sogar flacher. Aber auch ohne weitere Polarisierung bieten die bestehenden sozialen Gradienten der Statusangst natürlich genug Anlass, die Inklusionsfähigkeit der deutschen Gesellschaft zu hinterfragen.

Beim *vierten* Kriterium, der steigenden Relevanz von Statusängsten, ist die Bilanz gemischt: Während heute das subjektive Wohlbefinden insgesamt weniger von Statusängsten beeinflusst ist als vor zehn Jahren, ist das Institutionenvertrauen enger gekoppelt als in der Vergangenheit. Aktuell erodiert Statusangst das Institutionenvertrauen stärker als dies 2011 oder 2007 der Fall war. Möglicherweise deutet sich hier ein Wandel an, wie die Menschen Statusängste verarbeiten – weniger durch innere Selbstzweifel, mehr durch Umleitung der Frustration auf politisch Verantwortliche und das demokratische Gemeinwesen. Auf jeden Fall zeigt sich, dass Statusängste nicht nur das Wohlbefinden und das Ausmaß sozialer Probleme beeinflussen, sondern auch die Unterstützung der Demokratie.

Alles in allem finden wir hinsichtlich der Statusängste kaum Belege, die für die populären Diagnosen einer kompetitiven Angstgesellschaft sprechen. Institutionell-systemisch mag die heutige deutsche Gesellschaft kompetitiver gestrickt sein und die Wohlfahrtsposition benachteiligter Gruppen fragiler – auf den von uns untersuchten Aspekt der Befindlichkeit der Menschen hat dies aber, wenn überhaupt, viel weniger abgefärbt, als die teils alarmierenden Gesellschaftsdiagnosen suggerieren. Dies schließt natürlich nicht aus, dass andere Arten von Sorgen ansteigen (vgl. den Beitrag von Lübke in diesem Band). Ein Warnzeichen ist der engere Nexus zwischen Statusangst und dem Misstrauen in politisch-staatliche Institutionen. Hier deutet sich an, dass der Entfremdungsprozess von gesellschaftlichen Basisinstitutionen und den sie tragenden Eliten *auch* mit Abwertungserfahrungen und -sorgen zu tun hat. Dies spricht dafür, die weitere Entwicklung von Statusängsten aufmerksam zu verfolgen.

Unsere Befunde zur Statusangst stehen zudem im Einklang mit anderen sozialen Indikatoren, die mit Statussorgen in Beziehung stehen. So sorgen sich im Untersuchungszeitraum unseres Beitrags immer weniger Menschen um ihre eigene wirtschaftliche Situation (vgl. Lübke in diesem Band) und ihren Arbeitsplatz (vgl. Lengfeld in diesem Band). Nach unseren Auswertungen der subjektiven Schichteinstufung der Menschen in West- und Ostdeutschland ist die Mittelschicht seit 2006 stetig angewachsen (ALLBUS 2006–2016), ebenso ist die Lebenszufriedenheit insgesamt gestiegen (Priem/Schupp 2014). Letztere hat sich besonders in den neuen Bundesländern verbessert, die Bevölkerung Ostdeutschlands ist so zufrieden mit ihrem Leben wie noch nie seit der Wiedervereinigung. Auch wenn große Zufriedenheit mit dem Leben insgesamt das Vorhandensein von Ängsten und Sorgen keinesfalls ausschließen muss (Glatzer 1992; Glatzer et al. 2015), spricht doch einiges dafür, dass die Diagnose einer Angstgesellschaft zumindest für Status- und verwandte Sorgen übertrieben ist (vgl. auch Dehne 2017).

Mindestens zwei Einschränkungen sind zu beachten. Erstens ist unsere Operationalisierung von Statusängsten über subjektive Inferiorisierung sicherlich ein hochschwelliger Indikator. Wir können deshalb nicht ausschließen, dass Symptome wie eine gewisse *Statusnervosität* oder ein *Statusunbehagen* weiter verbreitet sind (vielleicht gerade auch in den Mittelschichten) und zugenommen haben. Zweitens ist unser Untersuchungszeitraum mit den Jahren 2007–2016 natürlich kürzer, als man ihn sich wünschen würde. Tatsächlich haben sich in der Dekade zwischen ca. 1995 und 2005 einige Indikatoren des Wohlbefindens verschlechtert, so z. B. die Lebenszufriedenheit (Priem/Schupp 2014), die subjektive Schichteinstufung (eigene Berechnung, hier nicht gezeigt), die Angst vor Arbeitslosigkeit (Lengfeld/Hirschle 2009) und die Sorge um die eigene wirtschaftliche Situation (Dehne 2017: Abb. 25). Es könnte also in *diesem* Zeitraum durchaus einen Anstieg der Statusängste gegeben haben. Danach aber – in unserem Untersuchungszeitraum – haben sich diese Indikatoren tendenziell wieder verbessert (vgl. auch Lübke in diesem Band). Dies legt die Vermutung nahe, dass die populären Angstdiagnosen *vorschnell* waren, indem sie kurzfristige Verschlechterungen als irreversible, längerfristige Trends gedeutet haben – ein bekanntes Risiko der Gegenwartsdiagnosen (Bogner 2015; Schimank 2007).

Zwei längere Zeitreihen, die bis in die 1980er Jahre zurückreichen, können uns noch einmal dabei helfen, die derzeitige subjektive Wohlfahrtsposition der Menschen einzuordnen. Die Lebenszufriedenheit in Westdeutschland hat das Niveau vor der Wiedervereinigung nach Durchlaufen einer längeren Durststrecke wieder erreicht (Priem/Schupp 2014). Bei der subjektiven Schichteinstufung in Westdeutschland entspricht die heutige Verteilung auf die subjektiven Schichten ziemlich exakt der Verteilung Ende der 1980er Jahre – der optimistischen Dekade der Erlebnisgesellschaft und der Postmodernisierung. Vielleicht sollten wir deren Grundidee, nach der die Menschen ihr Projekt des schönen Lebens verfolgen, statt gnadenlos um Erfolg und Status zu konkurrieren, nicht zu vorschnell ad acta legen. Müssten wir uns also zwischen den beiden Alternativen, die unser Titel nahelegt, entscheiden, lautet unser Fazit: Da Statusängste in Deutschland kein wachsendes Problem sind, spricht viel für einen zeitdiagnostischen Mythos. Aber es gibt natürlich keine Garantie, dass das so bleibt.

Literatur

Allardt, E. (1993): »Having, Loving, Being: An Alternative to the Swedish Model of Welfare Research«, in: M. Nussbaum/A. Sen (Hg.), The Quality of Life, Oxford: Clarendon Press, S. 88–94. DOI: 10.1093/0198287976.003.0008.

Beck, U. (1986): Risikogesellschaft. Auf dem Weg in eine andere Moderne, Frankfurt a. M.: Suhrkamp.

Bogner, A. (2015): Gesellschaftsdiagnosen. Ein Überblick, Weinheim/Basel: Beltz Verlag.

Bude, H. (2014): Gesellschaft der Angst, Hamburg: HIS Verlagsgesellschaft.
Burkitt, I. (2014): Emotions and Social Relations, Los Angeles: Sage. DOI: 10.4135/9781473915060.
De Botton, A. (2004): Status Anxiety, London: Penguin Books.
Dehne, M. (2017): Soziologie der Angst. Konzeptionelle Grundlagen, soziale Bedingungen und empirische Analysen, Wiesbaden: Springer VS.
Delhey, J./Dragolov, G. (2014): »Why Inequality Makes Europeans Less Happy: The Role of Status Anxiety, Distrust, and Conflicts«, in: European Sociological Review 30, S. 151–165. DOI: 10.1093/esr/jct033
Delhey, J./Steckermeier, L. C. (2016): »The Good Life, Affluence and Self-reported Happiness: Introducing the Good Life Index and Debunking Two Popular Myths«, in: World Development 88, S. 50–66. DOI: 10.1016/j.world dev.2016.07.007
Delhey, J./Steckermeier, L. C. (2019): Social Ills in Rich Countries: Multiple Conditions and Multiple Pathways. Discussion Paper, Institute of Social Sciences, Otto-von-Guericke University Magdeburg.
Delhey, J./Schneickert, C./Steckermeier, L. C. (2017): »Sociocultural Inequalities and Status Anxiety: Redirecting the Spirit Level Theory«, in: International Journal of Comparative Sociology 58, S. 215–240. DOI: 10.1177/0020715217713799
Glatzer, W. (1992): »Lebensqualität und subjektives Wohlbefinden«, in: A. Bellebaum (Hg.), Glück und Zufriedenheit. Ein Symposion, Opladen: Westdeutscher Verlag, S. 49–85. DOI: 10.1007/978-3-663-10184-0_4
Glatzer, W./Camfield, L./Moller, V./Rojas, M. (2015): »Worries and Pain – The Dark Side of Quality of Life«, in: W. Glatzer et al. (Hg.), Global Handbook of Quality of Life. Explorations of Well-Being of Nations and Continents, Dordrecht: Springer, S. 855–868. DOI: 10.1007/978-94-017-9178-6_40
Goldthorpe, J. (2010): »Analysing Social Inequality: A Critique of Two Recent Contributions from Economics and Epidemiology«, in: European Sociological Review 26, S. 731–744. DOI: 10.1093/esr/jcp046
Grabka, M. M./Goebel, J. (2017): Realeinkommen sind von 1991 bis 2014 im Durchschnitt gestiegen – erste Anzeichen für wieder zunehmende Einkommensungleichheit. DIW Wochenbericht 4/2017, Berlin: Deutsches Institut für Wirtschaftsforschung.
James, O. (2008): The Selfish Capitalist. Origins of Affluenca, London: Vermilion.

Layte, R. (2012): »The Association Between Income Inequality and Mental Health: Testing Status Anxiety, Social Capital, and Neo-Materialist Explanations«, in: European Sociological Review 28, S. 498–511. DOI: 10.1093/esr/jcr012

Lengfeld, H./Hirschle, J. (2009): »Die Angst der Mittelschicht vor dem sozialen Abstieg. Eine Längsschnittanalyse 1984–2007«, in: Zeitschrift für Soziologie 38, S. 379–398.

Lenski, G. E. (1984): Power and Privilege. A Theory of Social Stratification, Chapel Hill (N. C.): The University of North Carolina Press.

Maslow, A. H. (1943): »A Theory of Human Needs«, in: Psychological Review 50, S. 370–296. DOI: 10.1037/h0054346

Mau, S. (2017): Das metrische Wir. Über die Quantifizierung des Sozialen, Berlin: Suhrkamp.

Miller, D. (1999): Principles of Social Justice, Cambridge/London: Harvard University Press.

Nachtwey, O. (2016): Die Abstiegsgesellschaft. Über das Aufbegehren in der regressiven Moderne, Berlin: Suhrkamp.

Neckel, S. (2008): Flucht nach vorn. Die Erfolgskultur der Marktgesellschaft, Frankfurt a. M.: Campus.

OECD (2011): Divided We Stand. Why Inequality Keeps Rising, Paris.

Priem, M./Schupp, J (2014): Alle zufrieden – Lebensverhältnisse in Deutschland. DIW Wochenbericht 40/2014. Berlin.

Schimank, U. (2007): »Soziologische Gegenwartsdiagnosen – zur Einführung«, in: U. Schimank/U. Volkmann (Hg.), Soziologische Gegenwartsdiagnosen 1. Eine Bestandaufnahme, Wiesbaden: VS Verlag für Sozialwissenschaften, S. 9–22. DOI: 10.1007/978-3-531-90736-9_1

Schimank, U./Groh-Samberg, O./Mau, S. (2014): Statusarbeit unter Druck? Zur Lebensführung der Mittelschichten, Weinheim/Basel: Beltz Juventa.

Schulze, G. (1992): Die Erlebnisgesellschaft. Kultursoziologie der Gegenwart, Frankfurt a. M./New York: Campus.

Skidelsky, R./Skidelsky, E. (2014): Wie viel ist genug? Vom Wachstumswahn zu einer Ökonomie des guten Lebens, München: Goldmann.

Snowdon C. (2010): The Spirit Level Delusion: Fact-checking the Left's New Theory of Everything, Ripon: Little Dice.

Steckermeier, L. C./Delhey, J. (2018): »Better for everyone? Egalitarian culture and social wellbeing in Europe«, in: Social Indicators Research. Online first. DOI: 10.1007/s11205-018-2007-z

Stein, U. (2017): Earnings inequality in Germany: A decomposition-analysis. SOEP papers on Multidisciplinary Panel Data Research, DIW/SOEP. Berlin.

Veblen, T. (1989): Theorie der feinen Leute. Eine ökonomische Untersuchung der Institutionen, Frankfurt a. M.: S. Fischer.

Whelan, C./Layte, R. (2014): »Who Feels Inferior? A Test of the Status Anxiety Hypothesis of Social Inequalities in Health«, in: European Sociological Review 30, S. 525–535. DOI: 10.1093/esr/jcu057

Wilkinson, R./Pickett, K. (2016): Gleichheit ist Glück: Warum gerechte Gesellschaften für alle besser sind, Berlin: Haffmans & Tolkemitt.

Unsichere Arbeit
Sorgen und Ängste von Beschäftigten im Gastgewerbe nach Einführung des gesetzlichen Mindestlohns

Stefanie Herok, Ralf Himmelreicher und Dorina Spahn

1. Einleitung

Die Sorgen und Ängste von Arbeitnehmerinnen und Arbeitnehmern im Hotel- und Gaststättengewerbe in Berlin und Brandenburg stehen im Fokus dieser Untersuchung. Im Gastgewerbe sind überlange Arbeitszeiten und geringfügige Beschäftigung weit verbreitet. Zudem kamen vor der Einführung des Mindestlohns im Jahr 2014 niedrig entlohnte Beschäftigungsverhältnisse mit Bruttostundenlöhnen unter 8,50 Euro häufig vor. Dieser Umstand stellt im Gastgewerbe eher die Regel als die Ausnahme dar (Mindestlohnkommission 2016: 43). Insbesondere bei den Beschäftigten mit niedrigen Löhnen sollte der im Januar 2015 in Kraft getretene gesetzliche Mindestlohn Lohnsteigerungen auf 8,50 Euro und mehr bewirken. Seit 1. Januar 2017 liegt der Mindestlohn bei 8,84 Euro brutto pro Zeitstunde (Mindestlohnkommission 2018: 43). Ein wesentliches Ziel des gesetzlichen Mindestlohns ist es, Arbeitnehmerinnen und Arbeitnehmer vor Dumpinglöhnen und Ausbeutung zu schützen. Dieses Schutzziel sollte einerseits mit der Einführung einer absoluten unteren Lohngrenze erreicht werden. Andererseits wurde im Vorfeld seiner Einführung vor Beschäftigungsverlusten insbesondere im unteren Lohnsegment gewarnt (Arni et al. 2014; Knabe et al. 2014). Um die Effekte der Einführung des Mindestlohns beurteilen zu können, werden Beschäftigte im Gastgewerbe im Hinblick auf ihre subjektive Lage und ihre Sorgen und Ängste befragt.

Zur Untersuchung dieser Thematik haben wir ein qualitatives Forschungsdesign gewählt, um die Beschäftigten im Gastgewerbe als soziale Akteure verstehen zu können. Das bedeutet, sie werden als »[...] handelnde, eigensinnige und ihr Leben mit Sinn erfüllende Subjekte« (Hürtgen/Voswinkel 2016: 503) in ihrer sozialen Wirklichkeit betrachtet. Im vorliegenden Beitrag werden zunächst im zweiten Abschnitt theoretische Vorüberlegungen dargelegt und darauf basierend drei Forschungsfragen abgeleitet. Der dritte Abschnitt skizziert in Form eines Branchenbildes die Besonderheiten von Beschäftigungsverhältnissen im Gastgewerbe. Anschließend werden das qualitative Forschungsdesign und die benutzte Auswertungsmethode beschrieben. Der fünfte und zentrale Abschnitt stellt die empirischen Befunde zur subjektiven Lage und zu den Sorgen und Ängsten der Beschäftigten im Gastgewebe dar. Abschließend werden die subjektiven Einschätzungen der Befragten zusammenfassend bewertet und sozial- und arbeitsmarktpolitische Handlungsfelder adressiert.

2. Sozialstruktureller Hintergrund und Fragestellung

In einigen soziologischen Gegenwartsdiagnosen wird westlichen Gesellschaften eine Zunahme von Sorgen und Ängsten attestiert (Bauman 2006). Oftmals ist von sozialer Verunsicherung die Rede (Burzan 2014), und immer wieder fällt das Stichwort Angst (Betzelt/Bode 2017). Hingewiesen wurde darauf, dass gefühlte Unsicherheit nicht nur die untersten Zonen der Arbeitsgesellschaft betrifft, sondern durch alle Beschäftigungsbereiche hindurch diffundieren kann. Und selbst wenn mittlere Angstniveaus im Zeitverlauf abgenommen haben sollten (siehe hierzu den Beitrag von Lübke im vorliegenden Band), könnten sich Ängste und Sorgen bei bestimmten Gruppen von Erwerbstätigen, wie etwa bei Beschäftigten im Gastgewerbe, verändert haben.

In internationalen Studien ist häufiger von »German Angst«, »German Miracle« oder »German Wonder« die Rede. Mit »German Angst« wird eine besondere Sorge der deutschen Bevölkerung, vor allem in Hinblick auf Fragen der finanziellen Absicherung, bezeichnet. Im europäischen Vergleich finden sich für besondere Ängste und Sorgen der Deutschen keine empirische Evidenz, weil Deutschland für die 1980er Jahre bis 2011 eines der niedrigsten durchschnittlichen Angstniveaus aufwies; zudem zeigt sich im genannten Zeitraum auch keine Zunahme von Angst (Dehne 2017). »German Wonder« oder »German Miracle« (Burda/Hunt 2011) zielen auf die objektive Lage auf dem Arbeitsmarkt in Deutschland, der sich im Vergleich zu den größeren Nachbarstaaten nach der Wirtschafts- und Finanzkrise mit Blick auf die Beschäftigtenzahlen außerordentlich gut entwickelt hat.

Ein ganz besonderes Phänomen ist die Gleichzeitigkeit oder Dualität von Miracle und Angst (Dörre 2018). Das bedeutet, dass mit einem im Durchschnitt stabilen Angstniveau höhere und steigende Angstniveaus bei bestimmten Bevölkerungsgruppen einhergehen können. Damit stellt sich die Frage: Treten Angst und Miracle gemeinsam bei bestimmten Personen auf, oder sind es verschiedene Personenkreise, die entweder vom Beschäftigungsboom profitieren oder, falls nicht, von Ängsten und Sorgen geplagt werden? Zudem kann davon ausgegangen werden, dass allein schon die Möglichkeit, ins Prekariat abzurutschen – ganz im Sinne von disziplinierenden ›Sog-Effekten‹ (Ganßmann 1989) –, selbst dann Ängste auslösen kann, wenn die objektiven individuellen Risiken sehr gering sind. Solche Sog-Effekte erhöhen deutlich den Druck, etwa auf Arbeitslose, prekäre oder *bad jobs* anzunehmen – vor allem dann, wenn Lohnersatzleistungen niedrig sind, ihr Bezug als entwürdigend wahrgenommen wird und/oder finanzielle Mittel der Angehörigen herangezogen werden müssen (Eichhorst/Marx 2011). Castell macht zwischen den verschiedenen Zonen der Erwerbsarbeit ebenfalls Interaktionen aus, die er als »Diffusionseffekte« (Castell 2000: 357) bezeichnet. Diese Effekte verweisen darauf, dass die Beschäftigten sich in ihren jeweiligen Gruppen untereinander vergleichen und sich hinsichtlich ihrer Ängste und Sorgen sozusagen in einem (relativen) ›System miteinander kommunizierender Röhren‹ befinden.

Auf die systemstabilisierende Wirkung einer Mobilisierung – durch Sog- oder Diffusionseffekte – von Ängsten, die sich gleichsam am Arbeitsmarkt aktivierend entfalten sollen, verweisen Lockwood (1964), Lessenich (2013) sowie Betzelt/Bode (2017). Ein eher konservatives Sozialstaatsverständnis (Esping-Andersen 1990), wie es in Deutschland vorherrschend war, setzte stärker auf Momente der ›Sicherung der Beschäftigungsfähigkeit‹, ›Armutsvermeidung‹ und ›Lebensstandardsicherung im Lebensverlauf‹ (Naegele 2010), die in vielerlei Hinsicht angstmäßigend wirken sollten. Im Unterschied dazu präferieren Liberalisierungsbestrebungen stärker mobilisierende und aktivierende Momente, unter Inkaufnahme einer Zunahme von Ängsten und Sorgen.

Trotz einer steigenden Anzahl von Beschäftigten ist in Deutschland eine zunehmende Prekarisierung der Beschäftigungsverhältnisse festzustellen. Während die Anzahl der beschäftigten Personen seit den 2010er Jahren insgesamt zunahm, gehen damit eine steigende Ungleichheit der Bruttoarbeitseinkommen, höhere Anteile von Niedriglohnbeziehenden und *working poors* sowie befristet und geringfügig Beschäftigten einher (Brady/Biegert 2017).

Empirische Befunde zur Entwicklung der Ungleichheit der Haushaltsnettoeinkommen in Deutschland kommen zu unterschiedlichen Ergebnissen, die hier nicht detailliert nachgezeichnet werden können (für einen Überblick siehe CESifo 2018). Einige Studien kommen zu dem Befund, dass im Unterschied zur eher stabilen Ungleichheit der Haushaltsnettoeinkommen die Ungleichheit der Arbeitseinkommen auch nach 2005 weiter zugenommen hat (Stein 2017). Wichtig ist zudem die Erkenntnis, dass es selbst bei stabiler Ungleichheit eindeutig Gewinner und Verlierer zwischen verschiedenen Branchen oder Erwerbsformen geben kann (Binder/Haupt 2018).

Vor allem im Gastgewerbe kommen prekäre Beschäftigungsverhältnisse besonders häufig vor. Sie lassen sich charakterisieren durch den Bezug niedriger Einkommen, hohe Beschäftigungsrisiken wegen saisonaler und befristeter Tätigkeiten sowie durch oftmals besonders geringe wie zum Teil sehr lange und insgesamt unregelmäßige Arbeitszeiten (Bosch/Weinkopf 2011). Diese Entwicklung wird oftmals auf Veränderungen des Arbeitsangebots zurückgeführt. Besonders prominent ist dabei der demografische Wandel mit seinen Effekten wie alternde Belegschaften, steigende Erwerbstätigkeit mit häufiger Teilzeitbeschäftigung von Frauen, Migration oder steigende Zahlen von Alleinerziehenden und Pflegenden mit gewissen Beschäftigungshemmnissen (von der Heiden/Himmelreicher 2018). Ein weiterer Erklärungsstrang führt die Prekarisierung auf den institutionellen Wandel zurück. Institutionen werden dabei breit definiert als stabile Beziehungen, Vereinbarungen und historisch gewachsene Strategien wie z. B. Schlichtungen. Dazu gehören auch Regeln und Normen, Gesetze sowie die politischen Kräfteverhältnisse der Sozialpartner (Piersen 2004).

Während zunehmende prekäre Beschäftigung oftmals als zwangsläufiges Resultat des demografischen und ökonomischen Wandels angesehen wird, verweisen Brady/Biegert (2017) auf den starken Einfluss veränderter institutioneller Rahmenbedingungen in Deutschland, vor allem seit der Deutschen Einheit. Seither ist die Tarifbindung selbst in Westdeutschland auf unter 50 Prozent der abhängig Beschäftigten gesunken (Dingeldey et al. 2015). Zudem sind ein deutlicher Rückgang der Betriebe mit gewählten Personalvertretungen sowie ein sinkender Anteil von Beschäftigten festzustellen, die in Betrieben mit Betriebsräten arbeiten (Bellmann/Ellguth 2018).

Neben einem zurückgehenden Anteil der organisierten Arbeitnehmerschaft ist auch eine sinkende Bereitschaft zur Organisation seitens der Arbeitgeber festzustellen. Dies zeigt sich etwa an der sogenannten »Verbandsflucht« (Schnabel 2005), gemeint ist damit vor allem der Rückgang der Mitgliedschaften ohne Tarifbindung. Des Weiteren sind institutionelle Veränderungen im Bereich der Sozial- und Arbeitsmarktpolitik von Bedeutung. Ein Beispiel hierfür ist die Regelung bei geringfügiger Beschäftigung aus dem Jahr 2003, wonach die bisherige Begrenzung der Arbeitszeit auf maximal 15 Arbeitsstunden pro Woche entfiel (Rudolf 2003). Seither richtet sich das individuelle Arbeitsvolumen oftmals nach den Kundenströmen, »[...] mit der Folge von vielen ›grauen‹ Stunden, die zu sehr niedrigen effektiven Stundenlöhnen führen« (Rothe et al. 2012: 63). Im Ergebnis laufen diese gesellschaftlichen und institutionellen Entwicklungen auf eine Zweiteilung der Arbeitnehmerschaft in eine Gruppe gut abgesicherter und eine Gruppe eher prekär Beschäftigter hinaus (Eichhorst/Marx 2011; Emmenegger et al. 2012).

Vor dem Hintergrund der dargestellten oftmals prekären konkreten Arbeitsbedingungen sowie der veränderten institutionellen Rahmenbedingungen, die mit weniger Sicherheit und mehr Aktivierung zusammenhängen, dürfte der subjektiv wahrgenommene Druck, der auf den Beschäftigten lastet, gestiegen sein. Damit könnten Sorgen und Ängste der Beschäftigten ebenfalls gestiegen sein, wenn nicht durch die Einführung des Mindestlohns neue Schutzziele eingeführt worden wären. Aus diesen Vorüberlegungen werden folgende forschungsleitende Fragen abgeleitet. Mit der ersten Frage gilt es zunächst herauszufinden, worüber sich prekär Beschäftigte im Gastgewerbe grundsätzlich Sorgen machen. Angenommen werden kann, daß längerfristig im Gastgewerbe Beschäftigte ihre Erfahrungen mit den besonderen Arbeitsbedingungen in der Branche gemacht haben. Vermutlich haben einige bereits Erfahrungen mit sozialen Abstiegen gemacht oder sie konnten die Zone des Prekariats nicht oder noch nicht verlassen. Deshalb ist zu erwarten, dass bei instabilen Beschäftigungsverhältnissen Abstiegsängste oder -sorgen zumindest latent vorhanden sind. Nach der Theorie der sozialen Produktionsfunktion (Ormel et al. 1999) erwerben Menschen qua Beruf bestimmte Ressourcen, die sie im Falle eines beruflichen Misserfolgs wieder verlieren können. Insofern bewirkt die Befürchtung, den Arbeitsplatz zu verlieren, verbunden mit Einkommens- und Prestigeverlusten sowie einer Verschlechterung der Planbarkeit des eigenen Lebens, die Angst oder Sorge vor (weiterem) sozialem Abstieg. Ferner steht Angehörigen unterer sozialer Schichten in der Regel nur wenig ökonomisches Kapital und Humankapital zur Verfügung, weshalb Aufstiege in die Mittelschicht zwar möglich sind, jedoch selten vorkommen (Lengfeld/Ordemann 2016).

Im Rahmen der zweiten Frage wird untersucht, inwiefern die Diagnose von angstbestimmten Beschäftigungsverhältnissen im Gastgewerbe zutrifft. Nach Rothe et al. (2012) sind prekäre Beschäftigungsverhältnisse im Gastgewerbe weit verbreitet. Insofern liegt die Vermutung nahe, dass Ängste und Sorgen, darunter vor allem solche, die den Arbeitsplatzverlust betreffen, zumindest latent und flächendeckend vorhanden sind. Im Unterschied zu Frage 1, bei der es um die Bestimmungsgründe von Sorgen und Ängsten geht, versucht Frage 2 herauszufinden, ob es sich um ähnliche oder unterschiedliche Aspekte handelt, die die Beschäftigten verunsichern.

Die dritte Frage untersucht die durch die Einführung des gesetzlichen Mindestlohns angestrebten Effekte auf die Wahrnehmung von Unsicherheiten durch die Beschäftigten: Welche Sorgen und Ängste der Beschäftigten hat der Mindestlohn seit seiner Einführung verringern können? Schließlich war mit der Einführung des Mindestlohns das Einziehen einer untersten Lohnschwelle, welche die Beschäftigten vor Dumpinglöhnen und Ausbeutung schützen sollten, politisch intendiert (Mindestlohnkommission 2016). Deshalb wird untersucht, ob die durch De-Regulierung und Liberalisierung des Arbeitsmarktes in Deutschland verursachten Sorgen und Ängste durch die Re-Regulierung im Rahmen der Einführung des gesetzlichen Mindestlohns eingedämmt werden konnten. Diese Frage kann lediglich ansatzweise untersucht werden, da die Interviews erst nach Einführung des Mindestlohns geführt wurden und retrospektive Erhebungen hohe Anforderungen an das Erinnerungsvermögen der Befragten stellen.

3. Branchenbild des Gastgewerbes

Insgesamt ist das Gastgewerbe von einer kleinteiligen betrieblichen Struktur, in der Regel ohne Interessensvertretung, geprägt und unterliegt häufig saisonalen Schwankungen (Späth et al. 2018). Viele Beschäftigte sind jüngere Frauen mit Migrationshintergrund, mit oftmals geringer oder nicht anerkannter formaler Qualifikation und weit verbreiteter geringfügiger Beschäftigung im Haupt- wie im Nebenerwerb. Überstunden sowie Teil- und Wechselschichten sind üblich, die Anforderungen an Beschäftigte hinsichtlich ihrer Erreichbarkeit und Verfügbarkeit hoch. Ebenfalls hoch sind körperliche wie psychische Belastungen und die Lärmbelästigung (Maack et al. 2013). Das Lohnniveau ist vergleichsweise niedrig und die Anteile von Beschäftigten mit Bruttostundenlöhnen unterhalb des Mindestlohns sind in dieser lohnintensiven Branche hoch (Mindestlohnkommission 2016: 43). Analog hierzu macht sich ein überproportional hoher Anteil der Beschäftigten Sorgen, im Alter nicht von der eigenen gesetzlichen Rente leben zu können (DGB 2018).

Im Jahr 2017 waren im Gastgewerbe[1] 1.687.901 Personen in ihrem Hauptberuf abhängig beschäftigt (Koch et al. 2018: 18). Davon waren knapp zwei Drittel sozialversicherungspflichtig und ein Drittel ausschließlich geringfügig beschäftigt. Nahezu die Hälfte aller Beschäftigten hatte eine wöchentliche Arbeitszeit unterhalb der betriebsüblichen Arbeitszeit eines Vollzeitarbeitsplatzes. Der Frauenanteil an allen sozialversicherungspflichtigen Beschäftigten des Gastgewerbes lag bei knapp 55 Prozent, der Anteil der Beschäftigten ohne deutsche Staatsbürgerschaft bei 32 Prozent. Die Anzahl der Beschäftigten stieg zwischen 2014 und 2017 insgesamt um knapp acht Prozent. Diese dynamische Entwicklung setzte sich aus einer etwa gleichbleibenden Anzahl ausschließlich geringfügig Beschäftigter und einem Anstieg der sozialversicherungspflichtig Beschäftigten um rund 13 Prozent zusammen (Koch et al. 2018: 18).

Nach dem ersten Bericht der Mindestlohnkommission (2016: 41) verdienten im April 2014 insgesamt knapp vier Millionen Beschäftigte unter 8,50 Euro brutto pro Zeitstunde. In den zwanzig Branchen mit den höchsten Anteilen an Beschäftigten mit einem Stundenlohn unter 8,50 Euro waren (ohne Beschäftigungsverhältnisse in privaten Haushalten) rund zwei Millionen Personen beschäftigt. Innerhalb dieser zwanzig Branchen lag der Anteil der Beschäftigungsverhältnisse mit Löhnen unter 8,50 Euro (›Bite‹) im Gastgewerbe bei über 45 Prozent an allen Beschäftigungsverhältnissen und damit mit am höchsten. Insofern wurde der Schwerpunkt der vorliegenden Untersuchung auf eine Branche gelegt, in der der hohe Mindestlohn-Bite einen deutlichen Eingriff darstellte und daher Auswirkungen auf die Beschäftigten zu erwarten waren.

1 Wenn im Folgenden vom Gastgewerbe gesprochen wird, subsumiert dieser Terminus stets das Hotel- und Gaststättengewerbe, analog zu den Kennziffern 55 und 56 der Klassifikation der Wirtschaftszweige (Statistisches Bundesamt 2007). Wird explizit von Hotel- oder Gaststättengewerbe gesprochen, beziehen sich die Ausführungen auf eine der beiden Branchen.

Im Wirtschaftszweig »Gastgewerbe und sonstige Dienstleistung« ist nach Angaben aus dem IAB-Betriebspanel die Verbreitung von Betriebsräten in Betrieben mit fünf und mehr Beschäftigten[2] besonders niedrig und teilweise noch niedriger als im Baugewerbe: Lediglich in drei Prozent dieser Betriebe in Deutschland gab es im Jahr 2017 einen Betriebsrat und neun Prozent aller Beschäftigten arbeiteten in einem Betrieb, in dem eine Personalvertretung existierte. Im Vergleich dazu hatten in der Gesamtwirtschaft insgesamt neun Prozent aller Betriebe einen Betriebsrat und 39 Prozent aller Beschäftigten arbeiteten in Betrieben mit Betriebsrat (Bellmann/Ellguth 2018). Die Ursachen der Erosion der betrieblichen Mitbestimmung werden weniger in strukturellen Entwicklungen wie einer sinkenden Betriebsgröße oder einer steigenden Anzahl von Betrieben im Dienstleistungssektor gesehen, sondern vielmehr in Verhaltensänderungen. Dabei stößt die kollektive Interessensvertretung innerhalb der Beschäftigten nicht auf ein schwindendes Interesse (Wilkesmann et al. 2011). Im Unterschied dazu agieren Arbeitgeber oftmals gegen die Wahl von Betriebsräten, teilweise unterstützt durch Rechtsanwaltskanzleien mit Beratungsschwerpunkt im Bereich »Verhinderung von Betriebsratswahlen« (Behrens/Dribbusch 2014).

Die Kontrolle des Mindestlohns obliegt nach § 14 MiLoG den Zollbehörden. Die bei den Hauptzollämtern angesiedelte Finanzkontrolle Schwarzarbeit (FKS) prüft die Arbeitgeber unter anderem in Bezug auf Schwarzarbeit, illegale Beschäftigung und seit Inkrafttreten des Mindestlohngesetzes auch auf dessen Einhaltung. Die Auswahl der Arbeitgeberprüfungen in den jeweiligen Branchen erfolgt risikoorientiert. Das Gaststätten- und Beherbergungsgewerbe stellt nach dem Bauhaupt- und Nebengewerbe die am zweithäufigsten geprüfte Branche dar (Mindestlohnkommission 2018: 69). Insofern wird seitens der Zollbehörden davon ausgegangen, dass Verstöße gegen gesetzliche sozialversicherungs- und arbeitsrechtliche Pflichten im Gastgewerbe besonders häufig vorkommen.

Die Beschäftigungsbefragung zum DGB-Index »Gute Arbeit« aus dem Jahr 2017, eine repräsentative Zufallsstichprobe von mehr als 4.000 abhängig Beschäftigten mit einer wöchentlichen Arbeitszeit von zehn und mehr Stunden pro Woche, hat Folgendes gezeigt: 45 Prozent aller Beschäftigten gehen davon aus, dass ihre spätere gesetzliche Rente nicht zum Leben rei-

2 Ein Betriebsrat kann in jedem Betrieb mit fünf oder mehr »ständig wahlberechtigten Arbeitnehmern« gewählt werden (§ 1 BetrVG).

chen wird. Bei Beschäftigten im Tourismus, Hotel- und Gaststättengewerbe liegt dieser Anteil mit 55 Prozent um zehn Prozentpunkte höher (DGB 2018). Hieran zeigt sich, dass eine aktuell niedrige Entlohnung mit subjektiv wahrgenommenen Abstiegsängsten, auch im Hinblick auf hohe Altersarmutsrisiken, einhergehen kann.

Mit Blick auf die persönlichen Charakteristika von Beschäftigten im Hotel- und Gaststättengewerbe ist festzustellen, dass viele Beschäftigte im Vergleich zur Gesamtwirtschaft geringer qualifiziert sind; jedoch sind sie laut der BiBB/BAuA-Erwerbstätigenbefragung 2012, einer telefonischen Befragung von rund 20.000 Erwerbstätigen, mit ihrem Arbeitsverhältnis häufiger als andere Erwerbstätige insgesamt zufrieden bis sehr zufrieden. Knapp 80 Prozent der Befragten fühlten sich demnach häufig als ein Teil der Gemeinschaft, 88 Prozent empfanden die Zusammenarbeit mit ihren Kolleginnen und Kollegen als sehr gut. 80 Prozent fühlten sich stets unterstützt und mehr als 95 Prozent der Befragten waren mit der Arbeit insgesamt zufrieden oder sehr zufrieden (Brenscheidt et al. 2012: 35 ff.).

Zusammenfassend sind Beschäftigungsverhältnisse im Gastgewerbe überwiegend schwach reguliert und oftmals physisch wie psychisch stark belastend. Die Arbeitszeiten orientieren sich häufig an der Kundenfrequenz und sind eher schlecht bezahlt, weshalb die Einschätzungen über die eigene Altersvorsorge häufig negativ sind. Jedoch kann das Arbeitsklima positiv und die Zufriedenheit mit der Arbeit hoch sein.

4. Datenbasis und Methode

Zur Untersuchung von Sorgen und Ängsten der Beschäftigten im Gastgewerbe wird ein qualitatives Forschungsdesign gewählt, um das Subjekt in seiner sozialen Wirklichkeit betrachten zu können. Qualitative Ansätze sind insbesondere für Untersuchungen an den Rändern des Arbeitsmarktes geeignet (Baumann et al. 2018). Zudem sind qualitative Studien in der Lage, die Wahrnehmung von Beschäftigungsrisiken detaillierter zu erfassen, »[...] als dies mit der Verwendung großer Umfragedatensätze möglich ist« (Erlinghagen/Lübke 2015: 422). Im Mittelpunkt des Erkenntnisprozesses im qualitativen Forschungsdesign steht die Rekonstruktion von Bedeutungen. Das Interesse ist auf die Exploration des Feldes und der Entdeckung neuer Zusammenhänge gerichtet. Die Stichprobenauswahl erfolgt nach dem theoretischen Sampling und ist geprägt durch ein dauerhaftes Justieren des Samplings mit dem Ziel, bestimmte Interpretationen (Typenbildung) herauszuarbeiten (vgl. Flick 2014: 123 ff.).

Die empirische Untersuchung soll eine Offenheit gegenüber einer Vielzahl möglicher Verhaltensweisen und Reaktionen von Beschäftigten gewährleisten, weshalb halbstandardisierte Interviewleitfäden nach Flick (2014) entwickelt wurden. Der Entwicklung der Leitfäden wurde eine Literaturanalyse vorangestellt, um die Vielfalt möglicher Anpassungsreaktionen und theoriegeleiteter Hypothesen über die Wirkungen des Mindestlohns auf mögliche Verhaltensmuster von Betrieben und Beschäftigten im Leitfaden erfassen zu können.[3] Die Themenfelder des Leitfadens umfassen mögliche Ausgleichsreaktionen nach Einführung des Mindestlohns, Arbeitszufriedenheit, Lohnveränderungen sowie Aspekte des Arbeitsalltags. Die einzelnen Themenschwerpunkte wurden jeweils mit einer offenen Frage eingeleitet. Diese Frage hatte zum Ziel, dass die Beschäftigten zunächst ihre Sichtweise und die aus ihrer Perspektive wichtigen Aspekte nennen und erläutern konnten. Es folgten Nachfragen zu Themen, die bereits von den Beschäftigten zum Gegenstand gemacht worden waren. Die Aufgliederung nach Themenfeldern erleichterte es, einen vom Beschäftigten angesprochenen Themenkomplex zu vertiefen und Zusammenhänge zu explorieren.

Zum Zweck der Untersuchung wurden sechs Interviews im Hotelgewerbe und sieben im Gaststättengewerbe durchgeführt (siehe Tabelle A1). Alle Befragten waren selbst unmittelbar von der Einführung des Mindestlohns betroffen. Die Gewinnung der Interviewpartner erfolgte zunächst über persönliche Kontakte und darauf aufbauend nach dem »Schneeballsystem« (Pzyborski/Wohlrab-Sahr 2014: 59). Das heißt, geeignete Interviewpersonen kannten weitere in der Branche beschäftigte Personen, die potenziell für ein Interview zur Verfügung standen. So konnten Beschäftigte mit unterschiedlichen Charakteristika in Bezug auf Beschäftigungsumfang, Alter, Tätigkeit, Bildungsabschluss sowie hinsichtlich der Betriebsgröße für die Interviews gewonnen werden.

Die interviewten Beschäftigten im Gastgewerbe konnten eine große Bandbreite der dortigen Arbeitsverhältnisse abdecken. Die Befragten waren zum Zeitpunkt des Interviews zwischen 20 und 50 Jahre alt. Manche hatten nur wenige Monate, andere mehr als zehn Jahre Erfahrungen im gastrono-

---

3 Die Interviewleitfäden sind in Herok (2017) und Spahn (2017) dokumentiert.

mischen Bereich. Fünf der Befragten verfügten über eine abgeschlossene Berufsausbildung im Gastgewerbe, acht Befragte hatten die Tätigkeit als Quereinsteiger begonnen. Zudem übten die Beschäftigten unterschiedliche Tätigkeiten aus, vom Barchef bis zum Zimmerservice. Ferner waren die Befragten in verschiedenen Beschäftigungsformen angestellt, von der stundenweisen Aushilfe über Minijobs bis hin zu sozialversicherungspflichtiger Teil- und Vollzeitbeschäftigung. Schließlich variierten die beschäftigenden Betriebe der Befragten hinsichtlich Größe und Struktur.

Die Feldphase der Interviews fand zwischen Dezember 2016 und Februar 2017 statt. In zeitlichem Bezug zum Mindestlohn lag die Interviewphase nach seiner Einführung und zum Teil nach seiner ersten Anpassung im Januar 2017 von 8,50 Euro auf 8,84 Euro Brutto je Zeitstunde. Die Interviews dauerten in der Regel zwischen 60 und 90 Minuten. Alle Gespräche wurden Wort für Wort transkribiert und anschließend inhaltsanalytisch in Anlehnung an Schmidt (2000) und Mayring (2016) in mehreren Schritten ausgewertet:

- Materialorientierte Bildung von Auswertungskategorien
- Zusammenstellung der Auswertungskategorien zu einem Codierleitfaden
- Codierung des Materials
- Darstellung der quantifizierenden Materialübersicht
- Vertiefende Fallinterpretation

Diese Methode ermöglicht es, auf der Grundlage gebildeter Auswertungskategorien vertiefende Fallinterpretationen durchzuführen. Dabei wird das gewonnene Material in Kategorien zerlegt und dessen Komplexität im Bezug zum Material reduziert (Herok 2017, Spahn 2017). Ziel war es, die Inhalte der Interviews aus der Perspektive der Befragten in ihrem jeweiligen sozialen Kontext und Bedeutungsfeld zu interpretieren. Mit Hilfe der Auswertungsstrategie konnten auch Rückschlüsse auf nicht-verbalisierte Inhalte gezogen werden.

Zentrales Ergebnis der Auswertung war der Befund, dass sich in allen 13 Interviews Sorgen und Ängste um die Arbeitsplatzsicherheit als wichtigste Kategorie herausgestellt haben. Latente Arbeitsplatzunsicherheit wurde von allen Befragten benannt, wenn auch in unterschiedlichem Ausmaß. Hervorgerufen wurden die Ängste und Sorgen vor allem durch prekäre Arbeitsbedingungen, die sich insbesondere in einer Machtlosigkeit gegenüber der eigenen Austauschbarkeit am konkreten Arbeitsplatz festmachten. In einer repräsentativen branchenübergreifenden Studie zum Thema Arbeitsplatzunsicherheit im Erwerbsverlauf zeigten Erlinghagen/Lübke (2015), dass sich in einem Zehnjahreszeitraum vier von zehn Beschäftigten große Sorgen um den Verlust ihres Arbeitsplatzes machten. Zudem berichtete jeder dritte Beschäftigte von chronischen Unsicherheiten. Vor diesem Hintergrund und unter Berücksichtigung der besonderen Arbeitsbedingungen im Gastgewerbe erscheinen die von den 13 Befragten im Gastgewerbe berichteten weit verbreiteten Sorgen und Ängste um die Arbeitsplatzsicherheit plausibel. Dennoch hat der methodische Zugang die Limitation, dass die Befunde auf Tendenzen von Sorgen und Ängsten der befragten Beschäftigten hinweisen und nicht repräsentativ sind. Somit können die Befunde nicht auf alle Beschäftigten im Gastgewerbe verallgemeinert werden.

5. Die subjektive Lage von Beschäftigten im Gastgewerbe

Im Folgenden sollen nun empirische Befunde zur subjektiv empfundenen Lage und zu den Sorgen und Ängsten bei den Beschäftigten im Gastgewerbe dargestellt werden. Um die eingangs gestellten drei Forschungsfragen beantworten zu können, werden prägnante Zitate aus den Leitfadeninterviews der Masterarbeiten von Stefanie Herok (publiziert in Herok 2017) und Dorina Spahn (publiziert in Spahn 2017) zu besonderen Charakteristika der Arbeitsbedingungen im Gastgewerbe zugeordnet. Die Masterarbeit von Herok fokussiert auf Beschäftigungsverhältnisse im Hotelgewerbe, abgekürzt in der Anhangtabelle A1 mit B1 bis einschließlich B6. Die Masterarbeit von Spahn untersucht Beschäftigungsverhältnisse im Gaststättengewerbe, abgekürzt in der Anhangtabelle A1 mit G1 bis G7.

Nach den Aussagen der befragten Beschäftigten im Gastgewerbe handelt es sich um fünf Kernbereiche, die dafür verantwortlich gemacht werden können, dass ihre Tätigkeiten – analog zu Dörre (2018) – als prekäre Arbeitsverhältnisse bezeichnet werden können. Diese besonderen Charakteristika der Arbeitsbedingungen, die mit Beschäftigungsängsten assoziiert sind, sind erstens die Vergütungsmodalitäten, zweitens das Ausmaß von Integration und Desintegration in das jeweilige Arbeitsverhältnis, drittens materielle Gerechtigkeitsvorstellungen, viertens die Einhaltung von Standards des Arbeitsschutzes und der gesetzlichen Steuer- und Sozialversicherungspflichten sowie fünftens die Konkurrenzsituation am Arbeitsmarkt. Die folgenden Beispiele zeigen ferner, dass die Sorge um den eigenen Arbeitsplatz, vor allem wegen latenter Beschäftigungsunsicherheit, Ohnmachtsgefühle auslösen kann, die dazu führen, dass die Beschäftigten nicht gegen die von ihnen selbst beschriebenen Missstände vorgehen, sondern ihre prekären Arbeitsbedingungen akzeptieren.

Vergütungsmodalitäten

In den Interviews wurde deutlich, dass die Mehrzahl der Befragten einen deutlich höheren als den vergüteten Aufwand betreiben, um das Beschäftigungsverhältnis aufrechtzuerhalten. Dabei spielen auch nach Einführung des Mindestlohns Notlagen und Ängste der Beschäftigten eine Rolle. So berichten mehrere Beschäftige, dass sie bereit seien, unbezahlte Mehrarbeit zu leisten, weil sie Angst vor einem Verlust des Arbeitsplatzes hätten, wenn sie diese nicht leisten würden. Die nachstehend zitierten Beschäftigten arrangieren sich mit der Notwendigkeit, unbezahlte Mehrarbeit zu leisten.

Männlich, 26 Jahre, Vollzeit, Restaurantleiter in einem Privathotel mit 120 Beschäftigten, Restaurantfachmann mit unbefristetem Arbeitsvertrag:

> »[...] Überstunden gehören zum täglich Brot [...] Und die geht man ein, weil man glücklich ist, überhaupt einen Job zu haben [...] in Managerposition werden sowieso ein bis zwei Stunden mehr gemacht. [...] dann wird bei der Managerposition automatisch nochmal minus zehn Stunden abgerechnet, weil die in dieser Position im Endeffekt dazugehören.« (Zit. n. B2: 60)

Weiblich, 31 Jahre, Vollzeit, vorerst Kellnerin in einem Restaurant eines Stadtzentrums, zum Zeitpunkt der Befragung Mitarbeiterin in einem Store einer Cafékette:

> »Auf dem Dienstplan steht drauf 15:00–23:00 Uhr aber es war an dem Tag [...] eine Hochzeit. Die Hochzeit fing um 16:00 Uhr an und eine Hochzeit geht ja nun nicht bis 23:00 Uhr, das wissen wir alle. Die geht bis früh um 4:00 Uhr. [...] Die [Überstunden] gab es nicht. Sie wurden zwar vermerkt, auf einen handschriftlichen Dienstplan. Der Chef hat auch gesehen, dass du bis früh's um 4:00 Uhr da warst. Hast aber am nächsten Tag schon wieder um 7:00 Uhr auf der Matte gestanden. Bist nur nach Hause, geschlafen, bist wieder auf Arbeit gefahren. Das war halt so.« (Zit. n. G1: 52)

Die Zitate belegen den hohen unbezahlten Aufwand, den die Beschäftigten in Kauf nehmen, um ihre Stelle nicht zu verlieren. Die Beschäftigten stellen solche Ängste und Sorgen als branchenspezifische Charakteristika dar. Zudem weisen die Beispiele auf Umgehungstatbestände hin, weil tatsächlich geleistete Arbeitszeiten nicht bezahlt und Arbeitsschutzrechte wiederholt nicht eingehalten werden. Die befragten Personen berichten über nicht vergütete Mehrarbeit und die regelmäßige Überschreitung der gesetzlich festgelegten maximalen Arbeitszeit von zehn Stunden (§ 3 Abs. 1 ArbZG).[4] Ferner berichteten die Befragten mehrfach über die Unterschreitung der Ruhezeit von elf Stunden zwischen zwei Diensten (§ 5 Abs. 1 ArbZG).

Instabile Arbeitsverhältnisse

Das obige Beispiel zeigt, dass aufgrund von Machtasymmetrien zwischen Arbeitnehmer und Arbeitgeber unbezahlte Überstunden häufig vorkommen. Diese werden von den Beschäftigten dennoch akzeptiert, weil die Sorge um den Arbeitsplatz eine zentrale Rolle spielt. Insofern ist plausibel, dass die Hoffnung auf ein stabiles Arbeitsverhältnis zum Ausdruck gebracht wird. Unter Druck stehen die Beschäftigten zum einen, weil es für sie überwiegend nur noch befristete Verträge gibt. Zum anderen werden auch schlechte Arbeitsbedingungen, im Sinne von »bad jobs« (Eichhorst/Marx 2011), hingenommen, wenn sich Chancen andeuten, in ein unbefristetes Beschäftigungsverhältnis aufzusteigen und damit Erwartungen geweckt werden, der »Zone der Prekarität« (Dörre 2005) entkommen zu können. Hierzu sagt eine Beschäftigte:

Weiblich, Migrationshintergrund, 50 Jahre, »Zimmermädchen« in einem Hotel der gehobenen Kategorie mit knapp 15 Beschäftigten in Vollzeit:

> »Ich würde jetzt gerne fest angestellt sein […] wenn ich jetzt nicht bald irgendwo eine feste Anstellung kriege, dann wird es kritisch für mich. […] Aber das ist heutzutage üblich so in dieser Branche. Man kriegt zuerst einen Ver-

4 Die werktägliche Arbeitszeit kann von maximal acht auf zehn Stunden verlängert werden, wenn innerhalb von sechs Kalendermonaten oder innerhalb von 24 Wochen im Durchschnitt acht Stunden werktäglich nicht überschritten werden. Das bedeutet, dass bei entsprechendem Ausgleich an sechs Werktagen vorübergehend bis zu zehn Stunden täglich gearbeitet werden kann (Brauner/Wöhrmann 2018).

trag für ein Jahr [...] und dann wird man normalerweise rausgeschmissen].« (Zit. n. B5: 71)

Männlich, 40 Jahre, Mini-Job-Basis, nebenberuflich, vorerst Mitarbeiter in einem Restaurant mit 200 Beschäftigten, später Mitarbeiter eines kleineren Restaurants mit zehn Beschäftigten:

> »Ich habe eine Kasse abgegeben, die Kasse wurde gezählt, ohne dass ich dabei bin. Es war also auch möglich, dass man mir sagt: ›In deiner Kasse fehlten 240 Euro‹. Aber es wurde nie gesagt: ›Du hast 60 Euro Trinkgeld oder 120 Euro‹. [...] Es ist der einfachste Weg, jemanden rauszuschmeißen, indem man ihm unterstellt, die Kasse stimmt nicht.« (Zit. n. C5: 81 f.)

Die Beschäftigten haben Missachtung durch kurzfristige Anstellungen bzw. durch willkürliche Handlungen seitens der Geschäftsführung erfahren. Die Aussagen der Befragten deuten in beiden Fällen auf fehlende Integrität im Unternehmen und auf einen hohen Grad an Beschäftigungsunsicherheit hin. Zudem existiert in den Betrieben des Gastgewerbes selten eine kollektive Interessenvertretung, durch die die Position der Arbeitnehmerinnen und Arbeitnehmer gestärkt werden könnte (Bellmann/Ellguth 2018). In diesem Zusammenhang kann davon ausgegangen werden, dass in Betrieben mit Personalvertretungen solche willkürlich anmutenden Maßnahmen nicht vorkommen bzw. nicht folgenlos bleiben dürften.

Materielle Leistungsungerechtigkeit

Zudem wird von den Beschäftigten die unterschiedliche Entlohnung für die gleiche Arbeitsleistung thematisiert. So schildert eine Beschäftigte aus dem Hotelgewerbe:

Weiblich, 20 Jahre, »Zimmermädchen« mit Migrationshintergrund, geringfügig beschäftigt und über Leiharbeitsfirma angestellt, gehobene Hotelkette mit 12 Beschäftigten:

> »Ich habe auch Mindestlohn bekommen, aber es gab auch eine andere Firma, die den Leuten 9,50 Euro gegeben hat. Aber alle mussten dieselbe Arbeit leisten, also das war nicht so fair. [...] ich wollte da nur weggehen, weil ich keine Zeit mehr hatte und ich wieder normal leben konnte. [...] die haben auch Mit-

> arbeiter nicht länger als vier oder fünf Monate behalten. Die sind alle dann gegangen und dann haben sie wieder neue gehabt.« (Zit. n. B6: 74)

Ein besonderer Aspekt ist hier die Auslagerung von Tätigkeiten. Dabei erhalten Leiharbeitskräfte oftmals einen höheren Lohn als den Mindestlohn. Dieser Sachverhalt verletzt die Gerechtigkeitsvorstellungen in der Stammbelegschaft und hat negative Auswirkungen z. B. auf die Loyalität gegenüber dem Arbeitgeber. Hieran wird deutlich, dass die unterschiedliche Entlohnung derselben Tätigkeit zwischen den verschiedenen Beschäftigtengruppen bekannt ist und zu Gerechtigkeitsproblemen führt. Im zweiten Beispiel zum Thema Leistungsungerechtigkeit berichtet der Befragte von einer Folge des gesetzlichen Mindestlohns. Mit dessen Einführung hat sich das Entgelt der Kollegen angeglichen, sodass vorher vorhandene, zumindest monetäre Hierarchien aufgehoben worden sind. Lohnkompression führte in diesem Fall zu einem Ungerechtigkeitsempfinden.

Männlich, 43 Jahre, Vollzeit, Kellner in einer Bar in einem Arthouse-Kino mit sieben Beschäftigten:

> »Die Restaurantleitung macht schon mehr als wir. Also als ich. Ich bin eigentlich nur dafür, dass da auf jeden Fall noch ein bisschen mehr Geld für sie herausspringt. Warum sollte sie mehr machen als ich, aber verdient genauso viel wie ich? Ist ja auch ihre Frage. Aber so denkt die Geschäftsführung nicht.« (Zit. n. G4: 77)

Umgehung der Arbeitszeitgesetze und Vermeidung von Steuern und Abgaben

Schon 2007 analysierten Meyer und Weber in einer Studie der Friedrich-Ebert-Stiftung die Auswirkungen der möglichen Einführung eines flächendeckenden Mindestlohns (Meyer/Weber 2007). Aufgrund von Beispielkalkulationen gingen die Autoren für das Gastgewerbe von teils illegalen Ausgleichsreaktionen aus. Die Umgehung des Arbeitsschutzes und/oder die illegale Reduzierung von Steuern und Sozialabgaben sind zwei Beispiele, um steigende Arbeitskosten, die durch einen Mindestlohn entstehen können, zu kompensieren. Im folgenden Zitat eines landwirtschaftlichen Betriebs mit Restaurant wird diese Annahme bestätigt.

Männlich, 33 Jahre, in Vollzeit beschäftigter Barchef in einem landwirtschaftlichen Betrieb mit gastronomischer Einrichtung, 40 Beschäftigte im Gastro-Bereich:

> »Anfangs hieß es, er schickt die Leute nach Hause, dann nach zehn Stunden. Da musste man sich ja ausloggen. [...] Und irgendwann hat der Chef angefangen mit: ›Können wir nicht machen. Ihr schreibt jetzt alle eure Stunden danach auf.‹ Also du loggst dich aus, nach zehn Stunden, damit das System nicht meckert. Und dann schreibst du den Rest auf. Und das wird dir dann unter der Hand bezahlt.« (Zit. n. G2: 61)

In diesem Beispiel wird eine Form der illegalen Ausgleichsreaktion und die Umgehung von steuer-, sozialversicherungs- und arbeitsrechtlichen Pflichten des Arbeitgebers, von denen die Einhaltung des Arbeitszeit- oder Mindestlohngesetzes lediglich Teilaspekte darstellen, berichtet. Vor allem in Branchen, in denen hoher Konkurrenzdruck herrscht, üben Arbeitgeber erheblichen Druck auf die Beschäftigten aus. Wegen der erhöhten Sensibilität der Arbeitgeber gegenüber der Dokumentationspflicht von Arbeitszeiten durch die Einführung des Mindestlohns entwickelten sich neue Praktiken, um die Arbeitszeitregelungen zu umgehen. Wie hier im Beispiel deutlich wurde die Dokumentation der Arbeitszeit an die gesetzlichen Regelungen angepasst. Vom Beschäftigten ist diese illegale Ausgleichsreaktion aus Sorge um die eigene Austauschbarkeit akzeptiert worden. Von regelmäßiger Mehrarbeit berichtet auch diese Beschäftigte:

Weiblich, 30 Jahre, Mini-Job als Nebentätigkeit, Kellnerin in einem großen Hof mit Restaurant:

> »Naja, über [nennt Namen des Lokals] bin ich nur über die 450 Euro durch 8,50 Euro ... kann man sich ausrechnen, wie viel Stunden das sind. Ich glaube ... 40 oder 45 Stunden. Und der Rest wird dann entsprechend dazu vergütet. Schwarz, ohne was aufzuschreiben.« (Zit. n. G6: 85)

Vor allem das Gastgewerbe leidet unter dem Ruf, dass dort prekäre Arbeitsverhältnisse und die Ausübung der Tätigkeiten zumindest teilweise in Schwarzarbeit vorkommen. Wegen zahlreicher vor allem sozial- und arbeitsmarktrechtlicher Einkommensgrenzen, wie etwa die 450-Euro-Grenze bei geringfügiger Beschäftigung, können Arbeitgeber und Arbeitnehmer einvernehmlich einer Vermeidung von offiziellen Arbeitszeiten und Arbeitsentgelten zustimmen. So könnten über 450 Euro liegende Verdienste bar oder über Sachleistungen im beiderseitigen Einverständnis abgegolten werden. Neben der Baubranche gehört die Gastronomie zur meist kontrollierten Branche durch die Finanzkontrolle Schwarzarbeit (Deutscher Bundestag 2017: 2). Schätzungen der Gewerkschaft Nahrung-Genuss-Gaststätten zufolge beläuft sich der Schaden, der aufgrund von Schwarzarbeit in der Branche entsteht, auf 20 Milliarden Euro jährlich (Maack et al. 2013: 103).

Konkurrenzsituation am Arbeitsmarkt

Vor sowie nach Einführung des Mindestlohns machten sich offenbar viele Beschäftigte Sorgen um die eigene Austauschbarkeit, wie sie in »offenen Beschäftigungssystemen« (Struck/Dütsch 2012: 157) üblich ist. Gerade in sogenannten »Tiefqualifikationsbranchen« (Maack et al. 2013: 77), zu dem auch das Gastgewerbe zählt, können ungelernte Beschäftigte zumeist schnell in die betrieblichen Strukturen eingearbeitet werden.

Weiblich, 31 Jahre, Vollzeit, vorerst Kellnerin in einem Restaurant eines Stadtzentrums, später Mitarbeiterin in einem Store einer Cafékette:

> »[D]ie Studenten, die meinen, sie müssen mal drei Mal die Woche kellnern. Die kriegen genau das Gleiche wie ich, mit 15 Jahren Berufserfahrung und mit einer Ausbildung.« (Zit. n. G1: 54)

Selbst qualifizierte Mitarbeiter mit langer Berufserfahrung sind sich einer erheblichen Konkurrenzsituation im Gaststättengewerbe bewusst. Häufig werden Ungelernte und Nebenjobber – sicher auch aufgrund der gegenwärtig hohen Nachfrage nach Arbeitskräften – eingestellt. Wie im obigen Zitat deutlich wird, empfindet die Befragte aufgrund der ähnlichen Entlohnung ungelernter Arbeitskräfte diesen Zustand als ungerecht. Auch ein befragter Barchef in einem landwirtschaftlichen Betrieb mit gastronomischer Einrichtung unterstreicht den hohen Konkurrenzdruck durch ungelernte Saisonarbeitskräfte:[5]

5 Nach Untersuchungen von Späth et al. (2018) sind Saisonarbeitskräfte im Gastgewerbe nach der Land- und Forstwirtschaft am zweithäufigsten verbreitet, vor allem in Teilzeitbeschäftigung.

Männlich, 33 Jahre, in Vollzeit beschäftigter Barchef in einem landwirtschaftlichen Betrieb mit gastronomischer Einrichtung, 40 Beschäftigte im Gastro-Bereich:

> »Zum Ende hin war es nicht mehr schön. [...] Auf einmal gab es nicht mehr so viele deutsche Arbeiter sondern fast nur noch polnische Arbeiter. Und im Endeffekt wurdest du irgendwann, weil du ja besser verdient hast, als die polnischen Arbeiter, schlechter behandelt. Beziehungsweise man wollte dich irgendwo loswerden.« (Zit. n. G2: 63)

Hier finden wir ein deutliches Beispiel für das Wissen um die eigene Austauschbarkeit und die daraus folgende Angst vor dem Arbeitsplatzverlust. Der Beschäftigte befürchtet, obwohl er eine leitende Position innehat und jahrelange Betriebszugehörigkeit vorweisen kann, eine Verdrängung durch saisonale Hilfskräfte. Der Befragte hat zwar selbst von der Einführung des Mindestlohns insofern profitiert, als er eine höhere Vergütung erhält. Allerdings waren die Hilfskräfte, die offiziell als Erntehelferinnen und Erntehelfer in der Landwirtschaft angestellt waren, noch zum Zeitpunkt des Interviews vom Mindestlohngesetz ausgeklammert. Für sie galt von Januar bis einschließlich Oktober 2017 ein allgemeinverbindlicher tariflicher Mindestlohn in Höhe von 8,60 Euro, während der gesetzliche Mindestlohn bereits bei 8,84 Euro lag. Als Folge der Übergangsregelung und weil bei ausländischen Saisonarbeitskräften zusätzliche Anrechnungsmöglichkeiten, wie etwa Kost und Logis sowie niedrigere Sozialversicherungssätze als bei deutschen Beschäftigten, zum Tragen kommen, waren die polnischen Mitarbeiterinnen und Mitarbeiter die günstigeren Arbeitskräfte. Die Sorge, von ausländischen Arbeitskräften verdrängt zu werden, wurde also real. Der Beschäftigte begann, die polnische Sprache zu erlernen und trat ein Studium zum Diplom-Betriebswirt an, um seine Stellung im Unternehmen zu festigen. Der außerbetriebliche Mehraufwand hat jedoch zu einer Überlastung des Beschäftigten geführt, letztlich verließ er das Unternehmen auf eigenen Wunsch.

6. Zusammenfassung und Fazit

Die hier vorgelegten Befunde basieren auf einer qualitativen Studie. Der gesetzte Schwerpunkt auf Beschäftigte im Gastgewerbe und die geringe Anzahl von 13 befragten Personen weisen daher lediglich auf Tendenzen von

Sorgen und Ängsten von Beschäftigten hin und sind nicht repräsentativ. Das bedeutet, sie können nicht für alle Beschäftigten in der Branche des Hotel- und Gaststättengewerbes verallgemeinert werden. Allerdings ermöglichen qualitative Ansätze vertiefte Einblicke in die Arbeitsverhältnisse und deren subjektive Bewertung durch die Beschäftigten – gerade im Hinblick auf Sorgen und Ängste –, die von quantitativen Studien nicht geleistet werden können. Die Ergebnisse aus den analysierten Leitfadeninterviews können somit als Basis für weitere quantitative Erhebungen genutzt werden, um schließlich repräsentative Aussagen über Sorgen und Ängste von Beschäftigten im Gastgewerbe formulieren zu können. Darüber hinausgehende Mixed-Methods-Ansätze könnten zusätzliche, bislang wegen methodischer Limitationen noch nicht erforschte Zusammenhänge aufdecken (Baumann et al. 2018).

Unsere qualitativen Auswertungen haben gezeigt, dass das Thema »Beschäftigungsunsicherheit« selbst bei langjähriger Betriebszugehörigkeit von allen Befragten thematisiert wurde. Insofern kann die eingangs gestellte erste Frage (»Worüber machen sich prekär Beschäftigte der Branche grundsätzlich Sorgen?«) eindeutig beantwortet werden: Sorgen und Ängste vor einem Arbeitsplatzverlust können als die zentrale prekäre Kategorie bezeichnet werden. Die Beschäftigten sind stets mit der Frage konfrontiert, ob das bestehende Beschäftigungsverhältnis wohl aufrechterhalten bleibt und welche Leistungen sie ihrerseits mutmaßlich erbringen müssen, um den Arbeitsplatz zu sichern. In diesem Beitrag konnten fünf Bereiche aufgezeigt werden, die nach Dörre (2018) Indizien prekärer Beschäftigungsverhältnisse sind und von den Befragten akzeptiert oder hingenommen wurden – aus Angst vor Arbeitsplatzverlust. Nicht vergüteter Mehraufwand, befristete oder instabile Arbeitsverhältnisse, die Auslagerung von Tätigkeiten, illegale Entlohnungsmodalitäten sowie nebenberufliche Fortbildungsmaßnahmen sind Beispiele für Maßnahmen, die die Beschäftigten akzeptieren oder praktizieren, um einen drohenden Arbeitsplatzverlust zu vermeiden. Hieran wird deutlich, dass Sorgen und Ängste als ein Element ›symbolischer Herrschaft‹ (Bourdieu 1992) instrumentalisiert werden, um soziale Strukturen aufrechtzuerhalten (siehe hierzu den Beitrag von Schmitz im vorliegenden Band).

In Bezug auf die zweite Frage (»Inwiefern trifft die Diagnose vom angstbestimmten Beschäftigten zu?«) fällt es schwer, eine klare Antwort zu finden. Alle 13 Befragten machten sich um ihre individuelle Beschäftigungssicherheit Sorgen, weil ihnen bewusst ist, dass sie austauschbar sind. Von einigen eher jüngeren Beschäftigten wurde das *jobhopping* sogar als positiv bewertet, sodass die Gleichzeitigkeit von »German Angst« und »German Miracle« in diesem Fall bestätigt werden kann. Diese Entwicklung kann jedoch auch zu einer Erhöhung der Sorgen und Ängste bei den zunehmend prekär Beschäftigten im Gastgewerbe führen. Das »German Wonder« führt zwar dazu, dass nach Arbeitsplatzverlust relativ schnell eine neue Arbeitsstelle gefunden wird, allerdings findet anschließend am neuen Arbeitsplatz stets ein Neustart – ganz unten in der betrieblichen Hierarchie – statt. Insofern sind Arbeitsplatzverluste regelmäßig mit Prestige- und Einkommensverlusten verbunden. Zudem wird Neuzugängen bei schwankender betrieblicher Auslastung oftmals als erstes gekündigt. Insofern dürften mit längerer Betriebszugehörigkeit die Arbeitsplatzverlustängste eher steigen, vor allem mit zunehmendem Alter. Daher befassen sich die Befragten, womöglich intensiver als in anderen Branchen, viel mit Beschäftigungsunsicherheit. Trotzdem wiesen alle 13 Befragten eine grundsätzliche Job-Zufriedenheit auf. Dieser überraschende Befund kann durch die quantitative Studie von Brenscheidt et al. (2012) erhärtet werden.

Auch nach der Einführung des gesetzlichen Mindestlohns können die Befragten mit Bezug zur dritten Frage (»Welche Sorgen und Ängste der Beschäftigten hat der Mindestlohn seit seiner Einführung verringern können?«), abgesehen von einem zum Teil erhöhten Brutto-Monatsgehalt, von keiner neu errungenen Verbesserung profitieren. In einigen Fällen wurden die Arbeitszeitgesetze umgangen, Arbeitsschutzrechte ignoriert und die Dokumentation der täglichen Arbeitszeit manipuliert. Desintegrationsmaßnahmen, die Sorge um Verdrängung durch andere Akteure sowie die Zunahme eines nicht vergüteten Mehraufwands scheinen typische Merkmale des Gastgewerbes zu sein. Der Mindestlohn konnte diese Schieflagen nach den Angaben der Befragten nicht begradigen. Vor allem für jene, die die Tätigkeit in Vollzeit ausüben und qualifizierte Fachkräfte sind, führen diese strukturellen Branchenmerkmale zu subjektiven Belastungen und etwaigen Statusproblemen. Qualifizierte Beschäftigte empfinden im Vergleich zu unqualifizierten oder nebenberuflich Beschäftigten sowie Aushilfen die Löhne als ungerechter als vor Einführung des Mindestlohns. Bei einigen Befragten sind die Löhne so angeglichen worden, dass hierarchische Abstufungen durch Lohnkompression aufgehoben wurden. Hierbei handelt es sich um eine Auswirkung des Mindestlohns, welche von den Interviewten als negativer Effekt berichtet wurde. Somit muss die vorangestellte Frage, ob der Mindestlohn zu einer Verringerung von Sorgen und Ängsten bei den hier befragten Beschäftigten im Gastgewerbe führte, mit nein beantwortet werden.

Gerechtigkeit, Arbeitszufriedenheit und Arbeitsbedingungen sind Themen, die die Befragten stark umtreiben. Gerade die zum Teil prekären Arbeitsbedingungen scheinen das Gewerbe zu einem zu machen, »[...] wofür [man] wirklich geboren sein [muss]. Ansonsten funktioniert es nicht. Man muss da mit Vollblut hinter stehen, ansonsten kann man das nicht durchhalten.« (Zit. n. G3: 101) Die finanziellen Folgen prekärer Beschäftigungsverhältnisse wie niedrige Löhne und häufige Jobwechsel, gegebenenfalls mit Bezug von Lohnersatzleistungen, können unter Umständen im Haushaltskontext aufgefangen werden (Stuth et al. 2018). Mit den Sorgen und Statusängsten, die ein Kennzeichen dieser prekären Beschäftigungsverhältnisse sind, müssen die Beschäftigten individuell zurechtkommen. Zudem führen gestiegene Bruttostundenlöhne nicht zwangsläufig zu höheren monatlichen Einkommen, weil die Arbeitszeit häufig reduziert wurde oder es im Fall von erwerbstätigen Sozialleistungsbeziehenden zur Anrechnung von Einkommen kommt (Himmelreicher 2017).

Sozialpolitischer Handlungsbedarf ist vor allem bei der im Gastgewerbe weit verbreiteten geringfügigen, Teilzeit- und befristeten Beschäftigung erforderlich. Bei solchen weniger regulierten Beschäftigungsverhältnissen sind die Risiken informell beschäftigt zu sein höher als bei sozialversicherungspflichtiger Vollzeitbeschäftigung (ILO 2018). Die Wiedereinführung einer wöchentlichen gesetzlichen Höchststundenanzahl bei geringfügiger Beschäftigung könnte dafür sorgen, dass sich der Arbeitseinsatz nicht überwiegend an den Kundenströmen orientiert. Für die Beschäftigten wären die Lage und die Länge der wöchentlichen Arbeitszeit verlässlicher, die Arbeitgeber allerdings müssten den Personaleinsatz genauer planen und verlören damit an Flexibilität.

Insgesamt gesehen haben die sozial- und arbeitsmarktpolitischen Reformen der vergangenen Dekaden zu einer Dualisierung von Institutionen und sozialen Rechten (Emmenegger et al. 2012) geführt, die auf der einen Seite zu einer Ausweitung von Niedriglohn- und prekärer Beschäftigung in bestimmten Branchen, darunter insbesondere im Gastgewerbe, geführt haben. Andererseits ist die Gesamtbeschäftigung gestiegen, ebenso die Löhne ab den mittleren Arbeitsentgelten. Die Einführung des gesetzlichen Mindestlohns in Deutschland kann als Wegbereiter in Richtung mehr Lohngerechtigkeit gesehen werden. Zwischenzeitlich ist allerdings eine gewisse Lohnkompression am und knapp oberhalb des Mindestlohns festzustellen (Mindestlohnkommission 2018). Offensichtlich lässt sich eine längere Phase der Liberalisierung am Arbeitsmarkt in Deutschland nicht durch eine einzelne Maßnahme zeitnah korrigieren, sondern erfordert auch verstärkte Kontrollen des Zolls. Eine Standardisierung der Aufzeichnung von Beschäftigungszeiten könnte zudem Umgehungsstrategien erschweren und die Kontrolle vereinfachen.

Viele Beschäftigte im Gastgewerbe sind mit ihrer Arbeit insgesamt gesehen zufrieden bis sehr zufrieden, darauf verweisen Brenscheidt et al. (2012) sowie die Befragten in dieser Studie. Gleichzeitig berichten die Befragten von einer geringen Wertschätzung am Arbeitsplatz (zu Inferioritätsängsten vgl. den Beitrag von Delhey und Steckermeier in diesem Band). Sie sind in latenter Sorge um ihren Arbeitsplatz und haben Ängste, diesen zu verlieren. Diese Sorgen und Ängste sind ein Ausdruck von Prekarität (Dörre 2007) und sie sind sehr plausibel: »Am schlimmsten ist es, arbeitslos zu sein, wenn fast alle anderen Arbeit haben. Wenn überall von Fachkräftemangel die Rede ist, von einem Boom am Arbeitsmarkt und von Unternehmern, die immerzu händeringend Mitarbeiter suchen. Dann trotzdem keine Arbeit zu finden ist extrem deprimierend.« (Rudzio 2018: 27).

Literatur

Arni, P./Eichhorst, W./Pestel, N./Spermann, A./Zimmermann, K. (2014): »Der gesetzliche Mindestlohn in Deutschland: Einsichten und Handlungsempfehlungen aus der Evaluationsforschung«, in: Schmollers Jahrbuch 134, S. 149–182. DOI: 10.3790/schm.134.2.149

Baumann, A./Bruttel, O./Dütsch, M./Himmelreicher, R./Ohlert, C. (2018): »Methoden zur Evaluation des gesetzlichen Mindestlohns in Deutschland«, in: Zeitschrift für Evaluation 17, S. 81–107.

Bauman, Z. (2006): Liquid fear, Cambridge: Polity Press.

Bellmann, L./Ellguth, P. (2018): Zum Rückgang der betrieblichen Mitbestimmung. IAB-Stellungnahme 4, Nürnberg: IAB.

Bennett, J./Lesch, H. (2011): »Mehr Lohngerechtigkeit durch Mindestlöhne? Die Gerechtigkeitswahrnehmung von Geringverdienern«, in: Sozialer Fortschritt 60, S. 143–150. DOI: 10.3790/sfo.60.7.143

Betzelt, S./Bode, I. (2017): »Fatal funktional? Angstmobilisierung im liberalen Wohlfahrtskapitalismus«, in: Leviathan 45, S. 192–220. DOI: 10.5771/0340-0425-2017-2-192
Binder, B./Haupt, A. (2018): »Wohlstand für alle? Die Entwicklung einkommensschwacher Haushalte seit 2005«, in: WSI Mitteilungen 5, S. 358–368. DOI: 10.5771/0342-300X-2018-5-358
Bosch, G./Weinkopf, C. (2011): »Arbeitsverhältnisse im Dienstleistungssektor«, in: WSI Mitteilungen 9, S. 439–446.
Bourdieu, P. (1992): Die verborgenen Mechanismen der Macht, Hamburg: VSA Verlag.
Brady, D./Biegert, T. (2017): »The Rise of Precarious Employment in Germany«, in: A. L. Kalleberg/S. Vallas (Hg.), Precarious Work. Research in the Sociology of Work, Volume 31, Bingley: Emerald Publishing Limited, S. 245–271.
Brauner, C/Wöhrmann, M. (2018): 100 Jahre Achtstundentag in Deutschland. Historische Meilensteine und aktuelle Zahlen. baua Fakten. Dortmund: Bundesanstalt für Arbeitsschutz und Arbeitsmedizin.
Brenscheidt, S./Nöllenheidt, Ch./Wittig, P. (2012): Grundauswertung der BIBB/BAuA-Erwerbstätigenbefragung 2012 – mit den Schwerpunkten Arbeitsbedingungen, Arbeitsbelastungen und gesundheitliche Beschwerden. Dortmund: Bundesanstalt für Arbeitsschutz und Arbeitsmedizin.
Burda, M./Hunt, J. (2011): What explains the German labour market miracle in the great recession? NBER Working Paper 17187. Cambridge.
Burzan, N. (2014): »Gefühlte Verunsicherung in der Mitte der Gesellschaft«, in: Aus Politik und Zeitgeschichte 49, S. 17–23.
CESifo (2018): ifo Spezialthema Ungleichheit. www.ifo.de/de/w/3adtqibK (zuletzt geprüft: 16.01.2019).
Dehne, M. (2017): Soziologie der Angst. Konzeptuelle Grundlagen, soziale Bedingungen und empirische Analysen, Wiesbaden: Springer VS.
Deutscher Bundestag (2017): Antwort der Bundesregierung auf die Kleine Anfrage der Abgeordneten Markus Tressel, Beate Müller-Gemmeke, Beate Walter-Rosenheimer, weiterer Abgeordneter und der Fraktion BÜNDNIS 90/DIE GRÜNEN – Drucksache 18/11497 – Arbeitsbedingungen im Hotel- und Gaststättengewerbe, Berlin.
DGB (2018): Gedämpfte Erwartung. Wie die Beschäftigten ihre spätere gesetzliche Rente einschätzen. DGB-Index Gute Arbeit Kompakt 3, Berlin: Deutscher Gewerkschaftsbund.

Dingeldey, I./Holtrup, A./Warsewa, G. (2015): Wandel der Governance der Erwerbsarbeit, Wiesbaden: Springer VS.

Dörre, K. (2005): »Prekarität – eine arbeitspolitische Herausforderung«, in: WSI-Mitteilungen 5, S. 250–258.

Dörre, K. (2007): Prekarität – eine Herausforderung für gewerkschaftliche Politik, Jena: FSU.

Dörre, K. (2018): »Prekarität im ›Jobwunder-Land‹ – was ist neu?«, in: R. Dobischat/A. Elias/A. Rosendahl (Hg.), Das Personal in der Weiterbildung, Wiesbaden: Springer VS, S. 97–118.

Eichhorst, W./Marx, P. (2011): »Reforming German Labour Market Institutions: A Dual Path to Flexibility«, in: Journal of European Social Policy 21, S. 73–87. DOI: 10.1177/0958928710385731

Emmenegger, P./Häusermann, S./Palier, B./Seeleib-Kaiser, M. (2012): The Age of Dualization, New York: Oxford Press.

Erlinghagen, M./Lübke, Ch. (2015): »Arbeitsplatzunsicherheit im Erwerbsverlauf«, in: Zeitschrift für Soziologie 44, S. 407–425. DOI: 10.1515/zfsoz-2015-0603

Esping-Andersen, G. (1990): The Three Worlds of Welfare Capitalism, New Jersey: Princeton University Press.

Flick, U. (2014): Qualitative Sozialforschung – Eine Einführung, Reinbek: Rowohlt.

Ganßmann, H. (1989): »Sog-Effekte durch Arbeitslosigkeit«, in: Prokla 77, S. 55–74. DOI: 10.32387/prokla.v19i77.1217

von der Heiden, M./Himmelreicher, R. (2018): Mindestlohn und Lohngerechtigkeit. SOEPpapers 1013, Berlin.

Herok, S. (2017): Beherbergungsbranche und Mindestlohn. Eine qualitative Studie. Master-Arbeit, Berlin: FU. https://refubium.fu-berlin.de/handle/fub188/22749 (zuletzt geprüft: 16.01.2019).

Himmelreicher, R. (2017): »Mindestlohn und Mobilität aus der Armut«, in: S. Lessenich (Hg.), Geschlossene Gesellschaften. Verhandlungen des 38. Kongresses der Deutschen Gesellschaft für Soziologie in Bamberg 2016. http://publikationen.soziologie.de/index.php/kongressband_2016/article/view/602/pdf_269 (zuletzt geprüft: 16.01.2019).

ILO (2018): Women and men in the informal economy: a statistical picture. Geneva: International Labour Office.

Knabe, A./Schöb, R./Thum, M. (2014): »Der flächendeckende Mindestlohn«, in: Perspektiven der Wirtschaftspolitik 15, S. 133–157. DOI: 10.1515/pwp-2014-0011

Koch, A./Kirchmann, A./Reiner, M./Scheu, T./Bookmann, B./Bonin, H. (2018): Verhaltensmuster von Betrieben und Beschäftigten im Zuge der Einführung des gesetzlichen Mindestlohns. Studie im Auftrag der Mindestlohnkommission, Tübingen: Bundesanstalt für Arbeitsschutz und Arbeitsmedizin.

Lengfeld, H./Ordemann, J. (2016): Die Angst der Mittelschicht vor sozialem Abstieg revisited. Eine Längsschnittanalyse 1984–2014. SOEPpapers 862, Berlin.

Lessenich, S. (2013): Die Neuerfindung des Sozialen. Der Sozialstaat im flexiblen Kapitalismus, Bielefeld: transcript.

Maack, K./Haves, J./Homann, B./Schmid, K. (2013): Die Zukunft des Gastgewerbes – Beschäftigungsperspektiven im deutschen Gastgewerbe. Edition Hans-Böckler-Stiftung 188, Düsseldorf: Hans-Böckler-Stiftung.

Mayring, P. (2016): Einführung in die qualitative Sozialforschung, Weinheim/Basel: Beltz.

Meyer, J./Weber, H. (2007): Auswirkungen eines Mindestlohns auf kleine und mittlere Unternehmen. Eine betriebswirtschaftliche Analyse nach Branchen, Betriebstypen und Standorten, Bonn: Friedrich-Ebert-Stiftung.

Mindestlohnkommission (2016): Erster Bericht zu den Auswirkungen des gesetzlichen Mindestlohns. Bericht der Mindestlohnkommission an die Bundesregierung nach § 9 Abs. 4 Mindestlohngesetz, Berlin.

Mindestlohnkommission (2018): Zweiter Bericht zu den Auswirkungen des gesetzlichen Mindestlohns. Bericht der Mindestlohnkommission an die Bundesregierung nach § 9 Abs. 4 Mindestlohngesetz, Berlin.

Ormel, J./Lindenberg, S./Siegwart, M./Steverink, N./Verbrugge, L. (1999): »Subjective Well-Being and Social Production Functions«, in: Social Indicators Research 46, S. 61–90. DOI: 10.1023/A:1006907811502

Pierson, P. (2004): Politics in Time, Princeton: Princeton University Press. DOI: 10.1515/9781400841080

Przyborski A./Wohlrab-Sahr, M. (2014): »Im Feld: Zugang, Beobachtung, Erhebung«, in: Przyborski A./Wohlrab-Sahr, M. (Hg.), Qualitative Sozialforschung. Ein Arbeitsbuch, München: Oldenbourg, S. 39–172.

Rothe, K./Störling, P./Zeitler, G. (2012): »Minijobs im Bäckerhandwerk und Gastgewerbe«, in: WSI Mitteilungen 1, S. 61–63.

Rudolph, H. (2003): Geringfügige Beschäftigung im neuen Outfit. Gesetzliche Änderungen schaffen finanzielle Anreize für Arbeitgeber wie Arbeitnehmer, aber kaum Arbeitsplätze. IAB Kurzbericht Nr. 6, Nürnberg: Bundesanstalt für Arbeit.

Rudzio, K. (2018): »Chance für Hoffnungslose«, in: ZEIT vom 26.07.2018, S. 27.

Schmidt, C. (2000): »Analyse von Leitfadeninterviews«, in: U. Flick/E. v. Kardorff/I. Steinke (Hg.), Qualitative Forschung. Ein Handbuch, Reinbek: Rowohlt, S. 447–456.

Schnabel, C. (2005): Gewerkschaften und Arbeitgeberverbände: Organisationsgrade, Tarifbindung und Einflüsse auf Löhne und Beschäftigung. Diskussionspapier 34, Nürnberg.

Späth, J./Brändle, T./Preuss, S./Reiner, M. (2018): Operationalizing Seasonal Work in Germany. IAW Discussion Papers Nr. 131, Tübingen.

Spahn, D. (2017): Die Auswirkungen des gesetzlichen Mindestlohns in Deutschland auf Beschäftigte in der Gastronomiebranche. Master-Arbeit, Berlin: FU. https://refubium.fu-berlin.de/handle/fub188/21201 (zuletzt geprüft: 16.01.2019).

Stein, U. (2017): Earnings Inequality in Germany: A Decomposition Analysis. IMK Working Paper 187, Düsseldorf.

Struck, O./Dütsch, M. (2012): »Gesicherte Mobilität am Arbeitsmarkt: Zur Bedeutung berufsfachlicher Qualifikationen in geschlossenen und offenen Beschäftigungssystemen«, in: Industrielle Beziehungen 19, S. 154–186.

Stuth, S./Schels, B./Promberger, M./Jahn, K./Allmendinger, J. (2018): Prekarität in Deutschland. WZB Discussion Paper 2018-004, Berlin.

Wilkesmann, U./Virgillito, A./Wilkesmann, M. (2011): »Erwartungen an Interessenvertretungen«, in: Industrielle Beziehungen 18, S. 205–233. DOI: 10.5771/9783845269511

Anhang

Tabelle A1: Betriebliche sowie individuelle Merkmale der Befragten aus den Leitfadeninterviews.

			Betriebliche Merkmale					Individuelle Merkmale			
			Betrieb	Betriebsgröße	Beschäftigungs-form	Mindestlohn (ML)	Lohnsteigerung ab 01.01.2015	Tätigkeit	Dauer der ausgeübten Tätigkeit	Bildungsabschluss	Hauptberuflich (H)/ Nebenberuflich (N)
Hotelgewerbe	Masterarbeit von S. Herok (2017)	B1	Hotelkette (382 Zimmer)	N/A	Vollzeit (VZ), dann Teilzeit (TZ), 20h/Woche	ja	ja	Concierge	6 Jahre	Abitur, Concierge, derzeit Student der Betriebs-wirtschaftslehre	H, dann N
		B2	Privathotel/Familienunternehmen (40 Zimmer)	insgesamt 120 MitarbeiterInnen (MA)	VZ	ja	ja	Restaurantfach-angestellter	4,5 Jahre	Realschule, Ausbildung zum Restaurantfachmann	H
		B3	Hotelkette (349 Zimmer)	200 MA	VZ	ja	ja	Restaurant-fachfrau	5 Jahre	Abitur, Restaurantfachfrau, derzeit an einer Hotelfachschule	H, dann N
		B4	Hostel (40 Zimmer)	15 MA	TZ, 20h/Woche	ja	ja	Rezeptionist/Bar	7 Monate	Abitur, derzeit Studienkolleg	N
		B5	Hotel (200 Zimmer)	13-15 MA	VZ	ja	nein	Zimmermädchen	über 10 Jahre	Abitur im Ausland, Lehramtsstudium	H
		B6	Hotelkette (381 Zimmer), Hostel (57 Zimmer)	12 bzw. 6 MA	Minijob, dann TZ, 20h/Woche	ja	nein	Zimmermädchen/ Rezeption/Bar	3 Monate/2 Jahre	Abitur Portugal, jetzt Student	N
Gaststättengewerbe	Masterarbeit von D. Spahn (2017)	G1	Store einer Cafékette	11 MA	VZ	ja	ja	Barista	1,5 Jahre	Abgeschlossene Ausbildung zur Restaurantfachkraft, 15 Jahre Berufserfahrung	H
		G2	Landwirtschaftlicher Betrieb mit Restaurant	40 MA in Gastro, gesamt 400 MA	VZ	ja	nein	Barchef	9 Jahre	Abgeschlossene Ausbildung zur Hotelfachkraft, momentan Studium zum Diplom-Betriebswirt	H
		G3	Restaurant, Nebenhaus eines Hotels	4 MA	VZ	ja	ja	Kellnerin	2,5 Jahre	Abgeschlossene Ausbildung zur Tourismusfachkraft	H
		G4	Bar in einem Arthouse-Kino	7 MA	VZ	ja	ja	Kellner	10 Jahre	Abgeschlossene Ausbildung zum Installateur	H
		G5	Restaurant in einer Kleinstadt	10 MA	Minijob	ja	ja	Kellner	1,5 Jahre	Abgeschlossenes Diplom	N
		G6	Großer Hof mit Restaurant und Familienattraktionen	in Gastro 100 MA, gesamt 1000 MA	Minijob	ja	ja	Kellnerin	12 Jahre	Abgeschlossene Ausbildung zur Pflegekraft, momentan Diplomstudium	N
		G7	Restaurant auf dem Land	7 MA	Aushilfe/ Schwarzarbeit	nein	nein	Küchenhilfe	11 Jahre	Abgeschlossener Bachelor	N

Pessimistische Eltern, pessimistische Kinder?
Die beruflichen Zukunftserwartungen Jugendlicher im sozioökonomischen Familienkontext

Frederike Esche und Petra Böhnke

1. Einleitung

Das subjektive Wohlbefinden der Menschen wird in nicht geringem Ausmaß von ihren objektiven Lebensbedingungen mitbestimmt. So variiert zum Beispiel die Lebenszufriedenheit mit den Einkommensverhältnissen, und Arbeitslose berichten von mehr Sorgen und Ängsten als Personen in stabilen Erwerbskonstellationen (Diener et al. 1999; Dolan et al. 2008; Böhnke/Kohler 2011). Studien, die sich mit dem Verhältnis von objektiven Lebensbedingungen und subjektivem Wohlbefinden beschäftigen, konzentrieren sich häufig auf erwachsene Personen. Weitestgehend ungeklärt hingegen ist dieser Zusammenhang im Jugendalter. Zwar werden Zukunftsvorstellungen, Ängste, Sorgen und Einstellungen von Jugendlichen regelmäßig erhoben (Albert et al. 2015), aber dabei häufig losgelöst vom sozialstrukturellen Kontext ihres Elternhauses diskutiert.

Aus Sicht der soziologischen Ungleichheitsforschung erweist sich dies als wesentliches Desiderat. Der Lebensverlaufstheorie zufolge sind die sozialen Positionen, die Personen im Laufe ihres Lebens einnehmen, und die damit verbundenen objektiven Lebensbedingungen als Ergebnis kumulativer Handlungsentscheidungen anzusehen (DiPrete/Eirich 2006). Insbesondere bezogen auf die Genese von im Erwachsenenalter beobachtbaren Arbeitsmarktungleichheiten nimmt das Jugendalter einen zentralen Stellenwert ein, da Schulabschluss, Ausbildung und Studium die Weichen für den weiteren Lebensverlauf stellen (vgl. Hillmert 2017; Solga 2017; Dietrich/Abraham 2018). Daran anknüpfend und ausgehend von der Tatsache, dass die Gefühlslage das Denken und Handeln mitbestimmt (Zhu/Thagard 2002), stellt sich die Frage, mit welchen beruflichen Sorgen und Ängsten die Jugendlichen in dieser bedeutsamen Lebensphase konfrontiert sind und was diese beeinflusst.

Zur Beantwortung dieser Frage kann gemäß des Prinzips der »linked lives« (Elder 1994; Elder et al. 2003) der Familien- und Haushaltskontext nicht außer Acht gelassen werden, da dieser auf vielfältige Art und Weise den Handlungsspielraum der Jugendlichen determiniert. Die sozioökonomische Position der Herkunftsfamilie beeinflusst z. B. den schulischen und beruflichen Erfolg der Jugendlichen. So belegen empirische Studien den Einfluss des Elternhauses auf den Schulabschluss der Jugendlichen (vgl. Geißler 2011; Becker 2017) oder deren Wahrscheinlichkeit, ein Studium aufzunehmen (Müller/Pollak 2016). Im Sinne der *Statustransmission* ließe sich daher vermuten, dass die Jugendlichen in Abhängigkeit von der sozioökonomischen Position des Elternhauses spezifischen Chancen und Risiken unterworfen sind und sich somit hinsichtlich ihrer beruflichen Zukunftserwartungen unterscheiden sollten. Da die Jugendlichen, wenn überhaupt, nur über sehr wenig eigene Arbeitsmarkterfahrung verfügen, ist davon auszugehen, dass sie sich bei der Einschätzung ihrer beruflichen Zukunftserwartungen wesentlich auf die Erfahrungen ihrer Eltern stützen. Weiterhin kann man davon ausgehen, dass im Rahmen der *Sozialisation* zum einen Werte und Einstellungen der Eltern auf die Kinder und Jugendlichen übertragen werden. Zum anderen beeinflusst der *elterliche Erziehungsstil* die Herausbildung bestimmter Persönlichkeitsmerkmale und Kontrollüberzeugungen, die letztendlich auch das Ausmaß der beruflichen Sorgen und Ängste prägen können.

Ziel des vorliegenden Beitrages ist es, die Jugendphase näher zu beleuchten und sich mit den beruflichen Zukunftserwartungen der Jugendlichen in Abhängigkeit ihres Familien- und Haushaltskontextes und ihrer sozialstrukturellen Verortung auseinanderzusetzen. Im Mittelpunkt steht die Frage, ob und auf welchem Wege die soziale Herkunft der Jugendlichen deren berufliche Zukunftserwartungen beeinflusst. Die soziale Herkunft bilden wir entlang zweier Dimensionen ab. Zum einen berücksichtigen wir die sozioökonomische Position der Eltern, die anhand verschiedener objektiver Lageparameter (z. B. Bildungsniveau, Erwerbsstatus und beruflicher Status der Eltern) sowie subjektiver Indikatoren (z. B. Sorgen um die eigene wirtschaftliche Situation, Chancen einer Stellenfindung) gemessen wird. Zum anderen untersuchen wir die Bedeutung eines unterstützenden Erziehungsstils für die Herausbildung beruflicher Zukunftserwartungen der Jugendlichen. Für die empirische Analyse, die auf den Daten des Sozio-oekonomischen Panels (SOEP 2006–2016) basiert, wird ein gewichteter Index der Zukunftserwartungen genutzt, der sich aus den folgenden drei Einzelitems zusammensetzt: die Wahrscheinlichkeit, einen Arbeitsplatz im gewünschten Beruf zu finden, beruflich erfolgreich sowie eine längere Zeit arbeitslos zu sein.

Der Beitrag gliedert sich wie folgt: Zunächst werden die theoretischen Grundlagen sowie der Forschungsstand erläutert und die zu überprüfenden Hypothesen abgeleitet. Abschnitt 3 beschreibt die Datenbasis und das methodische Vorgehen. Die Ergebnisse werden in Abschnitt 4 dargestellt. Abschließend erfolgt im Schlussabschnitt die Zusammenfassung und Diskussion der Ergebnisse.

2. Bisherige Erkenntnisse und theoretische Einbettung

Welche Einsichten und theoretischen Erklärungen gibt es für das Verständnis der beruflichen Zukunftserwartungen Jugendlicher, ihrer Entstehungsbedingungen und ihrer Verteilung? Wir konzentrieren uns im Folgenden insbesondere auf die Frage, welche Rolle die sozialstrukturelle Position der Familie dabei spielt. Wir ordnen uns insofern den theoretischen Erklärungsmustern und Erkenntnissen der Transmissionsforschung zu. So gibt es deutliche Hinweise darauf, dass sich elterliche Arbeitsplatzverunsicherung auf die Jugendlichen überträgt (Lübke 2017, 2018) und dass das Ausmaß der Arbeitsplatzsicherheit der Eltern die berufsbezogenen Werte der Jugendlichen beeinflusst (Johnson/Mortimer 2015). Weniger klare Erkenntnisse gibt es zu der geschlechtsspezifischen Variation dieser intergenerationalen Transmission (Barling et al. 1998; Lübke 2018). Lübke (2018) kann zudem nachweisen, dass die jugendliche Erfahrung in dieser Hinsicht mit der späteren eigenen Arbeitsplatzverunsicherung korrespondiert, also langfristige Folgewirkungen und Benachteiligungen für die Jugendlichen an die elterlichen Arbeitsmarkterfahrungen gekoppelt sind.

Arbeitsmarktungleichheiten haben ihren Ursprung oft in der beruflichen Erstplatzierung, die – insbesondere in Deutschland – wiederum in erster Linie vom erreichten Bildungsabschluss abhängt. Zum Beispiel fällt die Übergangsrate in eine berufliche Ausbildung umso niedriger aus, je geringer der Bildungsabschluss ist, wobei sich diese Problematik seit Mitte der 1990er Jahre verschärft hat (Kleinert/Jacob 2012). Jugendliche ohne berufliche Abschlüsse sind oftmals atypisch beschäftigt, erreichen einen geringeren beruflichen Status und gehen meist un- und angelernten Tätigkeiten nach (für einen Überblick siehe Dietrich/Abraham 2018). Die beruflichen Sorgen bzw. Zukunftserwartungen der Jugendlichen sollten demnach maßgeblich durch deren Schulperformance und Bildungsabschlüsse bedingt sein.

Bildungszertifikate werden jedoch nicht rein nach dem Leistungsprinzip erworben, vielmehr sind die Bildungschancen der Kinder und Jugendlichen in Abhängigkeit von ihrer sozialen Herkunft ungleich verteilt, wie zahlreiche empirische Studien belegen (vgl. Geißler 2011; Becker 2017). Dies zieht sich durch alle Bildungsphasen. So beeinflussen zum Beispiel das Bildungsniveau und die Einkommensarmut der Eltern die Schulleistungen von Grundschülern (Tophoven 2011), die Klassenlage die Schulwahlentscheidung (Becker/Lauterbach 2016) sowie die Wahrscheinlichkeit, ein Studium aufzunehmen (Schindler/Reimer 2010; Müller/Pollak 2016). Die sozioökonomische Position der Herkunftsfamilie determiniert den schulischen und beruflichen Erfolg der Jugendlichen und somit deren beruflichen Sorgen und Ängste. Im Sinne der Statustransmission ergeben sich die beiden folgenden Hypothesen:

H1a: Je niedriger die sozioökonomische Position der Eltern und je prekärer deren Erwerbsanbindung, desto eher machen sich die Jugendlichen Sorgen um ihre berufliche Zukunft.

H1b: Der Einfluss der sozioökonomischen Position der Herkunftsfamilie auf die beruflichen Zukunftserwartungen der Jugendlichen wird durch deren Schulperformance vermittelt.

Darüber hinaus zeigen empirische Studien die Bedeutsamkeit der Eltern-Kind-Interaktion für die kindliche Entwicklung. Einerseits lassen sie den Schluss zu, dass ökonomische und erwerbsbezogene Benachteiligungen und damit zusammenhängende Sorgen das elterliche Erziehungs- und Unterstützungsverhalten negativ beeinflussen (Masarik/Conger 2017). Nach Conger et al. (2010) leidet das elterliche Wohlbefinden unter belastenden Lebensumständen wie Armut oder Arbeitslosigkeit mit der Folge von Depressionen, Entfremdungserfahrungen und Resignation. Dies wiederum führe dazu, dass sich Eltern mit weniger Wärme und Unterstützung um ihre Kinder kümmern können (Nauck 2014; Szydlik 2016). Der elterliche Erziehungsstil befördert oder verhindert in dieser Argumentationslinie den schulischen

Erfolg der Jugendlichen (Steinberg et al. 1989; Hutt et al. 2009) und somit deren Sorgen und Ängste. Andere Studien weisen wiederum darauf hin, dass elterliche Fürsorge und unterstützende Solidarität die negativen Konsequenzen von materiell benachteiligten Lebensbedingungen für Kinder und Jugendliche auch abschwächen können (Benzies/Mychasiuk 2009; Böhnke/Fischer-Neumann 2018).

H2: Fehlende elterliche Unterstützung wirkt sich negativ auf die beruflichen Zukunftserwartungen der Jugendlichen aus und wird über deren Schulperformance vermittelt.

Dies zeigt, dass sich Statustransmission in komplexen Sozialisationsprozessen vollzieht, die die Weitergabe von Werten und Einstellungen der Eltern an die Kinder unterstützen. Aus sozialisationstheoretischer Sicht stellt ein Aufwachsen in einem von Sorgen und Nöten geprägten Haushalt zunächst generell eine Beeinträchtigung der kindlichen Entwicklungschancen dar, sodass sich soziale Benachteiligungen über Generationen hinweg halten können. Schichtspezifische Sozialisationstheorien gehen dabei von einem unmittelbaren Zusammenhang zwischen den sozialstrukturellen Bedingungen des Aufwachsens und daraus erwachsenden Folgen für den Vergesellschaftungsprozess aus (Steinkamp/Stief 1978; Silbereisen/Walper 1989), was die Weitergabe von Einstellungen beinhaltet und auch erlernte Bewältigungskompetenzen, Verhaltensmuster und Kontrollüberzeugungen mit einschließt (Bandura 1977; Bengtson et al. 2002). Lerntheorien und an Rollenübernahme orientierte Sozialisationsmodelle gehen davon aus, dass die entsprechenden Erfahrungskontexte einen wesentlichen Beitrag zur Übernahme elterlicher Einstellungsmuster leisten und dass sich Kontrollüberzeugungen als generalisiertes Persönlichkeitsmerkmal aus der Lernerfahrung in spezifischen sozialen Situationen herausbilden (Rotter 1966). Internale Kontrollüberzeugungen verweisen auf Ursachenzuschreibung bei der jeweiligen Person selber, was auf die Wahrnehmung eines gewissen Einflusses auf Situationen hinweist. Externale Kontrollüberzeugungen hingegen liegen dann vor, wenn Ereignisse auf außerhalb der eigenen Person liegende Ursachen zurückgeführt werden; sie gehen mit einem gewissen Ausmaß an Fatalismus und Schicksalsglauben einher (Rotter 1966).

Neben spezifischen Kontrollüberzeugungen werden Persönlichkeitsmerkmale allgemein häufig anhand von fünf zentralen Dimensionen gemessen: Neurotizismus, Extraversion, Offenheit für Erfahrungen, Verträglichkeit und Gewissenhaftigkeit. Sie spiegeln relativ konstante Verhaltensorientierungen und Einstellungsmuster wider, die sowohl genetischen Anlagen als auch Umwelteinflüssen geschuldet sind (Johnson et al. 2008; Duncan et al. 2014; Vollebergh et al. 2001). Die Persönlichkeitsmerkmale können einen Beitrag zur Ausprägung bildungs- und berufsbezogener Erwartungen und Einstellungen leisten, sowohl unabhängig vom familiären Herkunftskontext als auch durch diesen beeinflusst (Anger 2012; Baier/Hadjar 2004; Kaiser/Diewald 2014). So ist leicht vorstellbar, dass eine stark ausgeprägte Extraversion und Offenheit für Erfahrungen berufliche Sorgen und Ängste in den Hintergrund treten lassen, wohingegen ausgeprägter Neurotizismus diese eher befördern sollte. Studien bestätigen den Zusammenhang zwischen Persönlichkeitsmerkmalen und akademischem Erfolg sowie beruflicher Platzierung, aber auch mit subjektivem Wohlbefinden (Ozer/Benet-Martínez 2006). Zuwendung der Eltern und ein wertschätzendes Verhalten befördert wiederum die Ausbildung von Selbstwirksamkeitsüberzeugungen (Sturzbecher 2002 nach Wüst 2016: 92). Insbesondere das Gefühl, Kontrolle über das eigene Leben zu haben, also die internalen Kontrollüberzeugungen, stehen mit einem optimistischen Blick auf die eigene berufliche Zukunft in Verbindung (ebd.).

H3a: Kontrollüberzeugungen und Persönlichkeitsmerkmale beeinflussen die beruflichen Zukunftserwartungen der Jugendlichen.

H3b: Die Persönlichkeitsmerkmale und Kontrollüberzeugungen der Jugendlichen sind vom sozioökonomischen Kontext der Herkunftsfamilie sowie dem Erziehungsstil geprägt. Deren Einfluss auf die beruflichen Zukunftserwartungen schwächt sich unter Berücksichtigung der Persönlichkeitsmerkmale und Kontrollüberzeugungen ab.

Es besteht Grund zu der Annahme, dass die intergenerationale Transmission von berufsbezogenen Einstellungen nicht genderneutral verläuft. Mütter und Väter nehmen auf unterschiedliche Art und Weise Einfluss auf ihre Kinder, und die Übernahmewahrscheinlichkeit sollte daher in Abhängigkeit vom Geschlecht der Kinder sowie der Eltern variieren (Acock/Bengtson 1978). Die geschlechtsspezifische Rollenverteilung und die damit verbundene stärkere Präsenz der Mutter im häuslichen Kontext werden als Argument dafür herangezogen, dass der mütterliche Einfluss auf die Einstellungen der Kinder dominiert. In Bezug auf arbeitsbezogene Werte überzeugt dies jedoch nicht, wenn der Vater derjenige ist, der in der Hauptsache die außerhäusige Arbeitserfahrung in die Familie trägt. Geht man davon aus, dass kognitive Erfahrung und Lernen am Modell vor allem geschlechtskonform verläuft, müsste sich insbesondere vom Vater auf den Sohn eine starke Transmissionslinie zeigen. Das Aufweichen der geschlechtsspezifischen Arbeitsteilung und die stetig wachsende Präsenz von Frauen am Arbeitsmarkt stellen diese eindimensionale Argumentationskette allerdings in Frage, sodass in dieser Hinsicht ebenso von einem Einfluss der Väter auf die Töchter auszugehen ist, oder auch eine erwerbstätige Mutter Kindern beiden Geschlechts Einstellungen übertragen kann. Im Widerspruch dazu stehen Überlegungen, die von einem Generationskonflikt und hier insbesondere von der (geschlechtskonformen) Ablehnung elterlicher Werte als Protestform und Ausdruck von Eigenständigkeitsentwicklung der Jugendlichen ausgehen (Fend 2009). Die bislang spärliche empirische Evidenz kommt zu keinem klaren Ergebnis (Barling/Dupre/Hepburn 1998; Lam/O'Flaherty/Baxter 2018; Lübke 2018), sodass wir zwar unsere empirischen Berechnungen auch geschlechtsspezifisch durchführen, jedoch keine konkrete Erwartung an die Ergebnisse formulieren.

3. Daten und methodische Vorgehensweise

Die empirische Überprüfung basiert auf den Daten des Sozio-oekonomischen Panels (SOEPv.33.1) (Goebel et al. 2018). Konkret stützen wir uns auf den Jugendfragebogen, mittels dessen seit dem Jahr 2000 die Jugendlichen im Alter von 17 Jahren unter anderem bezüglich der Schulperformance, ihrer Zukunftserwartungen, der Persönlichkeit sowie zu ihrem Verhältnis zu den Eltern befragt werden. Die relevanten Daten der Eltern entstammen den jeweiligen Personen- und Haushaltsfragebögen.

Operationalisierung der abhängigen und unabhängigen Variablen

Bei der abhängigen Variable *berufliche Zukunftserwartungen* handelt es sich um einen gewichteten Index, der anhand einer Faktorenanalyse aus den folgenden drei Einzelitems gebildet wurde: »im gewünschten Beruf einen Arbeitsplatz finden«, »beruflich erfolgreich sein« sowie »längere Zeit arbeitslos sein«. Die genannten Einzelitems werden im Jugendfragebogen mittels der Frage

»Wenn Sie sich einmal Ihre berufliche und private Zukunft vorstellen: Wie wahrscheinlich ist es, dass die folgenden Entwicklungen eintreten werden?« auf einer 11er-Skala von 0 (0 Prozent) bis 10 (100 Prozent) erhoben. Je höher (niedriger) der Indexwert, desto optimistischer (pessimistischer) schätzen die Jugendlichen ihre berufliche Zukunft ein.

Die zentralen erklärenden Variablen lassen sich drei verschiedenen Blöcken zuordnen. Der erste Variablenblock beschreibt den Familien- und Haushaltskontext der Jugendlichen. Neben dem *aktuellen monatlichen Netto-Haushaltsäquivalenzeinkommen* (neue OECD-Gewichtung) umfasst dieser unter anderem weitere objektive und subjektive Indikatoren zur sozioökonomischen Position des Vaters bzw. der Mutter. Der *Bildungsstatus* wird mittels des CASMIN-Schemas abgebildet und beinhaltet die drei Kategorien »niedrig« (CASMIN 1a-1c), »mittel« (CASMIN 2a-b) und »hoch« (CASMIN 2c-3b). Bezüglich des *aktuellen Erwerbsstatus* wird bei der Mutter zwischen den vier Kategorien »vollzeiterwerbstätig«, »teilzeiterwerbstätig/geringfügig beschäftigt«, »arbeitslos/unregelmäßig beschäftigt« und »nicht erwerbstätig« unterschieden. Aufgrund der geringen Fallzahl werden beim Vater die Ausprägungen vollzeit- und teilzeiterwerbstätig zu der Kategorie »erwerbstätig« zusammengefasst. Die *berufliche Position* wird mithilfe des zuletzt erreichten ISEI[1] abgebildet. Des Weiteren wird der *Anteil der kumulierten Arbeitslosigkeitsdauer* an der bisherigen Erwerbsdauer, die sich aus der kumulierten Dauer von Vollzeit- und Teilzeiterwerbstätigkeit sowie der Arbeitslosigkeitsdauer ergibt, gebildet und als metrische Variable in das Modell integriert. Bezüglich der subjektiven Indikatoren werden zum einen die *Sorgen um die eigene wirtschaftliche Situation* berücksichtigt, wobei zwischen »keine Sorgen«, »einige Sorgen« und »große Sorgen« differenziert wird. Zum anderen geht die subjektive Wahrnehmung der Eltern bzgl. der *Chancen, eine (gleichwertige) Stelle zu finden,* in die Analyse mit ein. Sind Vater bzw. Mutter erwerbstätig, wird dies mittels der Frage »Wenn Sie Ihre jetzige Stelle verlieren würden, wäre es für Sie dann leicht, schwierig oder praktisch unmöglich, wieder eine mindestens gleichwertige Stelle zu finden?«, im Falle einer Nichterwerbstätigkeit mittels der Frage »Wenn Sie jetzt eine Arbeit suchen würden: Ist oder wäre es für Sie leicht, schwierig oder praktisch unmöglich, eine geeig-

1 Der ISEI kann Werte zwischen 16 (z. B. landwirtschaftliche Hilfskräfte) und 90 (Richter) annehmen und berücksichtigt neben dem Einkommen das Bildungsniveau der Angehörigen verschiedener Berufe (Ganzeboom/Treiman 1996).

nete Stelle zu finden?« erhoben. Die Angaben werden in Abhängigkeit des Erwerbsstatus zu den beiden Kategorien »leicht« und »schwierig/praktisch unmöglich« zusammengefasst. Als weitere erklärende Variable geht der *unterstützende Erziehungsstil* von Vater bzw. Mutter in die Analyse mit ein, der im Jugendfragebogen anhand einer Multi-Itemskala getrennt für beide Elternteile erhoben (vgl. Weinhardt/Schupp 2011) und mittels einer Faktorenanalyse gebildet wird.

Die Schulperformance der Jugendlichen bildet den zweiten Variablenblock. Berücksichtigt werden zum einen die *Zufriedenheit mit den schulischen Leistungen insgesamt*, die auf einer 11er-Skala von 0 (ganz unzufrieden) bis 10 (sehr zufrieden) gemessen wird, und zum anderen das *Bildungsniveau der Jugendlichen*. Bezogen auf letzteres wird entweder die aktuell besuchte Schulform oder, wenn die Schule bereits beendet wurde, der erreichte Schulabschluss verwendet. Es wird dabei zwischen den vier Kategorien »maximal Hauptschule«, »Realschule«, »Gesamtschule« und »Fachhochschulreife/Abitur« unterschieden. Des Weiteren wird eine dichotome Variable gebildet, die Auskunft darüber gibt, ob die Jugendlichen bereits die *Schule abgeschlossen* haben oder nicht.

Bezüglich der Persönlichkeit wird auf die *BIG-5* und die *Kontrollüberzeugungen* zurückgegriffen. Die BIG-5 werden im Jugendfragebogen des SOEP anhand der Big-Five-Inventory-Kurzversion (BFI-S) erhoben (Weinhardt/Schupp 2011). Mittels einer Faktorenanalyse werden die fünf Dimensionen Gewissenhaftigkeit, Extroversion, Verträglichkeit, Offenheit für Erfahrungen und Neurozitismus extrahiert. Es lassen sich die Ergebnisse bzgl. der Skalenbildung von Weinhardt und Schupp (2011) replizieren. Gleiches gilt für die Kontrollüberzeugungen, wobei sich hier eine Zwei-Faktorenlösung ergibt und zwischen internalen und externalen Kontrollüberzeugungen differenziert wird.

Als Kontrollvariablen werden der *Migrationsstatus* der Jugendlichen, sowie die Tatsache, ob es sich um einen *Ein-Elternhaushalt* handelt, berücksichtigt. Als Ein-Elternhaushalt werden all jene Haushalte klassifiziert, bei denen der Vater bzw. die Mutter nicht mit einem Partner in einem gemeinsamen Haushalt lebt. Des Weiteren wird das *Erhebungsjahr* sowie die *Region* (Ost-/Westdeutschland) integriert, um für makrostrukturelle Unterschiede zu kontrollieren.

Fallauswahl

Obgleich der Jugendfragebogen bereits seit 2000 fester Bestandteil des SOEP ist, können für die empirische Überprüfung nur die Daten der Jahre 2006–

2016 genutzt werden, da die Erfassung der Persönlichkeitsmerkmale erst seit 2006 erfolgt. Berücksichtigt werden des Weiteren nur jene Befragungspersonen, die vollständige Angaben zu den oben erläuterten Indikatoren aufweisen. Da die Ergebnisse bisheriger Studien zum Teil auf geschlechtsspezifische Transmissionseffekte hindeuten, werden die Analysen für verschiedene Teilstichproben durchgeführt: Vater-Jugendliche (N=2.530) bzw. Vater-Sohn (N=1.308) und Vater-Tochter (N=1.222) sowie Mutter-Jugendliche (N=3.103) bzw. Mutter-Sohn (N=1.598) und Mutter-Tochter (N=1.505). Die Verteilung der erklärenden Variablen für die genannten Stichproben ist in Tabelle 1 dargestellt.

Tabelle 1: Beschreibung der erklärenden Variablen

	Mutter		**Vater**	
	Tochter (N=1.505)	Sohn (N=1.598)	Tochter (N=1.222)	Sohn (N=1.308)
Ostdeutschland	17,3 %	19,2 %	15,2 %	18,4 %
Migrationsstatus	22,2 %	18,5 %	25,2 %	21,3 %
Schulbildung Jugendliche				
max. Hauptschule	12,6 %	18,1 %	12,5 %	17,5 %
Realschule	30,9 %	33,6 %	31,0 %	32,7 %
Fachhochschulreife/Abitur	47,6 %	40,9 %	47,8 %	42,5 %
Gesamtschule	9,0 %	7,5 %	8,7 %	7,3 %
Schule bereits beendet	21,3 %	23,2 %	20,0 %	21,6 %
Zufriedenheit Schulleistungen	6,7 (1,9)	6,5 (2,0)	6,8 (1,9)	6,5 (2,0)
BIG V				
Extroversion	0,1 (0,8)	-0,0 (0,8)	0,1 (0,8)	-0,0 (0,8)
Gewissenhaftigkeit	0,1 (0,8)	-0,1 (0,8)	0,1 (0,8)	-0,1 (0,8)
Offenheit	0,0 (0,7)	-0,0 (0,7)	0,0 (0,7)	-0,0 (0,7)
Neurozitismus	0,2 (0,7)	-0,2 (0,7)	0,1 (0,7)	-0,2 (0,7)
Verträglichkeit	0,1 (0,7)	-0,1 (0,7)	0,1 (0,6)	-0,1 (0,7)
Internale Kontrollüberzeugungen	0,0 (0,6)	0,0 (0,6)	0,0 (0,6)	-0,0 (0,6)
Externale Kontrollüberzeugungen	0,0 (0,7)	-0,1 (0,8)	-0,0 (0,7)	-0,1 (0,8)

	Mutter		Vater	
	Tochter (N=1.505)	Sohn (N=1.598)	Tochter (N=1.222)	Sohn (N=1.308)
Elterninformationen				
mit Partner zusammenlebend	72,2 %	75,1%	93,3 %	94,5 %
Bildungsabschluss Elternteil				
niedrig	26,5 %	24,0 %	38,8 %	32,9 %
mittel	39,5 %	41,6 %	24,1 %	26,6 %
hoch	34,1 %	34,4 %	37,1 %	40,6 %
Erwerbsstatus Elternteil				
vollzeiterwerbstätig	26,3 %	26,9 %	92,2 %	92,2 %
teilzeiterwerbstätig	45,1 %	45,6 %		
arbeitslos, unregelmäßig beschäftigt	21,7 %	20,0 %	6,1 %	6,3 %
nicht erwerbstätig	6,8 %	7,5 %	1,7 %	1,5 %
Chance (gleichwertige) Stelle finden				
leicht	23,3 %	22,5 %	18,5 %	18,4 %
schwierig/unmöglich	67,2 %	69,2 %	71,8 %	72,8 %
nicht erhoben	9,5 %	8,3 %	9,7 %	8,9 %
Sorgen um wirtschaftliche Situation				
keine Sorgen	21,5 %	24,0 %	28,0 %	29,3 %
einige Sorgen	54,1 %	51,9 %	53,3 %	49,1 %
große Sorgen	24,4 %	24,2 %	18,7 %	21,6 %
ISEI	42,3 (16,7)	43,0 (16,5)	45,5 (17,5)	47,1 (17,8)
kum. Arbeitslosigkeitsdauer	8,0 (16,1)	8,2 (17,0)	3,3 (9,2)	4,2 (11,0)
unterstützende Elternstil	0,1 (0,9)	0,0 (0,9)	0,2 (0,8)	0,2 (0,8)
HH-Nettoäquivalenzeinkommen	1.192 (642)	1.203 (636)	1.245 (655)	1.263 (793)

Methodisches Vorgehen

Die empirische Überprüfung erfolgt unter Anwendung der OLS-Regression. Dabei werden die erklärenden Variablen schrittweise in das Modell eingeführt. Im ersten Schritt wird zunächst der Einfluss der objektiven sozioökonomischen Position der Eltern auf die beruflichen Zukunftserwartungen der Jugendlichen analysiert. Daran anknüpfend werden die subjektiven Indikatoren der Eltern, d. h. die Chance der Stellenfindung sowie die Sorgen um die eigene wirtschaftliche Situation, und im dritten Schritt der unterstützende Erziehungsstil der Eltern in das Modell integriert. Um zu überprüfen, ob ein möglicher Transmissionseffekt durch die Bildung vermittelt wird, werden anschließend die Indikatoren bezüglich der Schulperformance der Jugendlichen in das Modell aufgenommen. Im letzten Schritt werden die BIG-5 und die Kontrollüberzeugungen einbezogen. Um mögliche geschlechtsspezifische Unterschiede identifizieren zu können, wird das Endmodell zusätzlich getrennt für Mädchen und Jungen berechnet.

4. Ergebnisse

Um einen ersten Eindruck über die beruflichen Zukunftserwartungen der Jugendlichen zu gewinnen, sind in Abbildung 1 die durchschnittlichen Wahrscheinlichkeiten der drei Einzelitems, einen Arbeitsplatz im gewünschten Beruf zu erhalten, beruflich erfolgreich sowie eine längere Zeit arbeitslos zu sein, illustriert. Es zeigt sich in allen Teilstichproben, dass die Jugendlichen insgesamt sehr zuversichtlich in die Zukunft blicken. Die Jugendlichen schätzen es nicht nur als sehr wahrscheinlich (durchschnittlich ca. 70 Prozent) ein, einen Arbeitsplatz im gewünschten Beruf zu erhalten sowie erfolgreich zu sein. Die Wahrscheinlichkeiten steigen über die Zeit tendenziell auch an. Die Wahrscheinlichkeit für das Eintreten einer längeren Arbeitslosigkeitsphase hingegen wird durchschnittlich als eher gering eingeschätzt (ca. 20 Prozent) und reduziert sich über die Zeit (vgl. hierzu auch die Beiträge von Lübke und Lengfeld in diesem Band).

In Tabelle 2 sind die multivariaten Ergebnisse der OLS-Regression für die Jugendlichen und deren Väter dargestellt. Wird im ersten Schritt zunächst die sozioökonomische Position des Vaters berücksichtigt, übt lediglich der Erwerbsstatus einen signifikanten Effekt auf die beruflichen Zukunfts-

Abbildung 1: Durchschnittliche Wahrscheinlichkeiten in Prozent einen Arbeitsplatz zu finden, erfolgreich zu sein und längere Zeit arbeitslos zu werden im Zeitverlauf, getrennte Darstellung für alle Teilstichproben

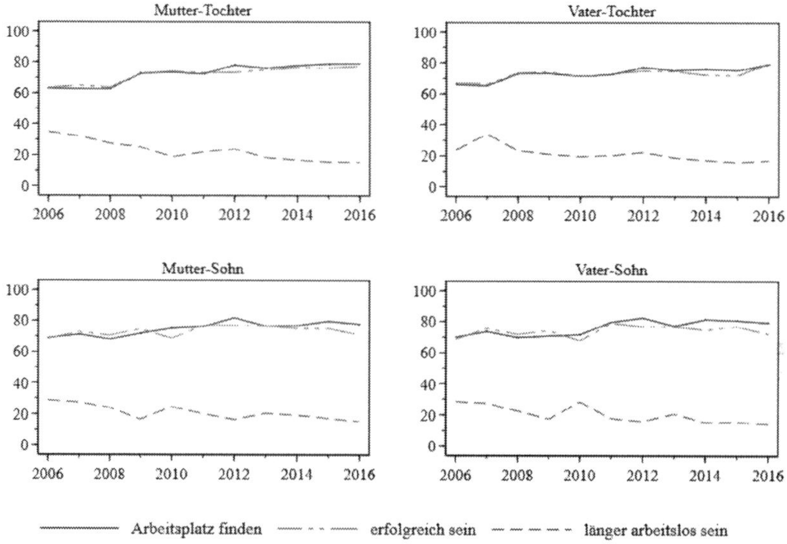

Quelle: SOEPv.33.1, eigene Berechnungen (gewichtete Werte)

erwartungen der Jugendlichen aus (M 1). Die Kinder arbeitsloser oder nur unregelmäßig beschäftigter Väter blicken pessimistischer in die Zukunft als Kinder erwerbstätiger Väter. Allerdings scheint dies auch nur für die Jungen zu gelten, wie die geschlechtsspezifischen Analysen verdeutlichen (vgl. M 5a und M 5b). Der Arbeitslosigkeitseffekt reduziert sich nur minimal (6 Prozent), wenn die Einschätzung hinsichtlich der Stellenfindung und die Sorgen um die eigene wirtschaftliche Situation in das Modell integriert werden (M 2). Allerdings beeinträchtigen ausschließlich letztere die beruflichen Zukunftserwartungen der Jugendlichen signifikant: Je stärker sich die Väter um ihre eigene wirtschaftliche Situation sorgen, desto schlechter schätzen die Jugendlichen ihre berufliche Zukunft ein. Im dritten Schritt wird der unterstützende Erziehungsstil des Vaters in das Modell aufgenommen (M 3), der die Herausbildung optimistischer Zukunftserwartungen signifikant befördert. Darüber hinaus reduziert sich der Effekt der väterlichen Sorgen bzgl. der wirtschaftlichen Situation unter Kontrolle des Erziehungsstils um jeweils 14 Prozent und ist jetzt nur noch auf dem 10-Prozent- Niveau signifikant. In Einklang mit den theoretischen Annahmen scheinen sich demnach die finanzielle Lage des Haushaltes und die daraus resultierenden finanziellen Sorgen auf den Erziehungsstil des Vaters auszuwirken.

Tabelle 2: Determinanten der beruflichen Zukunftserwartungen Jugendlicher, Teilstichprobe Vater-Kinder

	M 1	M 2	M 3	M 4	M 5	M 5a Sohn	M 5b Tochter
weiblich	-0,072*	-0,072*	-0,072*	-0,084**	-0,113***		
HH-Nettoäquivalenz-einkommen (in Tsd.)	0,000	-0,011	-0,016	-0,001	0,002	0,005	0,004
Bildungsabschluss *(Ref.: hoch)*							
niedrig	0,066	0,075+	0,091*	0,054	0,051	0,050	0,060
mittel	0,027	0,033	0,035	0,015	0,005	-0,006	0,027
Erwerbsstatus *(Ref.: vollzeiterwerbstätig)*							
arbeitslos, unregelmäßig beschäftigt	-0,182*	-0,171*	-0,197**	-0,206**	-0,195**	-0,237*	-0,136
nicht erwerbstätig	-0,163	-0,155	-0,153	-0,141	-0,088	-0,197	0,015
ISEI	-0,000	-0,001	-0,001	-0,001	-0,001	-0,001	-0,000
kumulierte Arbeitslosigkeitsdauer	-0,001	-0,001	-0,000	0,000	-0,001	0,003	-0,004+
schwierig/unmöglich Stelle finden		-0,031	-0,037	-0,025	-0,025	-0,059	0,010
Sorgen wirtschaftliche Situation *(Ref.: keine)*							
einige Sorgen		-0,070+	-0,060+	-0,070*	-0,079*	-0,097*	-0,047
große Sorgen		-0,101*	-0,087+	-0,090+	-0,091*	-0,146*	-0,023
unterstützender Erziehungsstil			0,128***	0,103***	0,029	0,041	0,016

	M 1	M 2	M 3	M 4	M 5	M 5a Sohn	M 5b Tochter
Schulbildung Jugendliche *(Ref.: Gymnasium)*							
max. Hauptschule				0,093+	0,109*	0,001	0,232**
Realschule				0,123**	0,108**	0,059	0,152**
Gesamtschule				0,029	0,050	-0,084	0,166*
Schule bereits beendet				0,096*	0,088*	0,079	0,097
Zufriedenheit Schulleistungen				0,072***	0,037***	0,039***	0,032**
BIG-5 - Extroversion					0,147***	0,152***	0,138***
BIG-5 - Gewissenhaftigkeit					0,197***	0,183***	0,220***
BIG-5 - Offenheit					0,073***	0,063*	0,075*
BIG-5 - Neurotizismus					-0,048*	-0,063*	-0,047
BIG-5 - Verträglichkeit					0,020	0,049+	-0,007
Externale Kontrollüberzeugungen					-0,105***	-0,122***	-0,082**
Internale Kontrollüberzeugungen					0,117***	0,069*	0,170***
Kontrollvariablen	ja	ja	ja	ja	ja	ja	ja
Konstante	-0,172+	-0,069	-0,076	-0,615***	-0,387***	-0,300*	-0,568***
R^2	0,063	0,065	0,082	0,122	0,227	0,246	0,237
N	2.530	2.530	2.530	2.530	2.530	1.308	1.222

Um zu überprüfen, ob der Einfluss der sozioökonomischen Position des Vaters und dessen subjektive Wahrnehmung über die Bildung vermittelt wird, werden anschließend die Indikatoren für die Schulperformance der Jugendlichen berücksichtigt (M 4). Anders als erwartet lassen sich jedoch keine wesentlichen Mediationseffekte identifizieren. Ganz im Gegenteil: Sowohl die Arbeitslosigkeit des Vaters als auch dessen Sorgen bzgl. der wirtschaftlichen Situation verstärken sich – wenn auch nur geringfügig – unter Berücksichtigung der Schulleistungen. Allerdings scheint die Schulperformance der Jugendlichen zum Teil den Effekt des unterstützenden Erziehungsstils zu vermitteln. Dieser reduziert sich um fast 20 Prozent, wenn für das Bildungsniveau der Jugendlichen und deren Zufriedenheit mit den Schulnoten kontrolliert wird. Vollständig erklärt werden kann der Effekt allerdings erst unter Hinzunahme der Persönlichkeit (M 5). Den Ergebnissen zufolge scheint der Erziehungsstil demnach einerseits die Schulperformance der Jugendlichen zu beeinflussen und andererseits zur Herausbildung spezifischer Persönlichkeitsmerkmale zu führen, die sich dann wiederum auf die Einschätzung der beruflichen Zukunftserwartungen auswirken.

Doch welchen Einfluss üben die Schulperformance und die Persönlichkeit der Jugendlichen auf deren berufliche Zukunftserwartungen aus? Wie erwartet blicken die Jugendlichen umso positiver in die Zukunft, je zufriedener sie mit ihren Schulnoten sind. Dem stehen jedoch die Effekte des Bildungsniveaus gegenüber: Anders als vermutet schätzen Hauptschüler und Realschüler ihre berufliche Zukunft signifikant besser ein als Gymnasiasten (M 3). Den geschlechtsspezifischen Analysen zufolge scheint dies allerdings lediglich bei den Mädchen der Fall zu sein (vgl. M 5a und M 5b). Über die Gründe kann an dieser Stelle nur spekuliert werden. Möglicherweise liegt es an dem lebenslaufspezifischen Timing. Während Haupt- und Realschüler im Befragungsalter von 17 Jahren bereits konkrete Berufsbilder vor Augen haben mögen, sind bei den Gymnasiasten die Vorstellungen über ein mögliches Studium und einer sich daraus nicht unmittelbar ergebenden konkreten Erwerbstätigkeit weniger fassbar und gehen eventuell deshalb mit Unsicherheit einher. In diesem Falle wären negative Zukunftserwartungen bei höher Gebildeten als Orientierungslosigkeit zu interpretieren. Des Weiteren blicken die Jugendlichen signifikant positiver in die berufliche Zukunft, wenn sie die Schule bereits abgeschlossen haben. Dies lässt sich damit begründen, dass sie erste Erfahrungen mit dem Arbeitsmarkt gesammelt und vermutlich bereits erfolgreich eine erste Arbeitsstelle gefunden haben.

Hinsichtlich der BIG-5-Persönlichkeitsmerkmale sowie der Kontrollüberzeugungen stehen die Ergebnisse in Einklang mit den theoretischen Annahmen. Während externale Kontrollüberzeugungen zu pessimistischeren Zukunftserwartungen führen, werden diese bei internalen Kontrollüberzeugungen signifikant positiver eingeschätzt (M 5). Des Weiteren blicken die Jugendlichen umso optimistischer in ihre berufliche Zukunft, je extravertierter und gewissenhafter sie sind. Gleiches gilt auch für das Ausmaß an Offenheit, allerdings trifft dies lediglich für die Mädchen zu, wie die geschlechtsspezifischen Analysen verdeutlichen (vgl. M 5a und M 5b). Neurotizismus hingegen befördert die Herausbildung pessimistischer Zukunftserwartungen. Aber auch hier ergeben sich geschlechtsspezifische Unterschiede, sodass dies ausschließlich für die Jungen gilt (vgl. M 5a und M 5b).

Wie die vorangegangenen Ergebnisse verdeutlichen, werden die beruflichen Zukunftserwartungen der Jugendlichen insgesamt betrachtet nur zu einem geringen Maße direkt durch die sozioökonomische Position des Vaters sowie dessen subjektive Wahrnehmung beeinflusst. Ähnlich verhält es sich bei den Müttern. Lediglich die bisherige kumulierte Arbeitslosigkeitserfahrung der Mutter übt einen signifikanten Effekt auf die beruflichen Zukunftsaussichten der Jugendlichen aus (Tabelle 3, M 1). Wie erwartet blicken die Jugendlichen umso pessimistischer in ihre berufliche Zukunft, je länger die Mutter bereits arbeitslos gewesen ist. Der Effekt bleibt auch unter Einbezug weiterer Indikatoren konstant und wird demnach nicht durch diese vermittelt. Des Weiteren lässt sich erneut ein signifikanter Effekt hinsichtlich des Erziehungsstils identifizieren. So befördert ebenfalls ein unterstützender Erziehungsstil seitens der Mutter die Herausbildung optimistischer Zukunftserwartungen (M 3). Der Effekt reduziert sich um 21 Prozent, wenn die Schulperformance der Jugendlichen in das Modell aufgenommen wird (M 4). Analog zu den Ergebnissen der Väter lässt sich der signifikante Effekt des mütterlichen Erziehungsstils ebenfalls vollständig durch die Persönlichkeit und Kontrollüberzeugungen der Jugendlichen erklären. Somit bestätigen auch hier die Ergebnisse unsere theoretischen Annahmen und die Resultate anderer Studien, dass der Erziehungsstil zum einen die Schulleistungen der Jugendlichen beeinflusst und zum anderen die Ausbildung spezifischer Persönlichkeitsmerkmale und Kontrollüberzeugungen befördert, die letztendlich wiederum die Erwartungen an die berufliche Zukunft beeinflussen. Da sich die Effekte der Schulperformance und Persönlichkeit auf die beruflichen Zukunftserwartungen der Jugendlichen nicht wesentlich zwischen den Teilstichproben, d. h. Mutter-Kind- und Vater-Kind Sample, unterscheiden, wird auf eine weitere Erläuterung an dieser Stelle verzichtet.

Tabelle 3: Determinanten der beruflichen Zukunftserwartungen Jugendlicher, Teilstichprobe Mutter-Kinder

	M 1	M 2	M 3	M 4	M 5	M 5a Sohn	M 5b Tochter
weiblich	-0,059*	-0,059*	-0,072**	-0,078**	-0,095***		
HH-Nettoäquivalenz-einkommen (in Tsd.)	0,021	0,012	0,005	0,029	0,043+	0,019	0,061+
Bildungsabschluss *(Ref.: hoch)*							
niedrig	0,022	0,027	0,042	0,008	-0,006	-0,018	0,020
mittel	0,043	0,045	0,053	0,030	0,027	0,012	0,043
Erwerbsstatus *(Ref.: vollzeiterwerbstätig)*							
teilzeiterwerbstätig	-0,022	-0,021	-0,019	-0,020	-0,018	-0,015	-0,043
arbeitslos, unregel-mäßig beschäftigt	-0,040	-0,042	-0,044	-0,049	-0,033	-0,027	-0,068
nicht erwerbstätig	-0,067	-0,063	-0,063	-0,070	-0,052	-0,105	-0,005
ISEI	-0,001	-0,001	-0,001	-0,001	-0,001	0,001	-0,002+
kumulierte Arbeitslosigkeitsdauer	-0,003**	-0,003**	-0,003**	-0,003**	-0,002**	-0,002+	-0,003+
schwierig/unmöglich Stelle finden		-0,051	-0,047	-0,047	-0,025	-0,069	0,029
Sorgen wirtschaftliche Situation *(Ref.: keine)*							
einige Sorgen		0,002	0,006	0,009	0,015	-0,005	0,037
große Sorgen		-0,065	-0,060	-0,049	-0,032	-0,011	-0,051
unterstützender Erziehungsstil			0,105***	0,083***	0,010	0,009	0,010
Schulbildung Jugend-liche *(Ref.: Gymnasium)*							
max. Hauptschule				0,098+	0,125*	0,035	0,231**
Realschule				0,159***	0,138***	0,084+	0,180***
Gesamtschule				0,010	0,027	-0,152*	0,168*
Schule bereits beendet				0,100*	0,078*	0,058	0,081

	M 1	M 2	M 3	M 4	M 5	M 5a Sohn	M 5b Tochter
Zufriedenheit Schulleistungen				0,075***	0,040***	0,044***	0,036***
BIG-5 - Extroversion					0,124***	0,133***	0,120***
BIG-5 - Gewissenhaftigkeit					0,184***	0,216***	0,163***
BIG-5 - Offenheit					0,057**	0,039	0,068*
BIG-5 - Neurotizismus					-0,022	-0,053+	0,001
BIG-5 - Verträglichkeit					0,029	0,061*	-0,002
Externale Kontrollüberzeugungen					-0,112***	-0,097***	-0,126***
Internale Kontrollüberzeugungen					0,117***	0,088**	0,148***
Kontrollvariablen	ja	ja	ja	ja	ja	ja	ja
Konstante	-0,197*	-0,130	-0,112	-0,708***	-0,544***	-0,466**	-0,695***
R^2	0,061	0,063	0,077	0,121	0,208	0,231	0,209
N	3.103	3.103	3.103	3.103	3.103	1.598	1.505

5. Zusammenfassung und Diskussion

Ziel des vorliegenden Beitrages war es, die beruflichen Zukunftserwartungen der Jugendlichen in Abhängigkeit zur sozialstrukturellen Verortung ihres Familien- und Haushaltskontextes zu betrachten. Zunächst zeigen die Ergebnisse, dass die Jugendlichen generell recht positiv in ihre berufliche Zukunft blicken. Die Wahrscheinlichkeit, einen Arbeitsplatz im gewünschten Beruf zu erhalten und beruflich erfolgreich zu sein bzw. arbeitslos zu werden, schätzen sie mit durchschnittlich ca. 70 Prozent als sehr hoch bzw. mit ca. 20 Prozent als niedrig ein. Gleichzeitig scheinen sich die Zukunftserwartungen der Jugendlichen im Laufe der Zeit verbessert zu haben. Dies spricht – zumindest bei den Jugendlichen – gegen die Annahme einer zunehmenden Angstgesellschaft.

Doch inwieweit werden die beruflichen Zukunftserwartungen der Jugendlichen durch deren soziale Herkunft beeinflusst? Insgesamt betrachtet übt die sozialstrukturelle Verortung des Familien- und Haushaltskontextes einen deutlich geringeren Effekt auf die beruflichen Zukunftserwartungen der Jugendlichen aus als erwartet. Bezogen auf die objektive Lage der Eltern erweisen sich lediglich die Arbeitslosigkeit bzw. die unregelmäßige Beschäftigung des Vaters sowie die kumulierte Arbeitslosigkeitserfahrung der Mutter als signifikante Einflussgrößen auf die beruflichen Zukunftserwartungen der Jugendlichen. Hinsichtlich der subjektiv wahrgenommenen Lage sind es die Sorgen des Vaters um die eigene wirtschaftliche Situation, die sich negativ auf die beruflichen Zukunftserwartungen auswirken. Hypothese H1a findet somit im Hinblick auf Arbeitslosigkeit und existenzielle Unsicherheitserfahrungen Bestätigung, hinsichtlich anderer sozioökonomischer Indikatoren der sozialen Herkunft allerdings nicht. Die Schulperformance der Jugendlichen hat nicht den erwarteten vermittelnden Effekt, sodass wir Hypothese H1b ablehnen müssen.

Dass vor allem der elterlichen Arbeitslosigkeitserfahrung eine solche Wirkmächtigkeit zuzusprechen ist, verwundert nicht. Arbeitslosigkeit geht nicht nur mit finanziellen Einbußen einher, sondern führt auch zu dem Gefühl fehlender sozialer Wertschätzung (vgl. dazu Delhey/Steckermeier in diesem Band) und insgesamt schlechteren Teilhabechancen. Der Verlust des Arbeitsplatzes beeinträchtigt massiv das Wohlbefinden der Betroffenen: Sie sind deutlich unzufriedener und leiden häufiger unter Angst und Traurigkeit (Scheve et al. 2017). Darüber hinaus reduziert insbesondere die Arbeitslosigkeit des Mannes die Lebenszufriedenheit der Partnerin sowie deren Zufriedenheit mit dem Familienleben (Esche 2017), ein Zustand, der im täglichen Umgang miteinander den Jugendlichen sicherlich nicht verborgen bleibt. Hervorzuheben ist in diesem Zusammenhang auch die Tatsache, dass die elterliche Arbeitslosigkeitserfahrung unabhängig von der Schulperformance der Jugendlichen und somit über alle Bildungsklassen hinweg deren berufliche Zukunftserwartungen beeinträchtigt.

Obgleich die Ergebnisse der empirischen Analyse die Annahmen der intergenerationalen Transmission nur schwach bestätigen, heißt dies nicht, dass der Familien- und Haushaltskontext keine Rolle für die beruflichen Zukunftserwartungen der Jugendlichen spielt. In diesem Zusammenhang sei zum einen auf das methodische Design der empirischen Analyse verwiesen. Es wurden die beruflichen Zukunftserwartungen in Form eines gewichteten Index als abhängige Variable gebildet. Allerdings ist durchaus vorstellbar, dass die zugrundeliegenden Einzelitems unterschiedlichen Einflussgrößen unterworfen sind. Die Verwendung eines Index könnte somit zu einer Unterschätzung des Familien- und Haushaltskontextes führen. In der Tat deuten weiterführende Analysen darauf hin, dass je nachdem, welcher Einzelaspekt der beruflichen Zukunft betrachtet wird, der sozioökonomische Status der Eltern einen unterschiedlichen Effekt hat. Des Weiteren wurde nur das finale Modell getrennt für Töchter und Söhne berechnet. Allerdings kommen die Herkunftseffekte vor allem bei den Söhnen, nicht aber den Töchtern zum Tragen. Da das Ausgangsmodell und die weiteren Mediationsmodelle ausschließlich auf einer Gesamtbetrachtung aller Jugendlichen basieren, werden die Herkunftseffekte möglicherweise unterschätzt, da sich diese Effekte bei den Töchtern und Söhnen unter Umständen gegenseitig aufheben.

Zum anderen heben die Ergebnisse der empirischen Analyse die Bedeutung des elterlichen Erziehungsstils hervor. So führt ein unterstützender Erziehungsstil – und dies gilt für Töchter und Söhne gleichermaßen und unabhängig, ob von Mutter oder Vater – zu optimistischeren Zukunftserwartungen. Fehlende elterliche Unterstützung wirkt sich somit negativ auf die beruflichen Zukunftserwartungen aus, eine Bestätigung für Hypothese 2. Dass dieser Effekt über die Schulleistungen vermittelt wird, erweitert unseren theoretischen Erklärungsrahmen. Unseren Ergebnissen zufolge lassen sich in diesem Zusammenhang zwei Mediationseffekte identifizieren. Zum einen verringert sich der Effekt des unterstützenden Erziehungsstils unter Berücksichtigung der Schulperformance der Jugendlichen. Dies legt den Schluss nahe, dass sich ein unterstützender Erziehungsstil positiv auf die Schulleistungen der Jugendlichen auswirkt und somit deren berufliche Zukunftserwartungen beeinflusst. Zum anderen wird der Effekt des Erziehungsstils vor allem durch die Persönlichkeit und die Kontrollüberzeugungen vermittelt. Demnach befördert ein unterstützender Erziehungsstil die Herausbildung spezifischer Persönlichkeitsmerkmale, was sich unabhängig vom sozioökonomischen Status der Eltern beobachten lässt. Gleichzeitig sind es die Persönlichkeitsmerkmale und die Kontrollüberzeugungen, die maßgeblich die beruflichen Zukunftserwartungen der Jugendlichen beeinflussen. Insbesondere führen die Merkmale Gewissenhaftigkeit und Extraversion sowie internale Kontrollüberzeugungen zu optimistischeren Zukunftserwartungen. Hypothesen 3a und 3b lassen sich somit (teilweise) bestätigen.

Zusammenfassend können wir auf der Grundlage unserer Ergebnisse sagen, dass der familiäre Herkunftskontext, wenn auch geringer als erwartet, die beruflichen Zukunftserwartungen Jugendlicher beeinflusst. Entscheidend sind dabei prekäre Erwerbskonstellationen in Form von Arbeitslosigkeit und unsicheren wirtschaftlichen Verhältnissen sowie der elterliche Erziehungsstil. Die Ergebnisse legen nahe, prekäre Erwerbs- und Lebensbedingungen der Elterngeneration sowie Rahmenbedingungen für unterstützende Erziehungsumwelten als Ziel politischer und institutioneller Intervention in den Blick zu nehmen, damit das Aufwachsen für Kinder und Jugendliche frühzeitig positiv gestaltet werden kann. Unsere Ergebnisse geben aber auch Anlass zu der Einschätzung, dass die beruflichen Zukunftserwartungen der Jugendlichen maßgeblich auch unabhängig vom elterlichen Erfahrungsraum in anderen Lernumgebungen beeinflusst werden, sodass zukünftige Untersuchungen schulische und mediale Kontexte, aber auch Sozialisationserfahrungen in breiteren sozialen Netzwerken als Erklärungsfaktoren mitberücksichtigen sollten.

Literatur

Acock, A. C./Bengtson, V. L. (1978): »On the Relative Influence of Mothers and Fathers: A Covariance Analysis of Political and Religious Socialization«, in: Journal of Marriage and the Family 40, S. 519. DOI: 10.2307/350932

Albert, M./Hurrelmann, K./Quenzel, G./TNS Infratest Sozialforschung (2015): Jugend 2015. Eine pragmatische Generation im Aufbruch. 17. Shell Jugendstudie, Frankfurt a. M.: S. Fischer.

Anger, S. (2012): »Intergenerational transmission of cognitive and noncognitive skills«, in: J. Ermisch/M. Jäntti/T. M. Smeeding (Hg.), From parents to children. The intergenerational transmission of advantage, New York: Russell Sage Foundation, S. 393–421.

Baier, D./Hadjar, A. (2004): »Wie wird Leistungsorientierung von den Eltern auf die Kinder übertragen? Ergebnisse einer Längsschnittstudie«, in: Zeitschrift für Familienforschung 16, S. 156–177.

Bandura, A. (1977): Social learning theory, Englewood Cliffs, N. J.: Prentice-Hall.

Barling, J./Dupre, K. E./Hepburn, C. G. (1998): »Effects of parents' job insecurity on children's work beliefs and attitudes«, in: Journal of Applied Psychology 83, S. 112–118. DOI: 10.1037/0021-9010.83.1.112

Becker, R. (2017): »Entstehung und Reproduktion dauerhafter Bildungsungleichheiten«, in: R. Becker (Hg.), Lehrbuch der Bildungssoziologie, Wiesbaden: VS Verlag für Sozialwissenschaften, S. 89–150. DOI: 10.1007/978-3-658-15272-7_4

Becker, R./Lauterbach, W. (2016): »Bildung als Privileg – Ursachen, Mechanismen, Prozesse und Wirkungen«, in: R. Becker/W. Lauterbach (Hg.), Bildung als Privileg, Wiesbaden: VS Verlag für Sozialwissenschaften: S. 3–53. DOI: 10.1007/978-3-658-11952-2_1

Bengtson, V. L./Biblarz, T. J./Roberts, R. E. L. (2002): How families still matter. A longitudinal study of youth in two generations, Cambridge: Cambridge Univ. Press.

Benzies, K./Mychasiuk, R. (2009): »Fostering family resiliency: a review of the key protective factors«, in: Child & Family Social Work 14, S. 103–114. DOI: 10.1111/j.1365-2206.2008.00586.x

Böhnke, P./Fischer-Neumann, M. (2018): Explaining Intergenerational Transmission of Poverty: The Role of Parent-Adolescent Relationships at the Intersection of Solidarity and Conflict. Under review.

Böhnke, P./Kohler, U. (2011): »Well-Being and Inequality«, in: S. Immerfall/G. Therborn (Hg.), Handbook of European societies. Social transformations in the 21st century, New York: Springer, S. 629–666. DOI: 10.1007/978-0-387-88199-7_20

Conger, R. D./Conger, K. J./Martin, M. J. (2010): »Socioeconomic Status, Family Processes, and Individual Development«, in: Journal of Marriage and the Family 72, S. 685–704. DOI: 10.1111/j.1741-3737.2010.00725.x

Diener, E./Suh, E. M./Lucas, R. E./Smith, H. L. (1999): »Subjective Well-being: Three Decades of Progress«, in: Psychological Bulletin 125, S. 276–302. DOI: 10.1037/0033-2909.125.2.276

Dietrich, H./Abraham, M. (2018): »Übergänge in Ausbildung und Arbeitsmarkt«, in: M. Abraham/T. Hinz (Hg.), Arbeitsmarktsoziologie. Probleme, Theorien, empirische Befunde, Wiesbaden: VS Verlag für Sozialwissenschaften, S. 77–116. DOI: 10.1007/978-3-658-02256-3_3

DiPrete, T. A./Eirich, G. M. (2006): »Cumulative Advantage as a Mechanism for Inequality. A Review of Theoretical and Empirical Developments«, in: Annual Review of Sociology 32, S. 271–297. DOI: 10.1146/annurev.soc.32.061604.123127

Dolan, P./Peasgood, T./White, M. (2008): »Do we really know what makes us happy? A review of the economic literature on the factors associated with subjective well-being«, in: Journal of Economic Psychology 29, S. 94–122. DOI: 10.1016/j.joep.2007.09.001

Duncan, L. E./Pollastri, A. R./Smoller, J. W. (2014): »Mind the gap: why many geneticists and psychological scientists have discrepant views about gene-environment interaction (G×E) research«, in: The American psychologist 69, S. 249–268. DOI: 10.1037/a0036320

Elder, G. H. (1994): »Time, Human Agency, and Social Change: Perspectives on the Life Course«, in: Social Psychology Quarterly 57, S. 4–15. DOI: 10.2307/2786971

Elder, G. H./Johnson, M. K./Crosnoe, R. (2003): »The Emergence and Development of Life Course Theory«, in: J. T. Mortimer/M. J. Shanahan (Hg.), Handbook of the Life Course, Boston, MA: Springer US, S. 3–19. DOI: 10.1007/978-0-306-48247-2_1

Esche, F. (2017): Die Folgen der Arbeitslosigkeit für Partnerschaften, Wiesbaden: VS Verlag für Sozialwissenschaften. DOI: 10.1007/978-3-658-17709-6

Fend, H. (2009): »Was die Eltern ihren Kindern mitgeben – Generationen aus Sicht der Erziehungswissenschaft«, in: H. Künemund/M. Szydlik (Hg.), Generationen, Wiesbaden: VS Verlag für Sozialwissenschaften, S. 81–103. DOI: 10.1007/978-3-531-91499-2_5

Ganzeboom, H. B. G./Treiman, D. J. (1996): »Internationally Comparable Measures of Occupational Status for the 1988 International Standard Classification of Occupations«, in: Social Science Research 25, S. 201–239. DOI: 10.1006/ssre.1996.0010

Geißler, R. (2011): »Bildungsexpansion und Wandel der Bildungschancen. Veränderungen im Zusammenhang von Bildungssystem und Sozialstruktur«, in: R. Geißler/T. Meyer (Hg.), Die Sozialstruktur Deutschlands, Wiesbaden: VS Verlag für Sozialwissenschaften, S.273–299. DOI: 10.1007/978-3-531-92055-9_13

Goebel, J./Grabka, M. M./Liebig, S./Kroh, M./Richter, D./Schröder, C./Schupp, J. (2018): The German Socio-Economic Panel (SOEP). Jahrbücher für Nationalökonomie und Statistik. DOI: 10.1515/jbnst-2018-0022

Hillmert, S. (2017): »Bildung und Lebensverlauf – Bildung im Lebensverlauf«, in: R. Becker (Hg.), Lehrbuch der Bildungssoziologie, Wiesbaden: VS Verlag für Sozialwissenschaften, S. 233–256. DOI: 10.1007/978-3-658-15272-7_8

Hutt, R. L./Wang, Q./Evans, G. W. (2009): »Relations of Parent-Youth Interactive Exchanges to Adolescent Socioemotional Development«, in: Social development 18, S. 785–797. DOI: 10.1111/j.1467-9507.2008.00518.x

Johnson, A. M./Vernon, P. A./Feiler, A. R. (2008): »Behavioral Genetic Studies of Personality: An Introduction and Review of the Results of 50+ Years of Research«, in: G. J. Boyle/G. Matthews/D. H. Saklofske (Hg.), The SAGE handbook of personality theory and assessment. Vol. 1: Personality theories and models, Los Angeles, Calif., London: SAGE, S. 145–173. DOI: 10.4135/9781849200462.n7

Johnson, M. K./Mortimer, J. T. (2015): »Reinforcement or Compensation? The Effects of Parents' Work and Financial Conditions on Adolescents' Work Values during the Great Recession«, in: Journal of vocational behavior 87, S. 89–100. DOI: 10.1016/j.jvb.2014.12.005

Kaiser, T./Diewald, M. (2014): »Ordentliche Arbeiterkinder, konzentrierte Mittelschichtkinder?«, in: Kölner Zeitschrift für Soziologie und Sozialpsychologie 66, S. 243–265. DOI: 10.1007/s11577-014-0251-z

Kleinert, C./Jacob, M. (2012): »Strukturwandel des Übergangs in eine berufliche Ausbildung«, in: R. Becker/H. Solga (Hg.), Soziologische Bildungsforschung, Wiesbaden: VS Verlag für Sozialwissenschaften, S. 211–233. DOI: 10.1007/978-3-658-00120-9_9

Lam, J./O'Flaherty, M./Baxter, J. (2018): »Dynamics of Parental Work Hours, Job Security, and Child Behavioural Problems in Australian Dual-Earner Families«, in: Child Indicators Research 11, S. 1477–1493. DOI: 10.1007/s12187-017-9473-8

Lübke, C. (2017): »Verunsichert von Anfang an? Überlegungen und Ergebnisse zur intergenerationalen Transmission subjektiver Arbeitsplatzunsicherheit«, in: S. Lessenich (Hg.), Geschlossene Gesellschaften. Verhandlungen des 38. Kongresses der Deutschen Gesellschaft für Soziologie in Bamberg 2016.

Lübke, C. (2018): Intergenerationale Transmission subjektiver Arbeitsplatzunsicherheit, Wiesbaden: VS Verlag für Sozialwissenschaften.

Masarik, A. S./Conger, R. D. (2017): »Stress and child development: a review of the Family Stress Model«, in: Current opinion in psychology 13, S. 85–90. DOI: 10.1016/j.copsyc.2016.05.008

Müller, W./Pollak, R. (2016): »Weshalb gibt es so wenige Arbeiterkinder in Deutschlands Universitäten?«, in: R. Becker/W. Lauterbach (Hg.), Bildung als Privileg, Wiesbaden: VS Verlag für Sozialwissenschaften, S.345–386. DOI: 10.1007/978-3-658-11952-2_11

Nauck, B. (2014): »Affection and Conflict in Intergenerational Relationships of Women in Sixteen Areas in Asia, Africa, Europe, and America«, in:

Comparative Population Studies 39, S. 647–667. DOI: 10.12765/CPOS-2014-16EN

Ozer, D. J./Benet-Martínez, V. (2006): »Personality and the Prediction of Consequential Outcomes«, in: Annual Review of Psychology 57, S. 401–421. DOI: 10.1146/annurev.psych.57.102904.190127

Rotter, J. B. (1966): »Generalized expectancies for internal versus external control of reinforcement«, in: Psychological Monographs: General and Applied 80, S. 1–28. DOI: 10.1037/h0092976

Scheve, C. von/Esche, F./Schupp, J. (2017): »The Emotional Timeline of Unemployment: Anticipation, Reaction, and Adaptation«, in: Journal of Happiness Studies 18, S. 1231–1254. DOI: 10.1007/s10902-016-9773-6

Schindler, S./Reimer, D. (2010): »Primäre und sekundäre Effekte der sozialen Herkunft beim Übergang in die Hochschulbildung«, in: Kölner Zeitschrift für Soziologie und Sozialpsychologie 62, S. 623–653. DOI: 10.1007/s11577-010-0119-9

Silbereisen, R. K./Walper, S. (1989): »Arbeitslosigkeit und Familie: Auswirkungen ökonomischer Deprivation durch Arbeitslosigkeit auf die Familie und die Entwicklungsperspektiven ihrer Mitglieder«, in: R. Nave-Herz/M. Markefka (Hg.), Handbuch der Familien- und Jugendforschung, Neuwied: Luchterhand, S. 535–557.

Solga, H. (2017): »Bildungsarmut und Ausbildungslosigkeit in der Bildungs- und Wissensgesellschaft«, in: R. Becker (Hg.), Lehrbuch der Bildungssoziologie, Wiesbaden: VS Verlag für Sozialwissenschaften, S. 443–485. DOI: 10.1007/978-3-658-15272-7_14

Steinberg, L./Elmen, J. D./Mounts, N. S. (1989): »Authoritative Parenting, Psychosocial Maturity, and Academic Success among Adolescents«, in: Child Development 60, S. 1424–1436. DOI: 10.2307/1130932

Steinkamp, G./Stief, W. H. (1978): Lebensbedingungen und Sozialisation, Wiesbaden: VS Verlag für Sozialwissenschaften. DOI: 10.1007/978-3-322-88701-6

Szydlik, M. (2016): Sharing Lives. Adult Children and Parents (= Routledge Advances in Sociology), Berlin: Taylor and Francis. DOI: 10.4324/9781315647319

Tophoven, S. (2011): »Schulleistung von Kindern und familiale Einkommensarmut«, in: P. A. Berger/K. Hank/A. Tölke (Hg.), Reproduktion von Ungleichheit durch Arbeit und Familie, Wiesbaden: VS Verlag für Sozialwissenschaften, S. 237–258. DOI: 10.1007/978-3-531-94117-2_10

Vollebergh, W. A. M./Iedema, J./Raaijmakers, Q. A. W. (2001): »Intergenerational Transmission and the Formation of Cultural Orientations in Adolescence and Young Adulthood«, in: Journal of Marriage and Family 63, S. 1185–1198. DOI: 10.1111/j.1741-3737.2001.01185.x

Weinhardt, M./Schupp, J. (2011): Multi-Itemskalen im SOEP Jugendfragebogen. https://www.diw.de/documents/publikationen/73/diw_01.c.386621.de/diw_datadoc_2011-060.pdf (zuletzt geprüft: 16.01.2019).

Wüst, K. (2016): »Ich bin glücklicher, wenn ihr mir helft, selbst Entscheidungen zu treffen – Zufriedenheit und Zukunftserwartungen von Siebzehnjährigen (2006–2013)«, in: Zeitschrift für Familienforschung 28, S. 87–111. DOI: 10.3224/zff.v28i1.22922

Zhu, J./Thagard, P. (2002): »Emotion and action«, in: Philosophical Psychology 15, S. 19–36. DOI: 10.1080/09515080120109397

Das soziale Wohlbefinden von Personen mit Migrationshintergrund in Deutschland
Ein dauerhaftes Defizit?

Anne-Kristin Kuhnt und Annelene Wengler

1. Einleitung

Sorgen und Ängste prägen die öffentliche Debatte über Migration und Integration in Deutschland, sie sind aber auch in den Gefühlslagen der Menschen zu erkennen. So haben die Sorgen über die Zuwanderung in Deutschland in den letzten Jahren beständig zugenommen (siehe dazu den Beitrag von Lübke in diesem Band). Diese Sorgen könnten Ausdruck davon sein, dass die Menschen Angst davor haben, dass Integrationsprozesse nicht erfolgreich sind. Dies nehmen wir zum Anlass, uns in diesem Beitrag der sozialen Einbindung von Personen mit Migrationshintergrund in Deutschland zuzuwenden und zu überprüfen, ob sich strukturelle Defizite, wie sie aus den Bereichen Bildung oder Gesundheit bekannt sind, auch in der individuellen Wahrnehmung der Migrant*innen zur sozialen Einbindung finden lassen. Um die soziale Einbindung analysieren zu können, ziehen wir das individuelle soziale Wohlbefinden heran, das als Aufgehoben-Fühlen in sozialen Beziehungen beschrieben wird (Keyes 1998; Sudeck/Schmid 2012). Unterschiede in Gefühlslagen wie dem sozialen Wohlbefinden bei Personen mit und bei solchen ohne Migrationshintergrund können Aufschluss über Integrationsprozesse und Teilhabechancen geben und lassen Rückschlüsse auf den gesellschaftlichen Zusammenhalt zu (Hartmann/Offe 2001).

Grundsätzlich ist ein hohes soziales Wohlbefinden Voraussetzung für eine erfolgreiche Teilhabe an der Gesellschaft. Personen, die über ein hohes soziales Wohlbefinden verfügen, sind in der Lage, Chancen in verschiedenen Bereichen ihres Lebens (z. B. Bildung, Arbeitsmarkt, Partnerschaft) besser wahrzunehmen und damit ihren Lebensverlauf und ihre Umwelt aktiv mitzugestalten (Delhey/Newton 2003; Kämpfer 2014; Oishi/Koo 2008; Rose et al. 1997). Dies gilt erst einmal unabhängig davon, ob Personen einen Migrationshintergrund aufweisen oder nicht. Im Umkehrschluss spricht ein geringeres soziales Wohlbefinden gegen eine erfolgreiche Teilhabe an der Gesellschaft. Wer über ein geringes soziales Wohlbefinden verfügt, lebt eher zurückgezogen und ist ängstlich. Und wer nicht in soziale Kontexte (außerhalb der familialen Strukturen) eingebunden ist, sich nicht auf andere Menschen verlassen oder sich nicht mit anderen über seine persönlichen Gefühle austauschen kann, hat schlechtere Chancen, den eigenen Lebensverlauf und damit seine Umwelt mitzugestalten. Dieser Umstand führt zu weniger zivilgesellschaftlichem Engagement, geringerer Integrationsbereitschaft und häufiger auftretendem abweichenden Verhalten (Kämpfer 2014). Damit haben Gefühlslagen, zu denen auch das soziale Wohlbefinden gezählt werden kann, langfristig Auswirkungen auf den sozialen Zusammenhalt einer Gesellschaft (Hartmann/Offe 2001).

Vor dem Hintergrund, dass der Anteil an Personen mit Migrationshintergrund in Deutschland bereits knapp 24 Prozent beträgt (Destatis 2018), sollten Aspekte von Integration und Teilhabe stärker in den Fokus sozialwissenschaftlicher Analysen gerückt werden. Das Wohlbefinden von Migrant*innen wurde bisher wenig erforscht. Während Unterschiede in der Bildungsbeteiligung und im Bildungserfolg (dazu zusammenfassend Kuhnt 2017) sowie in der Gesundheit (vgl. u. a. Kofahl et al. 2012; Milewski/Doblhammer 2015; Wengler 2013) bereits ausführlich erforscht wurden, weiß man aktuell nicht viel über das soziale Wohlbefinden von Migrant*innen. Daher wird in diesem Beitrag der Fokus darauf gerichtet, wie Menschen mit Migrationshintergrund ihr soziales Wohlbefinden im Vergleich zu solchen ohne Migrationshintergrund bewerten und ob sich systematische Unterschiede nach Migrationshintergrund oder Aufenthaltsdauer finden lassen. Sollte ein (dauerhaftes) migrationsspezifisches Defizit im sozialen Wohlbefinden offenbar werden, wäre sozialpolitisches Handeln notwendig, da die Bundesregierung eine Angleichung der Lebensbedingungen und somit eine Reduktion sozialer Ungleichheit anstrebt (Armuts- und Reichtumsbericht 2017). Da das soziale Wohlbefinden ein multidimensionales Konstrukt ist, betrachten wir in diesem Beitrag neben den Dimensionen Unterstützung und Zugehörigkeit auch das Vertrauen in andere Personen.

Nach der Definition des Statistischen Bundesamtes kann zwischen Personen mit und ohne Migrationshintergrund differenziert werden. Personen weisen einen Migrationshintergrund auf, »wenn sie selbst oder mindestens ein Elternteil die deutsche Staatsangehörigkeit nicht durch Geburt« (Destatis 2017a: 4) besitzen. Die Personen mit Migrationshintergrund, die in Deutschland leben, sind eine äußert heterogene Gruppe. Dies gilt für ihre Herkunftsländer, aber auch in Bezug auf ihre Wanderungserfahrung, ihre Migrationsmotive oder ihre Aufenthaltsdauer. Die Türkei stellt mit 2,8 Millionen Menschen den größten Anteil an Personen mit Migrationshintergrund in Deutschland (Destatis 2017b). Ein Großteil von ihnen lebt bereits viele Jahrzehnte in Deutschland, da sie im Rahmen der Anwerbeabkommen nach Deutschland gekommen sind und ihre Familien hier gegründet oder erweitert haben. Dementsprechend konzentrieren wir uns in diesem Beitrag auf die Analyse des sozialen Wohlbefindens der größten Bevölkerungsgruppe mit Migrationshintergrund in Deutschland: der Personen mit türkischem Hintergrund.

Auf Basis der Informationen zur Wanderungserfahrung einer Person oder ihrer Eltern kann weiterhin eine Generationendifferenzierung vorgenommen werden. Personen, die im Ausland geboren wurden und über eine eigene Wanderungserfahrung verfügen, werden der ersten Generation zugeordnet. Die Nachkommen dieser eingewanderten Personen wurden in Deutschland geboren, weisen entsprechend keine eigene Wanderungserfahrung auf und gehören damit der zweiten Generation an. An dieser Unterscheidung des Statistischen Bundesamtes orientiert sich der vorliegende Beitrag, um Anpassungsprozesse im Generationenverlauf zu überprüfen. Das soziale Wohlbefinden kann jedoch nicht nur im Zusammenhang mit der Wanderungsgeneration stehen, sondern auch damit, wie lange migrierte Personen schon im Aufnahmeland leben. Daher betrachten wir neben der Generationenzugehörigkeit auch die Aufenthaltsdauer, um mögliche Anpassungsprozesse zu identifizieren.

Als Datenbasis dient der Generations and Gender Survey (GGS). Im Jahr 2005 wurden im Rahmen des GGS 10.017 deutschsprachige Personen zu unterschiedlichen familiendemografischen Themenfeldern befragt. Im Jahr 2006 fand eine zusätzliche Befragung von 4.045 Personen mit türkischer Staatsangehörigkeit statt. Anders als in der ersten Befragung konnten diese Personen sowohl auf Deutsch als auch auf Türkisch antworten (Ruckdeschel et al. 2006; Ette et al. 2007). Auch wenn die Datenerhebung über zehn Jahre zurückliegt, gibt es bis dato keine sozialwissenschaftliche Befragung mit einer größeren Anzahl von türkischen Migrant*innen in Deutschland, die

Informationen zum sozialen Wohlbefinden erhebt. Diese Stichprobengröße ermöglicht differenzierte Analysen. Da für die Befragten und ihre Eltern Angaben zur Staatsangehörigkeit und zum Geburtsland vorliegen, ist eine separate Betrachtung der ersten und der zweiten Generation möglich. Zudem liegen für die erste Generation Informationen zur Aufenthaltsdauer vor, die für die Beantwortung unserer leitenden Forschungsfrage nach potenziell dauerhaften Defiziten im sozialen Wohlbefinden zentral ist.

Im Anschluss an diese Einleitung gibt der Beitrag einen kurzen Überblick über das Migrationsgeschehen nach Deutschland seit der Nachkriegszeit (Abschnitt 2) und geht auf das Konzept des sozialen Wohlbefindens in den Sozialwissenschaften ein (Abschnitt 3). In Abschnitt 4 werden die theoretischen Erklärungsansätze zu migrationsspezifischen Unterschieden im sozialen Wohlbefinden und die daraus abgeleiteten Arbeitshypothesen vorgestellt. In Abschnitt 5 wird der knappe Forschungsstand zu migrationsspezifischen Unterschieden im sozialen Wohlbefinden zusammengefasst. Anschließend werden die verwendeten Daten des GGS vorgestellt und es wird die Analysestrategie für diesen Beitrag diskutiert (Abschnitt 6). Daran schließt sich die Präsentation der uni- und multivariaten Ergebnisse zu den migrationsspezifischen Unterschieden in den drei ermittelten Dimensionen des sozialen Wohlbefindens *(Unterstützung, Zugehörigkeit, Vertrauen)* an. Der Beitrag endet mit einer Diskussion der Ergebnisse und einer kritischen Reflexion der gesellschaftlichen Konsequenzen.

2. Migration nach Deutschland seit der Nachkriegszeit

Das Wanderungsgeschehen in der Bundesrepublik Deutschland seit der Nachkriegszeit lässt sich in vier Zuwanderungsphasen unterteilen (vgl. Steinbach 2017). Die erste Zuwanderungsphase in den 1950er und 1960er Jahren wurde durch die Anwerbeabkommen mit Italien (1955), Spanien (1960), Griechenland (1960), der Türkei (1961), Marokko (1963), Portugal (1964), Tunesien (1965) und Jugoslawien (1968) geprägt und zielte darauf ab, den Arbeitskräftebedarf in eher niedrig qualifizierten Tätigkeitsbereichen vorübergehend abzudecken (Schimany/Baykara-Krumme 2012). Dass die angeworbenen Arbeitskräfte dauerhaft bleiben, war dabei nicht vorgesehen (Rotationsprinzip).

Allerdings war der Saldo zwischen zuwandernden und zurückkehrenden Arbeitskräften nie ausgeglichen (Bundesinstitut für Bevölkerungsforschung 2014). Durch den Anwerbestopp im Jahr 1973 wurde die zweite Wanderungsphase in den 1970er und 1980er Jahren eingeleitet, die durch den Familiennachzug der angeworbenen Arbeitskräfte geprägt war (Oltmer 2018). Der Nachzug von Familienangehörigen hatte ein temporäres Anwachsen der ausländischen Wohnbevölkerung in der Bunderepublik auf etwa 5 Millionen zur Folge (Oltmer 2018). Die ehemaligen Arbeitsmigrant*innen und ihre Nachkommen stellen noch heute die größte Gruppe der Personen mit Migrationshintergrund in Deutschland, von denen ein Großteil einen türkischen Migrationshintergrund aufweist (Destatis 2017b).

Die vor allem durch den politischen Zusammenbruch der sozialistischen Staaten in den 1990er Jahren bedingte Einwanderung von (Spät-)Aussiedler*innen und ihren Familien in die Bundesrepublik markierte die dritte Zuwanderungsphase. Die (Spät-)Aussiedler*innen kamen vorrangig aus der ehemaligen UdSSR bzw. deren Nachfolgestaaten sowie aus Polen, Rumänien und der ehemaligen Tschechoslowakei. Zudem kam es in den 1990er Jahren aufgrund von Krieg und politischen Repressalien zu Migration aus dem ehemaligen Jugoslawien und der Türkei (Kurden) in die Bundesrepublik, auch wenn viele dieser Personen Deutschland nach Beendigung der Kriege in ihren Heimatregionen wieder verlassen haben.

Ab etwa 2010 schließt sich eine vierte Einwanderungsphase nach Deutschland an, die bis heute anhält. Diese ist zum einen durch Arbeitsmigrant*innen aus Polen, Rumänien und Bulgarien im Zuge der Osterweiterung der Europäischen Union geprägt. Diese Arbeitsmigrant*innen unterscheiden sich jedoch von den ehemaligen Gastarbeiter*innen aus den 1950er und 1960er Jahren oftmals durch ihren saisonalen Aufenthalt oder einen stetigen Wechsel zwischen ihren Herkunftsländern und Deutschland. Zum anderen prägen Geflüchtete und Migrant*innen aus Syrien, dem Irak, Afghanistan und aus Balkanstaaten wie Albanien, Bosnien-Herzegowina, dem Kosovo, Mazedonien, Montenegro oder Serbien diese anhaltende vierte Einwanderungsphase (Bundesamt für Migration und Flüchtlinge 2015).

Diese verschiedenen Einwanderungswellen bedingen eine höchst heterogene Struktur der Bevölkerung mit Migrationshintergrund in Deutschland. Dies zeigt sich nicht nur an den verschiedenen Herkunftsländern, sondern auch an den unterschiedlichen Aufenthaltsdauern und -perspektiven. Während Personen, die im Rahmen der Anwerbeabkommen nach Deutschland gekommen sind, bereits mehrere Jahrzehnte in Deutschland wohnen, leben andere erst seit ein paar Jahren in der Bundesrepublik. Personen mit türkischem Migrationshintergrund, die aktuell in Deutschland leben, sind vorrangig im Zuge der ersten bzw. zweiten Einwanderungswelle nach Deutschland migriert und weisen durchschnittlich eine sehr hohe Aufenthaltsdauer von über zwanzig Jahren auf oder sind bereits in Deutschland geboren (Wengler 2013). Dennoch finden sich in allen Wanderungsphasen Familiennachzüge bzw. Heiratsmigration aus der Türkei nach Deutschland. Dies führt dazu, dass die türkischstämmigen Migrant*innen in Deutschland durchaus divers in Bezug auf die Generationenzugehörigkeit und die Aufenthaltsdauer sind.

3. Soziales Wohlbefinden

Das Wohlbefinden ist neben den objektiv messbaren Lebensbedingungen eine subjektive Komponente der Lebensqualität (Mayring 2007). Diese subjektive Komponente weist verschiedene Dimensionen auf, sodass zwischen Aspekten des physischen, psychischen, ökonomischen und sozialen Wohlbefindens differenziert werden kann (Diener et al. 2009; Veenhoven 2008; World Health Organization 1948). Allerdings werden die Begriffe Lebensqualität und Wohlbefinden in der Literatur nicht immer trennscharf verwendet, was die Zuordnung von Befunden erschwert (Schumacher et al. 2003; Veenhoven 2000).

Abgrenzungsschwierigkeiten zeigen sich auch bei der separaten Betrachtung des *sozialen Wohlbefindens*, das im Fokus der vorliegenden Analysen steht. Die Abgrenzung zwischen psychischem und sozialem Wohlbefinden fällt insofern schwer, als Wohlbefinden als eine Kategorie der subjektiven Wahrnehmung verstanden werden kann (Sudeck/Schmid 2012). Diese subjektive Wahrnehmung ist zentral für das Verständnis des Konzepts des sozialen Wohlbefindens. In diesem Konzept steht nicht die quantifizierbare Netzwerkgröße im Vordergrund, sondern die subjektive Wahrnehmung der vorhandenen sozialen Beziehungen. Soziales Wohlbefinden kann damit als »the appraisal of one's circumstance and functioning in society« (Keyes 1998: 122) zusammengefasst werden. In diesem Rahmen interessieren uns vor allem die beiden Aspekte soziale Integration *(social integration)* und soziale Akzeptanz *(social acceptance)*, die von Keyes (1998) neben psychologischen Komponenten in einer umfänglichen Skala des sozialen Wohlbefindens *(social well-being scale)* zusammengefasst werden. Entsprechend bilden wir in diesem Beitrag ab, wie sehr sich Personen in ihren vorhandenen sozialen Beziehungen und gesellschaftlichen Kontexten aufgehoben fühlen bzw. wie zufrieden sie mit diesen sind.

Welche Dimensionen das soziale Wohlbefinden mit Fokus auf soziale Integration und soziale Akzeptanz umfasst, variiert in der sozialwissenschaftlichen Forschung ebenfalls stark. Als Bestandteile des sozialen Wohlbefindens erwähnt werden etwa das Vertrauen in andere (Keyes 1998), die Verfügbarkeit und die Qualität sozialer Unterstützung (Angermeyer et al. 2000), das Zugehörigkeitsgefühl zu einer Gruppe (Keyes 1998; Schwarzer/Leppin 1991), das Gefühl von Nähe zu anderen (Keyes 1998), das Gefühl, gebraucht zu werden (Wagner/Brehm 2006), Wertschätzung (Steckermeier/Delhey 2018) und auch das Geborgenheitsgefühl (Schwarzer/Leppin 1991). Es finden sich jedoch kaum Datensätze, die mehrere Dimensionen des sozialen Wohlbefindens erfassen (einen Überblick darüber liefern Sudeck/Schmid 2012). Im vorliegenden Beitrag stehen die folgenden drei Dimensionen des sozialen Wohlbefindens im Mittelpunkt: die Verfügbarkeit von Unterstützungsleistung, das Zugehörigkeitsgefühl zu einer Gruppe sowie das Vertrauen in andere Personen.

4. Theoretische Erklärungsansätze zu migrationsspezifischen Unterschieden im sozialen Wohlbefinden

Um den Zusammenhang zwischen Migrationsstatus und sozialem Wohlbefinden theoretisch zu begründen, bieten sich verschiedene Erklärungsansätze aus der Migrations- bzw. Integrationsforschung an. Als Erstes kann die *Disruptionshypothese* einen Beitrag leisten (Goldstein 1973; Hervitz 1985). Personen, die migrieren, lassen, so die Grundannahme, einen Großteil ihrer sozialen Beziehungen (Familie, Freunde) in ihrem Herkunftsland, hier der Türkei, zurück und müssen neue soziale Beziehungen erst aufbauen. Diese teilweise Auflösung der sozialen Beziehungen, in deren Folge verschiedene Dimensionen des sozialen Wohlbefindens von Restriktionen betroffen sind, sollte mit einer Reduktion des sozialen Wohlbefindens einhergehen. Der persönliche Kontakt mit Familie und Freunden im Herkunftsland ist trotz der vielfältigen Nutzung neuer Medien erschwert, was eine Reduktion des Gefühls von Nähe mit sich bringen sollte. Dies schließt das Gefühl fehlender Unterstützung bei Problemen ein, da der Kreis unterstützender Personen im Zielland ebenfalls kleiner sein sollte als im Herkunftsland, wo etablierte soziale Beziehungen auch Unterstützungsleistungen beinhalten. Die Neuorientierung im Zielland, die mit einer neuen Sprache und der Auseinandersetzung mit kulturellen Unterschieden verbunden ist, sollte zudem auch das Zugehörigkeitsgefühl erst einmal negativ beeinflussen und das Vertrauen in andere reduzieren. In der Summe sollten diese Einschränkungen zu einem geringeren sozialen Wohlbefinden von Personen der ersten Generation im Vergleich zu Personen ohne Migrationshintergrund führen.

Darüber hinaus kann die *Adaptionshypothese* einen Beitrag zur Herleitung von Unterschieden bzw. Angleichungsprozessen im sozialen Wohlbefinden von Personen mit eigener Wanderungserfahrung und Personen ohne Migrationshintergrund leisten. Diese geht davon aus, dass Anpassungsprozesse an die sozialen, politischen und Arbeitsmarktbedingungen des Ziellandes stattfinden (Lindström 2003). Das heißt, Sprachkompetenzen und kulturelle Kompetenzen verbessern sich im Zeitverlauf, was die Kontaktmöglichkeiten im näheren und ferneren sozialen Umfeld und damit auch zur Mehrheitsbevölkerung erhöht. Dies sollte sich positiv auf die Wahrnehmung von Unterstützung, das Zugehörigkeitsgefühl und das Vertrauen in andere auswirken. Dementsprechend sollte bei längerer Aufenthaltsdauer der Personen mit eigener Wanderungserfahrung das soziale Wohlbefinden größer sein als bei kürzerer Aufenthaltsdauer. Unsere erste Hypothese lautet also, dass das *soziale Wohlbefinden von Migrant*innen bei kurzer Aufenthaltsdauer unter dem sozialen Wohlbefinden bei langer Aufenthaltsdauer liegt.*

Ferner kann die *Hypothese einer strukturellen Benachteiligung* einen Beitrag zur Erklärung von potenziellen Unterschieden im sozialen Wohlbefinden zwischen der zweiten Wanderungsgeneration und Personen ohne Migrationshintergrund leisten. Im Vergleich zur Generation ihrer Eltern sind Personen ohne eigene Wanderungserfahrung in Deutschland geboren und daher nicht von Einschnitten in den sozialen Beziehungen infolge des Migrationsprozesses betroffen. Diese zweite Generation ist von Anfang an mit den sozialen und politischen Gegebenheiten ihres Geburtslandes vertraut und hat soziale Beziehungen zu Familie, aber auch zu Freunden aus institutionellen Kontexten wie der Schule oder Vereinen. Grundsätzlich sprechen diese diversen sozialen Beziehungen für ein hohes soziales Wohlbefinden. Allerdings haben Bildungsforscher Defizite in den Sprachkompetenzen von in Deutschland geborenen Kindern und Jugendlichen mit türkischem Migrationshintergrund nachgewiesen (z. B. Becker/Schmidt 2013; Kempert et al. 2016; Olczyk et al. 2016; Relikowski et al. 2015). Darüber hinaus ist Diskriminierung von jungen Frauen und Männern mit Migrationshintergrund beim Übergang von der Schule in den Ausbildungsbereich bekannt (Beicht 2011; Granato 2013; Hunkler 2016), die unter anderem auf onomatologischen Faktoren basiert (Schneider et al. 2014). Das heißt, insbesondere junge Frauen und Männer, deren Migrationshintergrund auf Basis ihrer Nachnamen relativ einfach zu identifizieren ist, sind von diesen Diskriminierungen betroffen. Sprachdefizite und Ausgrenzung gehen mit einem reduzierten sozialen Wohlbefinden, vor allem im Bereich der sozialen Akzeptanz, einher.

In der Zusammenschau dieser theoretischen Argumente ist von Einschränkungen des sozialen Wohlbefindens bei den Nachkommen türkischstämmiger Einwanderer*innen im Vergleich zu Personen ohne Migrationshintergrund auszugehen. Die zweite Generation ist jedoch keinem Abbruch sozialer Beziehungen durch den Migrationsprozess ausgesetzt gewesen. Unsere zweite Hypothese lautet demnach, dass das *soziale Wohlbefinden der zweiten Generation zwischen dem sozialen Wohlbefinden der ersten Generation und dem der Personengruppe ohne Migrationshintergrund zu verorten ist.*

5. Forschungsstand zum sozialen Wohlbefinden von Migrant*innen

Folgt man der inhaltlich relativ engen Definition des sozialen Wohlbefindens als subjektive Bewertung der sozialen Beziehungen und gesellschaftlichen Kontexte aus Abschnitt 3, fällt der Forschungsstand zum Zusammenhang zwischen sozialem Wohlbefinden und Migrationsstatus recht übersichtlich aus. Daher werden im Folgenden Forschungsergebnisse sowohl zur Lebenszufriedenheit als auch zum sozialen Wohlbefinden berichtet.

Aktuelle Befunde dokumentieren eine geringere *Lebenszufriedenheit* von Personen mit Migrationshintergrund im Vergleich zu Personen ohne Migrationshintergrund in den jeweiligen Zielländern (Baltatescu 2005; Bartram 2011; Beirens/Fontaine 2011; Brockmann 2012; Safi 2010), auch wenn diese Unterschiede zum Teil sehr gering ausfallen (Safi 2010). Analysen nach Herkunftsländern belegen, dass diese geringere Lebenszufriedenheit auch für die Gruppe türkischstämmiger Einwanderer*innen in Deutschland (Brockmann 2012; Kämpfer 2014) und Belgien (Beirens/Fontaine 2010) gilt. Die türkischstämmigen Einwanderer*innen weisen im Vergleich zu Personen aus anderen Herkunftsländern sogar die geringste Lebenszufriedenheit auf (Kämpfer 2014).

Vergleicht man die Lebenszufriedenheit von türkischstämmigen Migrant*innen mit derjenigen der türkischen Staatsbürger*innen in der Türkei, zeigt sich hingegen eine höhere Lebenszufriedenheit der aus der Türkei ausgewanderten Personen (Baykara-Krumme/Platt 2018; Dinesen 2012). Dies unterstreicht, wie entscheidend die Wahl der Referenzgruppe bei der Betrachtung der individuellen Lebenszufriedenheit bzw. des sozialen Wohlbefindens ist.

Zum Zusammenhang zwischen *Aufenthaltsdauer* und Lebenszufriedenheit gibt es keine eindeutigen Forschungsergebnisse. Kämpfer (2014) zeigt für die Gruppe der türkischstämmigen Einwanderer*innen in Deutschland mit Daten aus dem Sozio-oekonomischen Panel (SOEP) einen negativen Zusammenhang zwischen den ersten zehn Jahren des Aufenthalts und der Lebenszufriedenheit. Die Ergebnisse von Safi (2010), die auf Daten des European Social Surveys (ESS) basieren, weisen hingegen keinen negativen Zusammenhang nach, jedoch kann auch kein Anstieg der Lebenszufriedenheit in den ersten zwanzig Jahren nach der Zuwanderung festgestellt werden. *Generationenspezifische* Analysen zur Lebenszufriedenheit fehlen bisher.

Spezifischere Analysen zum *sozialen Wohlbefinden* existieren kaum. Für Deutschland liegt der Befund vor, dass Migrant*innen etwas mehr Statusängste aufweisen als der Rest der Bevölkerung (siehe dazu Delhey/Steckermeier in diesem Band). Gleiches gilt für Europa insgesamt (Delhey et al. 2017). Ergebnisse von Bobowik et al. (2015) zeigen ein geringeres Ausmaß sozialen Wohlbefindens von Einwanderer*innen in Spanien für Aspekte sozialer Integration (Nähe zu anderen und Zugehörigkeitsgefühl) im Vergleich zu Personen ohne Migrationshintergrund. Unter Kontrolle von angenommener Unterstützung, Partnerschaftsstatus, Einkommen, Geschlecht und Alter weisen Einwanderer*innen in Spanien jedoch ein höheres soziales Wohlbefinden auf. Ferner konnte Keyes (2009) dieses Ergebnis eines höheren Wohlbefindens für die schwarze im Vergleich zur weißen Bevölkerung in den USA aufzeigen, nachdem die angenommene Diskriminierung kontrolliert wurde. Allerdings muss hier angemerkt werden, dass sich die schwarze Bevölkerung in den USA wesentlich von der Bevölkerungsgruppe mit Migrationshintergrund in Deutschland unterscheidet. Analysen, die nach *Generationenzugehörigkeit* (erste und zweite Generation) differenzieren oder die

Aufenthaltsdauer für die erste Generation berücksichtigen, fehlen bisher für das soziale Wohlbefinden vollständig.

Eine Vielzahl an Forschungsbeiträgen befasst sich mit migrationsspezifischen Unterschieden beim Vertrauen in andere Personen (z. B. Helliwell et al. 2016), jedoch sind herkunftsländerspezifische Analysen, die zusätzlich die Aufenthaltsdauer berücksichtigen, auch hier eher selten anzutreffen. Grundsätzlich zeigt sich, dass bei den türkischstämmigen Migrant*innen das Vertrauen in andere Personen im Zielland höher ist als bei den nicht gewanderten Personen in der Türkei (Dinesen 2012). Ferner weisen türkischstämmige Migrant*innen in den Niederlanden im Vergleich zur Mehrheitsbevölkerung ein höheres nachbarschaftliches Vertrauen auf, jedoch ein geringeres interethnisches Vertrauen (Lancee/Dronkers 2011).

6. Daten, Analysestrategie und Operationalisierung

Die folgenden Analysen basieren auf den Daten des Generations and Gender Surveys (GGS) aus dem Jahr 2005 und 2006. In einer ersten Befragung wurde 2005 eine repräsentative Stichprobe der gesamten deutschen Bevölkerung befragt (Ruckdeschel et al. 2006). In einer zweiten Befragung im Jahr 2006 standen Personen mit türkischem Migrationshintergrund in Deutschland im Fokus der Erhebung, dazu wurden explizit Menschen mit türkischer Staatsangehörigkeit für die Befragung ausgewählt (Ette et al. 2007). Verknüpft man beide Datensätze, sind Personen mit türkischem Migrationshintergrund entsprechend überrepräsentiert, das heißt, ihr Anteil im Datensatz entspricht nicht ihrem Anteil in der Gesamtbevölkerung. Diese große Stichprobe von türkischen Migrant*innen (über 4.000 Fälle) ermöglicht differenzierte Analysen zum sozialen Wohlbefinden dieser Gruppe. Dabei sind detaillierte Analysen nach Generationenzugehörigkeit (erste, zweite Generation) und für die erste Generation auch nach der Aufenthaltsdauer durchführbar. Dies sind zwei Perspektiven für migrationsspezifische Analysen, die häufig gefordert werden, aber aufgrund begrenzter Fallzahlen mit anderen Datensätzen nicht möglich sind.

Anhand der Daten können verschiedene Aspekte des sozialen Wohlbefindens abgebildet werden (Unterstützung bei Problemen, Verlassen-Können auf andere, Gefühl von Nähe, ausreichend soziale Kontakte, Vertrauen in andere, Vorhandensein allgemeiner Leere, Gefühl, im Stich gelassen zu werden). Um die Vielzahl der Variablen sinnvoll zusammenzufassen und verschiedene Dimensionen des sozialen Wohlbefindens zu identifizieren, wurde eine Faktorenanalyse (Backhaus et al. 2016) durchgeführt. Dabei werden Variablen, die zueinander in Beziehung stehen, zu einem Faktor bzw. einer Dimension zusammengefasst. In den Daten des GGS lassen sich drei Dimensionen des sozialen Wohlbefindens identifizieren: (1) Unterstützung (Unterstützung bei Problemen, Verlassen-Können auf andere, Gefühl von Nähe), (2) Zugehörigkeitsgefühl (Vorhandensein allgemeiner Leere [invertiert], ausreichend soziale Kontakte, Gefühl, im Stich gelassen zu werden [invertiert]) und (3) Vertrauen in andere. Die ursprünglichen Variablen und ihre Zusammenfassung zu Dimensionen sind in Tabelle 1 zu finden.

Die Ausgangsvariablen wurden so recodiert, dass hohe Werte der Ausgangsskalen ein hohes soziales Wohlbefinden widerspiegeln. Bei den Dimensionen *Unterstützung* und *Zugehörigkeitsgefühl* wurde der Durchschnitt der drei Ausgangsvariablen gebildet. Entsprechend zeigt der Wert 1 minimales soziales Wohlbefinden an, während der Wert 3 das Maximum markiert. Die Dimension des *Vertrauens in andere* hat die Ausprägungen 0 für »man muss sehr vorsichtig sein« und 1 für »den meisten Menschen kann man vertrauen«. Um migrationsspezifische Unterschiede in den einzelnen Dimensionen des sozialen Wohlbefindens zu identifizieren, wird für jede Dimension ein eigenes Regressionsmodell berechnet. Für die Dimensionen *Unterstützung* sowie *Zugehörigkeitsgefühl* wird jeweils ein *Ordered-Probit-Modell* geschätzt, da die Ausprägungen dieser Variablen eine Rangfolge darstellen (niedriges bis hohes soziales Wohlbefinden), die Abstände zwischen den Ausprägungen aber nicht immer gleich groß sind. Zur Überprüfung der Robustheit unserer Ergebnisse haben wir in weiterführenden Sensitivitätsanalysen die beiden Dimensionen des sozialen Wohlbefindens als metrische Variablen (kontinuierliche Ausprägungen zwischen 1 und 3) interpretiert und lineare Regressionsmodelle geschätzt. Dabei ergeben sich grundsätzlich die gleichen Ergebnisse, was die Stabilität unserer Resultate hervorhebt. Die Dimension *Vertrauen in andere* liegt als binäre Variable vor, sodass für sie entsprechend ein logistisches Regressionsmodell geschätzt wird.

Tabelle 1: Operationalisierung der Variablen zum sozialen Wohlbefinden auf Basis der Items im GGS

Dimension	**Ursprüngliche Variablen/Fragen**
Unterstützung [1 = niedrig bis 3 = hoch]	*Vorbemerkung*: Ich werde Ihnen sechs Aussagen über mögliche gegenwärtige Erfahrungen von Ihnen vorlesen. Bitte sagen Sie mir bei jeder, wie stark sie für Sie in letzter Zeit zugetroffen haben. Es gibt genug Menschen, auf die ich mich bei Problemen stützen kann. [1 = trifft zu, 2 = trifft mehr oder weniger zu, 3 = trifft nicht zu, 8 = weiß nicht, 9 = keine Angabe]
	Es gibt genug Menschen, auf die ich mich absolut verlassen kann. [1 = trifft zu, 2 = trifft mehr oder weniger zu, 3 = trifft nicht zu, 8 = weiß nicht, 9 = keine Angabe]
	Es gibt genug Menschen, denen ich mich nahe fühle. [1 = trifft zu, 2 = trifft mehr oder weniger zu, 3 = trifft nicht zu, 8 = weiß nicht, 9 = keine Angabe]
Zugehörigkeitsgefühl [1 = niedrig bis 3 = hoch]	Ich fühle eine allgemeine Leere. [1 = trifft zu, 2 = trifft mehr oder weniger zu, 3 = trifft nicht zu, 8 = weiß nicht, 9 = keine Angabe]
	Ich vermisse es, Menschen um mich zu haben. [1 = trifft zu, 2 = trifft mehr oder weniger zu, 3 = trifft nicht zu, 8 = weiß nicht, 9 = keine Angabe]
	Ich fühle mich oft im Stich gelassen. [1 = trifft zu, 2 = trifft mehr oder weniger zu, 3 = trifft nicht zu, 8 = weiß nicht, 9 = keine Angabe]
Vertrauen in andere [0 = man muss sehr vorsichtig sein, 1 = man kann den meisten Menschen vertrauen]	Würden Sie ganz allgemein sagen, dass man den meisten Menschen vertrauen kann oder dass man sehr vorsichtig sein muss im Umgang mit anderen Menschen? [1 = den meisten Menschen kann man vertrauen, 2 = man muss sehr vorsichtig sein, 8 = weiß nicht]

Als erklärende Variablen werden der Migrationsstatus (erste Generation, zweite Generation, kein Migrationshintergrund) und für Personen, die der ersten Generation angehören, auch die Aufenthaltsdauer (in Jahren) herangezogen. Im ursprünglichen Sample, das aus 14.062 Personen besteht, befinden sich neben Personen mit türkischem Migrationshintergrund auch solche, die einen anderen Migrationshintergrund aufweisen. Diese schließen wir aus den Analysen aus. Außerdem werden Fälle ausgeschlossen, für die Informationen zum Migrationshintergrund, aber auch andere relevante

Angaben, zum Beispiel zum Alter oder Geschlecht, fehlen. Damit verbleiben in unserem Sample ausschließlich Personen, die selbst aus der Türkei zugewandert sind und somit der ersten Generation (N=3.058) zugeordnet werden können, sowie Personen, die der zweiten Generation (N=1.059) angehören, das heißt, von denen mindestens ein Elternteil aus der Türkei nach Deutschland zugewandert ist. Als Vergleichsgruppe dienen Personen ohne Migrationshintergrund (N=8.132). Je nach Dimension des sozialen Wohlbefindens variieren die Fallzahlen in den multivariaten Modellen, da die drei Dimensionen unterschiedlich viele fehlende Angaben aufweisen. Ergänzend zu den Gesamtmodellen wird für die erste Generation in separaten Analysen die Aufenthaltsdauer in Jahren als erklärende Variable berücksichtigt, um den Zusammenhang zwischen der Aufenthaltsdauer und dem sozialen Wohlbefinden zu prüfen.

Der aktuelle Forschungsstand legt die Aufnahme einer Reihe von Kontrollvariablen nahe, die mit dem sozialen Wohlbefinden assoziiert sind. Für unsere Modelle sind dies: das Alter der Befragten (metrisch), ihr Geschlecht (männlich [0], weiblich [1]), der Bildungsstand (nach ISCED [1-6]), der Erwerbsstatus (erwerbstätig [0], arbeitslos [1]), der Partnerschaftsstatus (ohne Partner [0], mit Partner [1]), die Kinderzahl im Haushalt (metrisch), der Gesundheitsstatus (sehr schlecht [0] bis sehr gut [4]) und die Häufigkeit der Teilnahme an religiösen Veranstaltungen (nie [0] bis täglich [8]). Aus den Analysen ausgeschlossen werden alle Fälle, für die fehlende Angaben bei den Kontrollvariablen vorliegen. Eine Ausnahme bildet die Angabe zum Bildungsstand. Aufgrund der relativ hohen Zahl an fehlenden Werten für diese Variable (n=900, nicht gewichtet) wird hier eine zusätzliche Kategorie für Befragte ohne Bildungsangabe generiert.

7. Uni- und multivariate Ergebnisse zum Zusammenhang von sozialem Wohlbefinden und Migrationsstatus

Beim Vergleich der Mittelwerte der einzelnen Dimensionen des sozialen Wohlbefindens zeigt sich zunächst, dass das soziale Wohlbefinden sowohl bei Personen mit als auch bei Personen ohne Migrationshintergrund relativ hoch ist (siehe Abbildung 1). Betrachtet man die beiden Dimensionen *Unterstützung* sowie *Zugehörigkeitsgefühl*, so weisen Migrant*innen der ersten Generation gleichwohl die niedrigsten Mittelwerte im sozialen Wohlbefinden auf. Ihr Wohlbefinden liegt dabei sowohl unter dem der Gruppe ohne Migrationshintergrund (signifikanter Unterschied) als auch unter dem der zweiten Generation. Bei der Dimension *Vertrauen* liegen die Mittelwerte der ersten Generation unter denen für die Personengruppe ohne Migrationshintergrund. Allerdings unterscheiden sich die erste und die zweite Wanderungsgeneration in dieser Dimension des Wohlbefindens nicht. Grundsätzlich fallen die Unterschiede in allen drei Dimensionen des Wohlbefindens jedoch eher gering aus.

Abbildung 1: Mittelwerte der einzelnen Dimensionen des sozialen Wohlbefindens nach Migrationsstatus

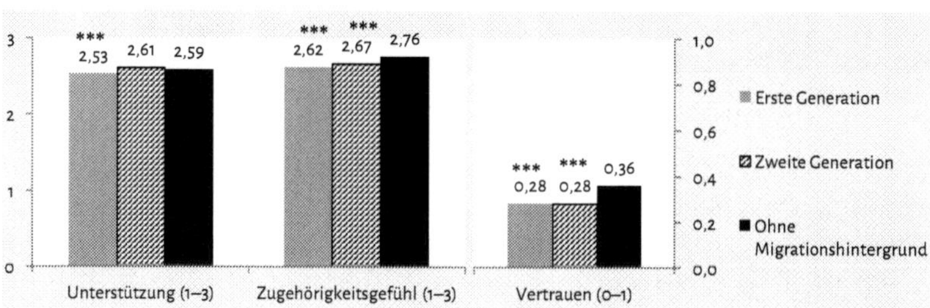

Das Signifikanzniveau bezieht sich auf Unterschiede der ersten bzw. zweiten Generation im Vergleich zu den Personen ohne Migrationshintergrund.
*** $p \leq 0,001$, ** $p \leq 0,01$, * $p \leq 0,05$

Die multivariaten Ergebnisse in Tabelle 2 geben eine detailliertere Auskunft über die Unterschiede im sozialen Wohlbefinden von Personen der ersten Generation im Vergleich zu den Personen ohne Migrationshintergrund. Personen, die über eine eigene Wanderungserfahrung verfügen (erste Generation), weisen in allen drei Dimensionen ein signifikant geringeres Wohlbefinden auf als Personen ohne Migrationshintergrund. Dies gilt auch unter Kontrolle des Alters, des Geschlechts, der Bildung, des Erwerbsstatus, des Partnerschaftsstatus, der Kinderzahl im Haushalt, der Teilnahme an religiösen Veranstaltungen und des Gesundheitsstatus. Diese Ergebnisse fügen sich in den internationalen Forschungsstand zur geringeren Lebenszufriedenheit von türkischstämmigen Einwanderer*innen in Deutschland und Belgien ein (Beirens/Fontaine 2011; Brockmann 2012; Kämpfer 2014). Darüber hinaus entsprechen unsere Ergebnisse dem Befund von Delhey und Steckermeier in diesem Band, dass Migrant*innen in Deutschland geringfügig höhere Statusängste haben als die Personengruppe ohne Migrationshintergrund.

Tabelle 2: Multivariate Modelle zum Zusammenhang zwischen den drei Dimensionen des sozialen Wohlbefindens und dem Migrationsstatus

	Unterstützung[1]		Zugehörigkeit[1]		Vertrauen[2]	
	Coef.	p	Coef.	p	Coef.	p
Migrationsstatus						
Erste Generation	-0,130	***	-0,337	***	-0,280	***
Zweite Generation	-0,021		-0,208	***	-0,418	***
Ohne Migrations-hintergrund	Ref.		Ref.		Ref.	
Alter	0,000		0,004	***	0,000	
Geschlecht (weiblich)	0,196	***	-0,042		-0,018	
Bildung (1-6)	0,100	***	0,087	***	0,222	***
Erwerbslosigkeit	-0,209	***	-0,308	***	-0,419	***
Partnerschafts-status	0,314	***	0,427	***	-0,007	
Kinderzahl im Haushalt	0,028	**	0,023	*	0,035	
Teilnahme an religiösen Veranstaltungen	0,036	***	0,017	**	0,104	***
Gesundheitsstatus	0,201	***	0,275	***	0,246	***
n	12.211		12.125		11.876	
Pseudo R^2	2,7 %		4,4 %		3,6 %	

[1] Analysen basieren auf Ordered-Probit-Regressionsanalysen.
[2] Analysen basieren auf logistischen Regressionsanalysen.
*** $p \leq 0{,}001$, ** $p \leq 0{,}01$, * $p \leq 0{,}05$
Kontrolliert für fehlende Werte in der Variable Bildung.

Mit Fokus auf die zweite Generation zeigen sich ebenfalls Unterschiede im Vergleich zur Personengruppe ohne Migrationshintergrund. Für alle drei untersuchten Dimensionen weisen die negativen Vorzeichen auf ein geringes soziales Wohlbefinden von Personen hin, die der zweiten Generation angehören (siehe Tabelle 2). Für die Dimension *Unterstützung* fällt das Ergebnis allerdings nicht signifikant aus.

Um die potenziellen Unterschiede im sozialen Wohlbefinden zwischen der ersten und der zweiten Generation zu identifizieren, wurde die Referenzgruppe in den Modellen auf die *erste* Generation angepasst (siehe Tabelle 3). In den modifizierten Modellen bleiben die Ergebnisse für die Kontrollvariablen konstant, da sich diese nicht verändert haben. Daher wird in Tabelle 3 lediglich das Ergebnis zum Migrationshintergrund abgebildet. Im Vergleich zur ersten Generation weisen Personen der zweiten Generation in den Dimensionen *Unterstützung* sowie *Zugehörigkeit* signifikant höhere Werte auf (siehe Tabelle 3). Dieses Ergebnis unterstützt unter Berücksichtigung der Befunde aus Tabelle 2 die Annahme, dass sich das soziale Wohlbefinden der zweiten Generation zwischen dem der ersten Generation und dem der Personen ohne Migrationshintergrund verorten lässt (Hypothese 1). Eine Ausnahme stellt das *Vertrauen in andere* dar. Für diese Dimension zeigt sich im Vergleich zur ersten Generation ein negativer Effekt, der allerdings nicht signifikant ausfällt.

Im Hinblick auf die Kontrollvariablen (siehe Tabelle 2) spielt das Alter der Befragten für alle drei Dimensionen des sozialen Wohlbefindens eine Rolle. Ältere Personen geben grundsätzlich ein höheres soziales Wohlbefinden an als jüngere. Frauen weisen gegenüber Männern mehr *Unterstützung* auf. Für das *Zugehörigkeitsgefühl* und das *Vertrauen in andere* zeigen sich keine signifikanten Unterschiede bezüglich des Geschlechts. Ein höheres Bildungsniveau ist in allen drei Dimensionen mit höheren Ausprägungen des Wohlbefindens assoziiert, während die Erwerbslosigkeit mit allen drei Dimensionen des sozialen Wohlbefindens in einem negativen Zusammenhang steht. Eine Partnerschaft begünstigt das soziale Wohlbefinden, so sind die Gefühle von *Unterstützung* sowie *Zugehörigkeit* dann signifikant stärker ausgeprägt. Ebenfalls zeigt sich ein signifikant positiver Zusammenhang zwischen diesen beiden Dimensionen und der Kinderzahl im Haushalt. Damit steigern vorhandene familiäre Strukturen das soziale Wohlbefinden. Durchweg signifikant positive Assoziationen mit allen drei Dimensionen des sozialen Wohlbefindens weisen auch die Angaben zur Teilnahme an religiösen Veranstaltungen und zum Gesundheitsstatus auf. Personen, die regelmäßig an religiösen Veranstaltungen teilnehmen, haben ebenso ein höheres soziales Wohlbefinden wie Personen, die einen guten allgemeinen Gesundheitszustand angeben.

Tabelle 3: Multivariate Modelle zum Zusammenhang zwischen den drei Dimensionen des sozialen Wohlbefindens und dem Migrationsstatus (veränderte Referenz)

	Unterstützung[1]		Zugehörigkeit[1]		Vertrauen[2]	
	Coef.	p	Coef.	p	Coef.	p
Erste Generation	Ref.		Ref.		Ref.	
Zweite Generation	0,130	***	0,337	***	0,280	***
Ohne Migrationshintergrund	0,109	*	0,128	**	-0,137	
n	12.211		12.125		11.876	
Pseudo R^2	2,7 %		4,4 %		3,6 %	

[1] Analysen basieren auf Ordered-Probit-Regressionsanalysen.
[2] Analysen basieren auf logistischen Regressionsanalysen.
*** p≤0,001, ** p≤0,01, * p≤0,05 Kontrolliert für Alter, Geschlecht, Bildung (inklusive fehlender Werte), Erwerbsstatus, Partnerschaftsstatus, Kinderzahl im Haushalt, Teilnahme an religiösen Veranstaltungen und Gesundheitsstatus.

In Tabelle 4 werden die Ergebnisse zum Zusammenhang des sozialen Wohlbefindens mit der Aufenthaltsdauer für Personen mit eigener Wanderungserfahrung dargestellt. Damit werden zusätzlich zum oben dargestellten Vergleich der Migrationsgenerationen potenzielle Anpassungsprozesse im Zeitverlauf um eine weitere zeitliche Perspektive ergänzt. Die Ergebnisse weisen auf einen positiven Zusammenhang zwischen dem sozialen Wohlbefinden und der Aufenthaltsdauer von aus der Türkei nach Deutschland migrierten Personen hin. Personen, die länger in Deutschland leben, nehmen – wieder unter Kontrolle der beschriebenen Einflussfaktoren – deutlich mehr *Unterstützung* und ein stärkeres *Zugehörigkeitsgefühl* wahr als Personen, die sich kürzer in Deutschland aufhalten. Eine Ausnahme bildet hier die Dimension *Vertrauen in andere,* für die sich keine signifikanten Ergebnisse zeigen. Ergänzende geschlechtsspezifische Modelle kommen zu dem gleichen Resultat (Ergebnisse auf Anfrage verfügbar). Hypothese 3 ist entsprechend für die Dimensionen *Unterstützung* sowie *Zugehörigkeit* anzunehmen: Je länger die Migrant*innen in Deutschland leben, desto höher ist ihr soziales Wohlbefinden in diesen beiden Dimensionen. Diese Befunde weisen dabei in eine andere Richtung als bisherige Studienergebnisse zur Lebenszufriedenheit, die keinen oder einen negativen Zusammenhang mit der Aufenthaltsdauer ermittelt haben (Kämpfer 2014; Safi 2010). Dieses abweichende Ergebnis könnte darauf zurückzuführen sein, dass im vorliegenden Sample 67 Prozent der aus der Türkei zugewanderten Personen schon mindestens fünfzehn Jahre in Deutschland leben (siehe auch Tabelle A1 im Anhang) und damit relativ viel Zeit hatten, Sprach- und kulturelle Kompetenzen zu erwerben, welche die Kontaktmöglichkeiten im näheren und fernen sozialen Umfeld erhöhen.

Tabelle 4: Multivariate Modelle zum Zusammenhang zwischen den drei Dimensionen des sozialen Wohlbefindens und der Aufenthaltsdauer nach Migration (Analysen nur für die erste Generation)

	Unterstützung[1]		Zugehörigkeit[1]		Vertrauen[2]	
	Coef.	p	Coef.	p	Coef.	p
Aufenthaltsdauer (in Jahren)	0,011	***	0,009	***	-0,005	
Alter	0,000		-0,002		0,011	*
Geschlecht (weiblich)	0,118	**	-0,048		-0,024	
Bildung (1-6)	0,018		0,006		0,100	*
Erwerbslosigkeit	-0,171	**	-0,132	*	-0,250	*
Partnerschaftsstatus	0,268	***	0,350	***	0,130	
Kinderzahl im Haushalt	0,042	**	0,061	***	-0,002	
Teilnahme an religiösen Veranstaltungen	0,047	***	0,019	*	0,100	***
Gesundheitsstatus	0,208	***	0,265	***	0,176	**
n	3.034		2.989		2.981	
Pseudo R^2	2,2 %		2,8 %		2,1 %	

[1] Analysen basieren auf Ordered-Probit-Regressionsanalysen.
[2] Analysen basieren auf logistischen Regressionsanalysen.
*** p≤0,001, ** p≤0,01, * p≤0,05
Kontrolliert für fehlende Werte in der Variable Bildung.

8. Fazit

Die Sorgen über Zuwanderung haben in Deutschland in den letzten Jahren kontinuierlich zugenommen (siehe dazu den Beitrag von Lübke in diesem Band). Diese Sorgen könnten sich darauf beziehen, dass die Menschen Angst davor haben, dass Integrationsprozesse auch auf sozialer Ebene scheitern könnten. Daher analysierte dieser Beitrag, ob Unterschiede im Ausmaß des sozialen Wohlbefindens bei Personen mit und ohne Migrationshintergrund bestehen und ob potenzielle Disparitäten einen dauerhaften Charakter aufweisen. Zur Prüfung der Dauerhaftigkeit wurden zum einen die Generationenfolge (erste und zweite Generation) und zum anderen die Aufenthaltsdauer von Personen mit eigener Wanderungserfahrung herangezogen.

Die deskriptiven Befunde dokumentieren ein relativ hohes Wohlbefinden für alle untersuchten Bevölkerungsgruppen, wobei Personen mit Migrationshintergrund im Durchschnitt geringere Werte in den drei untersuchten Dimensionen des sozialen Wohlbefindens *(Unterstützung, Zugehörigkeit, Vertrauen)* aufweisen. Diese Disparitäten sind jedoch gering, wenngleich statistisch signifikant. Dies deckt sich mit den Befunden anderer Autor*innen (Brockmann 2012; Kämpfer 2014) zur Lebenszufriedenheit und spricht gegen ein ausgeprägtes Unwohlsein von Personen mit Migrationshintergrund in sozialen Belangen.

Auch wenn sich bei deskriptiver Betrachtung das Ausmaß des sozialen Wohlbefindens bei Personen mit und ohne Migrationshintergrund kaum unterscheidet, zeigt sich eine Benachteiligung des sozialen Wohlbefindens der Personen mit türkischem Migrationshintergrund in den weiteren vorliegenden Analysen. Das heißt, es besteht ein Defizit in den untersuchten Dimensionen des sozialen Wohlbefindens für Personen der ersten und zweiten Generation im Vergleich zu Personen ohne Migrationshintergrund. Eine Ausnahme stellt lediglich die Dimension *Unterstützung* bei der zweiten Generation dar (siehe Tabelle 3), hier ist kein signifikanter Unterschied zur Gruppe ohne Migrationshintergrund identifizierbar. Dieses allgemein diagnostizierte Wohlbefindensdefizit von türkischen Migrant*innen scheint jedoch keinen dauerhaften Charakter zu haben, da sich Hinweise auf Angleichungsprozesse im Generationen- und Zeitverlauf zeigen. Diese Angleichungsprozesse sind für die Dimensionen *Unterstützung* sowie *Zugehörigkeit* statistisch signifikant belegt. Dies deutet auf eine Sonderrolle des *Vertrauens in andere* hin, da die diesbezüglichen Ergebnisse in eine andere Richtung weisen: Der Generationenverlauf und eine zunehmende Aufenthaltsdauer gehen mit einem geringeren *Vertrauen in andere* einher (siehe Tabelle 3 und 4). Dies könnte das Ergebnis antizipierter oder wahrgenommener Diskriminierung sein (Delhey/Dragolov 2014; Safi 2010). Eine erfolgreiche Teilhabe an der Gesellschaft setzt jedoch *Vertrauen in andere* voraus. Wem *Vertrauen in* *andere* fehlt, der zieht sich zurück und hat wenig Interesse, sein gesellschaftliches Umfeld aktiv mitzugestalten. Ein Gefühl von Verbundenheit und die Gemeinwohlorientierung sind jedoch zwei zentrale Dimensionen des sozialen Zusammenhalts (Dragolov et al. 2016). Sind diese nicht gegeben, hat dies negative Auswirkungen auf den gesellschaftlichen Zusammenhalt. Dann wäre im Sinne einer Reduktion sozialer Ungleichheiten politisches Handeln geboten. Da die vorliegenden Befunde zum *Vertrauen* zumindest für die Aufenthaltsdauer nicht signifikant sind, kann auf Basis unserer Analysen kein konkreter politischer Handlungsbedarf benannt werden. Bei der Bewertung der Ergebnisse ist zudem die binäre Antwortmöglichkeit (»man muss sehr vorsichtig sein« bzw. »den meisten Menschen kann man vertrauen«) bei der Frage nach dem *Vertrauen in andere* zu berücksichtigen. Die binäre Abfrage erlaubt es nicht, Abstufungen im Vertrauen der Befragten zu erfassen. Möglicherweise ergeben sich dadurch Verzerrungen in den Ergebnissen, die ein größeres Vertrauensdefizit suggerieren, als es tatsächlich der Fall ist. Berücksichtigt man allerdings Angaben zum Ausmaß des Vertrauens in der Türkei, wird der Vertrauensrückstand der türkischstämmigen Migrant*innen in Deutschland relativiert. In unseren Analysen geben 28 Prozent der befragten Personen mit türkischem Migrationshintergrund an, dass man den meisten Menschen vertrauen kann. Im Vergleich dazu gibt in der Türkei lediglich eine von zehn Personen an, dass man den meisten Menschen vertrauen kann (Delhey/Newton 2005).

Darüber hinaus lassen sich aus den vorliegenden Analysen weitere Implikationen für zukünftige Forschung ableiten. So ist fraglich, ob sich die Ergebnisse auf Personen aus anderen Herkunftsländern übertragen lassen. Die Ergebnisse von Kämpfer (2014) zur Lebenszufriedenheit deuten an, dass hier durchaus Gruppenunterschiede zu erwarten sind, die teils beträchtlich ausfallen können. Herkunftslandspezifische Analysen wären vor dem Hintergrund der heterogenen Struktur der Personen mit Migrationshintergrund in Deutschland wertvoll, aber mit Blick auf ausreichend hohe Fallzahlen aktuell schwer umzusetzen. Ergänzend dazu wären Analysen wünschenswert, die das Wohlbefinden in den Herkunftsländern berücksichtigen. Erste Studien, die diesen Aspekt berücksichtigen, deuten an, dass Unterschiede in der Lebenszufriedenheit bestehen: Personen mit türkischem Migrationshintergrund in Deutschland geben eine höhere Lebenszufriedenheit an als nicht gewanderte Personen in der Türkei (Baykara-Krumme/Platt 2018; Dinesen

2012). Gleiches gilt für die Analyse des sozialen Wohlbefindens aus der Lebensverlaufsperspektive.

Ob die vorliegenden Ergebnisse auf Personen mit türkischem Migrationshintergrund in anderen Ländern übertragen werden können, kann ebenfalls nur weitere Forschung beantworten. Analysen für Belgien belegen zumindest eine geringere Lebenszufriedenheit für die Gruppe türkischstämmiger Einwanderer*innen (Beirens/Fontaine 2011). Allerdings sind die länderspezifischen Kontexte in Bezug auf die Lebensbedingungen und Integrationsbemühungen sehr divers, was die Notwendigkeit ländervergleichender Analysen unterstreicht.

Es muss weiterhin berücksichtigt werden, dass die im vorliegenden Beitrag betrachteten Migrant*innen der ersten Generation häufig schon lange in Deutschland leben. Denkbar wäre, dass Personen, die aus der Türkei nach Deutschland gewandert sind und nur über ein geringes soziales Wohlbefinden verfügten, Deutschland wieder verlassen haben. Sie könnten in ihr Herkunftsland zurückgewandert sind. Entsprechend muss eine potenzielle Selektivität bei der Ergebnisinterpretation berücksichtigt werden, die dazu führt, dass wir das Defizit im sozialen Wohlbefinden von Personen mit Migrationshintergrund vermutlich unterschätzen.

Grundsätzlich ist für die Befunde dieses Beitrags zu berücksichtigen, dass es in der Deutungshoheit der Befragten liegt, ob sie die Frage nach Unterstützung, Zugehörigkeit und Vertrauen auf Beziehungen innerhalb ihrer eigenen Migrantengruppe oder gruppenübergreifend auf die Mehrheitsbevölkerung beziehen. Die Debatte über innerethnische *(bonding)* und ethnienübergreifende *(bridging)* Netzwerke legt jedoch nahe, dass letzteres mit größeren Vorteilen für die Integration in den Arbeitsmarkt und das Einkommen assoziiert ist (Lancee 2010). Damit wären mit einem hohen ethnienübergreifenden Vertrauen auch bessere Teilhabechancen verbunden.

Zentrales Ergebnis der vorliegenden Analyse auf Basis des GGS ist, dass sich strukturelle Defizite, wie sie aus den Bereichen Bildung oder Gesundheit bekannt sind, nur begrenzt in der individuellen Wahrnehmung zur sozialen Einbindung finden lassen. Die Unterschiede im sozialen Wohlbefinden von Personen mit türkischem Migrationshintergrund in Deutschland fallen im Vergleich zur Mehrheitsbevölkerung eher gering aus. Berücksichtigt man zudem Generation und Aufenthaltsdauer für die erste Wanderungsgeneration, zeigt sich ein eher temporärer Charakter der Defizite im sozialen Wohlbefinden. Dies erlaubt eine vorsichtig optimistische Bewertung der gesellschaftlichen Teilhabe von Personen mit Migrationshintergrund in Deutschland. Die gesellschaftliche Relevanz von Integration und Teilhabe spricht dafür, migrationsspezifische Perspektiven auf das Wohlbefinden und andere, die Teilhabe fördernde oder hemmende Faktoren (z. B. sozioökonomischer Status, Geschlecht) dauerhaft in den Fokus gesellschaftswissenschaftlicher Analysen zu rücken, um zu prüfen, ob sich diese vorsichtig optimistische Einschätzung mit der gesamtgesellschaftlichen Realität deckt.

Literatur

Angermeyer, M./Kilian, R./Matschinger, H. (2000): WHOQOL-100 und WHOQOL-BREF. Handbuch für die deutschsprachige Version der WHO-Instrumente zur Erfassung der Lebensqualität, Göttingen: Hogrefe.

Armuts- und Reichtumsbericht (2017): Lebenslagen in Deutschland. Der fünfte Armuts- und Reichtumsbericht der Bundesregierung. Berlin: Bundesregierung. https://www.armuts-und-reichtumsbericht.de/DE/Bericht/Der-fuenfte-Bericht/Der-Bericht/der-bericht.html;jsessionid=BA576DF836659494D089F4C24905F924 (zuletzt geprüft: 25.06.2018).

Backhaus, K./Erichson, B./Wulff, P./Weiber, R. (2016): Faktorenanalyse, Berlin: Springer.

Baltatescu, S. (2005): »Subjective well-being of immigrants in Europe and their evaluation of societal conditions. An exploratory study«, in: L. Pop/C. Matiuţă (Hg.), European Identity and Free Movement of Persons in Europe, Oradea: University of Oradea Publishing House, S. 128–143.

Bartram, D. (2011): »Economic migration and happiness: Comparing immigrants' and natives' happiness gains from income«, in: Social Indicators Research 103, S. 57–76. DOI: 10.1007/s11205-010-9696-2

Baykara-Krumme, H./Platt, L. (2018): »Life satisfaction of migrants, stayers and returness: reaping the fruit of migration in old age?«, in: Ageing & Society 38, S. 721–745. DOI: 10.1017/S0144686X16001227

Becker, B./Schmidt, F. (2013): »Ungleiche Startvoraussetzungen zu Beginn der Schullaufbahn? Unterschiede in den mathematischen und sprachlichen Fähigkeiten von sechsjährigen Kindern nach Geschlecht und Migrationshintergrund«, in: Andreas Hadjar/Sandra Hupka-Brunner (Hg.), Geschlecht, Migrationshintergrund und Bildungserfolg, Weinheim: Beltz Juventa, S. 52–76.

Beicht, U. (2011): »Junge Menschen mit Migrationshintergrund: Trotz intensiver Ausbildungsstellensuche geringere Erfolgsaussichten«, in: BIBB Report, Forschungs- und Arbeitsergebnisse aus dem Bundesinstitut für Berufsbildung 16|11, S. 1–19.

Beirens, K./Fontaine, J. (2011): »Somatic and emotional well-being among Turkish immigrants in Belgium: Acculturation or culture?«, in: Journal of Cross-Cultural Psychology 42, S. 56–74.

Bobowik, M./Basabe, N./Páez, D. (2015): »The bright side of migration: Hedonic, psychological, and social well-being in immigrants in Spain«, in: Social Science Research 51, S. 189–204. DOI: 10.1016/j.ssresearch.2014.09.011

Brockmann, H. (2012): Das Glück der Migranten: eine Lebenslaufanalyse zum subjektiven Wohlbefinden von Migranten der ersten Generation in Deutschland. SOEPpapers on Multidisciplinary Panel Data Research, 504-2012. https://www.diw.de/documents/publikationen/73/diw_01.c.411502.de/diw_sp0504.pdf (zuletzt geprüft: 16.01.2019).

Bundesamt für Migration und Flüchtlinge (BAMF) (2015): Aktuelle Zahlen zu Asyl – Dezember 2015. www.bamf.de/SharedDocs/Anlagen/DE/Downloads/Infothek/Statistik/Asyl/aktuelle-zahlen-zu-asyl-dezember-2015.pdf;jsessionid=F2369178C682E3A6D1FCF769CEB4A5DE.1_cid294?__blob=publicationFile (zuletzt geprüft: 03.07.2018).

Bundesinstitut Für Bevölkerungsforschung (2014): Wanderungen zwischen Deutschland und dem Ausland, 1950–2013. www.demografie-portal.de/SharedDocs/Downloads/DE/ZahlenFakten/pdf/Wanderung_Deutschland_Ausland.pdf?__blob=publicationFile&v=3 (zuletzt geprüft: 15.05.2018).

Delhey, J./Newton, K. (2003): »Who trusts?: The origins of social trust in seven societies«, in: European Societies 5, S. 93–137. DOI: 10.1080/1461669032000072256

Delhey, J./Newton, K. (2005): »Predicting cross-national levels of social trust: Global pattern or nordic exceptionalism?«, in: European Sociological Review 21, S. 311–327.

Delhey, J./Dragolov, G. (2014): »Why inequality makes Europeans less happy: The role of distrust, status anxiety, and perceived conflict«, in: European Sociological Review 30, S. 151–165. DOI: 10.1093/esr/jct033

Delhey, J./Schneickert, C./Steckermeier, L. C. (2017): »Sociocultural inequalities and status nxiety: Redirecting the Spirit Level Theory«, in: International Journal of Comparative Sociology 58, S. 215–240. DOI: 10.1177/0020715217713799

Destatis (2017a): Bevölkerung und Erwerbstätigkeit – Ergebnisse des Mikrozensus 2016. https://www.destatis.de/DE/Publikationen/Thematisch/Bevoelkerung/MigrationIntegration/Migrationshintergrund2010220177004.pdf?__blob=publicationFile (zuletzt geprüft: 03.05.2018).

Destatis (2017b): Bevölkerung in Privathaushalten 2017 nach Migrationshintergrund. https://www.destatis.de/DE/ZahlenFakten/GesellschaftStaat/Bevoelkerung/MigrationIntegration/Migrationshintergrund/Tabellen/MigrationshintergrundStaatsangehoerigkeitStaaten.html (zuletzt geprüft: 11.05.2018).

Destatis (2018): Bevölkerung mit Migrationshintergrund 2017 um 4,4% gegenüber Vorjahr gestiegen. https://www.destatis.de/DE/PresseService/Presse/Pressemitteilungen/2018/08/PD18_282_12511.html (zuletzt geprüft: 03.08.2018).

Diener, E./Lucas, R./Helliwell, J. F./Helliwell, J./Schimmack, U. (2009): Well-being for public Policy, Oxford: Oxford University Press.

Dinesen, P. T. (2012): »Does Generalized (Dis)Trust Travel? Examining the Impact of cultural Heritage and Destination-Country Environment on Trust of Immigrants«, in: Political Psychology 33, S. 495–511. DOI: 10.1111/j.1467-9221.2012.00886.x

Dragolov, G./Ignácz, Z. S./Lorenz, J./Delhey, J./Boehnke, K./Unzicker, K. (2016): Social Cohesion in the Western World. What Holds Societies Together: Insights from the Social Cohesion Radar, Cham: Springer International Publishing.

Goldstein, S. (1973): »Interrelations between Migration and Fertility in Thailand«, in: Demography 10, S. 225–241. DOI: 10.2307/2060815

Granato, M. (2013): »Jugendliche mit Migrationshintergrund auf dem Ausbildungsmarkt. Die (Re-)Produktion ethnischer Ungleichheit in der beruflichen Ausbildung«, in: Sozialer Fortschritt 62, S. 14–23. DOI: 10.3790/sfo.62.1.14

Hartmann, M./Offe, C. (Hg.) (2001): Vertrauen: Die Grundlage des sozialen Zusammenhalts, Frankfurt a. M./New York: Campus.

Helliwell, J. F./Wang, S./Xu, J. (2016): »How Durable are Social Norms? Immigrant Trust and Generosity in 132 Countries«, in: Social Indicators Research 128, S. 201–219. DOI: 10.1007/s11205-015-1026-2

Hervitz, H. M. (1985): »Selectivity, Adaptation, or Disruption? A Comparison of Alternative Hypotheses on the Effects of Migration on Fertility: The

Case of Brazil«, in: International Migration Review 19, S. 293–317. DOI: 10.1177/019791838501900205

Hunkler, C. (2016): »Ethnische Unterschiede beim Zugang zu beruflicher Ausbildung«, in: C. Diehl/C. Hunkler/C. Kristen (Hg.), Ethnische Ungleichheiten im Bildungsverlauf. Mechanismen, Befunde, Debatten, Wiesbaden: Springer VS, S. 597–641.

Kämpfer, S. (2014): Migration und Lebenszufriedenheit: eine theoriegeleitete empirische Analyse, Opladen: Budrich UniPress. DOI: 10.3224/86388071

Kempert, S./Edele, A./Rauch, D./Wolf, M. K./Paetsch, J./Darsow, A./Maluch, J./Stanat, P. (2016): »Die Rolle der Sprache für zuwanderungsbezogene Ungleichheiten im Bildungserfolg«, in: C. Diehl/C. Hunkler/C. Kristen (Hg.), Ethnische Ungleichheiten im Bildungsverlauf: Mechanismen, Befunde, Debatten, Wiesbaden: Springer Fachmedien Wiesbaden, S. 157–241. DOI: 10.1007/978-3-658-04322-3_1

Keyes, C. L. M. (2009): »The Black-White Paradox in Health: Flourishing in the Face of Social Inequality and Discrimination«, in: Journal of Personality 77, S. 1677–1706. DOI: 10.1111/j.1467-6494.2009.00597.x

Keyes, C. L. M. (1998): »Social well-being«, in: Social Psychology Quarterly 61, S. 121–140. DOI: 10.2307/2787065

Kofahl, C./Mnich, E./Doğan, M./Doğan, G. (2012): »Die Lebensqualität von Türkinnen und Türken mit Diabetes mellitus 2. Ein Vergleich zwischen Hamburg und Istanbul«, in: H. Baykara-Krumme/A. Motel-Klingebiel/P. Schimany (Hg.), Viele Welten des Alterns. Ältere Migranten im alternden Deutschland, Wiesbaden: Springer VS, S. 223–251.

Kuhnt, A.-K. (2017): »Die Rolle der Familie für Bildungsbeteiligung und Bildungserfolg von Kindern und Jugendlichen aus Migrantenfamilien in Deutschland«, in: Zeitschrift für Soziologie der Erziehung und Sozialisation 37, S. 232–251.

Lancee, B. (2010): »The Economic Returns of Immigrants' Bonding and Bridging Social Capital: The Case of the Netherlands«, in: International Migration Review 44, S. 202–226. DOI: 10.1111/j.1747-7379.2009.00803.x

Lancee, B./Dronkers, J. (2011): »Ethnic, Religious and Economic Diversity in Dutch Neighbourhoods: Explaining Quality of Contact with Neighbours, Trust in the Neighbourhood and Inter-Ethnic Trust«, in: Journal of Ethnic and Migration Studies 37, S. 597-618. DOI: 10.1080/1369183X.2011.545277

Mayring, P. (2007): »Glück – Wohlbefinden – Lebensqualität«, in: T. Hoyer (Hg.), Vom Glück und glücklichen Leben. Sozial-und geisteswissenschaftliche

Zugänge, Göttingen: Vandenhoeck & Ruprecht, S. 185–199. DOI: 10.13109/9783666451805.185
Milewski, N./Doblhammer, G. (2015): »Mental health among immigrants: Is there a disadvantage in later life?«, in: G. Doblhammer (Hg.), Health among the elderly in Germany. New evidence on disease, disability and care need, Opladen, Berlin, Toronto: Barbara Budrich, S. 191–212. DOI: 10.3224/84740606
Oishi, S./Koo, M. (2008): »Two new questions about happiness: ›Is happiness good?‹ and ›Is happier better?‹«, in: M. Eid/R. J. Larsen (Hg.), The science of subjective well-being, New York: Guilford Press, S. 290–306.
Olczyk, M./Seuring, J./Will, G./Zinn, S. (2016): »Migranten und ihre Nachkommen im deutschen Bildungssystem: Ein aktueller Überblick«, in: C. Diehl/C. Hunkler/C. Kristen (Hg.), Ethnische Ungleichheiten im Bildungsverlauf. Mechanismen, Befunde, Debatten, Wiesbaden: Springer VS, S. 33–70.
Oltmer, J. (2018): »Deutsche Migrationsverhältnisse im europäischen Kontext seit dem Zweiten Weltkrieg«, in: F. Gesemann/R. Roth (Hg.), Handbuch Lokale Integrationspolitik, Wiesbaden: Springer Fachmedien Wiesbaden, S. 57–73. DOI: 10.1007/978-3-658-13409-9_3
Relikowski, I./Schneider, T./Linberg, T. (2015): »Rezeptive Wortschatz- und Grammatikkompetenzen von Fünfjährigen mit und ohne Migrationshintergrund. Eine empirische Untersuchung aus bildungssoziologischer Perspektive«, in: Frühe Bildung 4, S. 135–143. DOI: 10.1026/2191-9186/a000218
Rose, R./Mishler, W./Haerpfer, C. (1997): »Social capital in civic and stressful societies«, in: Studies in Comparative International Development 32, S. 85–111. DIU: 10.1007/BF02687332
Safi, M. (2010): »Immigrants' life satisfaction in Europe: Between assimilation and discrimination«, in: European Sociological Review 26, S. 159–176. DOI: 10.1093/esr/jcp013
Schimany, P./Baykara-Krumme, H. (2012): »Zur Geschichte und demografischen Bedeutung älterer Migrantinnen und Migranten in Deutschland«, in: H. Baykara-Krumme/A. Motel-Klingebiel/P. Schimany (Hg.), Viele Welten des Alterns. Ältere Migranten im alternden Deutschland, Wiesbaden: Springer VS, S. 43–73.
Schneider, J./Yemane, R./Weinmann, M. (2014): Diskriminierung am Ausbildungsmarkt: Ausmaß, Ursachen und Handlungsperspektiven, Berlin:

Sachverständigenrat Deutscher Stiftungen für Integration und Migration (SVR) GmbH.
Schumacher, J./Klaiberg, A./Brähler, E. (2003): Diagnostische Verfahren zu Lebensqualität und Wohlbefinden, Göttingen: Hogrefe.
Schwarzer, R./Leppin, A. (1991): »Soziale Unterstützung und Wohlbefinden«, in: A. Abele/P. Becker (Hg.), Wohlbefinden. Theorie – Empirie – Diagnostik, Weinheim: Juventa, S. 175–189.
Steckermeier, L./Delhey, J. (2018): »Better for Everyone? Egalitarian Culture and Social Wellbeing in Europe«, in: Social Indicators Research. Online first, S. 1–34. DOI: 10.1007/s11205-018-2007-z
Sudeck, G./Schmid, J. (2012): »Sportaktivität und soziales Wohlbefinden«, in: R. Fuchs/W. Schlicht (Hg.), Seelische Gesundheit und sportliche Aktivität, Göttingen: Hogrefe, S. 56–77.
Veenhoven, R. (2000): »The four qualities of life«, in: Journal of Happiness Studies 1, S. 1–39. DOI: 10.1023/A:1010072010360
Veenhoven, R. (2008): »Sociological theories of subjective well-being«, in: M. Eid/R. J. Larsen (Hg.), The Science of Subjective Well-Being, New York: Guilford Press, S. 44–61.
Wengler, A. (2013): Ungleiche Gesundheit. Zur Situation türkischer Migranten in Deutschland. Frankfurt a. M./New York: Campus.
World Health Organization (1948): Constitution of the world health organization. http://apps.who.int/gb/bd/PDF/bd47/EN/constitution-en.pdf?ua=1 (zuletzt geprüft: 14.06.2018).

Anhang

Tabelle A1: Deskription des gesamten Samples nach dem Migrationsstatus (erklärende Variable)[1]

	Erste Generation	Zweite Generation	Ohne Migrationshintergrund
Alter (Durchschnitt in Jahren)	40,9	26,6	48,4
Geschlecht (weiblich)	47,7 %	46,9 %	53,7 %
Bildung			
ISCED 1 (Primarbereich)	22,7 %	3,9 %	0,6 %
ISCED 2 (Sekundarbereich I)	35,5 %	25,4 %	10,2 %
ISCED 3 (Sekundarbereich II)	24,6 %	39,8 %	53,6 %
ISCED 4 (Postsekundärer, nicht tertiärer Bereich)	1,7 %	4,4 %	4,9 %
ISCED 5 (Tertiärer Bereich)	5,0 %	5,9 %	23,9 %
ISCED 6 (Weiterführende Forschungsprogramme)	0,4 %	1,4 %	2,1 %
Angabe zur Bildung fehlt	10,1 %	19,3 %	4,8 %
Erwerbslosigkeit	14,8 %	15,0 %	7,3 %
Partnerschaftsstatus (mit Partner)	83,6 %	56,2 %	71,4 %
Anzahl der Kinder im Haushalt (Anteil ohne Kinder)	1,6 (29,0 %)	0,7 (63,2 %)	0,6 (62,7 %)
Teilnahme an religiösen Veranstaltungen (0 = nie, 8 = täglich)	3,2	2,4	1,9
Gesundheitsstatus (0 = sehr schlecht, 4 = sehr gut)	3,0	3,5	2,9
Aufenthaltsdauer in Deutschland (in Jahren)	21,6	=	=
n	3.058	1.059	8.132

[1] Für die einzelnen Regressionsmodelle (Tabellen 2–4) ergeben sich Abweichungen in der Grundgesamtheit aufgrund fehlender Werte in den einzelnen Dimensionen des sozialen Wohlbefindens.

Treiben Sorgen und Ängste den »populistischen Zeitgeist«?
Eine Untersuchung von Erscheinungsformen, Verbreitung und Determinanten populistischer Einstellungen

Luigi Droste

1. Einleitung[1]

Derzeit scheint es, als ob sich Populismus in den westlichen Demokratien des 21. Jahrhunderts fest etabliert hat. Seit längerem ist nun schon von einem »populistischen Zeitgeist« (Mudde 2004) die Rede. Dieser äußert sich nicht allein im Gebrauch populistischer Argumentationsfiguren in der politischen Öffentlichkeit (Rooduijn 2014a; Rooduijn/Akkerman 2017), sondern drückt sich auch auf der politischen Nachfrageseite aus, in dem zunehmenden Anteil von Wählern, die für populistische Parteien votieren (van Kessel 2015; Mudde 2016). In den Massenmedien und der sozialwissenschaftlichen Fachdiskussion werden die Gründe für den Aufstieg eines solchen populistischen Zeitgeists derzeit breit diskutiert. Die Suche nach den Gründen betrifft dabei auch die politische Nachfrageseite: Wer sind die Wähler populistischer Parteien und was bewegt sie?

Aktuell kursieren in der Diskussion diesbezüglich verschiedene Erklärungsangebote. Immer wieder werden dabei Ängste und Sorgen als Treiber der Popularität des Populismus thematisiert. Insbesondere wird in diesem Zusammenhang auf materiell bezogene Statussorgen verwiesen. Demnach haben sich insbesondere in Teilen der gesellschaftlichen Mitte im Kon-

1 Für hilfreiche Kommentare, wertvolle Anmerkungen und inspirierende Hinweise bedanke ich mich herzlich bei Jan Delhey und Christiane Lübke sowie Behrouz Alikhani und Joachim Renn.

text einer »Angstgesellschaft« (Bude 2014) oder gar »Abstiegsgesellschaft« (Nachtwey 2016) Sorgen vor zukünftigen Wohlstandeinbußen entwickelt. Es ist von Globalisierungsverlieren die Rede, die mit gesellschaftlichen Entwicklungen nicht mehr Schritt halten können und getrieben von ihrer Angst, abgehängt zu werden, populistische Parteien wählen (Kriesi et al. 2008; Goodhart 2017; Kraemer 2018).

Vor diesem Hintergrund möchte ich in diesem Beitrag der Frage nachgehen, *ob* und *inwiefern* es finanzielle Zukunftssorgen und Ängste vor künftigen Wohlstandseinbußen sind, die für viele Populismus so attraktiv erscheinen lassen. Dieser von vielen Seiten bemühten *Statussorgenthese* möchte ich zwei weitere nachfrageseitige Erklärungsangebote aus der Literatur gegenüberstellen und auf ihren Erklärungsgehalt hin diskutieren und testen: (a) das Gefühl, nicht das zu bekommen, was einem eigentlich rechtmäßig zusteht *(relative Deprivationsthese)* und (b) die Sehnsucht nach Übersichtlichkeit und Kontrolle *(Komplexitätsthese)*.

Dabei motivieren mehrere Beobachtungen mein Vorgehen. Erstens wissen wir empirisch nur wenig über den Zusammenhang zwischen den Sorgen und Ängsten der Menschen und Populismus, obgleich Bedrohungsempfindungen gerade beim Thema Rechtspopulismus prominent diskutiert werden (Oesch 2008; Lengfeld/Dilger 2018; Rippl/Seipel 2018). Zweitens bleibt weitestgehend unklar, ob die Attraktivität populistischer Ideen und Parteien tatsächlich primär auf Ängste und Bedrohungswahrnehmungen zurückgeht oder sich nicht vielmehr durch andere Stimmungslagen wie Frustration, Ressentiments, Trotz, Wut, Hilflosigkeit oder Sozialneid erklären lässt (Rico et al. 2017; Salmela/von Scheve 2017; Mudde/Kaltwasser 2018). Drittens ist es in der empirischen Wahlsoziologie gängige Praxis, Populismus über die klassische »Sonntagsfrage« (oder verwandte Indikatoren) zu operationalisieren. In diesem Beitrag greife ich auf ein Erhebungsinstrument zurück, das von Wahlabsicht (oder Parteibindung) absieht und populistische Einstellungsmuster *per se*, jenseits von klassischen Entweder-oder- bzw. Links-rechts-Zuschreibungen, graduell entlang der populistischen Kernelemente *Volkssouveränität*, *Anti-Pluralismus* und *Anti-Elitismus* misst (Akkerman et al. 2014; Spruyt et al. 2016).

Der Beitrag gliedert sich in fünf Abschnitte. Im folgenden Abschnitt zeige ich, was unter Populismus in der aktuellen Diskussion verstanden wird und welche Möglichkeiten zur nachfrageseitigen Messung sich bislang in der empirischen Forschung etabliert haben. Anschließend diskutiere ich unterschiedliche Erklärungsangebote aus der Literatur und leite auf dieser Basis entsprechende Hypothesen ab. Nach einem Überblick über Daten und Methodik präsentiere ich die deskriptiven und multivariaten Ergebnisse meiner Analysen. Der Beitrag schließt mit einer Diskussion der Befunde und Implikationen für zukünftige Forschung.

2. Was ist Populismus und wie kann man ihn messen?

In den Sozialwissenschaften hat sich mittlerweile ein Verständnis von Populismus als einer »dünnen Ideologie« (Mudde 2004) weitgehend durchgesetzt, deren Kern ein moralisierender Anti-Elitismus und Alleinvertretungsanspruch eines gleichartigen Volkswillens ist (Taggart 2000; van Kessel 2015; Müller 2016).

> »Populism is an ideology that considers society to be ultimately separated into two homogeneous and antagonistic groups, ›the pure people‹ versus the ›corrupt elite,‹ and which argues that politics should be an expression of the volonté générale (general will) of the people.« (Mudde 2004: 543)

Demnach ist Populismus sowohl in nationalstaatlich-sozialistischen als auch in völkisch-neoliberalen Ausformungen stets durch drei zentrale Ideen gekennzeichnet. Dazu zählt erstens der Glaube an *Volkssouveränität*. Von zentraler Bedeutung ist der direkte und unmittelbare Alleinvertretungsanspruch für »das Volk«. So ist z. B. die Einführung plebiszitärer Elemente wie Volksentscheide, als Ausdruck des Volkswillens, eine häufige Forderung, die populistische Wähler und Politiker europaweit aus allen politischen Spektren gemeinsam haben (Jacobs et al. 2018). Zweitens beinhaltet Populismus stets einen *Anti-Pluralismus*. Populismus zeichnet der Glaube aus, dass die Gesellschaft letztendlich nur aus zwei in sich homogenen und konträren Gruppen besteht – dem Volk auf der einen Seite und dem (politischen) Establishment auf der anderen. Ganz zentral für eine solche Dichotomisierung von Gesellschaft ist natürlich, wer zum Volk dazugehört bzw. dazugehören darf und wer nicht. Hier kann es dann zusätzlich zur vertikalen Unterscheidung zwischen Volk und Establishment zu einer horizontalen Unterscheidung zwischen bestimmten Bevölkerungsgruppen kommen. Das Volk kann dabei als völkische Gemeinschaft über Abstammung definiert werden, aber auch im Sinne funktionaler Zugehörigkeit, wie z. B. die Steuerzahler, die hart arbeitende Bevölkerung, die guten Bürger oder die kleinen Leute (Taggart 2000). Drittes Merkmal ist ein moralisierender *Anti-Elitismus*. Denn populistischer Anspruch ist es, den Willen eines reinen und anständigen Volkes gegenüber einem unmoralischen und korrupten Establishment durchzusetzen. Neben Wirtschafts- und Finanzeliten, Kultureliten und den etablierten Massenmedien stehen vor allem politische Eliten (Berufspolitiker) und demokratische Institutionen (etablierte Parteien, EU) im Zentrum des Protests und der Kritik.

In wahlsoziologischen Studien wird Populismus typischerweise über die hypothetische Wahlentscheidung (»Sonntagsfrage«) oder die konkrete Parteibindung (Parteiidentifikation) operationalisiert. Hier werden dann oftmals intuitiv *a priori*-Klassifizierungen von Parteien in entweder »populistisch« oder »nicht populistisch« vorgenommen. Ich möchte im Folgenden Populismus auf Basis eines Erhebungsinstruments in den Blick nehmen, mit dem eine populistische Einstellung bzw. der populistische Zeitgeist innerhalb der Wählerschaft als graduelles Merkmal erhoben werden kann (Akkerman et al. 2014; Spruyt et al. 2016). Dieses Populismusmaß basiert auf Einstellungen in Bezug auf die drei oben benannten populistischen Kernideen – *Volkssouveränität, Anti-Pluralismus* und *Anti-Elitismus*. Bislang ist dieses Messinstrument, in zum Teil modifizierter Form, in der empirischen Forschung nur vereinzelt in verschiedenen nationalen Kontexten zur Anwendung gekommen (Hawkins et al. 2012; Rooduijn 2014b; Elchardus/Spruyt 2016; Vehrkamp/Wratil 2017). Populistische Einstellungen wurden in diesen Studien typischerweise rein deskriptiv mit der Wahlabsicht abgeglichen und vereinzelt als erklärende Variable verwendet (z. B. Jacobs et al. 2018; van Hauwaert/van Kessel 2018). Solche Analysen zeigen zwar einen Zusammenhang zwischen populistischen Einstellungen und der Wahl populistischer Parteien. Die Richtung dieser Kausalbeziehung verbleibt jedoch unklar. Einerseits ist es denkbar, dass Anhänger populistischer Parteien deren angebotene Deutungsmuster einfach übernehmen. Andererseits ist es auch möglich, dass das Angebot populistischer Parteien auf vorhandene populistische Einstellungsmuster trifft und dann gerade aus diesem Grund erfolgreich ist. Bislang haben lediglich Spruyt et al. (2016) und Elchardus/Spruyt (2016), ausgehend von der Modernisierungsverlierer-These, potenzielle Erklärungsfaktoren für populistische Einstellungsmuster anhand einer Bevölkerungsbefragung in Flandern (Belgien) analysiert.

Die Messung von Populismus über ein Set an Einstellungen ist durchaus von Vorteil. So werden nicht wie auf Basis der »Sonntagsfrage« Befragte über ihre Wahlabsicht entweder als »Populisten« oder »Nicht-Populisten« eingestuft. Es sind vielmehr graduelle Unterschiede und Abstufungen möglich. Auf diese Weise lassen sich nicht allein zum Teil problematische *a priori*-Zuweisungen von Parteien umgehen, sondern auch Nichtwähler und Unentschiedene in die Analysen einbeziehen. Gemessen wird dabei nicht ein expressiver Populismus (Wahlverhalten, Parteibindung), wie dies typischerweise der Fall ist. Vielmehr wird ein latenter Populismus abgefragt, also ein populistisches Potenzial, das sich nicht unbedingt direkt in Wahlverhalten ausdrücken muss (Akkerman et al. 2014), das aber einen alternativen und differenzierteren Blick auf Reichweite und Gruppenspezifik eines populistischen Zeitgeists ermöglicht.

3. Warum ist Populismus so populär?

In der Literatur werden insbesondere drei nachfrageseitige Erklärungsangebote für die Attraktivität des Populismus diskutiert: (a) Die materiell bezogene Sorge vor zukünftigen Wohlstandseinbußen *(Statussorgenthese)*, (b) das Gefühl, nicht das zu bekommen, was einem eigentlich rechtmäßig zusteht *(relative Deprivationsthese)* und (c) die Sehnsucht nach Übersichtlichkeit und Kontrollierbarkeit infolge gesellschaftlicher Komplexitätssteigerung *(Komplexitätsthese)*.[2]

2 Ein weiteres prominentes Erklärungsangebot wird derzeit unter dem Begriff der *Cultural-Backlash-These* verhandelt (Inglehart/Norris 2016; Lengfeld/Dilger 2018), das ich allerdings im Folgenden nicht berücksichtigen kann. Bislang ist die *Cultural Backlash-These* in der empirischen Wahlsoziologie ausnahmslos auf rechtspopulistische Parteien bezogen worden. Typischerweise wird hier eine Konfliktlinie zwischen »kosmopolitischen« und »kommunitaristischen« Wähler betont, die über die Einstellung in Hinblick auf Einwanderungsfragen getestet wird. Obwohl die *Cultural Backlash-These* keinesfalls allein als Erklärung rechtspopulistischer Tendenzen fungieren muss, sondern theoretisch auch auf linkspopulistische Erscheinungen bezogen werden kann, existieren bislang keine Überlegungen in der Literatur zu einer Operationalisierung der *Cultural Backlash*-Idee, die nicht nach nativistischem, sondern nach einem generelleren, populistisch-orientierten, nach »bodenständigem« Zuschnitt erfolgt (siehe Mudde/Kaltwasser 2018).

Die Statussorgenthese: Populismus und die »Angstgesellschaft«

Die sozialen Wandlungsprozesse der letzten Jahrzehnte scheinen für den Einzelnen und verschiedene soziale Gruppen ein Mehr an Unsicherheiten mit sich gebracht zu haben (Blossfeld et al. 2007; Nachtwey 2016). Auch wenn sich solche »neuen« Unsicherheiten zwar nicht bedingungslos jenseits von Stand und Klasse ausgebreitet haben, scheinen sich gerade subjektive Abstiegs- und Statussorgen vermehrt auch in sicheren Lagen der gesellschaftlichen Mitte festgesetzt zu haben (Kraemer 2010; Schimank et al. 2014). Vor dem Hintergrund der These einer verängstigten Mitte wird von einigen Seiten auf die Attraktivität populistischer Parteien für die Mittelschichten im Besonderen verwiesen (Bude/Staab 2017; Antonucci et al. 2017; Koppetsch 2017). Wie wahlsoziologische Untersuchungen zeigen, stammt tatsächlich ein Großteil der populistischen Wähler aus mittleren und eher wohlständischen gesellschaftlichen Lagen (Oesch 2008; Gidron/Hall 2017; Bergman et al. 2017; Lengfeld/Dilger 2018).

Auf Basis solcher struktureller Überlegungen lässt sich allerdings nicht ohne Weiteres auf die Bedeutung von subjektiv empfundenen materiellen Sorgen für Wahlentscheidungen schließen. Wie empirische Befunde deutlich machen, sind viele der soziologischen Zeitdiagnosen einer »Mitte in Angst« überzeichnet – obgleich zuzugeben ist, dass statusbezogene Ängste durchaus kein alleiniges Attribut unterer sozialer Lagen sind, sondern bis in sichere und wohlständische Lagen hineinreichen können (Lübke/Erlinghagen 2014; Delhey et al. 2017; Lengfeld/Ordemann 2017).

Lässt sich überhaupt ein empirischer Zusammenhang zwischen materiellen Sorgen und populistischen Sympathien ausmachen? Obgleich Analysen mit dem Sozio-oekonomischen Panel (SOEP) zur AfD-Anhängerschaft in Hinblick auf Statussorgen nur bedingt Evidenz erbringen (Lengfeld/Dilger 2018), zeigen Hilmer et al. (2017) auf Basis einer eigenen Online-Befragung, dass sich AfD-Wähler mehr Sorgen um die eigene wirtschaftliche Zukunft und die Absicherung im Alter machen als Wähler anderer Parteien. Gleiches wird auch in einer Studie zur Wahrscheinlichkeit, beim Brexit-Referendum für »Leave« zu stimmen, belegt (Hobolt 2016). Wie deskriptive Analysen auf Basis von Daten eines Online-Surveys in den USA verdeutlichen, kennzeichnet Trump-Wähler im Gegensatz zu Clinton-Wählern im Durchschnitt u. a. eine ausgeprägtere Angst vor sozialem Abstieg (Oliver/Rahn 2016). Die politischen Konsequenzen von sozialen Abstiegsängsten werden ebenfalls im

Rahmen qualitativer Forschungsdesigns thematisiert. Studien zeigen hier, wie sich Statusängste in bestimmten sozialen Gruppen infolge wirtschaftlicher Umbrüche in populistische Orientierungen und Protestwahlverhalten übersetzen können (Flecker et al. 2007; Gest 2016; Hochschild 2016).

Warum aber sollte eine politische Orientierung, die auf populistischen Ideen basiert, für viele in einer angstbestimmten Gegenwartsgesellschaft so attraktiv erscheinen? Unter der Annahme, dass es sich beim Populismus um eine mögliche Verarbeitungsform von Ängsten und Sorgen handelt, bleibt klärungsbedürftig, worin die besondere Attraktivität gerade dieser Art von Bewältigung besteht. Denn schließlich bieten moderne Gesellschaften ein durchaus breites Spektrum an möglichen Coping-Optionen. Wie Hogg (2000: 224) bemerkt: »uncertainty […] ›drives‹ people to join groups«. In der Tat scheinen sich infolge von Individualisierungsprozessen, gesellschaftlicher Differenzierung und damit einhergehender Verunsicherung neue Formen der Vergemeinschaftung zu ergeben (Beck 1986). Eine spezielle Form einer solchen Vergemeinschaftung stellen populistische Parteien und Bewegung dar (Reckwitz 2017; Blühdorn/Butzlaff 2018).

In einer Gesellschaft, in der vieles verstärkt einer Marktlogik folgt und in der Erfolge und Misserfolge individualisiert bzw. »Systemprobleme in persönliches Versagen abgewandelt« (Beck 1986: 117) werden, fehlen dem Einzelnen zunehmend die Grundlagen für Zugehörigkeitsgefühle und Solidaritätsvorstellungen. Obwohl die Ursprünge »neuer« Unsicherheiten gesamtgesellschaftlicher und bisweilen sogar globaler Natur sind, werden sie doch im Alltag der »Angstgesellschaft« als individuelle Unsicherheiten erfahren. Die Ängste der Gesellschaft scheinen eben nicht so sehr die Angst zu betreffen, »als Gruppe oder Kollektiv gedemütigt und vergessen zu werden, sondern als Einzelne auszurutschen, das Gleichgewicht zu verlieren und im freien Fall ohne den Schirm eines haltenden Milieus oder einer traditionellen ›Verliererkultur‹ abzustürzen und im sozialen Nichts zu verschwinden« (Bude 2014: 21). Auf diese Weise werden dann solche Identitätskonstruktionen, bei denen Solidarität mit und Zugehörigkeit zu anderen Gruppenmitgliedern abseits von Konkurrenz gemeinsam auf Basis geteilter Sorgen, Ängste und Normen inszeniert und erlebt werden können, zunehmend gefragter und avancieren zu wichtigen Reservoirs für Status und Selbstwert.

Die Attraktivität populistischer Ideen gründet neben diesem Zugriff auf exklusive Solidarität und bewährte Wir-Identitäten auf der Attribuierung bzw. Personalisierung von Verantwortung und Schuld. Ganz ähnlich wies schon Geiger (1930) darauf hin, dass die politische Radikalisierung in der Weimarer Republik als Ausdruck einer »Panik im Mittelstand« zu verstehen ist, die wiederrum die Folge antizipierter Abstiegserfahrung und Statusbedrohung darstellt. Deklassierungsängste und die Scham über sozialen Abstieg äußern sich dann in Ressentiments gegenüber Minderheiten und Eliten. Auch Beck (1986: 100) spricht von einer »Sündenbockgesellschaft« und benennt damit die interpretative Umleitung von Ängsten auf bestimmte soziale Gruppen, wodurch Bedrohungen konkret benennbar und bearbeitbar werden.

Die relative Deprivationsthese: Populismus und materiell bezogenes Ungerechtigkeitsempfinden

Ausgehend von klassischen Formulierungen (Runciman 1966) und auf Basis von Überlegungen aus der soziologischer Einstellungsforschung (Rippl/Bair 2005) betont die Literatur die Bedeutung subjektiv empfundener relativer Deprivation für populistische Wahlentscheidungen. Bereits Lipset (1955) hat mit der These einer »status politics« politische Radikalisierung auf eine »prosperity born bitterness« (Lipset 1955: 191) eben derjenigen zurückgeführt, die angesichts gesellschaftlicher Veränderungen glauben, nicht ihren gerechten Anteil am nationalen Wohlstand zu erhalten. Daran anknüpfend leitet sich die Attraktivität des Populismus keinesfalls aus faktischer Schlechterstellung oder materiell bezogener Zukunftsangst ab, sondern ist auf eine Unzufriedenheit zurückzuführen, die sich aus dem relativen Vergleich gegenüber einem als persönlich zustehend empfundenen Status ergibt.

Obgleich die Befunde von Lengfeld (2017) zur AfD-Wählerschaft die These relativer Deprivation nicht stützen, verweisen Analysen auf Grundlage internationaler Umfragedaten auf einen eindeutigen Effekt subjektiv empfundener Schlechterstellung. Auf Basis von Analysen mit ISSP-Daten (International Social Survey Program) zeigt sich, dass insbesondere Personen, die ihren sozialen Status im Vergleich zu anderen als niedrig wahrnehmen, mit höherer Wahrscheinlichkeit für rechtspopulistische Parteien votieren (Gidron/Hall 2017).[3] Neben der Rolle eines solchen *personell* bezogenen relativen

3 Gidron/Hall (2017) berücksichtigen, von der subjektiven relativen Statuseinschätzung abgesehen, in ihren Modellen allerdings keine weiteren Einstellungsvariablen, sondern verbleiben bei der Analyse struktureller Indikatoren. Gerade politische Subjektivitäten

Deprivationsempfindens wird aktuell auch eine *temporal* bezogene, wahrgenommene Schlechterstellung im Vergleich zur Vergangenheit – eine »nostalgische Deprivation« (Gest et al. 2017) – diskutiert. Aktuelle Evidenz für die These relativer Deprivation liefern auch Analysen auf Basis von Daten des European Social Survey (Rooduijn/Burgoon 2017). Die Studie verdeutlicht, dass die relative Bewertung der eigenen finanziellen Situation v. a. dann die Wahrscheinlichkeit für die Wahl rechtspopulistischer Parteien erhöht, wenn eine positive konjunkturelle Lage auf gesamtgesellschaftlicher Ebene herrscht.

Dass der Glaube an eine Benachteiligung zugunsten von »Anderen« populistische Ressentiments fördert, zeigen daneben qualitative Studien auf (Flecker et al. 2007; Gest 2016; Hochschild 2016). Wie diese Untersuchungen demonstrieren, entstehen populistische Orientierungen mit dem Gefühl, in Sachen Arbeit und als Bürger alles richtig gemacht zu haben und vom Staat dann doch um Erfolg und Anerkennung betrogen zu werden. Es zeigt sich hier, wie sich gefühlte Benachteiligung in Ressentiments gegenüber sozialen Minderheiten und gesellschaftlichen Eliten übersetzt. Mit anderen Worten: Eine Statuspolitik beinhaltet immer die Suche nach »Sündenböcken«, die verantwortlich dafür sind, dass es nicht aufwärts geht und Leistung gesellschaftlich nicht entsprechend belohnt wird. Genau wie im Fall von Sorgen und Ängsten bieten in diesem Fall populistische Ideen und die daran gekoppelte Personalisierung von Schuld die Chance auf die Verteidigung bzw. Restauration angestammter und legitimer Anrechte.

Die Komplexitätsthese: Populismus als einfache Narration in einer unübersichtlichen Welt

Sowohl verschiedenste Sozialtheorien als auch soziologische Zeitdiagnosen erklären die fortwährende Steigerung von Komplexität zu einem maßgeblichen Charakteristikum moderner demokratischer Gesellschaft (Beck 1986; Giddens 1991; Luhmann 1997; Schimank 2005). Diese Komplexitätssteigerung vollzieht sich sowohl in der Sozialdimension (steigende Interdependenz), der Sachdimension (fehlendes und unsicheres Wissen) als auch der Zeitdimension (Beschleunigung, begrenzte Zeithorizonte). Mit der Steige-

---

bzw. Werthaltungen erweisen sich jedoch bei Lengfeld/Dilger (2018) als bedeutsamste Einflüsse.

rung von Komplexität geht die intensivierte Erfahrung von Kontingenz für die Menschen einher – also die fehlende Gewissheit in Bezug darauf, »was ist« und »was sein wird«. Dehne (2017: 36) spricht in diesem Zusammenhang von einem »Leiden an Ungewissheit« und dem Verlust »epistemischer Kontrolle«.

In einer solchen Konstellation kommt der Politik die Aufgabe zu, Komplexität zu reduzieren und die Welt erzählbar zu machen. Die Politik steckt nun aber in dem Dilemma, dass sie einerseits der Komplexität gerecht werden muss, gleichzeitig aber eine einfache Sprache und simple Ideen anbieten muss, die an den Alltag der Menschen anknüpfen können. Nun erschweren zunehmende Pluralisierung und Fragmentierung von Identitäten allerdings soziale Organisation, politischen Konsens und kollektives Handeln. In dem gleichen Maße wie individuelle Werte und Interessen immer diverser, in sich inkonsistenter und flüchtiger werden, wird auch ihre Organisation und Artikulation durch politische Parteien und Bewegungen in demokratischen Gesellschaften eine immer größere Herausforderung.

Vor diesem Hintergrund ist Populismus nicht zuallererst der Ausdruck von Ängsten oder Frustration, sondern der Sehnsucht nach Übersichtlichkeit und Kontrollierbarkeit in einer immer komplexer anmutenden Welt. Da Populismus auf narrationsfähigen Simplifizierungen (eigentlich sogar Dichotomisierungen) komplexer Sachverhalte basiert, bietet er zugleich stets leicht zu transportierende Probleme und Ursachendarstellungen als auch allgemein verständliche Antworten und Lösungsmodelle für diese Probleme. Pointiert kommt dies in plakativen Angeboten wie »Let's Take Back Control!« (Slogan der Brexit-Kampagne) zum Ausdruck.

Für den Zusammenhang von Unsicherheitsgefühlen infolge gesellschaftlicher Komplexitätssteigerung und der Popularität des Populismus lassen sich in der empirischen Forschung einige Hinweise finden. So wird beispielsweise auf Anomie als bedeutsame Determinante populistischer Einstellungen verwiesen, die den Autoren zufolge insbesondere bei sogenannten Modernisierungsverlierern zu finden ist (Elchardus/Spruyt 2016; Spruyt et al. 2016). Auch eine Analyse zum sozialpsychologischen Profil der »Brexiters« zeigt, dass Personen, die die Welt als zu kompliziert wahrnehmen, mit höherer Wahrscheinlichkeit für »Leave« votiert haben (Antonucci et al. 2017). Wie Steenvoorden/Harteveld (2018) zeigen, ist die Wahrscheinlichkeit, für rechtspopulistische Parteien zu stimmen, bei Personen besonders verbreitet, die in Bezug auf die zukünftige gesellschaftliche Entwicklung pessimistisch gestimmt sind. Ein solcher anomischer Pessimismus steht in enger Beziehung zu einer »nostalgischen Deprivation« (Gest et al. 2017). Damit ist die rückwärtsgerichtete und glorifizierende Berufung auf ein »heartland« (Taggart 2000) gemeint, das für die Idee einer solidarischen Gemeinschaft, klare Grenzen und traditionelle Werte steht. Dieser Berufung auf eine Zeit, »als die Welt noch in Ordnung war«, liegt eine Verfallserzählung zugrunde, die dann Forderungen nach der Restauration althergebrachter Übersichtlichkeit legitimiert und stets die populismus-inhärenten Schuldzuweisungen für diesen Verfall beinhaltet.

Hypothesen

Im Anschluss an die obigen Ausführungen ist zu erwarten,

(a) dass die Sorgen vor eigenen zukünftigen Wohlstandseinbußen populistische Einstellungen fördern (H1),
(b) dass das Ausmaß populistischer Einstellungen durch die Wahrnehmung bestimmt wird, im Vergleich zu anderen unrechtmäßig schlechter gestellt zu sein (H2), und
(c) dass populistische Einstellungen insbesondere bei Personen verbreitet sind, die die Welt als unüberschaubar wahrnehmen und einen Verlust »epistemischer Kontrolle« empfinden (H3).

4. Daten und Methode

Grundlage der folgenden Analysen bilden Daten der German Longitudinal Election Study (GLES 2017).[4] Es wurden 2.179 in privaten Haushalten lebenden und für Bundestagswahlen Wahlberechtigte im Rahmen einer stichprobenkontrollierten (Registerstichprobe mit Oversampling für Ostdeutschland) Mehrthemenbefragung interviewt. Die Befragung wurde als computergestütztes persönliches Interview (CAPI) durchgeführt.

4 Von der GLES 2017 liegt auch eine Kumulation vor, die sowohl eine Vorwahlquerschnittbefragung (Erhebung: Juli–September 2017) als auch einen Nachwahlquerschnitt (Erhebung: September 2017–November 2017) umfasst. Die Analysen konnte ich allerdings nur mit den Daten der Vorwahlquerschnittbefragung durchführen, da lediglich hier Indikatoren für die *Komplexitätsthese* (H3) vorliegen.

Variablen

Die abhängige Variable bildet das bereits weiter oben erwähnte Messinstrument populistischer Einstellungen. Auf Basis einer Fragebatterie mit sechs Items lässt sich ein Gesamtindex »Populismus« bilden, der Werte zwischen 1 und 5 annehmen kann.[5] Die sechs Items lehnen sich direkt an die drei Kernaspekte einer populistischen Weltsicht an: eine demokratisch-inszenierte *Volkssouveränität*, eine exkludierende *Entpluralisierung* (Dichotomisierung) von Gesellschaft und eine elitenfeindliche *Moralisierung* eben dieser Entpluralisierung (siehe Tabelle 1 für den genauen Wortlaut).

Die GLES-Daten erlauben es nun, den Einfluss verschiedener, relevanter Variablen auf populistische Einstellungen zu untersuchen. Die *Statussorgenthese* (H1) wird in den folgenden Analysen über das Item »Was glauben Sie, wie wird Ihre eigene wirtschaftliche Lage in einem Jahr sein?« (5-Punkte-Skala: 1 = wesentlich besser, 5 = wesentlich schlechter) operationalisiert. Um die *relative Deprivationsthese* (H2) zu testen, verwende ich ein Item, das klassischerweise in der Einstellungsforschung zur Messung empfundener relativer Deprivation herangezogen wird (Rippl/Bair 2005). Die entsprechende Frage in der GLES-Umfrage lautete: »Im Vergleich dazu, wie andere hier in Deutschland leben: Glauben Sie, dass Sie Ihren gerechten Anteil erhalten oder glauben Sie das nicht? Erhalten Sie viel weniger als den gerechten Anteil, etwas weniger, den gerechten Anteil, etwas mehr oder viel mehr als den gerechten Anteil?« (5-Punkte-Skala: 1 = viel mehr als den gerechten Anteil, 5 = viel weniger als den gerechten Anteil). Zur Prüfung der *Komplexitätsthese* (H3) nutze ich ein Statement, bei dem die Befragten ihre Zustimmung oder Ablehnung auf einer 5-Punkte-Skala ausdrücken konnten: »Die Welt ist so unübersichtlich geworden, dass man gar nicht weiß, wie es weitergehen soll« (1 = trifft überhaupt nicht zu, 5 = trifft voll und ganz zu).

Zum sozioökonomischen Status liegen im Datensatz die klassischen Indikatoren über den Bildungsgrad, das Haushaltsnettoeinkommen, die Haushaltsgröße und die berufsbezogene Schichtzugehörigkeit vor. Der Bil-

5 Einer Faktorenanalyse unterzogen, laden die sechs Items auf einen Faktor. Aus einer Hauptkomponentenanalyse (Varimax-Methode mit rotierter Lösung) ergibt sich nach dem Kaiser-Kriterium (>1) ein konzeptionell bedeutungsvoller Faktor, der einen Varianzanteil von insgesamt 46,7 Prozent aufklärt. Der Index weist einen Reliabilitätskoeffizienten von 0,77 und eine annähernd normalverteilte Werteanordnung auf.

dungsgrad wird über eine Frage zum höchsten Schulabschluss gemessen (Hauptschulabschluss/ohne Abschluss, Hochschulreife, Referenzgruppe: mittlere Reife). Befragte in schulischer Ausbildung werden aufgrund der geringen Fallzahl aus der Analyse ausgeschlossen. Das Haushaltsnettoeinkommen wurde kategorial erhoben (13 Kategorien), so dass es ohne Tricks nicht möglich ist, ein personengewichtetes Haushaltsnettoeinkommen zu berechnen. Davon möchte ich im Folgenden jedoch absehen und beschränke mich darauf, in den Modellen lediglich für die Haushaltsgröße (metrisch) zu kontrollieren. Bei der Operationalisierung von Schichtung lehne ich mich an den Vorschlag von Lengfeld/Ordemann (2017) an und gehe auf Basis des EGP-Klassenschemas (Erikson/Goldthorpe 1992) von einer sechs-gliedrigen Schichtung aus (siehe Tabelle A3). Als Erweiterung zum ursprünglichen Modell von Lengfeld/Ordemann (2017) ergänze ich die »mittlere Mitte« durch kleine Selbstständige und nicht-akademische freie Berufe. Da es Ziel der Analyse ist, Aussagen über die Gesamtheit aller Wahlberechtigten zu treffen, berücksichtige ich zusätzlich Angaben von Arbeitslosen (Variable: »arbeitslos«) sowie von Befragten im Ruhestand und Nicht-Erwerbspersonen (Variable: »nicht erwerbstätig«). Als demografische Kontrollvariablen fungieren in den Analysen die Landesregion (0=Westdeutschland, 1=Ostdeutschland), das Alter (metrisch) und das Geschlecht (0=weiblich, 1=männlich). Da populistische Einstellungen theoretisch sowohl am linken als auch am rechten Rand des politischen Spektrums zu finden sind bzw. sich teilweise jenseits der klassischen Links-rechts-Differenzierung bewegen, kontrolliere ich in den Modellen für die Links-rechts-Selbsteinstufung der Befragten (11-Punkte Skala: 1=links, 11=rechts).

In einem ersten Schritt diskutiere ich im Folgenden kurz die deskriptiven Befunde zur Verteilung populistischer Einstellungen unter den Befragten und stelle Mittelwertvergleiche für die jeweiligen Parteipräferenzen an.[6] In einem zweiten Schritt prüfe ich die verschiedenen, weiter oben vorgestellten Erklärungsangebote, unter Kontrolle sozioökonomischer und demografischer Variablen. Zu diesem Zweck führe ich schrittweise OLS-Regressionen durch. In einem ersten Basismodell (Modell 1) untersuche ich lediglich die sozialstrukturellen Lageparameter und demografischen Variablen. Modell 2 enthält zusätzlich den Indikator für die eigenen materiellen Statussorgen

6 Diese Analysen führe ich mit den im GLES-Datensatz vorliegenden Korrekturgewichten durch.

(H1). Modell 3 wird unter Hinzunahme der Variable zum materiellen Ungerechtigkeitsempfinden (H2) und Modell 4 mit dem Indikator für gefühlten Kontrollverlust (H3) berechnet. In Modell 5 wird ein Vollmodell unter Berücksichtigung aller Indikatoren geschätzt.

5. Ergebnisse

Auf Basis des Erhebungsinstruments zu populistischen Einstellungen wird deutlich, dass ein populistischer Zeitgeist gesellschaftlich weit verbreitet ist und kein politisches Randphänomen darstellt (Tabelle 1). Auf Grundlage des additiv gebildeten Index für Populismus können etwa 22 Prozent der Befragten als überzeugt-populistisch eingeordnet werden (Indexwert >4) (Tabelle A1 im Anhang). In diesem Sinn kann also nicht von einer »gespaltenen Gesellschaft« die Rede sein. Die Befragten verteilen sich nicht auf die beiden Randbereiche der Skalen, also in »Populisten« und »Nicht-Populisten«, sondern der Großteil der Befragten ist mäßig populistisch und gruppiert sich

Abbildung 1: Populistische Einstellungsmuster und Parteipräferenz

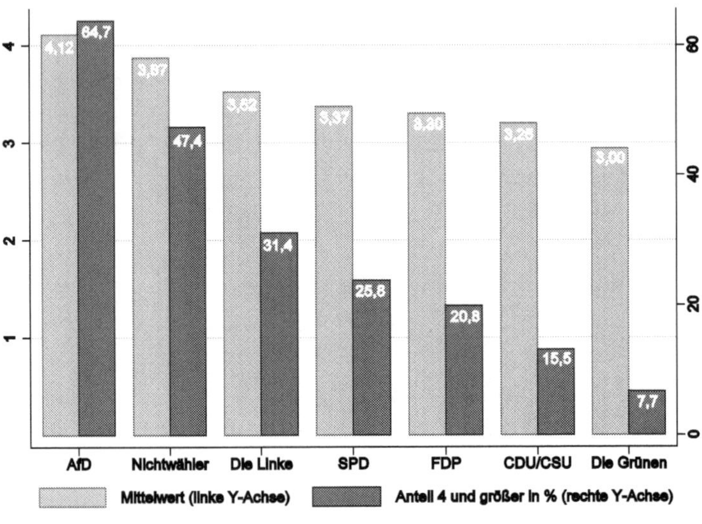

Anmerkung: Werte betreffen Angaben für Zweitstimme. Fälle: CDU (26,6 %), SPD (19,2 %), Nichtwähler (11,8 %), Die Grünen (10,8 %), FDP (10,1 %), AfD (8,7 %), Die Linke (8,3 %). Daten: GLES 2017 (gewichtet)

Tabelle 1: Items zu populistischen Einstellungsmustern

	Anteile in % (gültige Prozente)					Mittelwert	Std. Abw.
	[1]	[2]	[3]	[4]	[5]		
Volkssouveränität							
Die Abgeordneten des Deutschen Bundestags müssen dem Willen des Volkes Folge leisten.	2,3	6,7	18,8	33,2	39,0	4,0	1,03
Das Volk, und nicht die Politiker, sollte die wichtigsten politischen Entscheidungen treffen.	10,2	24,5	26,6	20,6	18,2	3,1	1,25
Anti-Pluralismus							
Die politischen Unterschiede zwischen Eliten und dem Volk sind größer als die Unterschiede innerhalb des Volkes.	2,2	10,7	25,3	34,8	26,9	3,7	1,04
Was in der Politik Kompromiss genannt wird, ist in Wirklichkeit nur ein Verrat von Prinzipien.	7,4	23,4	34,2	21,7	13,4	3,1	1,13
Anti-Establishment							
Ein Bürger würde besser meine Interessen vertreten als ein Berufspolitiker.	11,9	29,2	29,8	18,0	11,1	2,9	1,17
Die Politiker reden zu viel und machen zu wenig.	1,9	7,1	24,2	30,6	36,2	3,9	1,03

Frage: »Jetzt möchte ich gerne Ihre Meinung zu einigen allgemeinen Aussagen zur Politik wissen. Bitte geben Sie zu jeder der folgenden Aussagen an, inwieweit Sie dieser zustimmen oder diese ablehnen«. Die Richtung der ursprünglichen Skala wurde umgekehrt in: [1] lehne voll und ganz ab, [2] lehne eher ab, [3] teils/teils, [4] stimme eher zu, [5] stimme voll und ganz zu. Daten: GLES 2017 (gewichtet)

um die mittleren Skalenwerte. Dies gilt nicht allein für den additiven Gesamtindex, sondern ebenfalls für die sechs einzelnen Items.

In Abbildung 1 sind die Mittelwerte der Populismus-Skala nach der jeweiligen Parteipräferenz dargestellt. Wie zu erwarten, weisen insbesondere AfD-Wähler und Nichtwähler hohe Mittelwerte und Anteilswerte im oberen

Tabelle 2: Regressionsmodelle (Determinanten populistischer Einstellungsmuster)

	M1		M2		M3		M4		M5	
Geschlecht (Ref.: Frau)										
Mann	0,01		0,00		0,00		0,02		0,03	
	(0,04)		*(0,04)*		*(0,04)*		*(0,04)*		*(0,04)*	
Alter	0,07	*	0,05		0,06		0,05		0,03	
	(0,00)		*(0,00)*		*(0,00)*		*(0,00)*		*(0,00)*	
Region (Ref.: Westdeutschland)										
Ostdeutschland	0,18	***	0,17	***	0,13	***	0,15	***	0,12	***
	(0,04)		*(0,04)*		*(0,04)*		*(0,04)*		*(0,04)*	
Haushaltsnetto-einkommen	-0,10	***	-0,09	***	-0,06		-0,07	*	-0,03	
	(0,01)		*(0,01)*		*(0,01)*		*(0,01)*		*(0,01)*	
Haushaltsgröße	-0,00		-0,00		-0,02		-0,00		-0,02	
	(0,02)		*(0,02)*		*(0,02)*		*(0,02)*		*(0,02)*	
Schicht (Ref.: mittlere Mitte)										
Oberschicht	-0,07	**	-0,07	**	-0,06	*	-0,07	**	-0,06	**
	(0,08)		*(0,09)*		*(0,08)*		*(0,08)*		*(0,08)*	
obere Mitte	-0,04		-0,04		-0,03		-0,02		-0,01	
	(0,06)		*(0,06)*		*(0,06)*		*(0,06)*		*(0,06)*	
untere Mitte	0,07	**	0,07	**	0,06	*	0,08	**	0,07	**
	(0,08)		*(0,08)*		*(0,08)*		*(0,07)*		*(0,07)*	
Unterschicht 1	0,03		0,03		0,01		0,02		0,01	
	(0,10)		*(0,10)*		*(0,10)*		*(0,09)*		*(0,10)*	
Unterschicht 2	0,04		0,04		0,03		0,03		0,03	
	(0,11)		*(0,11)*		*(0,11)*		*(0,11)*		*(0,11)*	
arbeitslos	0,03		0,03		0,02		0,04		0,04	
	(0,11)		*(0,11)*		*(0,11)*		*(0,11)*		*(0,11)*	
Nicht erwerbstätig	-0,01		-0,01		0,00		-0,01		0,00	
	(0,05)		*(0,05)*		*(0,05)*		*(0,05)*		*(0,05)*	

	M1		M2		M3		M4		M5	
Bildung (Ref.: mittlere Reife)										
Hauptschule/ ohne Abschluss	0,07	**	0,07	**	0,07	**	0,03	**	0,03	
	(0,05)		*(0,05)*		*(0,05)*		*(0,05)*		*(0,05)*	
Hochschulreife	-0,23	***	-0,23	***	-0,21	***	-0,20	***	-0,19	***
	(0,04)		*(0,04)*		*(0,04)*		*(0,04)*		*(0,04)*	
Links-Rechts-Selbsteinstufung	0,01		0,00		0,01		-0,01		-0,01	
	(0,01)		*(0,01)*		*(0,01)*		*(0,01)*		*(0,01)*	
Sorge vor finanziellem Abstieg			0,07	**					0,05	*
			(0,03)						*(0,03)*	
Ungerechtigkeitsempfinden					0,19	***			0,16	***
					(0,03)				*(0,03)*	
gefühlter Kontrollverlust							0,25	***	0,23	***
							(0,02)		*(0,02)*	
adj. R^2	0,198		0,203		0,227		0,253		0,287	
N	1468		1468		1468		1468		1468	

Anmerkungen: OLS Regression mit Konstante. Standardfehler in Klammern. Dargestellt sind standardisierte Koeffizienten. Signifikanzniveaus: * $p < 0{,}05$, ** $p < 0{,}01$, *** $p < 0{,}001$ (zweiseitige Tests). Die Fallzahl ist über alle Modell hinweg konstant gehalten. Abhängige Variable ist der Populismus-Index, der Werte zwischen 1 und 5 annehmen kann (hoher Wert = ausgeprägte populistische Einstellung). Daten: GLES 2017

Skalenbereich (»überzeugte Populisten«) auf. AfD-Wähler sind durch den höchsten Mittelwert auf der Populismus-Skala (4,1) und den höchsten Anteil von Befragten mit Werten oberhalb von 4 (65 Prozent) gekennzeichnet. Die entsprechenden Werte für Nichtwähler betragen hier 3,9 und 47 Prozent. Die Wählerschaften der Linken, der SPD und der FDP weisen vergleichsweise moderatere Mittelwerte und Anteilswerte im oberen Bereich der Skala auf. Im Vergleich dazu sind Wähler der CDU/CSU und Wähler der Grünen eher unpopulistisch eingestellt. Der Mittelwert der CDU/CSU-Wählerschaft auf der Populismus-Skala liegt bei 3,3; etwa 15 Prozent hegen hier extrem populistische Einstellungen. Vergleichsweise am wenigsten populistisch sind Wähler der Grünen. Der Mittelwert beträgt hier 3,0; und lediglich 8 Prozent der Befragten geben bei den Populismus-Items hohe Zustimmungswerte an.

Die deskriptiven Analysen machen deutlich, dass populistische Einstellungen von relativ großer gesellschaftlicher Reichweite sind und auch in politischem Wahlverhalten zum Ausdruck kommen können. Es stellt sich allerdings die Frage, wie solche populistischen Einstellungen nun zu erklären sind. Tabelle 2 stellt dazu die Ergebnisse stufenweiser Regressionsanalysen dar. Modell 1, das lediglich die strukturellen Variablen berücksichtigt, weist einen Anteil erklärter Varianz von etwa 20 Prozent auf. Unter Hinzunahme von Abstiegssorgen (Modell 2) kann die Erklärungskraft nicht nennenswert (weniger als ein Prozentpunkt) erhöht werden. Dahingegen liefert Modell 3 einen Zugewinn an Erklärungskraft von etwa drei Prozentpunkten und Modell 4 von mehr als fünf Prozentpunkten. Im Vollmodell (Modell 5) schließlich steigt der Anteil erklärter Varianz auf etwa 29 Prozent an.

Vielfach werden dem Alter (Kohortenzugehörigkeit) und dem Geschlecht in der wahlsoziologischen Populismusforschung eine zentrale Bedeutung zugeschrieben. Demnach haben Männer und Jüngere tendenziell eine höhere Wahrscheinlichkeit, populistische Parteien zu unterstützen, als Frauen und Ältere (Spierings/Zaslove 2017). Dies kann mit Blick auf populistische Einstellungsmuster nicht bestätigt werden, da hier keine signifikanten geschlechtsspezifischen und nur leichte altersspezifische Unterschiede bestehen (Modell 1). Auch für die Variable zur Links-rechts-Selbsteinstufung zeigen die Modelle erwartungsgemäß keinen signifikanten Einfluss.

Demgegenüber lassen sich eindeutige Ost-West-Unterschiede ausmachen. Befragte aus Ostdeutschland geben im Vergleich zu Befragten aus Westdeutschland signifikant höhere Werte auf der Populismus-Skala an. Dieser Befund ist durchaus mit vorliegenden Forschungsarbeiten deckungsgleich. Wie Studien immer wieder zeigen, bestehen zum Teil deutliche Unterschiede in der politischen Kultur zwischen den alten und den neuen Bundesländern (Arzheimer 2016; siehe bereits Delhey/Böhnke 2000). So ist beispielsweise auch der Anteil der AfD-Sympathisanten in ostdeutschen Regionen durchschnittlich höher als in westdeutschen (Lengfeld 2017; Lengfeld/Dilger 2018).

Die Einflüsse der berufsbezogenen Schichtungsvariablen und auch der fehlende Effekt der Variable für Arbeitslosigkeit verweisen darauf, dass

Populismus kein exklusives Phänomen unterer sozialer Lagen darstellt, wie dies in verschiedenen Formulierungen der Modernisierungsverlierer-These suggeriert wird (Kriesi et al. 2008; Hochschild 2016; Gest 2016). Es trifft vielmehr das zu, was von verschiedenen Seiten in letzter Zeit diagnostiziert und empirisch belegt wird (Bude/Staab 2017; Antonucci et al. 2017; Gidron/Hall 2017; Oesch 2008): Populismus reicht weit bis in die gesellschaftliche Mitte hinein und ist derzeit insbesondere in der unteren Mittelschicht virulent.

Die verbreitete Annahme, dass populistische Einstellungen eher ein Phänomen der unteren Hälfte der Gesellschaft sind, wird allerdings mit Blick auf die Effekte der Variablen zum Bildungsgrad bestätigt. Insbesondere Befragte mit gymnasialer Hochschulreife weisen im Vergleich zu Befragten mit mittlerer Reife signifikant niedrigere Werte auf der Skala populistischer Einstellungen auf. Personen mit Hauptschulabschluss sind dagegen im Vergleich populistischer. Der relativ starke negative und signifikante Effekt eines höheren Bildungsgrads in allen Modellen – auch unter Kontrolle subjektiver und statusrelevanter Indikatoren – macht aber vor allem die Bedeutung kultureller Triebkräfte deutlich. Da wir in den Modellen für berufliche Schichtung kontrolliert haben, misst die Bildungsvariable nicht das arbeitsmarktbezogene Bildungskapital, sondern eher kognitive Aspekte. Dieser »Bildungseffekt« muss demnach also als ein Hinweis auf die Relevanz soziokultureller Differenzen interpretiert werden und nicht als ein Hinweis auf sozioökonomische Statuseffekte.

Mit Blick auf das Haushaltseinkommen finde ich in den Analysen zwar signifikante Hinweise auf die Existenz materiell bedingter Einflüsse auf populistische Einstellungen. Dieser Effekt ist in Modell 3 und im Vollmodell allerdings nicht mehr signifikant. Anscheinend wird der Effekt des Einkommens vollständig über ein egozentriertes, materiell bezogenes Ungerechtigkeitsempfinden vermittelt.

Die Analysen erbringen zwar Evidenz für Hypothese H1, wonach Personen, die sich Sorgen um zukünftige Wohlstandseinbußen machen, eine stärker populistische Einstellung aufweisen. Die Furcht vor dem Weniger hat demnach einen statistisch signifikanten, wenn auch geringen Effekt auf eine populistische Einstellung (Modell 2). Dieser schwächt sich im Vollmodell an Stärke und statistischer Signifikanz allerdings erheblich ab und ist im Vergleich zu den Indikatoren für relative Deprivation (Ungerechtigkeitsempfinden) und gefühlten Kontrollverlust nachrangig.[7] Hier liegt die Vermutung eines in großen Teilen vermittelten Einflusses über relatives Deprivationsempfinden und gefühlten Kontrollverlust nahe. Die Existenz eines solchen vermittelten »Statussorgeneffekts« würde sich durchaus mit emotionssoziologischen Überlegungen (Salmela/von Scheve 2017) und aktueller empirischer Evidenz zur AfD-Wählerschaft (Lengfeld/Dilger 2018) decken.

Auf Basis der Berechnungen können sowohl die *relative Deprivationsthese* (H2) als auch die *Komplexitätsthese* (H3) bestätigt werden. Den Analysen nach sind es insbesondere ein egozentriertes, materielles Ungerechtigkeitsempfinden und das Gefühl des Kontrollverlusts in Bezug auf die gesellschaftliche Entwicklung, die Populismus für viele so attraktiv erscheinen lassen. Im Vollmodell wird deutlich, dass gerade ein gefühlter Kontrollverlust, also die Wahrnehmung der Welt als unübersichtlich und kompliziert, einen vergleichsweise starken Einfluss auf populistische Einstellungsmuster besitzt.

6. Diskussion

Betrachtet man die Ergebnisse im Überblick, so leistet die in die Diagnose einer »Angstgesellschaft« eingebettete *Statussorgenthese* lediglich einen kleinen Beitrag zur Erklärung populistischer Einstellungen. Auf Basis der Analysen können der *relativen Deprivationsthese* und insbesondere der *Komplexitätsthese* der weitaus größere Erklärungsbeitrag zugesprochen werden. Der gegenwärtige populistische Zeitgeist gründet dementsprechend neben dem Gefühl der Benachteiligung bei der Verteilung des nationalen Wohlstands auf einer grundlegenden Hilflosigkeit, was die gesellschaftliche Gegenwart und zukünftige Entwicklung betrifft. Vor diesem Hintergrund sollten in Hinblick auf populistische Einstellungen jedoch erstens das durchaus große gesellschaftliche Ausmaß solcher Einstellungen beachtet und zweitens die Bedeutung strukturelle Parameter keineswegs unterschätzt werden. Gerade die Befunde zur Verbreitung ausgeprägter populistischer Einstellungs-

7 Alternativ habe ich die Modelle mit dem gebräuchlichen Indikator »Angst vor Stellenverlust« (für Selbstständige »Angst vor Betriebsverlust«) anstelle wirtschaftlicher Zukunftssorgen berechnet, wobei dann in diesem Fall nur erwerbstätige Personen in die Analyse mit eingehen können (Tabelle A2 im Anhang). Hier zeigt sich sogar, dass die Angst, arbeitslos zu werden, überhaupt keinen signifikanten Einfluss auf populistische Einstellungsmuster besitzt.

muster unter Befragten mit niedrigem Bildungsgrad und aus ostdeutschen Regionen verweisen hier auf eine gewisse Gruppenspezifik. Interessanterweise bleibt der Ost-West-Unterschied nämlich auch unter Kontrolle der verwendeten strukturellen und subjektiven Indikatoren statistisch signifikant und vergleichsweise ausgeprägt. Angesichts des starken »Bildungseffekts« ist hier auf Geiger (1960) zu verweisen, der betonte, dass der alleinige Schutz gegen politisch-mediale Suggestion und Manipulation eine Immunisierung durch Intellektualisierung darstellt, die einen emanzipierten Umgang mit der ideologisierten und interessengebundenen medialen Verbreitung politischer Narrationen erlaubt.

Die Befunde legen nahe, dass es sich bei den *Trägern* eines populistischen Zeitgeists tatsächlich vor allem um Verunsicherte und Unzufriedene handelt, die im Populismus Sicherheiten und einen Katalysator für den Umgang mit den »Konsequenzen der Moderne« (Giddens 1991) finden. Angesichts der Erosion traditioneller Identitätsangebote und der Individualisierung von Verantwortung, die dafür sorgen, dass der Einzelne auf seinen Irritationen »sitzen bleibt«, erscheint Populismus vielen als naheliegende, greifbare Form der Bewältigung – als »sicherer Hafen in einer unsicheren Welt«.

Dass den Analysen nach die Sorgen vor eigenen zukünftigen Wohlstandseinbußen und sozialem Abstieg (Arbeitsplatzverlust) keinesfalls so bedeutsam für populistische Orientierungen sind, wie teilweise angenommen oder behauptet wird, überrascht zunächst. Es scheint tatsächlich eher ein Amalgam aus genereller Orientierungslosigkeit, materiell bezogenem Ungerechtigkeitsempfinden und geringer Intellektualisierung zu sein, das den populistischen Zeitgeist stärkt. Nichtsdestotrotz sollte die verbreitete Vorstellung, dass Populismus in einer angstbestimmten Gesellschaft für viele attraktiv erscheint, keineswegs einfach heruntergespielt werden. Möglicherweise würden alternative und treffendere Operationalisierungen von Statussorgen hier andere Ergebnisse liefern. Die vorliegenden GLES-Daten lassen dies leider nicht zu. Zukünftige Forschung wird hier also nicht nur alternative Indikatoren zu Abstiegssorgen und Statusängsten (auch im Längsschnitt, siehe dazu den Beitrag von Hertel/Esche in diesem Band) in den Blick nehmen müssen, sondern auch Ängste und Bedrohungsempfindungen, die sich auf andere Lebensbereiche beziehen. Gerade ein gefühlter Kontrollverlust in Anbetracht einer unübersichtlichen Welt steht in engem Zusammenhang zu »Kontingenzangst« (Dehne 2017: 36), und auch ein materiell bezogenes Ungerechtigkeitsempfinden befindet sich stets in der Nähe der »Angst vor Mindereinschätzung« (Geiger 1930: 646; siehe auch Delhey/Steckermeier in diesem Band). Da sich auf Basis der obigen Analysen ein in Teilen vermittelter Effekt von Statussorgen über empfundene Schlechterstellung und generelle Verunsicherung andeutet, sollte zukünftige Forschung hier auch Mediations- und Interaktionseffekte einbeziehen.

Meines Wissens ist diese Studie die erste, die systematisch Verbreitung und Erscheinungsformen populistischer Einstellungen für Deutschland untersucht und dabei gleichzeitig verschiedene Erklärungsansätze aus der Literatur zur Analyse der Gruppenspezifik solcher Einstellungsmuster berücksichtigt. Da das Messinstrument einen latenten Populismus abfragt, kann ich keine direkten Aussagen zu Wahlentscheidungen treffen, obgleich die deskriptiven Analysen hier einige Tendenzen offenlegen. Dieser latente Populismus kann durchaus durch politische Akteure mobilisiert werden, wie angebotsseitig Untersuchungen aufzeigen, die politische Diskurse und parteipolitische Strategien in den Blick nehmen (Wodak 2016; Betzelt/Bode 2017). Die Frage allerdings, *wann* und *wie* sich dieser latente Populismus in expressiven Populismus übersetzt, muss erst einmal zukünftiger Forschung überlassen werden.

Es stellt sich abschließend die Frage, *inwieweit* populistische Narrationen in einer Gesellschaft, die sowohl eine permanente Alltagspräsenz verschiedener Unsicherheiten und Irritationen als auch ständig neue Bedrohungen und Risiken produziert, als Sicherheit überhaupt funktionieren können. Eigentlich kann Populismus nämlich nur Illusion bleiben. So helfen zum einen populistische Akteure nicht nur dabei, Irritationen zu kanalisieren, sondern kreieren und aktualisieren diese auch ständig selbst. Zum anderen können die simplifizierenden populistischen Narrationen in einer sich ständig weiter ausdifferenzierenden, pluralisierenden und vernetzenden Welt eigentlich nur Scheinlösungen anbieten.

Literatur

Akkerman, A./Mudde C./Zaslove, A. (2014): »How Populist Are the People? Measuring Populist Attitudes in Voters«, in: Comparative Political Studies 47, S. 1324–1353. DOI: 10.1177/0010414013512600

Antonucci, L./Horvath, L./Kutiyski, Y./Krouwell, A. (2017): »The Malaise of the Squeezed Middle: Challenging the Narrative of the ›Left Behind‹ Brexiter«, in: Competition & Change 21, S. 211–229. DOI: 10.1177/1024529417704135

Arzheimer, K. (2016): »Wahlverhalten in Ost-West-Perspektive«, in: H. Schoen/B. Weßels (Hg.), Wahlen und Wähler. Analysen aus Anlass der Bundestagswahl 2013, Wiesbaden: Springer VS, S. 71–89. DOI: 10.1007/978-3-658-11206-6_4

Beck, U. (1986): Risikogesellschaft. Auf dem Weg in eine andere Moderne, Frankfurt a. M.: Suhrkamp.

Betzelt, S./Bode, I. (2017): »Fatal funktional? Angstmobilisierung im liberalisierten Wohlfahrtskapitalismus«, in: Leviathan 45, S. 192–220. DOI: 10.5771/0340-0425-2017-2-192

Blossfeld, H.-P./Buchholz, S./Hofäcker, D./Hofmeister, H./Kurz, K./Mills, M (2007): »Globalisierung und die Veränderung sozialer Ungleichheiten in modernen Gesellschaften«, in: Kölner Zeitschrift für Soziologie und Sozialpsychologie 59, S. 667–691. DOI: 10.1007/s11577-007-0082-2

Blühdorn, I./Butzlaff, F. (2018): »Rethinking Populism: Peak Democracy, Liquid Identity and the Performance of Sovereignty«, in: European Journal of Social Theory. Online First. https://journals.sagepub.com/doi/full/10.1177/1368431017754057#articleCitationDownloadContainer (zuletzt geprüft: 16.01.2019).

Bude, H. (2014): Gesellschaft der Angst, Hamburg: Hamburger Edition.

Bude, H./Staab, P. (2017): »Die gereizte Mitte. Soziale Verwerfungen und politische Artikulationen«, in: Leviathan Sonderband 32, S. 187–207. DOI: 10.5771/9783845287843-186

Dehne, M. (2017): Soziologie der Angst. Konzeptuelle Grundlagen, soziale Bedingungen und empirische Analysen, Wiesbaden: Springer VS.

Delhey, J./Böhnke, P. (2000): »Führt die materielle zur inneren Einheit? Zum Verhältnis von Wohlstandslage und subjektivem Wohlbefinden«, in: H.-H. Noll/R. Habich (Hg.), Vom Zusammenwachsen einer Gesellschaft. Analysen zur Angleichung der Lebensverhältnisse in Deutschland, Frankfurt a. M.: Campus, S. 83–103.

Delhey, J./Schneickert, C./Steckermeier, L. C. (2017): »Sociocultural Inequalities and Status Anxiety: Redirecting the Spirit Level Theory«, in: International Journal of Comparative Sociology 58, S. 215–240. DOI: 10.1177/0020715217713799

Elchardus, M./Spruyt, B. (2016): »Populism, Persistent Republicanism and Declinism. An Empirical Analysis of Populism as a Thin Ideology«, in: Government and Opposition 51, S. 111–133. DOI: 10.1017/gov.2014.27

Erikson, R./Goldthorpe, J. H. (1992): The Constant Flux. A Study of Class Mobility in Industrial Societies, Oxford: Clarendon Press.

Flecker, J./Hentges, G./Balazs, G. (2007): »Potentials of Political Subjectivity and the Various Approaches to the Extreme Right: Findings of the Qualitative Research«, in: J. Flecker (Hg.), Changing Working Life and the Appeal of the Extreme Right, Aldershot: Ashgate, S. 35–62.

Geiger, T. (1930): »Panik im Mittelstand«, in: Die Arbeit 7, S. 637–654.

Geiger, T. (1960): Die Gesellschaft zwischen Pathos und Nüchternheit, Kopenhagen: Munksgaard.

Gest, J. (2016): The New Minority: White Working Class Politics in an Age of Immigration and Inequality, New York: Oxford University Press.

Gest, J./Reny, T./Mayer, J. (2017): »Roots of the Radical Right: Nostalgic Deprivation in the United States and Britain«, in: Comparative Political Studies 51 (13), S. 1694–1719. Online First. DOI: 10.1177/0010414017720705

Giddens, A. (1991): Modernity and Self-Identity: Self and Society in the Late Modern Age, Stanford, CA: Stanford University Press.

Gidron, N./Hall, P. (2017): »The Politics of Social Status: Economic and Cultural Roots of the Populist Right«, in: British Journal of Sociology 68, S. 57–84.

Goodhart, D. (2017): The Road to Somewhere: The Populist Revolt and the Future of Politics, London: Hurst.

Hawkins, K./Riding, S./Mudde, C. (2012): Measuring Populist Attitudes. Political Concepts Committee on Concepts and Methods Working Paper Series 55. www.concepts-methods.org (zuletzt geprüft: 16.01.2019).

Hilmer, R./Kohlrausch, B./Müller-Hilmer, R./Gagné, J. (2017): Einstellung und soziale Lebenslage. Eine Spurensuche nach Gründen für rechtspopulistische Orientierung, auch unter Gewerkschaftsmitgliedern. Working Paper 044, Düsseldorf: Hans-Böckler-Stiftung.

Hobolt, S. B. (2016): »The Brexit Vote: A Divided Nation, a Divided Continent«, in: Journal of European Public Policy 23, S. 1259–1277. DOI: 10.1080/13501763.2016.1225785

Hochschild, A. R. (2016): Strangers in their Own Land, New York: New Press.

Hogg, M. (2000): »Subjective Uncertainty Reduction through Self-Categorization: A Motivational Theory of Social Identity Processes«, in: European Review of Social Psychology 11, S. 223–255. DOI: 10.1080/14792772043000040

Inglehart, R./Norris, P. (2016): Trump, Brexit, and the Rise of Populism: Economic Have-nots and Cultural Backlash. Harvard Kennedy School Faculty Research Working Paper Series, RWP16-026.

Jacobs, K./Akkerman, A./Zaslove, A. (2018): »The Voice of Populist People? Referendum Preferences, Practices and Populist Attitudes«, in: Acta Politica 53/4, S. 517–541. Online First. DOI 10.1057/s41269-018-0105-1

Koppetsch, C. (2017): »Rechtspopulismus, Etablierte und Außenseiter: emotionale Dynamiken sozialer Deklassierung«, in: Leviathan Sonderband 32, S. 208–232. DOI: 10.5771/9783845287843-207

Kraemer, K. (2010): »Abstiegsängste in Wohlstandslagen«, in: N. Burzan/P. A. Berger (Hg.), Dynamiken (in) der gesellschaftlichen Mitte, Wiesbaden: VS Verlag für Sozialwissenschaften, S. 201–230. DOI: 10.1007/978-3-531-92514-1_10

Kraemer, K. (2018): »Sehnsucht nach dem nationalen Container. Zur symbolischen Ökonomie des neuen Nationalismus in Europa«, in: Leviathan 46, S. 280–302. DOI: 10.5771/0340-0425-2018-2-280

Kriesi, H./Grande, E./Lachat, R./Dolezal, M./Bornschier, S./Frey, T. (2008): West European Politics in the Age of Globalization, Cambridge: Cambridge University Press. DOI: 10.1017/CBO9780511790720

Lengfeld, H. (2017): »Die ›Alternative für Deutschland‹: eine Partei für Modernisierungsverlierer?«, in: Kölner Zeitschrift für Soziologie und Sozialpsychologie 69, S. 209–232. DOI: 10.1007/s11577-017-0446-1

Lengfeld, H./Dilger, C. (2018): »Kulturelle und ökonomische Bedrohung. Eine Analyse der Ursachen der Parteiidentifikation mit der ›Alternative für Deutschland‹ mit dem Sozio-oekonomischen Panel 2016«, in: Zeitschrift für Soziologie 47, S. 181–199. DOI: 10.1515/zfsoz-2018-1012

Lengfeld, H./Ordemann, J. (2017): »Der Fall der Abstiegsangst, oder: Die mittlere Mittelschicht als sensibles Zentrum der Gesellschaft. Eine Trendanalyse 1984–2014«, in: Zeitschrift für Soziologie 46, S. 167–184. DOI: 10.1515/zfsoz-2017-1010

Lipset, S. M. (1955): »The Radical Right: A Problem for American Democracy«, in: The British Journal of Sociology 6, S. 176–209. DOI: 10.2307/587483

Lübke, C./Erlinghagen, M. (2014): »Self-perceived Job Insecurity across Europe over Time: Does Changing Context Matter?«, in: Journal of European Social Policy 24, S. 319–336. DOI: 10.1177/0958928714538215

Luhmann, N. (1997): Die Gesellschaft der Gesellschaft, Frankfurt a. M.: Suhrkamp.

Mudde, C. (2004): »The Populist Zeitgeist«, in: Government and Opposition 39, S. 542–563. DOI: 10.1111/j.1477-7053.2004.00135.x

Mudde, C. (2016): »Europe's Populist Surge. A Long Time in the Making«, in: Foreign Affairs 95, S. 25–30.
Mudde, C./Kaltwasser, C. R. 2018: »Studying Populism in Comparative Perspective: Reflections on the Contemporary and Future Research Agenda«, in: Comparative Political Studies 51 (13), S. 1667–1693. Online First. DOI: 10.1177/0010414018789490
Müller, J.-W. (2016): What is Populism?, Philadelphia: University of Pennsylvania Press. DOI: 10.9783/9780812293784
Nachtwey, O. (2016): Die Abstiegsgesellschaft. Über das Aufbegehren in der regressiven Moderne, Berlin: Suhrkamp.
Oesch, D. (2008): »Explaining Workers' Support for Right-Wing Populist Parties in Western Europe: Evidence from Austria, Belgium, France, Norway, and Switzerland«, in: International Political Science Review 29, S. 349–373. DOI: 10.1177/0192512107088390
Oliver, J. E./Rahn, W. M. (2016): »Rise of the Trumpenvolk: Populism in the 2016 Election«, in: The Annals of the American Academy of Political and Social Science 667, S. 189–206. DOI: 10.1177/0002716216662639
Reckwitz, A. (2017): Die Gesellschaft der Singularitäten, Berlin: Suhrkamp.
Rico, G./Guinjoan, M./Anduiza, E. (2017): »The Emotional Underpinnings of Populism: How Anger and Fear Affect Populist Attitudes«, in: Swiss Political Science Review 23, S. 444–461. DOI: 10.1111/spsr.12261
Rippl, S./Baier, D. (2005): »Das Deprivationskonzept in der Rechtsextremismusforschung. Eine vergleichende Analyse«, in: Kölner Zeitschrift für Soziologie und Sozialpsychologie 57, S. 644–666. DOI: 10.1007/s11577-005-0219-0
Rippl, S./Seipel, C. (2018): »Modernisierungsverlierer, Cultural Backlash, Postdemokratie. Was erklärt rechtspopulistische Orientierungen?«, in: Kölner Zeitschrift für Soziologie und Sozialpsychologie 70, S. 237–254. DOI: 10.1007/s11577-018-0522-1
Rooduijn, M. (2014a): »Vox Populismus: A Populist Radical Right Attitude among the Public?«, in: Nations and Nationalism 20, S. 80–92. DOI: 10.1111/nana.12054
Rooduijn, M. (2014b): »The Mesmerising Message: The Diffusion of Populism in Public Debates in Western European Media«, in: Political Studies 62, S. 726–744. DOI: 10.1111/1467-9248.12074
Rooduijn, M./Akkerman, T. (2017): »Flank attacks: Populism and Left-Right Radicalism in Western Europe«, in: Party Politics 23, S. 193–204. DOI: 10.1177/1354068815596514

Rooduijn, M./Burgoon, B. (2017): »The Paradox of Wellbeing: Do Unfavorable Socioeconomic and Sociocultural Contexts Deepen or Dampen Radical Left and Right Voting Among the Less Well-Off?«, in: Comparative Political Studies 51 (13), S. 1720–1753. Online First. DOI: 10.1177/0010414017720707

Runciman, W. G. (1966): Relative Deprivation and Social Justice. A Study of Attitudes to Social Inequality in Twentieth Century England, London: Routledge & Keagan Paul.

Salmela, M./von Scheve, C. (2017): »Emotional Roots of Right-Wing Political Populism«, in: Social Science Information 56, S. 567–595. DOI: 10.1177/0539018417734419

Schimank, U. (2005): Die Entscheidungsgesellschaft. Komplexität und Rationalität der Moderne, Wiebaden: VS. DOI: 10.1177/0539018417734419

Schimank, U./Mau, S./Groh-Samberg, O. (2014): Statusarbeit unter Druck? Zur Lebensführung der Mittelschichten, Weinheim: Beltz Juventa.

Spierings, N./Zaslove, A. (2017): »Gender, Populist Attitudes, and Voting: Explaining the Gender Gap in Voting for Populist Radical Right and Populist Radical Left Parties.«, in: West European Politics 40, S. 821–847. DOI: 10.1080/01402382.2017.1287448

Spruyt, B./Keppens G./Van Droogenbroeck, F. (2016): »Who Supports Populism and What Attracts People to It?«, in: Political Research Quarterly 69, S. 335–346. DOI: 10.1177/1065912916639138

Steenvoorden, E./Harteveld, E. (2018): »The Appeal of Nostalgia: The Influence of Societal Pessimism on Support for Populist Radical Right Parties«, in: West European Politics 41, S. 28–52. DOI: 10.1080/01402382.2017.1334138

Taggart, P. (2000): Populism, Buckingham: Open University Press.

van Hauwaert, S. M./van Kessel, S. (2018): »Beyond Protest and Discontent: A Cross-national Analysis of the Effect of Populist Attitudes and Issue Positions on Populist Party Support«, in: European Journal of Political Research 57, S. 68–92. DOI: 10.1111/1475-6765.12216

van Kessel S. (2015): Populist Parties in Europe: Agents of Discontent?, Basingstoke: Palgrave Macmillan. DOI: 10.1057/9781137414113

Vehrkamp, R./Wratil, C. (2017): Die Stunde der Populisten? Populistische Einstellungen bei Wählern und Nichtwählern vor der Bundestagswahl 2017, Gütersloh: Bertelsmann Stiftung.

Wodak, R. (2015): The Politics of Fear: What Right-Wing Populist Discourses Mean, London: Sage. DOI: 10.4135/9781446270073.

Anhang

Tabelle A1: Populismus-Index und Subindizes

	≤2	2 bis 4	>4	Mittelwert	Std. Abw.
	Anteile in % (gültige Prozente)				
Index Volkssouveränität	6,5	68,5	25,0	3,6	0,88
Index Anti-Pluralismus	9,9	71,6	18,4	3,4	0,91
Index Anti-Establishment	12,8	68,5	18,7	3,3	0,93
Gesamtindex Populismus	3,5	74,5	22,1	3,5	0,77

Anmerkung: Summenindizes auf Basis der Items in Tabelle 1. Die Indizes können jeweils Werte zwischen 1 und 5 annehmen, wobei höhere Werte eine ausgeprägtere populistische Einstellung wiedergeben. Daten: GLES 2017 (gewichtet)

Tabelle A2: Regressionsmodelle (Determinanten populistischer Einstellungsmuster) mit alternativer Messung von Statussorgen

	M1		M2		M3		M4		M5	
Geschlecht (Ref.: Frau)										
Mann	-0,04		-0,03		-0,03		-0,01		-0,00	
	(0,05)		*(0,05)*		*(0,05)*		*(0,05)*		*(0,05)*	
Alter	0,04		0,04		0,04		0,03		0,03	
	(0,00)		*(0,00)*		*(0,00)*		*(0,00)*		*(0,00)*	
Region (Ref.: Westdeutschland)										
Ostdeutschland	0,17	***	0,17	***	0,13	***	0,15	***	0,12	***
	(0,05)		*(0,05)*		*(0,05)*		*(0,05)*		*(0,05)*	
Haushaltsnettoeinkommen	-0,07		-0,06		-0,03		-0,04		-0,01	
	(0,01)		*(0,01)*		*(0,01)*		*(0,01)*		*(0,01)*	
Haushaltsgröße	0,02		0,02		0,01		0,02		0,00	
	(0,02)		*(0,02)*		*(0,02)*		*(0,02)*		*(0,02)*	
Schicht (Ref.: mittlere Mitte)										
Oberschicht	-0,10	**	-0,10	**	-0,09	**	-0,10	**	-0,09	**
	(0,09)		*(0,09)*		*(0,09)*		*(0,09)*		*(0,09)*	

	M1		M2		M3		M4		M5	
obere Mitte	-0,06		-0,0		-0,05		-0,04		-0,03	
	(0,06)		*(0,06)*		*(0,06)*		*(0,06)*		*(0,06)*	
untere Mitte	0,13	***	0,12	***	0,12	***	0,13	***	0,11	***
	(0,08)		*(0,08)*		*(0,08)*		*(0,08)*		*(0,08)*	
Unterschicht 1	0,05		0,05		0,03		0,04		0,02	
	(0,10)		*(0,10)*		*(0,10)*		*(0,10)*		*(0,10)*	
Unterschicht 2	0,08	*	0,08	*	0,07	*	0,06	*	0,05	
	(0,12)		*(0,12)*		*(0,12)*		*(0,12)*		*(0,12)*	
Bildung (Ref.: mittlere Reife)										
Hauptschule/ ohne Abschluss	-0,03		-0,02		-0,03		-0,04		-0,03	
	(0,07)		*(0,07)*		*(0,07)*		*(0,07)*		*(0,07)*	
Hochschulreife	-0,22	***	-0,23	***	-0,21	***	-0,21	***	-0,21	***
	(0,06)		*(0,06)*		*(0,06)*		*(0,06)*		*(0,06)*	
Links-Rechts-Selbsteinstufung	0,03		0,03		0,03		0,03		0,02	
	(0,01)		*(0,01)*		*(0,01)*		*(0,01)*		*(0,01)*	
Sorge vor Arbeitsplatzverlust			0,01						0,01	
			(0,12)						*(0,12)*	
Ungerechtigkeitsempfinden					0,18	***			0,14	***
					(0,04)				*(0,04)*	
gefühlter Kontrollverlust							0,21	***	0,20	***
							(0,02)		*(0,02)*	
adj. R^2	0,198		0,198		0,219		0,236		0,252	
N	821		821		821		821		821	

Anmerkungen: OLS Regression mit Konstante. Standardfehler in Klammern. Dargestellt sind standardisierte Koeffizienten. Signifikanzniveaus: * p<0,05, ** p<0,01, *** p<0,001 (zweiseitige Tests). Die Fallzahl ist über alle Modell hinweg konstant gehalten. Abhängige Variable ist der Populismus-Index, der Werte zwischen 1 und 5 annehmen kann (hoher Wert=ausgeprägte populistische Einstellung). Daten: GLES 2017

Tabelle A3: Deskriptive Statistik (Variablenbeschreibung)

Variable	N	Mittelwert/ Anteil	Std. Abw.
Populistische Einstellung			
Populismus-Index (Index: 1-5)	1 793	3,43	0,747
Subindex: Volkssouveränität (Index: 1-5)	2 155	3,55	0,903
Subindex: Anti-Pluralismus (Index: 1-5)	1 852	3,38	0,912
Subindex: Anti-Establishment (Index: 1-5)	2 072	3,34	0,915
Geschlecht			
Frau	1 094	50,2 %	
Mann	1 085	49,8 %	
Alter (metrisch)	2 179	51,22	19,074
Region			
Westdeutschland	1 458	66,9 %	
Ostdeutschland	721	33,1 %	
Einkommen			
Haushaltsnettoeinkommen (Skala: 1-13) (Skala von 1 = unter 500, 13 = 10.000 und mehr)	1 866	7,55	2,532
Haushaltsgröße	2 177	2,50	1,245
Schicht (EGP Berufsklassen Schema)			
Oberschicht: oberen Dienstklasse (I)	109	5,1 %	
obere Mitte: untere Dienstklasse (II)	291	13,7 %	
mittlere Mitte: kleine Selbständige (IVa, b) und gehobene Routineangestellte (IIIa)	392	18,4 %	
untere Mitte: Facharbeiter (VI) und Techniker/ Vorarbeiter (V)	158	7,4 %	
Unterschicht 1: Routineangestellten (IIIb)	93	4,4 %	
Unterschicht 2: an- oder ungelernte Arbeiter (VIIa, b)	66	3,1 %	
arbeitslos	56	2,6 %	
nicht erwerbstätig	962	45,2 %	
Bildung			
Hauptschulabschluss/ohne Abschluss	524	24,9 %	
mittlere Reife	902	42,9 %	
Hochschulreife	676	32,2 %	

Variable	N	Mittelwert/ Anteil	Std. Abw.
Links-rechts-Selbsteinstufung (Skala: 1-11) (1 = links, 11 = rechts)	2 015	5,39	1,876
Statussorgen			
materielle Sorgen (Skala: 1-5): eigene wirtschaftliche Lage prospektiv (1 = wesentlich besser, 5 = wesentlich schlechter)	2 119	2,87	0,626
Angst vor Stellenverlust/Angst vor Betriebsverlust (0/1) (1 = nein, 2 = Angst arbeitslos zu werden, 3 = Angst Stelle wechseln zu müssen, 4 = beides) umcodiert in 0 = keine Angst & Angst Stelle wechseln zu müssen (1 & 3), 1 = Angst arbeitslos zu werden & beides (2 & 4)	1 140	0,05	0,207
egozentriertes Ungerechtigkeitsempfinden			
materielles Ungerechtigkeitsempfinden /Anteil im Vergleich zu anderen (Skala: 1-5) (1 = viel mehr als den gerechten Anteil, 5 = viel weniger als den gerechten Anteil)	2 105	3,34	0,743
gefühlter Kontrollverlust (Kontingenzzunahme)			
gefühlter Kontrollverlust (Skala: 1-5): Unübersichtlichkeit der Welt (1 = trifft überhaupt nicht zu, 5 = trifft voll und ganz zu)	2 153	3,19	1,135

Daten: GLES 2017

Die rechte Mitte?
Zur Rolle objektiver Position und subjektiver Verunsicherung für die Identifikation mit rechten Parteien

Florian R. Hertel und Frederike Esche

1. Einleitung

Aktuelle Zeitdiagnosen beschwören immer häufiger Angst und Verunsicherung als konstitutiv für soziales Handeln (vgl. Bude 2014).[1] Nicht zuletzt der international zu beobachtende Wahlerfolg rechter populistischer Parteien wird zunehmend auf subjektive Faktoren zurückgeführt. So beschreibt Eribon (2016) in einer biografischen Sozioanalyse, wie das Arbeitermilieu in Frankreich, einst fest in der Hand linker Parteien, aufgrund ökonomischer Verunsicherungen und dem Gefühl, von den eigenen Interessenvertretern verraten worden zu sein, sich dem rechts-populistischen Front National zuwendet. Ähnliches weiß Hochschild (2017) von ihren Interviews mit Mitgliedern der (unteren) Mittelschichten aus dem amerikanischen Süden zu berichten. Mit deren Verdrängungsängsten im Statuswettbewerb erklärt Hochschild die Popularität der rechten Tea-Party-Bewegung in Louisiana.

Während in diesen Analysen vor allem Enttäuschte aus den unteren sozialen Lagen als Sympathisantinnen rechter Parteien beschrieben werden, scheinen Forschende hierzulande die Sympathisanten überwiegend in der gesell-

1 Wir bedanken uns herzlich für die vielen konstruktiven Anmerkungen und Hinweise der beiden Herausgeberinnen sowie für die kritischen Kommentare der Teilnehmer des 19. ISA World Congress of Sociology in Toronto, des RC-28 Spring Meetings 2018 an der Yonsei University und des Jahrestreffens 2018 der DGS Sektion Soziale Indikatoren an der Universität Duisburg-Essen. Ebenso danken wir Gabriela Schmidt für ihr gründliches Lektorat. Alle verbleibenden Fehler liegen alleine in der Verantwortung der Autorinnen.

schaftlichen Mitte zu verorten (vgl. Decker et al. 2015; Koppetsch 2017; Lengfeld 2017, 2018; Rippl et al. 2016). So berichtete Lengfeld (2017) in einer vielbeachteten Studie, dass eher Menschen in mittleren und höheren Statuslagen, nicht aber Arbeiterinnen zur AfD tendieren (vgl. auch Schmitt-Beck et al. 2017). Ebenso scheinen Sympathisanten der Patriotischen Europäer gegen die Islamisierung des Abendlandes (PEGIDA) eher aus der sozialstrukturellen Mitte als aus den unteren Schichten zu stammen (vgl. Reuband 2015; Vorländer et al. 2016).

Diese Studien weisen jedoch einige methodische Mängel auf. So erlaubt z. B. die willkürliche Stichprobenziehung der oben genannten PEGIDA-Befragung keine repräsentativen Aussagen über die Demonstrierenden. Die AfD-Untersuchung Lengfelds wiederum schließt Arbeitslose als wesentliche Modernisierungsverliererinnen von der Untersuchung aus (vgl. Lux 2018) und benutzt eine sozialstrukturelle Einteilung[2], die ungeeignet ist, um Modernisierungsverlierer zu identifizieren (vgl. Tutić/von Hermanni 2018). Angesichts dieser Probleme verwundert es nicht, dass Replikationsstudien AfD-Sympathisanten eher in den Arbeiterklassen, unter niedrig Gebildeten und Menschen mit geringem Einkommen finden (vgl. Lengfeld/Dilger 2018; Lux 2018; Rippl/Seipel 2018; Tutić/von Hermanni 2018).

Die Diskussion um die Verortung der Sympathisantinnen rechter Parteien und die Erklärung für deren politische Identifizierung ist nicht allein eine Frage methodischer Spitzfindigkeiten. Die widersprüchlichen Einordnungen in der Mitte oder am unteren Rand der Sozialstruktur basieren ebenso auf den Studien zugrundeliegenden alternativen theoretischen Erklärungen für den Zusammenhang von sozialer Ungleichheit und dem Erfolg rechter Parteien und Bewegungen. Mit Verweis auf die Modernisierungsverlierer-Theorie lässt sich die Identifizierung mit rechten politischen Parteien auf objektiv niedrige Positionen und Abwärtsmobilität, subjektive Verunsicherung oder einer Kombination aus beidem zurückführen. Während die Verunsicherungsthese politisch Rechte auch in der sozialstrukturellen Mitte vermutet, verortet die objektive Variante der Modernisierungsverlierer-Theorie diese eher in unteren sozialstrukturellen Lagen.

2 Obwohl die von Lengfeld benutzte berufliche Stellung (Arbeiterinnen, Selbstständige, Angestellte und Beamtinnen) sicherlich mit vertikalen Ungleichheitsmaßen korrespondiert, ist die Heterogenität der Kategorien besonders bei Arbeiterberufen extrem ausgeprägt. Diese (unbeobachtete) Heterogenität ist vor allem dann problematisch, wenn durch das Fehlen eines Zusammenhangs eine Hypothese verworfen wird.

Ausgehend von der Annahme, dass es sich bei dem Erfolg der AfD um eine Bündelung klassischer Wählergruppen der politischen Rechten handelt (vgl. Friedrich 2017; Hambauer/Mays 2018; Rosenfelder 2017), widmen wir uns in diesem Beitrag der Frage, wer die Menschen sind, die sich im letzten Jahrzehnt mit rechten Parteien insgesamt identifiziert haben, und welche Veränderungen in der individuellen Situation den Wechsel in das rechte Lager verursachen. Dabei untersuchen wir, ob subjektive Verunsicherung und objektive Statusverluste einen jeweils eigenständigen Beitrag für rechte politische Positionierung liefern, oder ob der Einfluss objektiver Faktoren allein über subjektive Verunsicherung erklärt werden kann (vgl. Lengfeld 2018; Lengfeld/Dilger 2018).

Angeleitet von unserer theoretischen Synthese operationalisieren wir objektive Statusverluste und subjektive Verunsicherung in jeweils drei unterschiedlichen Dimensionen: Bildung, Klasse und Einkommensposition einerseits, selbstbezogene, gesellschaftsbezogene und emotionale Verunsicherung andererseits. Im Gegensatz zu anderen Studien decken wir damit eine Reihe unterschiedlicher Erklärungen gleichzeitig ab. Um den angenommenen (dynamischen) Zusammenhang zwischen Status*verlusten* und *darauffolgender* rechter Wahlabsicht theoriegetreu zu modellieren, untersuchen wir zusätzlich anhand eines längsschnittlichen Designs, ob *Veränderungen* der objektiven Lage und der subjektiven Verunsicherung die individuelle Identifizierung mit rechten Parteien befördert.

Im weiteren Verlauf des Artikels werden wir zunächst mit der Modernisierungsverlierer-Theorie einen theoretischen Rahmen für die Berücksichtigung der objektiven Position und der subjektiven Verunsicherung bei der Erklärung rechter politischer Positionierung vorstellen. Im dritten Teil erläutern wir unsere methodische Vorgehensweise. Es folgt die Präsentation der Ergebnisse und eine abschließende Diskussion.

2. Modernisierungsverlierer-Theorie und Identifikation mit rechten Parteien

Der Erfolg rechter Parteien wird in (deutschsprachigen) soziologischen Beiträgen häufig anhand der Modernisierungsverlierer-Theorie (MVT) untersucht. Nach Spier (2010) erklärt die MVT den Erfolg rechter Parteien als Reaktion auf einen Statusverlust, welcher Folge von gesellschaftlicher Modernisierung ist (vgl. Bornschier/Kriesi 2013; Lengfeld 2017). Dieser soziale Wandel findet auf unterschiedlichen Ebenen statt. Veränderungen am Arbeitsmarkt, z. B. aufgrund von technologischem oder rechtlichem Wandel, führen zur Auf- und Abwertung ganzer Berufsgruppen, aber auch von individuell erlerntem Wissen und Fähigkeiten (vgl. Nachtwey 2016). Der Wandel von Normen und Werten stellt zudem bewährte Lebensstile und -formen sowie Geschlechterrollen und -identitäten über Verschiebungen der sozialen Anerkennungshierarchie infrage (vgl. Inglehart/Norris 2016). Globale Entwicklungen wie zunehmende ökonomische Interdependenzen und internationale Migration verringern schließlich den individuellen Handlungsspielraum im Umgang mit lokalen Ereignissen und reduzieren die Integrationskraft tradierter sozialer Bezugsgruppen (vgl. Beck 1986, 1994).

Sozialstrukturell führen Modernisierungsprozesse zu erheblichen gesellschaftlichen Verschiebungen – pointiert in Becks (1986) Aufstiegs- oder Nachtweys (2016) Abstiegsgesellschaft beschrieben – mit entsprechenden Gewinnerinnen und Verlierern. Als objektive Modernisierungsverlierer gelten gering gebildete Menschen, die außerhalb des Arbeitsmarktes stehen oder in unteren Arbeitsmarktpositionen tätig sind und mit geringen Einkommen leben müssen (vgl. Mills et al. 2008). So sind vor allem Arbeiterinnen im verarbeitenden Gewerbe sowie Dienstleister vom technologischen und berufsstrukturellen Wandel betroffen (vgl. Hertel 2017). Ebenso haben kleine Selbstständige dem Konkurrenzdruck, der mit der Globalisierung einhergeht, weniger entgegenzusetzen als kapitalstarke Unternehmen. Aufgrund ihrer unterdurchschnittlichen Ausstattung mit ökonomischen, kulturellen und sozialen Ressourcen sind Menschen in diesen Klassenlagen mit höherer Wahrscheinlichkeit negativ von Modernisierungsschüben betroffen und bilden Einstellungen und Sorgen heraus, die rechte politische Positionen begünstigen (vgl. Sommer 2010).

Andersherum kann Statusverlust auch subjektiv gefühlt sein, ohne mit einer objektiven Veränderung der sozioökonomischen Lage zu korrespondieren. Der gefühlte Reputationsverlust »überkommener Weltbilder und Werteordnungen« (Rippl/Seipel 2018: 240) und die Infragestellung traditioneller Lebensweisen führen dann zu einem Aufbegehren subjektiver Modernisierungsverliererinnen gegen die mit den Modernisierungsschüben einhergehende Pluralisierung von Lebensformen und Werten. Diese Positionen werden dann vorrangig von rechten Parteien bedient, die eine Rückkehr zu Altbekanntem oder eine Aufwertung der eigenen Existenz versprechen. Aus dieser Perspektive sind rechtspopulistische Einstellungen zumindest zum Teil individuelle Gegenreaktionen auf Jahre soziokulturellen Wandels und gesellschaftlicher Liberalisierung, die individuelle Verunsicherung zur Folge haben (vgl. Inglehart/Norris 2016). Mit einer solchen Verschlechterung des subjektiven Wohlbefindens korrespondieren xenophobe Einstellungen und Abwertungen gegenüber Menschen, die als Bedrohung wahrgenommen werden. Deren Bekämpfung machen sich rechtspopulistische Bewegungen und Parteien zu eigen und stilisieren sich als Alleinvertreterinnen im Kampf um Sicherheit und gegen »Überfremdung« oder gar die »Flüchtlingskrise« (vgl. Bauman 2016).

Objektive Modernisierungsverlierer

Der oben beschriebene Zusammenhang zwischen objektiv niedriger sozialer Position und rechter politischer Positionierung wird klassisch über prekäre Sozialisationsbedingungen und ökonomische Verhältnisse begründet. So postulierte bereits Lipset (1959), dass Arbeiter aufgrund geringer Bildung und unsicherer Beschäftigungsverhältnisse stärkeren Einkommensfluktuationen ausgesetzt sind. Ökonomisch prekäre Lebensumstände und tendenziell instabilere Familienverhältnisse begünstigen wiederum die Entstehung dichotomer Weltbilder und autoritärer Einstellungen.

Für diesen Zusammenhang finden sich viele empirische Belege. So lassen sich die den autoritären Einstellungen zugrunde liegenden Dispositionen, z. B. rigide und oberflächliche Denkstrukturen, aber auch Zynismus und Misstrauen, vermehrt in Arbeiterklassenlagen finden (vgl. Scheuregger/Spier 2007). Und selbst unter Kontrolle rechtsaffiner Einstellungen bleibt ein deutlicher Zusammenhang zwischen (Arbeiter-)Klassenlage und rechtspopulistischer Wahlentscheidung bestehen (vgl. Spier 2010). Studien aus den 1990er Jahren verweisen zudem auf eine (postindustrielle) ›Proletarisierung‹ rechter Elektorate hin (vgl. Betz 1994; Dülmer/Klein 2005), während aktuelle Forschung belegt, dass rechtspopulistische Parteien vor allem in Arbeiterklassen und unter sozial Marginalisierten Zuspruch finden (vgl. Oesch/Rennwald 2018; Spier 2010: 261 ff.). Ähnliche Ergebnisse wurden auch für potentielle AfD-Wählerinnen berichtet (vgl. Hambauer/Mays 2018; Kroh/Fetz 2016).

Subjektive Modernisierungsverlierer

Die angeführte Erklärung nimmt eine relativ unvermittelte Beziehung zwischen niedriger objektiver Position, prekären Lebensumständen und rechten politischen Einstellungen an. Der Erfolg der AfD setzt jedoch zu einer Zeit ein, in der makroökonomische Indizes für Arbeitsmarkt und Wirtschaft kaum besser sein könnten: in 2017 wuchs das Bruttoinlandsprodukt in Deutschland preisbereinigt um 2,2 Prozent, die Arbeitslosenquote sank um 0,4 Prozentpunkte auf 5,7 Prozent (Destatis 2018). Dieser augenscheinliche Widerspruch basiert jedoch auf dem ökologischen Fehlschluss, individuelles Handeln (rechte Wahlentscheidung oder Parteiidentifikation) direkt aus gesellschaftlichen Aggregatzuständen (wirtschaftliche Lage) abzuleiten. Demgegenüber gibt es mindestens drei Ansätze, die den gefühlten Statusverlust als zentrale Erklärung für rechte politische Einstellungen auf der Individualebene identifizieren (vgl. Decker et al. 2016; Koppetsch 2017; Rippl/Seipel 2018). Wir ordnen diese Ansätze danach, ob sie eher selbstbezogene, gesellschaftsbezogene oder emotionale Verunsicherung als individuelle Ursache rechter Einstellungen und politischer Positionierung vorschlagen.

Hochschilds (2017) Befunden zufolge werden in den USA Sympathien mit der rechtspopulistischen Tea-Party-Bewegung nicht durch tatsächliche Positionsverluste hervorgerufen. Vielmehr liegt diesen Sympathien *selbstbezogene Verunsicherung* zugrunde, die sich in der Sorge äußert, dass Minderheiten aufgrund staatlicher Protektion den im amerikanischen Traum angelegten Statuswettbewerb für sich entscheiden könnten. In den Ängsten um den potentiellen eigenen Abstieg sind dann unterschiedlichste Bevölkerungsgruppen geeint, wie Koppetsch vermutet: »[D]ie Anhängerschaft des Rechtspopulismus [bildet] gerade keine soziale Klasse [...] sondern [...] umfasst [...] Arbeiter und kleine Gewerbetreibende genauso [...] wie [...] Mittelschichtseliten und Akademiker« (Koppetsch 2017: 15–16). Aus dieser Perspektive ist es demnach die selbstbezogene Sorge, die unabhängig von der objektiven Position Sympathien mit rechten Positionen befördert.

Basierend auf den Ergebnissen der Leipziger »Mitte«-Studie (vgl. Decker et al. 2015, 2016) weisen sozialpsychologische Überlegungen zum autoritären Charakter andererseits auf die Rolle von *gesellschaftsbezogener Verunsicherung* als weiteren subjektiven Faktor hin. Wie die klassischen Studien zur Erklärung von Faschismus und Antisemitismus darlegen, ist die autoritäre Persönlichkeit durch eine prekäre Identität gekennzeichnet, die aus der absoluten Anpassung an die bestehende Ordnung und der Ablehnung der Schwachen und des Fremden ihre Stärke bezieht (vgl. Adorno et al. 1950: 759 ff.). Vor dem Hintergrund der Bildungsexpansion und des gesellschaftlichen Wandels hin zu liberalen Werten und (Erziehungs-)Normen geht Decker (2015) davon aus, dass die aktuelle Ausformung eines sekundären autoritären Charakters (bzw. autoritären Syndroms) weniger auf gewaltförmige Sozialisationserfahrungen im Elternhaus und direkter Identifikation mit einer Führerpersönlichkeit als vielmehr auf der Unterdrückung der eigenen Bedürfnisse zugunsten der Identifikation mit der abstrakten wirtschaftlichen Stärke der Nation beruht (vgl. Menz/Nies im Druck). Da die ökonomische Krise dem Kapitalismus inhärent ist, schlägt zyklisch jedoch »der sekundäre in primären Autoritarismus um [und es] erwacht die Sehnsucht nach dem primären Führer, der es gestattet, den Zwang zu Selbstkontrolle abzuschütteln, ohne das Versprechen der kapitalistischen Ökonomie aufgeben zu müssen.« (Decker 2018: 49) Verschafften das Wirtschaftswunder und die deutsche Wirtschaftskraft dem Bedürfnis nach Anerkennung und positiver Gruppenidentität in der Nachkriegszeit noch Geltung, dann gipfelten geringeres Wachstum und sich wiederholende Krisen in Fremdgruppenabwertung und Aggressionen einer »enthemmten Mitte« gerade gegenüber den Minderheiten, die als wirtschaftliche Belastung empfundenen werden (vgl. Decker et al. 2016).[3]

Aus psychologischer Sicht gesellt sich schließlich *emotionale Verunsicherung*, die aus Frustration, Furcht und Ärger erwächst, zu den Faktoren, die durch den gefühlten Statusverlust ausgelöst werden und rechtsaffinen Einstellungen und Weltbildern zugrunde liegen können (vgl. Bakker et al. 2016). So motiviert Furcht eine Neubewertung der Situation (vgl. Petersen 2010; Valentino et al. 2008), die nicht nur bestehende politische Präferenzen infrage stellen kann, sondern zudem Einstellungen begünstigt, die sich gegen Fremdgruppen und Immigrantinnen richten (vgl. Brader et al. 2008). Ärger hingegen ist eine emotionale Reaktion auf Regelverstöße (vgl. Petersen 2010), die irrationale Zuweisungsprozesse von Verantwortung verstärkt und nach Bestrafung für vermeintliche oder tatsächliche Regelverstöße, z. B. von nicht näher benannten »politischen Eliten«, verlangt. Ärger begünstigt verschie-

3 Der Mitte-Begriff dient hier jedoch nicht nur zur vertikalen Lokalisierung des autoritären Syndroms innerhalb der Sozialstruktur. Vielmehr soll er darauf verweisen, dass autoritäre Einstellungen in einem breiten Teil der Bevölkerung zu finden seien (vgl. Decker 2018: 24 f.).

dene Elemente rechter politischer Identitäten wie ethnozentristische Weltbilder (vgl. Banks 2016) und autoritäre Einstellungen (vgl. Vasilopoulos et al. 2018).

Furcht und Ärger stehen jedoch auch in einer Verbindung zu gefühltem Statusverlust und können in einer Wirkungskette gemeinsam gedacht werden (vgl. Salmela/von Scheve 2017). Die zunehmende Individualisierung von biografischen Erfolgen einerseits, persönlichem Versagen andererseits führt dazu, dass Angst vor Statusverlust individuell über Ressentiments in Wut und Zorn gegen Fremdgruppen umgewandelt wird. Emotionale Distanzierungen von der Scham fördern zudem den Rückzug auf vermeintlich stabile traditionelle und partikularistische Identitäten.

Zusammenfassend können subjektive Modernisierungsverliererinnen dreidimensional gezeichnet werden. Bedroht von wahrgenommenen Statuskämpfen und Prestigeverlusten erleiden sie selbstbezogene Sorgen. Ihre prekären Identitäten sind von gesellschaftsbezogenen Sorgen um die Eigengruppe gekennzeichnet und stabilisieren sich durch ablehnende Einstellungen gegenüber Fremdgruppen. Der gefühlte Statusverlust geht auf emotionaler Ebene mit Ängsten und Scham einher, welche sich über Ressentiments in Wut und Zorn gegenüber Fremdem äußern.

Objektive und subjektive Modernisierungsverliererinnen

Die zuvor skizzierten objektiven und subjektiven Perspektiven können zwar analytisch unabhängig voneinander gedacht werden, verschwimmen aber in den meisten empirischen Untersuchungen (Lengfeld/Dilger 2018). Verluste in symbolischen Auseinandersetzungen über gesellschaftliche Anerkennung, die der subjektiven Variante der MVT zugrunde liegen, werden häufig implizit oder explizit an objektive Statusverluste gekoppelt. Komplexe Entscheidungen wie die Teilnahme an einem PEGIDA-Aufmarsch, eine AfD-Wahlabsicht oder die Identifikation mit einer rechten Partei können somit gleichzeitig subjektive und objektive Ursachen haben.

So kann vermutet werden, dass Menschen in einer niedrigen sozioökonomischen Position zu rechten Positionen tendieren, *weil* sie sich Sorgen um ihre sozioökonomische Lage machen. Und eventuell sind gerade die Menschen um das Gemeinwohl besorgt, die selber in ökonomisch prekären Situationen leben. Schließlich könnte der Zusammenhang niedriger Einkommen und rechter Positionierung durch emotionale Reaktionen vermittelt sein, die mit relativer Deprivation einhergehen können. In all diesen Fällen wäre nicht allein der objektive Statusverlust, sondern erst sein subjektiver Niederschlag in gefühlter Verunsicherung ausschlaggebend für das Entstehen und Verstärken rechter politischer Einstellungen und Identitäten. Dynamisch gedacht bedeutet dies, dass eine objektive Verschlechterung nur bei gleichzeitiger subjektiver Verunsicherung wirksam wird bzw. der Effekt einer objektiven Verschlechterung der eigenen Position sich in subjektiven Sorgen, Ängsten und anderen negativen Empfindungen materialisiert, die dann den Wechsel nach rechts erklären können.

Zusammenfassung der Hypothesen

Auf Basis der vorgestellten Erklärungsansätze lassen sich folgende Hypothesen ableiten. Der Verständlichkeit halber unterscheiden wir nur zwischen subjektiver Verunsicherung und objektiver Positionierung. Die weitere Ausdifferenzierung wird im Untersuchungsdesign erneut aufgenommen. Wir präsentieren zunächst statische Hypothesen, die deskriptive Aussagen über Personen treffen, die sich mit rechten Parteien identifizieren.

H1: Je niedriger die soziale Position, desto höher ist die Wahrscheinlichkeit, sich mit rechten Parteien zu identifizieren.

H2: Je höher die subjektive Verunsicherung, desto wahrscheinlicher ist die Identifikation mit einer Partei der extremen Rechten.

Zudem können wir dynamische Hypothesen formulieren, die anders als die zunächst rein beschreibenden eine zeitliche Wirkungsrichtung unterstellen.

H3: Auf sozioökonomische Positionsverluste folgt mit einer höheren Wahrscheinlichkeit die Identifizierung mit einer extrem rechten Partei.

H4: Nimmt die subjektive Verunsicherung zu, folgt mit einer höheren Wahrscheinlichkeit die Identifizierung mit einer extrem rechten Partei.

Des Weiteren sind aus statischer und dynamischer Perspektive zwei Mediationshypothesen formulierbar.

H5: Der Zusammenhang zwischen objektiver Position und rechter Parteiidentifikation erklärt sich über den Einfluss subjektiver Verunsicherung.

H6: Die positive Wirkung objektiver Positionsverluste für die Identifikation mit rechten Parteien erklärt sich über gesteigerte subjektive Verunsicherung.

Im Folgenden untersuchen wir diese sechs Hypothesen für die Bevölkerung der Bundesrepublik Deutschland seit 2007. Dazu stellen wir zunächst die Daten und die angewandten Methoden vor, bevor wir die empirischen Ergebnisse präsentieren.

3. Daten, Variablen und Methoden

Für die empirische Analyse werden die Daten des Sozio-oekonomischen Panels (SOEPv.33.1) genutzt (vgl. Goebel et al. 2018). Neben Indikatoren zur Abbildung des sozioökonomischen Status sowie verschiedenen Indikatoren bezüglich des subjektiven Wohlbefindens wird seit 1990 im jährlichen Turnus ebenfalls die (rechte) Parteiidentifikation erhoben. Dennoch basieren die empirischen Analysen lediglich auf den SOEP-Daten der Jahre 2007–2016, da die Messung der Emotionen erst seit 2007 erfolgt.

Operationalisierung der abhängigen und unabhängigen Variablen

Als abhängige Variable wird die Parteiidentifikation verwendet. Diese wird im SOEP mittels der Frage »Viele Leute in der Bundesrepublik neigen längere Zeit einer bestimmten Partei zu, obwohl sie auch ab und zu eine andere Partei wählen. Wie ist das bei Ihnen?« erfasst. Zu berücksichtigen ist, dass die Befragten nur dann die entsprechende Partei angeben, wenn sie sich tatsächlich auch mit einer identifizieren. Für die Analysen wird eine dichotome Variable gebildet, wobei zwischen »rechte Partei« (1 – DVU, NPD, Republikaner, Die Rechte und AfD)[4] und »keine rechte Partei« (0 – alle übrigen Parteien und keine Parteiidentifikation) unterschieden wird. Verglichen mit der Wahlabsicht

4 Die rechten Parteien werden im SOEP in unterschiedlichen Kategorien erhoben. Von 2007–2012 wird nach DVU/Republikaner/NPD gefragt und seit 2013 NPD/Republikaner/Die Rechte kategorisiert. Seit 2015 wird zusätzlich auch die AfD abgefragt.

bzw. Wahlentscheidung handelt es sich bei der Parteiidentifikation um ein robusteres Instrument. Während bei ersterem auch (einmalige) Protestwählerinnen eingeschlossen sind, verweist die Identifikation auf eine längerfristige Bindung zwischen Individuum und Partei (vgl. Falter et al. 2000; Mayer 2016).

Die objektiv beobachtbare sozioökonomische Position der Befragten wird in drei Dimensionen abgebildet. Das *Bildungsniveau*, also der höchste erreichte Schulabschluss, umfasst die vier Kategorien »maximal Hauptschule«, »Realschule«, »Fachhochschulreife/Abitur« sowie »Sonstiges«. Die *Klassenlage* wird mithilfe des Oesch-Klassenschemas ermittelt, wobei jedoch eine kondensierte Kategorisierung verwendet und lediglich zwischen den folgenden acht Kategorien differenziert wird: »obere Klassenlagen« (d. h. Arbeitgeber, Freiberuflerinnen, Technische Expertinnen, oberes Management und soziokulturelle Professionen), »Mittelklassenlagen« (d. h. Technikerinnen, mittleres Management sowie soziokulturelle Semi-Professionen), »kleine Selbstständige mit und ohne Mitarbeiter«, »(un)gelernte Industriearbeiterinnen«, »(un)gelernte Dienstleistende«, »(un)gelernte Büro- und Verwaltungskräfte« sowie »nicht erwerbstätig« und »arbeitslos« (vgl. Oesch 2006, 2013). Gegenüber anderen Klassenschemata hat dieses den Vorteil, dass es zwischen unterschiedlichen horizontalen Segmenten der Arbeiterklasse im Produktions-, Dienstleistungs- und Verwaltungsbereich differenziert und so die Proletarisierungsthese rechter Sympathisanten zu untersuchen erlaubt. Anstelle des Klassenschemas wird für die Überprüfung der dynamischen Hypothesen der *Erwerbsstatus* gebildet, der die Kategorien »erwerbstätig«, »arbeitslos« und »nicht erwerbstätig« beinhaltet. Berücksichtigt werden zudem die relative Position des *monatlichen Nettoäquivalenzeinkommens* sowie des *monatlichen individuellen Erwerbseinkommens* zum Medianhaushaltseinkommen bzw. zum Medianerwerbseinkommen.

Auch bezüglich der subjektiven Verunsicherung unterscheiden wir drei Dimensionen. Die selbstbezogene Verunsicherung wird mittels der *Lebenszufriedenheit* und der *Zufriedenheit mit dem Haushaltseinkommen*, die beide auf einer 11-er Skala von 0 (»ganz und gar unzufrieden«) bis 10 (»ganz und gar zufrieden«) erhoben werden, gemessen. Während sich letztere ausschließlich auf die finanzielle Situation bezieht, evaluiert die Lebenszufriedenheit das Leben als Ganzes und berücksichtigt dabei unterschiedliche Lebensbereiche.[5]

5 Im SOEP wird außerdem die Zufriedenheit mit dem persönlichen Einkommen erhoben. Allerdings wird diese aufgrund der starken Korrelation mit der Zufriedenheit mit dem

Dabei wird davon ausgegangen, dass die Bewertung der Zufriedenheit relativ zu einem Vergleichsstandard erfolgt, sei es im Vergleich zu den eigenen bisherigen Erfahrungen sowie den Erwartungen an das zukünftige Leben oder zu anderen Personen aus dem sozialen Umfeld (vgl. Schwarz/Strack 1999). Da die oben beschriebenen Modernisierungsschübe als ökonomische Bedrohung wahrgenommen werden sowie die gesamte tradierte Lebensweise infrage stellen können, behandeln wir diese beiden Indikatoren als zentrale Maße für selbstbezogene Verunsicherung. Die gesellschaftsbezogene Verunsicherung wird über die *Sorgen bezüglich der wirtschaftlichen Entwicklung* sowie der *Zuwanderung* erfasst, wobei hier zwischen »keine Sorgen«, »einige Sorgen« und »große Sorgen« differenziert wird. Beide Indikatoren fokussieren makrostrukturelle Entwicklungen. Sie beziehen sich einerseits auf die wirtschaftliche Stärke, andererseits auf Fremdgruppen, die eventuell als wirtschaftliche Belastung empfunden werden. Die emotionale Verunsicherung wird anhand der Emotionen *Angst* und *Ärger* gemessen, die angeben, wie oft die Befragten das entsprechende Gefühl in den letzten vier Wochen erlebt haben. Obgleich die spezifischen Gründe für das Erleben von Angst und Ärger unklar sind, dient Angst als direktes Maß zur Abbildung der emotionalen Verunsicherung. Ärger hingegen bildet z. B. den Unmut über als ungerecht empfundene aktuelle (Lebens-)Verhältnisse ab. Die ursprünglich auf einer 5-er Skala erfassten Emotionen werden für die empirische Analyse zu den drei Kategorien »(sehr) selten«, »manchmal« und »(sehr) oft« zusammengefasst.

Als Kontrollvariablen werden neben dem *Geschlecht, Migrationsstatus* und *Alter* der *Familienstatus* benutzt. Bezüglich des Familienstatus wird zwischen »verheiratet«, »geschieden/verwitwet« und »ledig« unterschieden. Zudem wird für *Ost- und Westdeutschland* sowie die *Beobachtungsjahre* kontrolliert.

Methodisches Vorgehen

Die empirische Überprüfung umfasst zwei Teile. Der erste Teil widmet sich zunächst der Frage, wer die Personen sind, die sich mit rechten Parteien identifizieren. Hierfür werden die gepoolten Querschnittsdatensätze anhand multipler logistischer Regressionen analysiert. Dabei gehen alle Befragten in

Haushaltseinkommen (r = 0.80) nicht bei der empirischen Analyse berücksichtigt. Letztere wird bevorzugt, da das Haushaltseinkommen ein umfassenderes Bild der Einkommenssituation des Haushaltes abbildet.

die Analyse ein, die vollständige Information hinsichtlich der oben genannten Prädiktoren aufweisen (N=186.090). Die Verteilung der Ausprägungen der Variablen in der Stichprobe ist in Tabelle 1 dargestellt.

Die erklärenden Variablen werden schrittweise in das Modell eingeführt. Das Basismodell enthält neben den Kontrollvariablen die Indikatoren zur Messung der objektiven sozioökonomischen Position der Befragten. Um zu überprüfen, inwieweit die Effekte der objektiven Position letztendlich durch die subjektive Verunsicherung der Befragten vermittelt werden, werden anschließend die drei Dimensionen subjektiver Verunsicherung schrittweise hinzugefügt. Es werden zunächst die Zufriedenheiten (selbstbezogene Verunsicherung), die Sorgen um die wirtschaftliche Entwicklung und Zuwanderung (gesellschaftsbezogene Verunsicherung) und abschließend die Emotionen Angst und Ärger (emotionale Verunsicherung) in das Modell aufgenommen. Da Mediationsbeziehungen interpretiert werden und bei einer logistischen Regression die Effekte der erklärenden Variablen nicht über verschiedene Modelle hinweg verglichen werden können (vgl. Mood 2010), erfolgt die Analyse unter Anwendung der Karlson-Holm-Breen (KHB)-Methode (vgl. Breen et al. 2013). Da es sich um gepoolte Querschnittsdaten handelt, werden geclusterte Standardfehler berechnet.

Tabelle 1: Beschreibung der abhängigen und unabhängigen Variablen

	Querschnitt (N=186.090)		**Längsschnitt (N=5.690)**	
	Anteile / Ø	(Std.-Abw.)	Anteile / Ø	(Std.-Abw.)
rechte Parteiidentifikation	0,9 %		26,3 %	
Beobachtungsjahre				
2007-2013	63,9 %		59,7 %	
2014-2016	36,1 %		40,4 %	
Alter	51,0	(16,9)	46,5	(16,2)
weiblich	53,2 %		36,2 %[a]	
Familienstatus				
verheiratet	64,3 %		57,2 %	
ledig	20,2 %		28,4 %	
geschieden/verwitwet	15,5 %		14,4 %	

	Querschnitt (N = 186.090)		Längsschnitt (N = 5.690)	
	Anteile / Ø	(Std.-Abw.)	Anteile / Ø	(Std.-Abw.)
Migrationshintergrund	21,6 %		14,5 %[a]	
Ostdeutschland	23,7 %		40,6 %	
Bildungsniveau				
max. Hauptschule	32,3 %		35,9 %[a]	
Realschule	30,3 %		40,5 %[a]	
Fach-/Abitur	28,7 %		16,7 %[a]	
sonstige	8,7 %		6,8 %[a]	
Klassenschema[b]				
obere Klassen	14,8 %			
Selbstständige mit und ohne Angestellte	2,4 %			
Mittelklasse	14,5 %			
(un)gelernte manuelle Arbeiter	11,2 %			
(un)gelernte Büro- und Verwaltungskräfte	6,1 %			
(un)gelernte Dienstleistende	9,7 %			
arbeitslos	4,7 %			
nicht erwerbstätig	36,6 %			
Erwerbsstatus				
erwerbstätig			63,7 %	
arbeitslos			8,6 %	
nicht erwerbstätig			27,6 %	
relative HH-Einkommens-position	1,2	(0,9)	1,1	(0,6)
relative individuelle Erwerbsein-kommensposition	0,8	(1,3)	0,8	(1,0)
Zufriedenheit mit dem HH-Einkommen	6,6	(2,2)	5,9	(2,4)
Lebenszufriedenheit	7,1	(1,7)	6,7	(2,0)

	Querschnitt (N=186.090)		Längsschnitt (N=5.690)	
	Anteile / Ø	(Std.-Abw.)	Anteile / Ø	(Std.-Abw.)
Ärger				
(sehr) selten	37,2 %		27,9 %	
manchmal	40,9 %		36,9 %	
(sehr) oft	21,9 %		35,2 %	
Angst				
(sehr) selten	75,0 %		72,6 %	
manchmal	17,5 %		17,5 %	
(sehr) oft	7,5 %		9,9 %	
Sorgen um wirtschaftliche Entwicklung				
keine Sorgen	22,8 %		34,5 %	
einige Sorgen	59,6 %		51,3 %	
große Sorgen	17,6 %		14,3 %	
Sorgen um Zuwanderung)				
keine Sorgen	27,0 %		65,2 %	
einige Sorgen	42,5 %		26,0 %	
große Sorgen	30,5 %		8,8 %	

Hinweis: [a] Da es sich um zeitkonstante Variablen handelt, wurden die Anteile nur auf Basis einer Beobachtung pro Person berechnet (N=939).
[b] Anstelle des Klassenschemas werden die Anteile für die Stichprobe der Längsschnittanalyse für den Erwerbsstatus angegeben.

Der zweite Teil der empirischen Analyse widmet sich der längsschnittlichen Überprüfung der MVT und beschäftigt sich mit der Frage, inwieweit objektiv beobachtbare Positionsverluste sowie zunehmende subjektive Verunsicherung den *Wechsel* der Parteiidentifikation erklären. Es werden nun Veränderungen betrachtet, sodass die Längsschnittdaten mittels logistischer Fixed-Effects-Regressionsmodelle analysiert werden. Analog zu der logistischen Analyse der Querschnittsdaten erfolgt auch hier die Anwendung der KHB-Methode. Ebenfalls werden die erklärenden Variablen schrittweise in das Modell eingeführt. Da Fixed-Effects-Modelle ausschließlich auf Veränderungen innerhalb von Personen abzielen und somit für unbeobachtete Heterogenität kontrollieren, werden Befragungspersonen, die keinerlei Wechsel hinsichtlich der Parteiidentifikation aufweisen, von dieser Analyse ausgeschlossen (vgl. Allison 2009). Dies führt zu einer deutlichen Stichprobenreduzierung, sodass jetzt nur noch 936 Personen mit insgesamt 5.690 Personen-Jahr-Beobachtungen zur Verfügung stehen. Die Verteilung der Variablen für die entsprechende Stichprobe ist ebenfalls in Tabelle 1 dargestellt. Da per Definition keine zeitkonstanten Variablen in das Modell integriert werden können, werden Geschlecht, Bildungsniveau sowie Migrationsstatus in diesen Modellen nicht berücksichtigt. Ebenso ist auch die Klassenlage von der Analyse ausgeschlossen. Zwar ist diese strenggenommen zeitveränderlich, allerdings sind Wechsel über die Zeit äußerst selten (vgl. Groh-Samberg/Hertel 2011). Anstelle der differenzierten Klassenlage wird daher der Erwerbsstatus in das Modell integriert.

4. Ergebnisse

In Abbildung 1 ist der Anteil der Personen mit einer rechten Parteiidentifikation im Zeitverlauf von 2007 bis 2016 dargestellt. Während der Anteil bis 2013 relativ stabil ist, steigt dieser mit der Gründung der AfD sprunghaft an.

Abbildung 1: Anteil der Personen mit rechter Parteiidentifikation in Prozent im Zeitverlauf

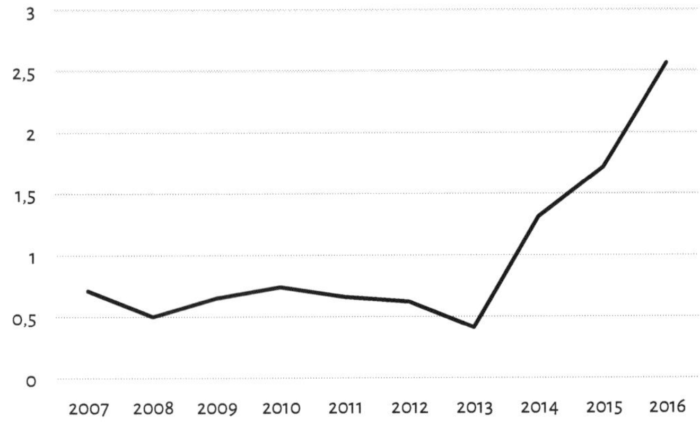

Quelle: SOEPv.33.1, eigene Berechnungen; gewichtete Werte

In Tabelle 2 sind die Ergebnisse der logistischen Regression dargestellt. Das Ausgangsmodell beinhaltet neben den Kontrollvariablen die Indikatoren zur Abbildung der sozioökonomischen Position der Befragungspersonen (M 1). Bezogen auf die Kontrollvariablen zeigt sich, dass die Wahrscheinlichkeit einer rechten Parteiidentifikation seit 2014 deutlich angestiegen ist und in Ostdeutschland signifikant höher ausfällt als in Westdeutschland. Des Weiteren weisen Frauen und Migranten eine signifikant geringere Wahrscheinlichkeit für eine rechte Parteiidentifikation auf. Zudem sinkt die Wahrscheinlichkeit mit zunehmendem Alter. In Einklang mit Hypothese 1 bestätigen die Ergebnisse die Annahme, dass die Wahrscheinlichkeit, sich mit rechten Parteien zu identifizieren, signifikant höher ist, je geringer die sozioökonomische Stellung der Befragten ausfällt. So weisen Personen mit (maximal) Hauptschulabschluss und Realschulabschluss eine signifikant höhere Wahrscheinlichkeit für eine rechte Parteiidentifikation auf als Personen mit Fach-/Abitur. Ebenso lässt sich ein Einkommenseffekt feststellen: Die Wahrscheinlichkeit ist umso größer, je schlechter die Einkommensposition des Haushaltes, relativ zum Median gesehen. Zudem beeinflusst die Klassenlage die Parteiidentifikation. Während wir keine Unterschiede zwischen unteren Verwaltungsangestellten, Erwerbstätigen in mittleren und in hohen Klassenlagen finden, neigen vor allem manuelle Arbeiterinnen und Dienstleister sowie Arbeitslose und Nichterwerbstätige eher zu einer rechten Parteiidentifikation. Gleiches gilt für Solo-Selbstständige und kleine Arbeitgeberinnen. Diese Befunde weisen nicht nur deutlich in Richtung der objektiven MVT, sondern sie lassen eine sozialstrukturell genauere Differenzierung zu: Nicht alle Angehörigen der Arbeiterklassen neigen zu einer rechten Parteiidentifikation, sondern insbesondere Erwerbstätige in klassischen Blue- und neueren Pink-collar-Positionen.

Analog zu den objektiven Faktoren und gemäß Hypothese 2 ist eine rechte Parteiidentifikation umso wahrscheinlicher, je höher die subjektive Verunsicherung der Personen (M 2 – M 4). Dies gilt für alle drei betrachteten Dimensionen. So identifizieren sich Personen umso eher mit rechten Parteien, je höher deren selbstbezogene Verunsicherung, d. h. je unzufriedener die Befragten mit dem Haushaltseinkommen und dem Leben als Ganzes sind (M 2). Ein positiver Effekt ergibt sich ebenfalls für die gesellschaftsbezogene Verunsicherung (M 3). Je mehr sich die Befragten um die Zuwanderung und die wirtschaftliche Entwicklung sorgen, desto höher ist die Wahrscheinlichkeit, dass sie zu rechten Parteien neigen. Bezogen auf die Sorgen um die wirtschaftliche Entwicklung lässt sich ein signifikanter Effekt jedoch erst dann identifizieren, wenn sich die Befragten (sehr) große Sorgen machen. Eine Schwelle scheint ebenso bei emotionaler Verunsicherung zu existieren (M 4): Die Wahrscheinlichkeit, sich mit rechten Parteien zu identifizieren, erhöht sich erst dann signifikant, wenn sich die Personen in den letzten vier Wochen (sehr) oft geärgert haben oder (sehr) oft ängstlich waren.

Doch inwieweit sind objektive Lage und subjektive Verunsicherung als zwei voneinander getrennte Einflussgrößen für eine rechte Parteiidentifikation zu verstehen? Werden zunächst die Bildungs- und Klasseneffekte im Ausgangsmodell mit denen des Endmodells verglichen, ergeben sich bei allen Parametern signifikante Mediationseffekte durch die subjektiven Merkmale (vgl. Tabelle 2, rechte Spalte). Der Bildungseffekt sowie der Effekt der Dienstleistenden und Nichterwerbstätigen wird vollständig durch die subjektive Verunsicherung vermittelt, d. h. die genannten Parameter werden substantiell reduziert und üben im finalen Modell keinen signifikanten eigenständigen Einfluss auf die Parteiidentifikation aus. Bei den Solo-Selbstständigen, den manuellen Arbeiterinnen und Arbeitslosen kann der ursprüngliche Effekt nur zum Teil durch die subjektive Verunsicherung erklärt werden, sodass auch im finalen Modell weiterhin, wenn auch teilweise nur auf dem 10-Prozent-Niveau signifikante, vergleichsweise hohe Effekte bestehen bleiben. Zwar reduziert sich der Effekt der relativen Einkommensposition des Haushaltes unter Kontrolle der subjektiven Verunsicherung um insgesamt fast 60 Prozent, allerdings ist dies kein signifikanter Mediationseffekt.

Insgesamt betrachtet speisen sich die Mediationseffekte in erster Linie aus den Sorgen um die Zuwanderung (vgl. Lengfeld/Dilger 2018). Bezogen auf die Bildung sind 90 bzw. 93 Prozent der Mediation bei Personen mit maximal Hauptschulabschluss bzw. Realschulabschluss auf höhere Sorgen um Zuwanderung zurückzuführen. Gleiches trifft bei den Dienstleistenden zu. Bei den manuellen Arbeiterinnen, Verwaltungskräften sowie den Nichterwerbstätigen sind es sogar 97 Prozent. Deutlich geringer fällt der Anteil bei Solo-Selbstständigen (76 Prozent) und Arbeitslosen (61 Prozent) aus. Neben den Sorgen um Zuwanderung trägt hier ebenfalls die Unzufriedenheit mit dem Haushaltseinkommen zur Erklärung bei (Solo-Selbstständige: 20 Prozent, Arbeitslose: 17 Prozent). Insbesondere bezogen auf die Arbeitslosigkeit verwundert dies nicht sonderlich, da Einkommenseinbußen eine wesentliche Folge der Arbeitslosigkeit sind und sehr stark mit der Einkommenszufriedenheit korrelieren.

Zusammenfassend bestätigen die Ergebnisse der Querschnittsanalyse die Annahmen, dass eine Identifikation mit rechten Parteien umso wahrscheinlicher ist, je niedriger die sozioökonomische Position (H 1) und je ausgeprägter die subjektive Verunsicherung, d. h. je größer die selbstbezogene, gesellschaftsbezogene sowie emotionale Verunsicherung (H 2). Zudem zeigen die empirischen Analysen, dass der Einfluss der objektiven Lageparameter durch die subjektive Verunsicherung vermittelt und teilweise sogar vollständig erklärt werden kann (H 5). Daran anknüpfend lassen sich zwei weitere zentrale Rückschlüsse hinsichtlich der Klassenlage ziehen. Zum einen verweisen die Ergebnisse auf vertikale Unterschiede zwischen unteren, mittleren und oberen Positionen sowie auf horizontale Differenzierungen innerhalb der Arbeiterklasse, die bei anderen Untersuchungen nicht betrachtet wurden. Zum anderen lässt sich im finalen Modell ausschließlich bei den manuellen Arbeiterinnen und den (kleinen) Selbstständigen sowie den Arbeitslosen – und somit den klassischen Modernisierungsverlierern – weiterhin ein signifikanter direkter Effekt auf die Parteiidentifikation feststellen, der nicht durch die subjektiv wahrgenommene Verunsicherung erklärt werden kann.

Tabelle 2: Determinanten rechter Parteiidentifikation (logistische Regression)

	M 1	M 2	M 3	M 4	Mediationseffekt
Jahr *(Ref.: 2007)*					
2008	-0,163	-0,154	-0,034	-0,017	
2009	-0,164	-0,148	0,045	0,070	
2010	0,148	0,188	0,378**	0,407***	
2011	-0,053	-0,016	0,151	0,166	
2012	-0,170	-0,113	0,225+	0,244+	
2013	-0,545***	-0,469**	-0,218	-0,204	
2014	0,938***	1,023***	1,128***	1,130***	
2015	1,169***	1,282***	1,171***	1,173***	
2016	1,873***	1,991***	1,506***	1,510***	
Alter	-0,025***	-0,025***	-0,026***	-0,024***	

	M 1	M 2	M 3	M 4	Mediationseffekt
Frau	-0,994***	-0,977***	-0,994***	-1,038***	
Familienstatus *(Ref.: verheiratet)*					
ledig	0,083	0,050	0,118	0,138	
geschieden/verwitwet	0,197	0,118	0,149	0,161	
Migrationshintergrund	-0,907***	-0,915***	-0,782***	-0,785***	
Ostdeutschland	0,610***	0,528***	0,452***	0,473***	
Bildungsniveau *(Ref.: Fach-/Abitur)*					
max. Hauptschule	0,593***	0,535***	-0,020	-0,015	0,609***
Realschule	0,547***	0,513***	0,093	0,097	0,450***
sonstige	0,059	0,024	-0,223	-0,202	0,261***
Klassenschema *(Ref.: höhere Klassen)*					
Selbstständige mit und ohne Angestellte	0,684**	0,622**	0,552*	0,568*	0,116+
Mittelklasse	0,154	0,145	-0,009	-0,004	0,158*
(un)gelernte manuelle Arbeiter	0,595***	0,561***	0,244	0,264+	0,331***
(un)gelernte Büro- und Verwaltungskräfte	0,219	0,198	-0,022	-0,014	0,233***
(un)gelernte Dienstleistende	0,464**	0,413*	0,126	0,134	0,330***
arbeitslos	0,792***	0,494**	0,287+	0,305+	0,487***
nicht erwerbstätig	0,259+	0,252+	0,098	0,111	0,148*
relative HH-Einkommensposition	-0,152*	-0,060	-0,060	-0,063	-0,090
relative individuelle Erwerbseinkommensposition	-0,020	-0,015	-0,004	-0,010	-0,010
Zufriedenheit mit dem HH-Einkommen		-0,091***	-0,051**	-0,043*	

	M 1	M 2	M 3	M 4	Media-tionseffekt
Lebenszufriedenheit		-0,114***	-0,072***	-0,026	
Sorgen um wirtschaftliche Entwicklung *(Ref.: keine)*					
einige Sorgen			-0,089	-0,100	
große Sorgen			0,281**	0,234*	
Sorgen um Zuwanderung *(Ref.: keine)*					
einige Sorgen			1,138***	1,137***	
große Sorgen			3,035***	3,007***	
Ärger *(Ref.: [sehr] selten)*					
manchmal				0,111	
(sehr) oft				0,528***	
Angst *(Ref.: [sehr] selten)*					
manchmal				0,053	
(sehr) oft				0,383***	
N	186.090	186.090	186.090	186.090	
Pseudo R^2	0,1079	0,1172	0,2046	0,2101	

Quelle: SOEPv.33.1, eigene Berechnungen; logistische Regression unter Anwendung der KHB-Methode; + p < .1, * p < .05, ** p < .01, *** p < .001

Anknüpfend an die Querschnittsanalysen soll nun der Frage nachgegangen werden, inwieweit Veränderungen hinsichtlich der objektiven sozioökonomischen Position sowie der subjektiv wahrgenommenen Verunsicherung den Wechsel der Parteiidentifikation beeinflussen. In Tabelle 3 sind die Ergebnisse der Längsschnittanalyse dargestellt. Analog zu den Querschnittsanalysen enthält das Basismodell neben den Kontrollvariablen die objektiven Lageparameter (M 1). Auch hier zeigt sich eine signifikant höhere Wahrscheinlichkeit rechter Parteiidentifikation seit 2014. Ein signifikanter Ost-West-Unterschied weist auf Kontexteffekte hin: Ein Umzug nach Westdeutschland verringert signifikant die Wahrscheinlichkeit, eine rechte Parteiidentifikation zu entwickeln.[6] Der signifikante Alterseffekt verweist darauf, dass ein Wechsel nach rechts mit wachsendem Alter wahrscheinlicher wird. Den Ergebnissen zufolge beeinflussen Veränderungen des Erwerbsstatus nicht die Parteiidentifikation. Insbesondere bei der Arbeitslosigkeit wäre ein solcher Effekt zu erwarten gewesen. Allerdings ist in diesem Zusammenhang darauf hinzuweisen, dass der Effekt von Arbeitslosigkeit auch durch den lokalen Kontext moderiert wird (vgl. Rippl/Baier 2005) und Erwerbstätigkeit nicht automatisch rechte Parteiidentifikation verhindert (vgl. Sommer 2010). Des Weiteren weisen die vorangegangenen Querschnittsanalysen auf deutliche Unterschiede zwischen Arbeitsmarktpositionen hin. Gleiches gilt für den Eintritt in die Arbeitslosigkeit (vgl. Esche 2017), sodass auch hier die Umstände des Arbeitsplatzverlustes Berücksichtigung finden sollten. Signifikante Abstiegseffekte zeigen sich jedoch beim Einkommen, sodass sich Hypothese 3 teilweise bestätigen lässt: Je stärker sich die relative Einkommensposition der Befragten verschlechtert, desto wahrscheinlicher ist ein Wechsel hin zu rechten Parteien. Dies gilt sowohl für das individuelle Erwerbseinkommen als auch das Haushaltseinkommen, wobei letzteres nur auf dem 10-Prozent-Niveau signifikant ist.

In Einklang mit Hypothese 4 befördert ebenfalls eine gestiegene subjektive Verunsicherung eine rechte Parteiidentifikation. Dies gilt für alle drei Dimensionen. So ist ein Wechsel hin zu einer rechten Partei umso wahrscheinlicher, je stärker die Zufriedenheit mit dem Einkommen und dem Leben als Ganzes sinkt (M 2, selbstbezogene Verunsicherung) und je mehr sich die Befragten um die Zuwanderung und die wirtschaftliche Entwicklung sorgen (M 3, gesellschaftsbezogene Verunsicherung). Bei Letzterer scheint jedoch eine Schwelle zu existieren, sodass sich die Befragten nun mindestens große Sorgen machen müssen. Des Weiteren begünstigt auch eine gestiegene emotionale Verunsicherung den Wechsel hin zu einer rechten Parteiidentifikation (M 4). Allerdings trifft dies lediglich für das Erleben von Ärger zu und auch nur dann, wenn sich die Befragten nun (sehr) oft ärgern.

---

6 Es handelt sich hier um einen Durchschnittseffekt eines Wohnortwechsels zwischen Ost- und Westdeutschland. In dem Maße, in dem ein Umzug nach Westdeutschland die Wahrscheinlichkeit einer Identifikation mit rechten Parteien durchschnittlich reduziert, vergrößert der Umzug nach Ostdeutschland diese Wahrscheinlichkeit. Dies gilt analog auch für die folgenden Effekte.

Einen relevanten und signifikanten Mediationseffekt lässt sich lediglich hinsichtlich der relativen Einkommensposition des Haushaltes feststellen. Der Mediationseffekt resultiert dabei zu 57 Prozent aus der Zufriedenheit mit dem Einkommen und zu 26 Prozent aus der Lebenszufriedenheit. Weitere 12 Prozent speisen sich aus der Sorge um die Zuwanderung. Somit lässt sich die Annahme, dass der Zusammenhang zwischen objektiver Lage und rechter Parteiidentifikation durch die subjektiv wahrgenommene Verunsicherung vermittelt wird, auch bei der dynamischen Betrachtung bestätigen (H 6).

Tabelle 3: Einfluss der objektiven und subjektiven Indikatoren auf den Wechsel der Parteiidentifikation (logistische FE-Regression)

	M 1	M 2	M 3	M 4	**Mediationseffekt**
Jahre 2014-2016 *(Ref.: 2007-2013)*	1,689***	1,755***	1,628***	1,621***	
Alter	0,078**	0,077**	0,079**	0,080**	
Familienstatus *(Ref.: verheiratet)*					
ledig	0,357	0,326	0,394	0,397	
geschieden/verwitwet	0,281	0,178	0,208	0,215	
Ostdeutschland	-1,210*	-1,250*	-1,247*	-1,236*	
Erwerbsstatus *(Ref.: erwerbstätig)*					
arbeitslos	-0,023	-0,201	-0,205	-0,210	0,187*
nicht erwerbstätig	0,017	0,032	0,031	0,019	-0,002
relative HH-Einkommensposition	-0,289+	-0,123	-0,147	-0,159	-0,130+
relative individuelle Erwerbseinkommensposition	-0,349**	-0,344**	-0,307**	-0,312**	-0,038
Zufriedenheit mit dem HH-Einkommen		-0,073**	-0,051*	-0,049+	
Lebenszufriedenheit		-0,090**	-0,077**	-0,054+	

	M 1	M 2	M 3	M 4	Mediationseffekt
Sorgen um wirtschaftliche Entwicklung *(Ref.: keine)*					
einige Sorgen			0,052	0,055	
große Sorgen			0,451**	0,437**	
Sorgen um Zuwanderung *(Ref.: keine)*					
einige Sorgen			0,510*	0,509*	
große Sorgen			1,358***	1,332***	
Ärger *(Ref.: [sehr] selten)*					
manchmal				0,093	
(sehr) oft				0,242*	
Angst *(Ref.: [sehr] selten)*					
manchmal				-0,151	
(sehr) oft				0,234	
N Personenbeobachtungen	5.690	5.690	5.690	5.690	
N Personen	939	939	939	939	
Pseudo R^2	0,1658	0,1700	0,2014	0,2043	

Quelle: SOEPv.33.1, eigene Berechnungen; logistische Fixed-Effects-Regression unter Anwendung der KHB-Methode; + p < .1, * p < .05, ** p < .01, *** p < .001

5. Zusammenfassung und Diskussion

Unser Beitrag verfolgte drei Ziele. Anknüpfend an die zum Teil widersprüchlichen Ergebnisse bisheriger Studien gingen wir zunächst der Frage nach, wo die Sympathisantinnen der politischen Rechten in der Sozialstruktur Deutschlands zu verorten sind. Mittels eines längsschnittlichen Designs überprüften wir zweitens, ob – entsprechend der MVT – objektive Positionsabstiege oder steigende subjektive Verunsicherung die individuelle Identifizierung mit rechten Parteien befördert. Ausgehend von objektiven und subjektiven Varianten der MVT untersuchten wir drittens die relative Wichtigkeit objektiven und subjektiven Statusverlusts aufgrund von Modernisierung sowie die Mediationsvermutung, nach der die Effekte objektiven Statusverlusts über subjektive Verunsicherung erklärt werden können.

Im Gegensatz zu Studien, die Sympathisantinnen rechter Parteien überwiegend in der sozialstrukturellen Mitte Deutschlands identifizieren, deuten unsere Ergebnisse auf eine Konzentration von politisch Rechten am unteren sozialstrukturellen Rand hin. So weisen Personen aus niedrigeren sozioökonomischen Positionen durchweg eine höhere Wahrscheinlichkeit für eine rechte Parteiidentifikation auf als Personen aus höheren Statuslagen. Dabei lassen sich eigenständige Bildungs-, Klassen- und Einkommenseffekte identifizieren. Das verwendete Oesch-Schema erlaubt darüber hinaus auch eine horizontale Bestimmung rechter Positionierung. Diese sind verstärkt unter Solo-Selbstständigen sowie Menschen in manuellen Produktions- und Dienstleisterberufen innerhalb der Arbeiterklasse anzutreffen und weniger bei Arbeitern in der Verwaltung. Des Weiteren begünstigen relative Einkommensverluste den Wechsel hin zu einer rechten Parteiidentifikation. Da vor allem die Einkommensentwicklung bei Niedrigeinkommensbezieherinnen zu relativen Verlusten geführt hat (vgl. Grabka/Goebel 2018), erscheint uns die von Lengfeld (2017) ausgesprochene Empfehlung, potentielle AfD-Wähler seien unempfänglich für Umverteilungs- und Absicherungsversprechen, als gewagt.

Schließlich neigen Personen umso wahrscheinlicher zu rechten Parteien, je ausgeprägter ihre subjektiv wahrgenommene Verunsicherung ist (vgl. hierzu auch den Beitrag von Droste in diesem Band). Dies gilt für alle drei betrachteten Dimensionen, d. h. selbstbezogene, gesellschaftsbezogene sowie emotionale Verunsicherung. Werden die Entwicklungen der Sorgen parallel zu unseren eigenen Analysen betrachtet, gibt es jedoch auch hier wenig Grund anzunehmen, dass es vor allem Menschen in mittleren gesellschaftlichen Positionen sind, die zunehmend verunsichert sind. So zeigen Lengfeld und Ordemann (2017), dass die Sorgen um den eigenen Arbeitsplatz nicht nur in den Arbeiterklassen am höchsten sind, sondern in allen Klassenlagen seit der Mitte der 2000er Jahre substantiell abgenommen haben (vgl. auch die Beiträge von Lengfeld und von Delhey/Steckermeier in diesem Band). Tatsächlich weisen unsere Ergebnisse darauf hin, dass die höhere Wahrscheinlichkeit einer rechten Parteiidentifikation bei objektiv deprivierten Menschen teilweise durch deren größere subjektive Verunsicherung erklärt werden kann.

Der Befund, dass die gesellschaftsbezogene Verunsicherung einer der stärksten Prädiktoren für eine rechte Parteiidentifikation ist, verweist trotz der keineswegs perfekten Operationalisierung auf den sekundären Autoritarismus als mögliche Erklärung für rechte Parteiidentifikation in den unteren Klassenlagen. Vor dem Hintergrund der sozialstrukturellen Konzentration rechter Parteiidentifikation innerhalb weniger Klassenlagen erscheint es uns deshalb umso dringlicher, die soziale Anerkennung genau dieser Gruppen zu stärken. Während rechtspopulistische Parteien dies über nationalistische Narrative der ökonomischen Konkurrenz und kulturellen Bedrohung versuchen, können bürgerliche, aber vor allem linke Parteien solidarische Anerkennungsnarrative entwickeln und problemorientierte Politiken anbieten, die Gemeinsamkeiten in der sozialen Position nicht nur betonen, sondern gezielt für Mobilisierungsprozesse ausnutzen.

Gerade weil Zugewanderte und Rechte aufgrund niedriger Qualifikation, unsicherer Arbeitsmarktposition sowie gesellschaftlicher Marginalisierung häufig ähnliche Problemlagen wie z. B. niedrige Löhne, schlechte Arbeitsbedingungen und steigende Mieten zu bewältigen haben, liegt deren demokratische – über politische Mehrheiten zu erreichende – Lösung paradoxerweise in einer gemeinsamen Solidarbewegung. Die Gegner eines solchen gemeinsamen politischen Projekts sind dann nicht Fremde, sondern Profiteure akuter Wohnungsnot und unterbezahlter, schlecht abgesicherter Arbeitsplätze. In dieser Bewegung sind Zugewanderte und Nicht-Zugewanderte letzten Endes Schicksalsgenossinnen und keine Konkurrenten im Kampf gegen Prekarisierung und Verunsicherung. Solche interkulturellen Begegnungen bauen Ängste ab und ermöglichen nachhaltig Integration. Darüber hinaus ist die Integration von Zugewanderten zugleich auch eine Antwort auf Fachkräftemangel und demografischen Wandel und adressiert so auch wichtige objektive Ursachen gesellschaftsbezogener Verunsicherung. Obwohl diese Bewegungen wahrscheinlich eher von unten als von oben entstehen (erinnert sei hier an die »Willkommenskultur«), kann ein unterstützender Diskurs wohl nur über erhebliche Anstrengungen in der politischen Willensbildung auf Seiten der Parteien links von der AfD gelingen.

Literatur

Adorno, T. W./Frenkel-Brunswik, E./Levinson, D. J./Sanford, R. N. (1950): The authoritarian personality, New York: Harper & Brothers.

Allison, Paul D. (2009): Fixed effects regression models, Los Angeles: Sage. DOI: 10.4135/9781412993869

Bakker, B. N./Rooduijn, M./Schumacher, G. (2016): »The psychological roots of populist voting: Evidence from the United States, the Netherlands and Germany«, in: European Journal of Political Research 55, S. 302–320. DOI: 10.1111/1475-6765.12121

Banks, A. J. (2016): »Are Group Cues Necessary? How Anger Makes Ethnocentrism Among Whites a Stronger Predictor of Racial and Immigration Policy Opinions«, in: Political Behavior 38, S. 635–657. DOI: 10.1007/s11109-016-9330-3

Bauman, Z. (2016): Strangers at our Door, Cambridge: Polity.

Beck, U. (1986): Risikogesellschaft. Auf dem Weg in eine andere Moderne, Frankfurt a. M.: Suhrkamp.

Beck, U. (1994): Reflexive modernization: Politics, tradition and aesthetics in the modern social order, Cambridge: Polity Press.

Betz, H.-G. (1994): Radical Right-Wing Populism in Western Europe, Basingstoke: Macmillan. DOI: 10.1007/978-1-349-23547-6

Bornschier, S./Kriesi, H. (2013): »The populist right, the working class, and the changing face of class politics«, in: J. Rydgren (Hg.), Class politics and the radical right, London: Routledge, S. 10–30.

Brader, T./Valentino, N. A./Suhay, E. (2008): »What Triggers Public Opposition to Immigration? Anxiety, Group Cues, and Immigration Threat«, in: American Journal of Political Science 52, S. 959–978. DOI: 10.1111/j.1540-5907.2008.00353.x

Breen, R./Karlson, K. B./Holm, A. (2013): »Total, Direct, and Indirect Effects in Logit and Probit Models«, in: Sociological Methods & Research 42, S. 164–191. DOI: 10.1177/0049124113494572

Bude, H. (2014): Gesellschaft der Angst, Hamburg: Hamburger Edition HIS.

Decker, O. (2015): »Narzisstische Plombe und sekundärer Autoritarismus«, in: O. Decker/J. Kiess/E. Brähler (Hg.), Rechtsextremismus der Mitte und sekundärer Autoritarismus, Gießen: Psychosozial-Verlag, S. 21–35.

Decker, O. (2018): »Flucht ins Autoritäre«, in: O. Decker/E. Brähler (Hg.), Flucht ins Autoritäre. Rechtsextreme Dynamiken in der Mitte der Gesellschaft, Gießen: Psychosozial-Verlag, S. 15–64.

Decker, O./Kiess, J./Brähler, E. (2015): Rechtsextremismus der Mitte und sekundärer Autoritarismus, Gießen: Psychosozial-Verlag.

Decker, O./Kiess, J./Brähler, E. (2016): Die enthemmte Mitte. Autoritäre und rechtsextreme Einstellungen in Deutschland, Gießen: Psychosozial-Verlag.

Dülmer, H./Klein, M. (2005): »Extreme right-wing voting in Germany in a multilevel perspective: A rejoinder to Lubbers and Scheepers«, in: European Journal of Political Research 44, S. 243–263. DOI: 10.1111/j.1475-6765.2005.00226.x

Eribon, D. (2016): Rückkehr nach Reims, Frankfurt a. M.: Suhrkamp.

Esche, F. (2017): Die Folgen der Arbeitslosigkeit für Partnerschaften. Eine vergleichende Analyse zwischen West- und Ostdeutschland, Wiesbaden: Springer VS. DOI: 10.1007/978-3-658-17709-6

Falter, J. W./Schoen, H./Caballero, C. (2000): »Dreißig Jahre danach: Zur Validierung des Konzepts ›Parteiidentifikation‹ in der Bundesrepublik«, in: M. Klein/W. Jagodzinski/E. Mochmann, et al. (Hg.), Empirische Wahlforschung in Deutschland, Wiesbaden: Westdeutscher Verlag, S. 235–271. DOI: 10.1007/978-3-322-90180-4_11

Friedrich, S. (2017): Die AfD. Analysen – Hintergründe – Kontroversen, Berlin: Bertz+Fischer.

Goebel, J./Grabka M., M./Liebig, S./Kroh, M./Richter, D./Schröder, C./Schupp, J. (2018): The German Socio-Economic Panel (SOEP). Jahrbücher für Nationalökonomie und Statistik. DOI: 10.1515/jbnst-2018-0022

Grabka, M. M./Goebel, J. (2018): »Einkommensverteilung in Deutschland: Realeinkommen sind seit 1991 gestiegen, aber mehr Menschen beziehen Niedrigeinkommen«, in: DIW Wochenbericht 21, S. 449–459.

Groh-Samberg, O./Hertel, F. R. (2011): »Laufbahnklassen. Zur empirischen Umsetzung eines dynamisierten Klassenbegriffs mithilfe von Sequenzanalysen«, in: Berliner Journal für Soziologie 21, S. 115–145. DOI: 10.1007/s11609-011-0145-0

Hambauer, V./Mays, A. (2018): »Wer wählt die AfD? – Ein Vergleich der Sozialstruktur, politischen Einstellungen und Einstellungen zu Flüchtlingen zwischen AfD-WählerInnen und der WählerInnen der anderen Parteien«, in: Zeitschrift für Vergleichende Politikwissenschaft 12, S. 133–154. DOI: 10.1007/s12286-017-0369-2

Hertel, F. R. (2017): Social Mobility in the 20th Century, Wiesbaden: Springer VS. DOI: 10.1007/978-3-658-14785-3

Hochschild, A. R. (2017): Fremd in ihrem Land, Frankfurt a. M.: Campus Verlag.

Inglehart, R./Norris, P. (2016): Trump, Brexit, and the Rise of Populism: Economic Have-Nots and Cultural Backlash. HKS Working Paper. DOI: 10.2139/ssrn.2818659.

Koppetsch, C. (2017): »Rechtspopulismus, Etablierte und Außenseiter. Emotionale Dynamiken sozialer Deklassierung«, in: D. Jörke/O. Nachtwey (Hg.), Das Volk gegen die (liberale) Demokratie, Baden-Baden: Nomos, S. 208–232. DOI:10.5771/9783845287843-207

Kroh, M./Fetz, K. (2016): »Das Profil der AfD-AnhängerInnen hat sich seit Gründung der Partei deutlich verändert«, in: DIW Wochenbericht 34, S. 711–719.

Lengfeld, H. (2017): »Die ›Alternative für Deutschland‹: eine Partei für Modernisierungsverlierer?«, in: Kölner Zeitschrift für Soziologie und Sozialpsychologie 69, S. 209–232. DOI: 10.1007/s11577-017-0446-1

Lengfeld, H. (2018): »Der ›Kleine Mann‹ und die AfD: Was steckt dahinter?«, in: Kölner Zeitschrift für Soziologie und Sozialpsychologie 70, S. 295–310. DOI: 10.1007/s11577-018-0536-8

Lengfeld, H./Dilger, C. (2018): »Kulturelle und ökonomische Bedrohung. Eine Analyse der Ursachen der Parteiidentifikation mit der ›Alternative für Deutschland‹ mit dem Sozio-oekonomischen Panel 2016«, in: Zeitschrift für Soziologie 47, S. 181–199. DOI: 10.1515/zfsoz-2018-1012

Lengfeld, H./Ordemann, J. (2017): »Der Fall der Abstiegsangst, oder: Die mittlere Mittelschicht als sensibles Zentrum der Gesellschaft. Eine Trendanalyse 1984–2014«, in: Zeitschrift für Soziologie, S. 167–184. DOI: 10.1515/zfsoz-2017-1010.

Lipset, S. M. (1959): »Democracy and Working-Class Authoritarianism«, in: American Sociological Review 24, S. 482–501. DOI: 10.2307/2089536

Lux, T. (2018): »Die AfD und die unteren Statuslagen. Eine Forschungsnotiz zu Holger Lengfelds Studie Die ›Alternative für Deutschland‹: eine Partei für Modernisierungsverlierer?«, in: Kölner Zeitschrift für Soziologie und Sozialpsychologie 70, S. 255–273. DOI: 10.1007/s11577-018-0521-2

Mayer, S. J. (2016): Die Parteiidentifikation. Eine Konstruktvalidierung neuer Maße auf Basis des Ansatzes sozialer Identität, Wiesbaden: Springer VS. DOI: 10.1007/978-3-658-15672-5

Menz, W./Nies, S. (im Druck): »Marktautoritarismus und bedrohte Selbstverständnisse. Impulse der arbeitssoziologischen Bewusstseinsforschung zur Erklärung von Rechtspopulismus«, in: C. Book/N. Huke/S. Klauke et al. (Hg.), Alltägliche Grenzziehungen. Externalisierung – imperiale Lebensweise – exklusive Solidarität, Münster: Westfälisches Dampfboot.

Mills, M./Blossfeld, H.-P./Buchholz, S./Hofäcker, D./Bernardi, F./Hofmeister, H. (2008): »Converging Divergences?«, in: International Sociology 23, S. 561–595. DOI: 10.1177/0268580908090728

Mood, C. (2010): »Logistic Regression: Why We Cannot Do What We Think We Can Do, and What We Can Do About It«, in: European Sociological Review 26, S. 67–82. DOI: 10.1093/esr/jcp006

Nachtwey, O. (2016): Die Abstiegsgesellschaft. Über das Aufbegehren in der regressiven Moderne, Frankfurt a. M.: Suhrkamp.

Oesch, D. (2006): Redrawing the Class Map. Stratification and Institutions in Britain, Germany, Sweden and Switzerland, Basingstoke: Palgrave Macmillan. DOI: 10.1057/9780230504592

Oesch, D. (2013): Occupational change in Europe: how technology and education transform the job structure, Oxford: Oxford University Press. DOI: 10.1093/acprof:oso/9780199680962.001.0001

Oesch, D./Rennwald, L. (2018): »Electoral competition in Europe's new tripolar political space: Class voting for the left, centre-right and radical right«, in: European Journal of Political Research 57, S. 783–807. DOI: 10.1111/1475-6765.12259

Petersen, M. B. (2010): »Distinct Emotions, Distinct Domains: Anger, Anxiety and Perceptions of Intentionality«, in: The Journal of Politics 72, S. 357–365. DOI: 10.1017/s002238160999079x

Reuband, K.-H. (2015): »Wer demonstriert in Dresden für Pegida? Ergebnisse empirischer Studien, methodische Grundlagen und offene Fragen«, in: Mitteilungen des Instituts für Parteienrecht und Parteienforschung 2015, S. 133–144.

Rippl, S./Baier, D. (2005): »Das Deprivationskonzept in der Rechtsextremismusforschung«, in: Kölner Zeitschrift für Soziologie und Sozialpsychologie 57, S. 644–666. DOI: 10.1007/s11577-005-0219-0

Rippl, S./Klein, M./Wittenburg, F./Kolb, J./Otto, A./Gärtner, R./Hinze, S. (2016): Pegida und Co. – Erste Ergebnisse einer Telefonumfrage in Chemnitz Erklärungsansätze und erste Befunde. Institut für Soziologie Technische Universität Chemnitz, Chemnitz.

Rippl, S./Seipel, C. (2018): »Modernisierungsverlierer, Cultural Backlash, Postdemokratie«, in: Kölner Zeitschrift für Soziologie und Sozialpsychologie 70, S. 237–254. DOI: 10.1007/s11577-018-0522-1

Rosenfelder, J. (2017): »Die Programmatik der AfD: Inwiefern hat sich die Partei von einer primär euroskeptischen zu einer rechtspopulistischen Partei entwickelt?«, in: Zeitschrift für Parlamentsfragen 48, S. 123–140. DOI: 10.5771/0340-1758-2017-1-123

Salmela, M./von Scheve, C. (2017): »Emotional roots of right-wing political populism«, in: Social Science Information 56, S. 567–595. DOI: 10.1177/0539018417734419

Scheuregger, D./Spier, T. (2007): »Working-Class Authoritarianism und Die Wahl Rechtspopulistischer Parteien«, in: Kölner Zeitschrift für Soziologie und Sozialpsychologie 59, S. 59–80. DOI: 10.1007/s11577-007-0003-4

Schmitt-Beck, R./van Deth, J. W./Staudt, A. (2017): »Die AfD nach der rechtspopulistischen Wende«, in: Zeitschrift für Politikwissenschaft 27, S. 273–303. DOI: 10.1007/s41358-017-0104-1

Schwarz, N./Strack, F. (1999): »Reports of subjective well-being: Judgmental processes and their methodological implications«, in: D. Kahneman/E. Diener/N. Schwarz (Hg.), Well-being: The foundations of hedonic psychology, New York: Russel Sage Foundation, S. 61–84.

Sommer, B. (2010): Prekarisierung und Ressentiments, Wiesbaden: VS Verlag für Sozialwissenschaften. DOI: 10.1007/978-3-531-92566-0

Spier, T. (2010): Modernisierungsverlierer? Die Wählerschaft rechtspopulistischer Parteien in Westeuropa, Wiesbaden: VS Verlag für Sozialwissenschaften. DOI: 10.1007/978-3-531-92496-0

Tutić, A./von Hermanni, H. (2018): »Sozioökonomischer Status, Deprivation und die Affinität zur AfD – Eine Forschungsnotiz«, in: Kölner Zeitschrift für Soziologie und Sozialpsychologie 70, S. 275–294. DOI: 10.1007/s11577-018-0523-0

Valentino, N. A./Hutchings, V. L./Banks, A. J./Davis, A. K. (2008): »Is a Worried Citizen a Good Citizen? Emotions, Political Information Seeking, and Learning via the Internet«, in: Political Psychology 29, S. 247–273. DOI: 10.1111/j.1467-9221.2008.00625.x

Vasilopoulos, P./Marcus, G. E./Foucault, M. (2018): »Emotional Responses to the Charlie Hebdo Attacks: Addressing the Authoritarianism Puzzle«, in: Political Psychology 39, S. 557–575. DOI: 10.1111/pops.12439

Vorländer, H./Herold, M./Schäller, S. (2016): PEGIDA: Entwicklung, Zusammensetzung und Deutung einer Empörungsbewegung, Wiesbaden: Springer VS. DOI: 10.1007/978-3-658-10982-0

Autorinnen und Autoren

Petra Böhnke (Prof. Dr.), ist Professorin für Soziologie, insbesondere Soziologie des sozialen Wandels an der Universität Hamburg. Ihre Forschungsschwerpunkte sind Wandel sozialer Ungleichheit und Sozialstrukturanalyse im wohlfahrtsstaatlichen Vergleich, sie forscht u. a. zu den Themen Armut, soziale Mobilität, intergenerationale Transmission, soziale Integration, Sozialkapital und Lebensqualität. Ausgewählte Publikationen: »Employment patterns and family satisfaction in Europe: Do welfare and labour market policies intervene?« (zusammen mit Isabel Valdés Cifuentes), International Journal of Sociology and Social Policy 2018 (38); »Immigrant life satisfaction in Europe: The role of social and symbolic boundaries« (zusammen mit Boris Heizmann), Journal of Ethnic and Migration Studies 2018; »Poverty and the Dynamics of Social Networks. An Analysis of German Panel Data« (zusammen mit Sebastian Link), European Sociological Review 2017 (33).

Jan Delhey (Prof. Dr.), ist Professor für Makrosoziologie am Institut für Sozialwissenschaften an der Otto-von-Guericke-Universität Magdeburg und Sprecher der DGS-Sektion Soziale Indikatoren. Sein Forschungsschwerpunkt liegt auf der international-vergleichenden Wohlfahrtsforschung, insbesondere den gesellschaftlichen Bedingungen von subjektivem Wohlbefinden, Vertrauen und sozialem Zusammenhalt. In einem DFG-geförderten Projekt hat er zuletzt den Zusammenhang von Ungleichheit und Statusängsten untersucht. Aktuelle Publikationen: »Social Cohesion and its Correlates. A Comparison of Western and Asian Societies« (zusammen mit Klaus Boehnke, Georgi Dragolov, Zsofia Ignaz, Michael Koch, Mandy Larsen und Jan Lorenz), Comparative Sociology 2018 (17); »Sociocultural Inequalities and Status Anxiety: Redirecting the Spirit Level Theory« (zusammen mit Christian Schneickert und Leonie C. Steckermeier), International Journal of Comparative Sociology 2017 (58).

Luigi Droste (Dr. phil.), ist Postdoc am Institut für Soziologie der Universität Münster. Seine Forschungsschwerpunkte sind Politische Soziologie (insbesondere Populismus und Nationalismus), Wirtschaftssoziologie (insbesondere Finanzmärkte) sowie quantitative Methoden der empirischen Sozialforschung. Ausgewählte Veröffentlichungen: »The Sociogenesis of the Rise of Donald Trump. Disenchantment of Collective Myths and Processes of Decivilization« (zusammen mit Behrouz Alikhani), in Luders, Peter & Stefan Kramer (Hg.) Collective Myths and Decivilizing Processes, Im Erscheinen; »Real Estate Markets and Financial Crises. From the ›Gründerkrise‹ to the ›Subprime Mortgage Crisis‹«, Culture and Education 2015 (106).

Frederike Esche (Dr. phil.), forscht als wissenschaftliche Mitarbeiterin im Arbeitsbereich Soziologie des sozialen Wandels an der Universität Hamburg. Ihre Arbeitsgebiete sind die Zufriedenheitsforschung, Lebensverlaufsforschung, Soziale Ungleichheitsforschung und Familiensoziologie. Sie promovierte 2015 an der Humboldt-Universität zu Berlin zu den Folgen von Arbeitslosigkeit für Partnerschaften. Ausgewählte Publikationen: »Längsschnittliche Datenstrukturen als Evaluationsinstrument der Validität retrospektiver Angaben« (zusammen mit Jürgen Schupp), in Marco Giesselmann, Katrin Golsch, Henning Lohmann & Alexander Schmidt-Catran (Hg.) Lebensbedingungen in Deutschland in der Längsschnittperspektive, Wiesbaden: Springer 2018; »The Emotional Timeline of Unemployment. Anticipation, Reaction, and Adaptation« (zusammen mit Christian von Scheve & Jürgen Schupp), Journal of Happiness Studies 2017 (18); »Die Folgen der Arbeitslosigkeit für Partnerschaften. Eine vergleichende Analyse zwischen West- und Ostdeutschland«, Wiesbaden: Springer VS 2017.

Stefanie Herok (MA Soziologie – Europäische Gesellschaften), hat im Wintersemester 2015/16 an dem von Ralf Himmelreicher an der Freien Universität Berlin (Institut für Soziologie) gehaltenen Seminar »Mindestlöhne und soziale Sicherung in Europa« teilgenommen. Sie schrieb anschließend ihre Masterarbeit zum Thema »Beherbergungsbranche und Mindestlohn: Eine qualitative Studie«. Ihre Forschungsschwerpunkte liegen in den Bereichen Arbeitssoziologie, Soziale Ungleichheit sowie in Globalisierung und regionale Entwicklung. Publikation: »Beherbergungsbranche und Mindestlohn. Eine qualitative Studie«, Berlin: Freie Universität 2017.

Florian Hertel (Dr. rer. pol.), ist wissenschaftlicher Mitarbeiter an der Professur Soziologie, insbesondere Methoden der empirischen Sozialforschung an der Universität Hamburg. Seine Forschungsinteressen liegen in den Bereichen Soziale Ungleichheit und Stratifikation, Intergenerationale Mobilität (Bildung, Klasse, Einkommen), Klassenanalyse und Deindustrialisierung. Ausgewählte Publikationen: »A U-turn in social inequality in college attainment in the US? Research on Stratification and Social Mobility« (zusammen mit Fabrizio Bernardi & Gordey Yastrebov), Research on Stratification and Social Mobility 2018 (58); »Social Mobility in the 20th Century. Class Mobility and Occupational Change in the United States and Germany«, Wiesbaden: Springer VS 2016; »How Has Educational Expansion Shaped Social Mobility Trends in the United States?« (zusammen mit Fabian Pfeffer), Social Forces 2015 (94).

Ralf Himmelreicher (Dr. rer. pol. habil.), ist seit 2009 Privatdozent am Institut für Soziologie der Freien Universität Berlin und seit 2015 Senior Scientist in der Bundesanstalt für Arbeitsschutz und Arbeitsmedizin (BAuA). Seine Forschungsschwerpunkte liegen in den Bereichen Sozialstrukturanalyse, Einkommen und Vermögen im Lebenslauf sowie in der Erforschung der Alterssicherung in vergleichender Perspektive. Ausgewählte Publikationen: »The Influence of Marital Status and Spousal Employment on Retirement Behavior in Germany and Spain« (zusammen mit Jonas Radl), Research on Aging 2015 (37); »Calculating Gross Hourly Wages – the (Structure of) Earnings Survey and the German Socio-Economic Panel in Comparison« (zusammen mit Matthias Dütsch & Clemens Ohlert), Journal of Economics and Statistics 2018.

Anne-Kristin Kuhnt (Dr. rer. pol.), forscht als Postdoktorandin am Institut für Soziologie der Universität Duisburg-Essen in der Arbeitsgruppe »Familie und Migration«. Ihre Forschungsschwerpunkte sind die Diversität von Familie in Deutschland und Europa sowie die Äquivalenz von Lebensbedingungen im Kontext von Migration. Sie forscht u. a. zu Familie, Fertilität, Reproduktionsmedizin sowie migrationsspezifischen Disparitäten in Bildung, Fertilitätsnormen und sozialem Wohlbefinden. Ausgewählte Publikationen: »Reproduktionsmedizin und Familiengründung – Potentiale sozialwissenschaftlicher Datensätze in Deutschland« (zusammen mit Eva Depenbrock & Sabrina Unkelbach), Zeitschrift für Familienforschung/Journal of Family

Research 2018 (30); »Die Rolle der Familie für Bildungsbeteiligung und Bildungserfolg von Kindern und Jugendlichen aus Migrantenfamilien in Deutschland«, Zeitschrift für Soziologie der Erziehung und Sozialisation 2017 (38); »Channels of social influence on the realization of short-term fertility intentions in Germany« (zusammen mit Heike Trappe), Advances in Life Course Research 2016 (27).

Holger Lengfeld (Prof. Dr.), ist Professor für Soziologie mit dem Schwerpunkt Institutionen und sozialer Wandel an der Universität Leipzig und Research Fellow am Deutschen Institut für Wirtschaftsforschung (DIW). Seine Arbeitsgebiete sind die Soziologie der Europäischen Integration, Soziale Schichtung, Ungleichheit und soziale Gerechtigkeit sowie Wirtschaftssoziologie und Organisationssoziologie. Ausgewählte Publikationen: »Wir, ein europäisches Volk? Sozialintegration Europas und die Idee der Gleichheit aller europäischen Bürger« (zusammen mit Jürgen Gerhards), Wiesbaden: Springer VS 2013; »Die ›Alternative für Deutschland‹: eine Partei für Modernisierungsverlierer?« Kölner Zeitschrift für Soziologie und Sozialpsychologie 2017; »Der Fall der Abstiegsangst, oder: Die mittlere Mittelschicht als sensibles Zentrum der Gesellschaft. Eine Trendanalyse 1984–2014« (zusammen mit Jessica Ordemann), Zeitschrift für Soziologie 2017 (46).

Christiane Lübke (Dr. rer. soc.), ist wissenschaftliche Mitarbeiterin an der Universität Duisburg-Essen und forscht dort am Lehrstuhl für empirische Sozialstrukturanalyse zu Themen der Sozialen Ungleichheit. Sie untersucht u. a. die subjektive Arbeitsplatzunsicherheit, die Folgen von Migration auf die individuellen Lebenschancen im weiteren Lebensverlauf sowie Umweltbewusstsein und Umwelthandeln. Ausgewählte Publikationen: »How Migration Affects the Timing of Childbearing: The Transition to a First Birth Among Polish Women in Britain«, European Journal of Population 2015 (31); »Self-Perceived Job Insecurity Across Europe Over Time: Does Changing Context Matter?« (zusammen mit Marcel Erlinghagen), Journal of European Social Policy 2014 (24); »Intergenerationale Transmission subjektiver Arbeitsplatzunsicherheit: Wie sich Arbeitsplatzsorgen von Eltern auf Kinder übertragen«, Wiesbaden: Springer Fachmedien 2018.

Andreas Schmitz (PD Dr. rer. pol.), ist Privatdozent an der Abteilung für Soziologie der Universität Bonn. Er habilitierte sich dort zum Juni 2018 zu aktuellen theoretischen und methodologischen Herausforderungen der Habitus-Feldtheorie. Zu seinen Forschungsschwerpunkten zählen konzeptionelle Erweiterungen der Habitus-Feldtheorie, die Konstruktion sozialer Räume und Felder sowie generalisierte und geometrische Statistik. Ausgewählte Publikationen: »Social Class, Symbolic Domination, and Angst. The Example of the Norwegian Social Space« (zusammen mit Magne Flemmen), The Sociological Review 2017 (66); »Die Angst der Anderen. Soziale Position und symbolische Legitimität der Angst« (zusammen mit Vincent Gengnagel) in: Betzelt, Sigrid & Bode, Ingo (Hg.): Angst im Sozialstaat – Sozialstaat in Angst? Baden-Baden: Nomos Verlagsgesellschaft 2018; »The Structure of Digital Partner Choice. A Bourdieusian Perspective«, Cham: Springer International 2016.

Dorina Spahn (MA Soziologie – Europäische Gesellschaften), hat im Wintersemester 2015/16 an dem von Ralf Himmelreicher an der Freien Universität Berlin (Institut für Soziologie) gehaltenen Seminar »Mindestlöhne und soziale Sicherung in Europa« teilgenommen. Im Anschluss daran schrieb sie ihre Masterarbeit zum Thema »Die Auswirkung des gesetzlichen Mindestlohns in Deutschland auf Beschäftigte in der Gastronomiebranche«. Ihre Interessens- und Forschungsschwerpunkte reichen von der Bildungs- über Arbeitssoziologie bis hin zu sozialer Ungleichheit und politischer Ökonomie. Publikation: »Das Mismatch auf dem deutschen Ausbildungsmarkt – Ein unerklärliches Phänomen?« (zusammen mit Balthasar Busmann, Jannes Jacobsen & Magdalena Polloczek), Soziologieblog.Hypotheses 2016.

Leonie C. Steckermeier (M.A. Empirische Politik- und Sozialforschung), arbeitet seit 2015 als wissenschaftliche Mitarbeiterin am Institut für Sozialwissenschaften, Lehrstuhl Makrosoziologie, der Otto-von-Guericke-Universität Magdeburg. Im Rahmen ihrer Dissertation untersucht sie die Bedeutung von individueller Entscheidungsfreiheit für das subjektive Wohlbefinden. Ihre Forschungsschwerpunkte liegen im Bereich der Lebensqualitätsforschung mit Fokus auf Autonomie, Sozialkapital und Ungleichheit. Ausgewählte Publikationen: »Better Safe than Sorry. Does Agency Moderate the Relevance of Safety Perceptions for the Subjective Well-Being of Young Children?«, Child Indicators Research 2018; »The good life, affluence, and self-reported happiness – introducing the good life index and debunking two popular myths« (zusammen mit Jan Delhey), World Development 2016 (88).

Annelene Wengler (Dr. rer. pol.), hat an der Universität zu Köln zu gesundheitlicher Ungleichheit von Menschen mit und ohne Migrationshintergrund in Deutschland promoviert. Neben der Betrachtung von migrationsspezifischen Ungleichheiten in Gesundheit und Wohlbefinden forscht sie aktuell zu Todesursachen und methodischen Fragestellungen. Ausgewählte Publikationen: »Ungleiche Gesundheit. Zur Situation türkischer Migranten in Deutschland«, Frankfurt a. M.: Campus 2013; »The health status of first- and second-generation Turkish immigrants in Germany«, International Journal of Public Health. 2011 (56).